KAPB
KOREAN AGENCY FOR
PUBLIC BRAND PROMOTION

한국공공브랜드진흥원 총서 1

공공 브랜드란 무엇인가

김유경 · 김유신 · 김태환 · 이준호 · 임대근 · 김주호
김은용 · 조재형 · 박재항 · 구자룡 · 김병희 · 이희복 공저

한 경 사

공공 브랜드란 무엇인가

저　자　김유경, 김유신, 김태환, 이준호, 임대근, 김주호, 김은용, 조재형, 박재항, 구자룡, 김병희, 이희복
발행일　2023년 3월 30일
발행처　**한경사**
발행인　이계남
등록사항　제10-1951호 2000년 4월 14일
주　소　서울시 마포구 신수로 59-1 (3층)
전　화　02_717_7264~5
팩　스　02_717_7226
홈페이지　hankyungsa.co.kr
이메일　hankyungsa@hanmail.net
ISBN　978-89-6844-450-0　93320
가　격　29,000원

이 책은 KPR의 후원으로 발간되었습니다.

C·O·N·T·E·N·T·S

차례

차례

C·O·N·T·E·N·T·S

발간사

안녕하십니까.

한국공공브랜드진흥원(이하, 한공원)은 현대사회에 공동선(Common Goods)을 구축하고 공익 가치를 실현하고자 설립된 혁신 기반형 싱크탱크입니다. 공공 영역을 브랜드 관리의 원칙과 전략적 체계로 육성하기 위해 관·산·학이 함께 머리를 맞대고 저마다 출중한 역량과 재능을 흔쾌히 내놓았습니다. 공유의 정신으로 지식을 나누고, 상생의 이념으로 사를 살려 공의 기치를 높이고자 합니다. 한공원을 구성하고 있는 조직의 면면을 보면 관료, 전문인, 기업인이 다수입니다. 따라서 우리는 도시, 공기업, 공공 기관을 비롯한 공공재 활동을 면밀히 들여다 보면서 비효율적이며 낙후된 자산은 보수하고 혁신의 정신으로 제도와 정체성을 새로이 할 것입니다. 갓 출범한 한공원은 공공의 드넓은 영역에 경쟁이 아닌 상생과 협력을 새로운 정신으로 합니다. 나아가 공중을 궁극적 수혜자로 하는 공익 실현의 신개념 브랜드 가치를 실현하는 집단지성으로서 자리매김하고자 합니다.

한편 공공 브랜드 관리를 공공 기관의 성과나 외형적인 모습을 포장하거나, 마케팅하는 것으로 오해할 수 있는데 이는 잘못된 것입니다. 공공 브랜딩은 공공 조직의 홍보나 소통에 그치지 않습니다. 오히려 지방자치단체, 공기업, 공공 기관이 공공성을 유지하고 사적 영역으로 오용되는 것을 막으며 궁극적으로 공중, 즉 국민이 서비스를 받고 행복하도록 하려는 일체의 전략적 노력을 포함합니다. 나아가 이 노력이 체계적이고 지속 가능한 공익 실현으로 귀결되도록 조직의 내부 브랜딩을 강화하고 외부 고객으로서의 공중의 참여를 독려하고 인식시키는 것이 공공 브랜딩의 역할이자 한공원의 사명입니다. 이를 위해 한공원의 다양한 영역에서 뜻있는 전문인들이 합심하여 공공 브랜드의 기본 지침서를 발간합니다. 『공공 브랜드란 무엇인가』는 공적 영역의 공무원에서 중견 기업의 사회적 책임 활동을 담당하는 관리자들에게 큰 도움과 길라잡이가 될 것입니다. 감히 모시기 힘든 우리 한공원의 저자들께서 바쁘신 가운데 옥고를 주셨습니다. 진심으로 감사의 말씀을 드립니다. 한공원 총서 시리즈의 발행은 매년 지속될 것입니다. 응원해 주시고 공공의 영역을 혁신하고 자생력을 공고히 하는 귀중한 프로젝트에 동참해 주시기 바랍니다. 감사드립니다.

2023년 3월

한국공공브랜드진흥원장
김유경

공공 브랜드의 길을 묻다

"공공 브랜드란 무엇인가?"

이 책은 제목은 12명의 저자가 우리 모두에 던지는 화두이자 물음이다. 이 물음은 새로운 사안이나 현상의 본질에 대한 접근으로 볼 수 있지만 갈급함으로 이해할 수 있다. 그동안 이런 주제에 대한 본격적인 논의가 부족한 것도 사실이다. 그만큼 우리 사회에서 "공공"과 "브랜드"의 조합은 낯설고 생경하다. 그러나 사적 영역에서 주로 쓰이던 브랜드가 공적 영역으로 확대는 이미 대세가 되었다. 기업 PR 광고나 공익 캠페인, 브랜디드 콘텐츠 등 마케팅 커뮤니케이션에서처럼 공공성을 일찍부터 활용되어 왔다. 이미 CSR과 CSV, SDG(지속가능목표)에서 ESG에 이르기까지 친숙한 용어다.

각 장의 주요 내용은 다음과 같다. "1장, 공공 브랜드의 철학과 개념"에서 한국외국어대학교의 김유경과 부산대학교 김유신 교수는 이 책의 도입을 담당하면서 오늘날을 공공의 시대로 규정하고 공공성의 영역과 개념, 자유시장과 공공의 인식, 다양한 현대의 공공 인식을 토대로 활사개공의 공공철학을 논의하였다. 아울러 공공성과 공공 브랜딩의 관계를 설정하여 공공 브랜드에 대한 관심과 참여를 강조하였다.

"2장, 강대국 경쟁 시대의 국가 브랜딩과 공공외교"에서 국립외교원 김태환 교수는 공공외교를 공공 브랜드 차원으로 접근하여 문제를 제기하면서 국제정치와 커뮤니케이션 맥락에서 이를 분석하였다. 아울러 국가 브랜딩과 공공외교에 대한 새로운 인식이 필요하다면서 소프트파워로서 한국의 공공외교를 분석하였다. 향후 우리 외교의 공공성 지향을 강조하면서 글을 맺었다.

"3장, 공공 조직 경영과 브랜드 관리"에서 호서대학교의 이준호 교수는 공공 조직에서 조직, 경영, 브랜드 관리의 필요성을 강조하면서 브랜드 관리의 다이내믹을 설명하였다. 내재적, 외재적, 상호적 측면의 주요 이슈로 역량 투입과 활용, 동기부여, 공공 조직 운영, 리더십 등을 논의했다. 공공 조직 경영에 있어 브랜드 관리 방향을 제언하였다.

"4장, 공공 브랜드 콘텐츠의 사례와 특징"에서 한국외국어대학교의 임대근 교수는 공공 브랜드의 가치를 구성 요소로 살펴보면서 브랜디드 콘텐츠로 확장하여 설명하였다. 이어 정부 기관과 지방자치단체의 사례를 통해서 이를 확인하였고 결론에서 공공 브랜드의 활성화를 위한 여섯 가지 방안을 도출하였다.

"5장, 공공 PR과 디지털 커뮤니케이션"에서 KPR의 김주호 대표와 김은용 전무는 공공 PR의 이해를 시작으로 오늘날 왜 디지털 PR이 중요한지를 강조하면서 공공 디지털 PR의 개념을 설명하였다. 공공 디지털 PR의 목적, 주체, 목표 공중, 방법론을 기술하면서 2023년 디지털 커뮤니케이션의 트렌드까지를 다루었다. 정부 기관과 국제경기대회, 비정부 기관의 디지털 PR 사례를 소개하면서 성공 요인을 분석하여 이해를 도왔다.

"6장, 소셜 마케팅"에서 피알원 조재형 대표는 공공의 선을 목표로 한 소셜 마케팅의 탄생과 헬스케어 부문의 적용 시작으로 유사한 개념들과의 차이를 소개하였다. 아울러 소셜 마케팅의 배경 이론과 프로그램, 코틀러의 소셜 마케팅 캠페인의 10단계를 설명하였다. 소셜 마케팅의 성공을 위한 팁을 포함한 소셜 마케팅의 실무적 지침을 가이드라인으로 제시하였다.

"7장, 공공 브랜드의 풍경"에서 한림대학교 박재항 교수는 1차 세계대전 이후의 글로벌 환경 속에서 국가 브랜드가 본격적으로 등장하였으며 각국의 변화 양상을 사례를 스토리텔링으로 설명하였다. 또한 공공 브랜드로서 마을 브랜드의 열두 가지 조건을 통해서 성공하는 지역 브랜드의 인문학적 접근을 강조하였다.

"8장, 지역 경제 활성화를 위한 로컬 브랜딩"에서 벨류바인의 구자룡 대표는 지방 소멸과 인구 감소, 지방과 지역의 문제를 제기하면서 공공 브랜드로서 로컬 브랜드의 현재를 살펴보았다. 구체적으로 익선동, 청파동, 경북 의성, 강원 영월 사례를 소개하면서 지역 경제와 로컬 브랜딩을 활성화하기 위한 체계적인 노력을 강조하였다.

"9장, 도시 브랜드 전략의 이해"에서 서원대학교 김병희 교수는 도시에 브랜드가 도입된 배경을 소개하면서 개념과 사례에 대한 논의로 이어갔다. 도시 브랜드 슬로건과 캐릭터, 지역 축제와 함께 미국 뉴욕의 I♥NY과 국내 사례를 함께 소개하였다. 도시 브랜드의 활성화를 위한 전략의 수립 과정, 실무 전략을 다루고 결론으로 장소성을 지향하는 공공재로서 도시 브랜드의 지속적인 실행력 창출을 강조하였다.

"10장, 도시 브랜드와 슬로건"에서 상지대학교 이희복 교수는 도시와 브랜드의 관계에서 시작하여 도시 브랜드의 슬로건, 광역도시의 슬로건과 서울시의 사례, 최근의 논의까지 다루었다. 암스테르담과 베를린의 사례를 통해 시사점을 찾아보았고, 결론으로 〈슬로건 전략〉과 〈9 city 전략〉을 해법으로 제시했다.

이 책 『공공 브랜드란 무엇인가』는 이런 맥락에서 현상을 명확히 이해하고 본질에 접근하기 위한 다양한 논의를 시도하고 있다. 2023년 한국공공브랜드진흥원이 우리 사회에 커다란 물음표를 찍고자 한다. 저술에는 철학과 커뮤니케이션, 정치외교, 경영학, 문화콘텐츠, PR 산업, 마케팅 커뮤니케이션, 지역 전문가, 광고와 브랜드 등의 수십 년의 경험을 가진 현장 전문가와 연구자 등이 참여하였다. 이는 내용과 형식의 규모 면에서도 국내에서 찾아보기 힘든 과감한 시도라 평가된다. 다만 이런 접근은 이제 시작에 불과하다. 다양한 학문이 모여서 논의되고 결과가 다시 현장으로 환류되는 공공브랜드의 플랫폼이 마련되기를 기대해 본다.

『공공 브랜드란 무엇인가』의 출간을 위해 애쓴 한경사 이계남 대표님과 직원 여러분에게 감사를 드린다. 무엇보다 한국공공브랜드진흥원의 총서 시리즈의 1권으로 묶을 수 있도록 지원해 주신 KPR과 신성인 부회장님께도 감사드린다. 참여로 수고한 12명의 저자를 비롯해 한국공공브랜드진흥원 구성원들의 지지와 성원에도 감사드린다. 마지막으로 이 책을 읽고 계신 독자 여러분께 감사드린다.

이제, 이 책에서 "공공 브랜드란 무엇인가"의 물음에 대한 답을 찾아볼 시간이다.

2023년 3월

저자들을 대표하여
이희복

1장

공공 브랜드의 철학과 개념

김유경·김유신

김유경 kkims1@gmail.com

현재 한국외국어대학교 미디어커뮤니케이션 학부 교수이다. 한국공공브랜드진흥원장으로 활동하고 있으며, 대통령 직속 국가브랜드위원, 한국광고학회 13대회장, 서울시 2, 3대 브랜드위원장을 지냈다. 한국외대 신문방송학과를 졸업하고, 미국 하와이주립대학에서 매스 커뮤니케이션 석사 학위를, 미국 Syracuse 대학 Newhouse School에서 박사 학위를 받았다.

저역서로 『인간과 커뮤니케이션』(1996,공저), 『브랜드 관리』(2015,공저), 『소비자행동과 문화』(20007,공역), 『국가브랜드전략』(2008, 2020, 공역), 『해외시장에서의 브랜드 전략』(2015,공역), 『도시브랜드의 전략적 관리』(2013, 공역), 『디지털 시대의 브랜드 이해』(2020,공저), 『공공 브랜드의 전략적 관리』(2015,공저), 『공공 브랜드의 이해』(2015,공저) 등이 있다. Dimension of Nation Brand Personality, 브랜드 경험, 브랜드 자산, 국가 브랜드 정체성, 도시 브랜드, 기업 브랜드 전략 및 관리에 대한 국내외 다양한 논문이 있다.

김유신 kimys@pusan.ac.kr

부산대학교 전자 공학과 명예교수다. 과학기술 한림원 종신회원이다. 서울대학교 전자공학과를 졸업하고, 미국 버클리대학교에서 전자공학을, 스탠포드대학원에서 전자재료를 공부했다. 코넬대학에서 과학철학으로 박사 학위를 받았다. 한국과학철학회 회장, 한국통신학회 정보사회연구회 회장 등을 지냈다.

저서와 역서로 『과학기술혁명: 과학혁명과 4차산업혁명』(2020), 『과학철학의 흐름』(2012, 공저), 『양자역학의 역사와 철학』(2012), 『과학적 지식과 인간다운 삶』(2000, 공저), 『공공 브랜드의 이해』(2015, 공저) 등이 있다. "문화다원주의 문화적 정체성, 공약불가능성"(2011,공저), "닐스 보어의 상보성과 과학적 지식의 객관성"(2009, 공저), "보어와 실재론 논쟁"(2008, 공저) 등 다수의 논문을 발표하였다.

1. 공공의 시대

과거를 돌아보면 우리 사회를 달군 민주화에 대한 열망은 높았고 이를 달성하면 이상적인 사회가 만들어질 것이라고 생각했다. 그러나 현재를 보면 자유민주주의가 이미 달성되었고 그 영향력도 커지고 있다. 그럼에도 불구하고 양극화, 노사의 갈등, 부패, 정치 운영의 미숙, 교육 위기, 복지 문제에 대한 이념 대립 등은 과거 어느 때보다 더 치열하다. 특히 양극화, 노동 개혁, 교육 개혁은 시대적 화두이다. 최근에는 고령화 사회 문제와 더불어 오히려 사회와 국가의 발전은 정체되는 것이 아닌가? 민주화는 되고 있는데 왜 공동체의 기초는 더 무너지는가?

작금의 현실에서 우리는 자유민주주의라는 우리의 이상을 되돌아보게 된다. 왜냐하면 지금 우리의 불만은 제도적 민주주의에서 일어나는 정치적 논쟁 바깥에 있는 것이 아닌가 하는 생각 때문이다. 요컨대, 무너져 가는 공동체의 회복은 절차적 민주주의만으로는 힘들다는 방증이다. 무엇이 더 필요한가? 우리가 아이디어를 내고 제도 개선과 사회의 문제를 과거에는 독재에 묻혀 있어 드러낼 수 없었던 것을 이제 드러낼 수 있게 되었기 때문에 노력하면 점차로 이루어질 수 있다는 희망이 있어야 하는데, 우리의 불만은 그렇지 않다.

공동체의 회복은 공공 인식의 강화와 공공성에 참여가 확대될 때 가능하다. 공공 영역 속에 공정성을 바르게 확보하는 일은 정치적 논쟁이나 실천의 전제가 된다. 예를 들면 선별복지냐 보편복지냐, 노령연금을 전체로 하느냐, 선별로 하느냐, 무상교육이냐, 등 선택 논쟁은 우리의 불만을 해결해 주지 못하다. 왜냐하면 우리의 불만은 정치적 논쟁의 배후에 놓여 있는 공공의 인식에 있고 이를 토대로하는 공공철학과 관련이 있기 때문이다. 이 공공철학이란 우리의 실천적 삶 속에서 가지고 있는 시민권과 자유에 대한 가정을 지적해 주고 있다. 이 가정이 충족되어야 진정한 자유민주주의 사회라 일컫는다.

요약하면 개인의 자유, 시민의 덕(Civic virtue), 공공성이다. 이 공공성에 대한 인식이 있고 실천이 있을 때, 사회가 공동체로서의 시민사회가 가능하다. 우리 한국 사회에서는 시민이니, 시민사회의 개념은 19세기 말인 개화기까지도 시민이라는 개념은 형성되어 있지 않았고 시민의 덕은 더욱 미약했다. 물론 이를 갖추기 위해서 시간과 노력이 필요하다. 또한 시민의 도덕성이란 자신의 이익과 타인의 이익을 동시에 배려해야 가능하다. 결국 행복추구에 대한 공동체적 사고를 함양하는 과정에서 형성된다. 나아가 이웃에 대한 관심으로 발전하고나 교제하지는 못하지만 추상적 사고로 인해 공동체라는 더 넓은 이웃에 관심을 갖는다. 그러한 공동체에 대한 관심은 추상력이 있어야 가능하다. 이 추상력으로 우리는 공공성에 대한 인식을 갖게 되며. 이 공공성을 통해서 공익에 대한 인식과 실천이 이루어지게 되고 그 사회는 비로소 형식적 공동체에서 실질적 공동체가 된다.

절차적으로 제도적으로 우리는 민주주의를 상당히 달성했다. 그렇다면 우리의 불만의 기본은 이 공공성 문제와 깊은 관련이 있다고 볼 수 있다. 시민의 덕이 없는 자유민주주의란 모습은 멀쩡한데, 내부는 골병이 들어있는 사람과 유사하다. 이 시민의 덕의 함양은 결과적으로 공공성 인식과 공공의 의식의 함양이다.

먼저 공공성의 중요성, 개념을 역사적 사례를 통해서 살펴보고 공공철학에 대해 간단히 소개한다. 공공성의 인식과 실천의 문제를 역사적 사례를 가지고 생각해 보자.

2. 공공성의 영역과 개념

이들을 살펴보면 공공성은 공공 기관에서만 나오는 것이 아니라, 사적 영역에서도 나온다는 것을 알 수 있다. 그런데 시민사회가 성숙지 못하는 이유는 공공 기관이 공공에 대한 인식이 부족한 것도 큰 이유다. 공공 기관을 사적 영역을 위한 공공 기관으로 이용하기 때문이다. 사적 영역이라고 일컫는 기업도 자유기업이 제대로 운영하려면 공공성을 전제해야 사적 영역이 시민사회의 사적 영역이 된다. 이렇게 보면 공공의 정체성이란 공과 사 모든 영역에서 갖추어야 한다는 것을 알 수 있다.

과거에는 공공성이란 사적 영역과 반대되는 공적 영역인 공공 기관의 전유물로서 보아 공공 기관 종사자의 윤리는 멸사봉공이었다. 즉 국가권력은 자연히 공공 그 자체가 되고 그 종사자에게 요구하는 것은 멸사봉공일 수밖에 없다. 그러다가 자유방임 시대가 오면서 사적 영역의 확대와 정부 간섭을 거부하는 움직임이 지배적인 조류가 되었다. 만약 정부를 공의 대표적 상징으로 본다면, 개인의 윤리는 멸공봉사가 되는 셈이다.

공공성은 공공 영역인 정부 영역뿐만 아니라, 사적인 기업 영역에도 있다. 그리하여 우리는 공공을 개방시키고 사적인 영역이 공공에 대한 인식을 토대로 이루어지고 있음을 인식해야 한다. 이것을 활사개공이라 부른다. 인간의 활동영역이 물리적 공간과 공공 영역, 사적 영역이라고 일컫는 것 외에 이와 대응되는 공간으로 버츄얼 공간이 따로 활성화되어있다. 그것은 최근에 주요 화두인 4차 산업혁명의 진행과도 관련이 있다. 메타버스, 플랫폼, 게임공간 등의 사이버 공간은 예의와 도덕이 필요한 공간이며 그것이 기업이 만든 사이버 공간이나 정부나 공공 기관이 만든 사이버 공간에도 마찬가지로 그에 따른 공공성이 또한 필요하다. 이 사이버 공간은 4차 산업혁명의 의미와 관련되고 있다. 사이버 공간의 공공성과 관련하여 사이버 공간의 윤리, 사이버 공간내 존재자의 인격문제 등도 중요하다. 최근에 로봇의 인격, 로봇의 윤리도 연구되고 있다. 그렇다면 사이버 공간의 공공성은 이와 더불어 매우 중요해진다. 동시에 사이버공간과 현실공간의 상호작용에서도 공공성 문제가 발생한다. 이 장에서는 4차 산업혁명의 의미를 1, 2, 3차 산업혁명과 비교 또는 대조하여 무엇이 다른지 그의 철학적 함의를 서설적으로만 다룬다.

3. 자유시장과 공공의 인식

아담 스미스의 자유시장 개념의 전제에는 공공의 인식이 당연한 것으로 자리하고 있다. 그러면 그 전제는 무엇인가? 아담 스미스는 국부론에서 인류의 역사를 통해서 근대처럼 생산력이 증대한 적은 없었다고 이야기 한다. 그는 그 이유를 "… 특권 계급에 이익에 봉사하는 중세 봉건 사회의 특수 도덕을 타파하고 보편 도덕에 큰 진전이 있었기 때문이라고 풀이한다." 이 보편 도덕의 진전으로, "… 자유시장은 평화스러운 교환활동을 통하여 이익을 추구하는 인간 활동의 마당이 될 수 있다. "

인간 사회의 바탕이 되는 도덕의 유형은 특수 도덕과 보편 도덕으로 나누어 볼 수 있다. 그 차이는 도덕규범의 내용이 교섭행위를 하는 행위자들에게 차별하여 적용되고 있느냐, 아니면 모든 행위자에게 적용되느냐에 달려있다. 특수 도덕은 신분제 사회에서 볼 수 있듯이 특별한 대상에만 적용된다. 반면에 보편 도덕은 모든 대상에게 적용된다. 이처럼 이 두 도덕은 전연 다른 방식으로 인간관계를 규정한다.

아담 스미스에게 시장은 신뢰와 기대의 시스템이다. 왜냐하면 분업사회에서는 시장참여자의 지식은 상품에 대한 제한된 지식을 가질 수밖에 없다. 여기서는 사회에 대한 신뢰가 없으면, 상품에 대한 허위정보를 가지게 될 경우가 많고, 거래 계약을 신뢰하지 못하기 때문에, 계약이 제대로 기능할 수 없고, 자신이 이러한 행위를 하면 타인은 이렇게 반응할 것이라는 기대를 할 수가 없다. 만약 이러한 기대와 신뢰가 충족되지 않으면, 시장이 제대로 작동하지 않는다.

시장이 정당한 시장이 되기 위해서는 시장에 참여하는 자는 정의의 보편 도덕을 준수해야 한다. 스미스는 보편 도덕을 어기면서 이익을 추구하는 것에 대해 강력하게 비판한다. 상인과 제조업자가 경쟁을 하지 못하도록 하여 자신들의 특권을 유지하려는 것에 대하여 주의를 환기시키고 있다.

칼 폴라니의 『거대한 전환』에서 시장의 자동조절 기능의 실패가 파시즘의 대두와 같은 서구의 비극을 낳았다는 것은 경청할만하다. 이것을 아담 스미스의 사상에 비추어 본다면, 정부가 시장 참여자에 대한 보편 도덕의 확립을 담당해야 하는데, 여기서는 서구의 전환기의 비극은 시장의 자동조절 기능의 실패라고 보는데, 그 실패는 시장의 자동조절의 전제인 보편 도덕의 실패와 맞물려 있다고 볼 수 있다. 즉 정부나 지배계급이 권력을 통한 착취로 보편 도덕 확립에의 실패라고 보아야 할 것이다.

아담 스미스는 보편 도덕을 두 가지로 구분한다. 하나는 정의 보편 도덕이며 다른 하나는 자혜의 보편 도덕이다. 현대 사회에서 시장은 매우 중요하나, 시장이 모든 문제를 다 해결할 수 없다. 정의 보편 도덕 확립을 위해 정부가 개입하여야 하지만, 그것으로도 부족하다. 여기서 아담 스미스는 정의의 보편 도덕 못지않게 중요한 자혜의 보편 도덕을 강조한다. 그 이유는 인간 사회의 중요한 덕목은 정의와 자혜이고, 훌륭한 시민이면 정의와 자혜 모두 갖추어야 한다. 다른 말로 하면 사랑과 정의이다. 정의만 있고 사랑이 없는 사회에서 약자는 설 자리가 없다. 경쟁은 약자를 패망케 하기 때문이다. 자혜의 보편 도덕은 공동체의 도덕이며 공공의 인식에 의해 얻어진다. 또는 이 자혜의 도덕은 공공성을 산출한다. 이러한 도덕적 영역이 바로 공공의 영역이다.

아담 스미스는 시장을 선한 사회의 중요 프로그램으로 보았는데 그 이유는 정의의 보편 도덕을 시장작동의 기본조건으로 보았기 때문이다. 이는 아담 스미스의 사회학과 관련이 있다. 아담 스미스는 스코틀랜드의 계몽 사상가인데, 계몽 사상가들의 사회관은 '사회적 사실'을 중시했다. "그들은 사회의 관습을 루소의 일반의지와 비슷한 집합 의식으로 형이상학화 하지도 않았고, 또한 사회사실을 도덕사실과 동일시하지도 않았다. 그들은 인간을 사회 속에서 생활하고 사회에 의해 형성되는 사회존재로 보면서도 인간의 '사회성'을 설명하는 보편적인 도덕원리를 확립하려 하였다." 그들은 물리세계와 마찬가지로 인간의 본성도 일정하므로, 보편적인 자연질서가 존재하는 것처럼 보편 도덕도 존재한다고 보았다. 이 두 질서는 서로 받쳐준다고 보았다. 이리하여 계몽주의자들은 인간의 일반 본성에 일치하는 사회가 가장 선한 사회라고 보았다. 이러한 주장은 아담 스미스의 도덕 감정론에서 보는 인간관에 잘 나타나 있다.

4. 과학혁명과 공공의 인식

조셉 니담은 AD 12세기까지만 해도 중국의 과학기술은 서구의 과학기술보다도 훨씬 앞섰으나 12세기 이후부터 서구의 과학기술은 조금씩 발전하다가 16-17세기가 지나면서 중국을 압도했다고 주장한다. 왜 그런가? 조셉 니담은 서구에는 과학혁명이 있었지만 중국에는 과학혁명이 없었다고 한다. 이를 밝히기 위해 니담은 중국 과학사에 몰두한다.

과학혁명은 서양 과학사가들에 의하면 1543년 코페르니쿠스의 천구회전에 관하여 라는 책의 출판과 더불어 시작한다. 코페르니쿠스의 천문학 이론은 태양중심설 이론으로 아리스토텔레스-프톨레마이오스의 지구중심설에서로 변화한 것이다. 이 변화는 단순학 천문학 내부 이론의 변화만 아니라, 고대 그리이스 세계관 자체를 무너뜨리는 역할을 했다.

그런데 이러한 과학혁명에는 그 인과관계를 정확히 제시하기에는 어려움이 있지만 종교개혁이 큰 역할을 했다. 과학혁명기 과학자들의 과학탐구는 개인의 경쟁적 사고가 아니다. 더 큰 인류의 문제와 관련 속에 있다. 로버트 K. 머튼은 베버의 자본주의 정신에 대한 논제를 근대과학의 발전에도 적용하여 개신교 윤리가 지배적인 가치들의 직접적인 표현이었던 동시에 새로운 동기의 독립적인 근원이 되었을 것으로 주장하였다. 즉 개신교 윤리가 사람들을 특정한 활동방향으로 이끌었을 뿐만 아니라 그 행동에 몰두하도록 지속적인 압력으로 작용했다. 직업에 대한 헌신적인 태도는 과학적 탐구에도 적용되어 자신의 일을 존귀하게 여기고 조물주의 영광을 드러내기 위한 신성한 일로 간주함으로써 과학적 활동의 기반을 확립시켜주었다. 그리고 청교도 윤리가 그 시대의 지배적 가치로 자리 잡으면서 보편적인 삶의 양식으로 받아들여지게 되었다.

더구나 자신의 운명에 대하여 스스로 책임을 져야 한다는 개인주의적 태도는 신 앞에서 양심에 따라 자유롭게 행동하며 과거 전통의 불합리하고 주술적인 권위에 대항하는 근대 과학의 경험론적 태도와 같은 새로운 방법론을 추구할 수 있는 기회를 제공하였다. 그리고 이러한 방법은 과학에 그대로 적용되어 자연에 대한 직접적인 탐구활동으로 이어졌다. 여기서 이러한 직업윤리도 공공의 인식과 연결시킬 수 있다. 물론 종교적 요소이지 공공성이 아니라고 할 수 있으나 공공의 성격은 개인의 단순한 이해관계 사회적 이익보다는 초월적이고 사회전체와 인류와 관련되는 목표가 동기가 되기 때문에, 그것을 공공의 인식과 관련시킬 수 있다. 공공의 인식이 사회의 긍정적 변화에 중요한 역할을 한 사례로 볼 수 있다.

서구의 도약은 두 가지의 큰 사건에 기초하는데 곧 자본주의 출현과 과학혁명이다. 이 모두는 직업이 소명이라는 공공의 인식이 큰 기여를 했다. 공공철학의 관점에서 본다면 현대사에서 공공의 인식이 사회변화의 동력이 되었다고 볼 수 있다.

5. 현대의 공공 인식

1) 월터 리프먼의 공공성

공공성이 이 시대에 문제라는 것을 월터 리프먼은 직접적으로 파악했다. 월터 리프먼은 20세기 중반에 활약한 미국의 저명한 정치평론가이다. 그는 19세기를 다원화되고 파편화된 사회이며, 일반적이며 객관적 기준이 상실된 사회라고 진단하면서 자연법에 함축된 공공질서가 붕괴되고 있다고 주장한다. 이 자연법은 그에 의하면 이성적 인간이라면 누구라도 발견할 수 있는 것으로 보았다. 이 공공질서의 붕괴로 인해 자유민주주의 위기와 딜레마가 형성되고 그 틈으로 파시즘과 전체주의가 대두된다고 생각했다. 지금의 자유민주주의는 대중민주주의가 되고 대중사회에서는 여론 정치가 중요한 역할을 하는데 이 여론은 조작이 될 수 있는 위험성과 무책임성을 리프먼은 『여론』이라는 그의 책에서 지적했다. 공산주의라는 이름 하의 전체주의에 대항할 서양의 자유민주주의 체제의 위기는 바로 공공 민도(civility)의 상실이다. 이 공공민도의 회복을 공공철학이 할 수 있다고 리프먼은 생각했다. 그는 시빌리티 공공철학이 이를 극복할 수 있다고 보았다.

그는 자유주의가 자연법에 함축되는 보편적 질서에 기초하여 여전히 형성 유지될 수 있다는 믿음에서 이 『공공철학』을 저술했다.

리프먼의 자유의 전제는 이성적 인간에 의해서 합의되는 보편적 질서가 있다는 것이다. 다시 말하면 근본적인 것과 궁극적인 것에 대한 합의 되는 보편적 질서가 있고 그 질서 안에서 여러 서로 반대되는 이론과 견해 논쟁들을 허용하고 장려하는 체제가 자유민주주의 체제라는 것이다. 그러나 그러한 궁극과 근본에 대한 합의가 상실되어 갈 때, 문제가 발생한다. 즉 공공 시민도라는 것은 이러한 근본적인 합의 안에서 형성되는데 이 합의가 깨어지면 공공 시민도도 역시 붕괴된다. 공공심은 점차 약해질 수밖에 없다. 그는 다수에 의한 대중민주주의를 역사적 공동체의 인민과 유권자로서의 인민을 기준으로 구별하고 있다. 공공 시민도를 잃어버린 대중으로 사회가 구성되면 그 사회의 자유민주주의는 붕괴된다. 이를 극복하기 위해 리프먼은 공공철학을 주장했다.

리프먼은 선량한 시민(good citizen)이 부정도 무시도 할 수 없는 적극적인 원리와 지침이 존재한다는 확신, 시빌리티 공공철학(public philosophy of civility)이 존재한다는 확신을 가지고 그의 책을 썼다. 시빌리티 공공철학은 다시 발견되거나 발명되어야 할 필요는 없다. 그것은 이미 잘 알려져 있다. 그러나 그것은 부활되어 새롭게 될 필요가 있다. 그는 시빌리티 전통을 스토아학파와 제논, 키케로를 거쳐서 토마스 아퀴나스 등으로 이어지는 자연법에서 찾았다. 이리하여 리프먼의 공공철학은 자연법으로의 회귀로서 자연법적 공공철학이라고 부를 수 있다. 리프먼의 자연법적 공공철학은 공동체마다 다르거나 개인의 규범에 따라 달라지지 않는 보편적인 원리가 가능함을 전제한다. 즉 시빌리티의 토대는 보편적인 것이다.

자유와 보편성이 양립하기 힘드는데, 리프먼의 자유는 인간의 일차적 본성을 교육을 통한 제이의 본성이 이성의 지배를 받는 제이의 본성이 잘 통제할 때 보편적 질서와 일치할 수 있으면 이때 얻어지는 상태이다. 이는 개인의 자유를 다른 어떤 규범적 가치보다 중요시 하는 자유주의와 다른 입장이다. 공동체의 책임 개념은 도덕적인 것이다. 도덕을 상대주의적으로 보고 거리를 두어버리면 자연이 공동체의 책임도 약화될 수밖에 없다. 리프먼의 자유주의는 개인의 자유를 다른 어떤 규범적 가치보다 우선하고 인간의 도덕을 주관적인 것으로 보고 도덕에 거리를 두는 방식과는 다르다. 이 점은 공화주의 철학과 일맥상통한다.

리프먼의 공공철학의 한계는 여전히 전통적 민주주의의 한계 아래 있다. 현대는 좋은 삶의 표준이 하나가 아니고 다양하다. 현대는 IT의 발달로 사이버 공간이 출현했으며 물리적 공간 또한 글로벌한 세계이다. 이로 인해 개인의 자율적 공간은 크게 확대되고 있다. 이 점에 대해서는 리프먼의 공공철학은 한계를 지닌다.

2) 마이클 샌델의 공공철학

샌델은 앞에서 언급했듯이 자유주의는 공동체의 약화를 가져오기 때문에 공동체주의를 강조하면서 자유주의의 공공철학을 비판하고, 그 대안으로 공화주의의 공공철학을 제창한다. 이 장에서는 샌델이 비판한 자유주의의 공공철학, 대안으로 샌델의 공화주의의 공공철학에 대해 이야기하고 이들의 한계를 지적하고 필자의 활사개공의 공공철학에 대한 견해를 제시한다.

(1) 자유주의의 공공철학

자유주의는 하나의 형태로만 간단히 표현되지 않는다. 자유주의는 여러 형태의 정식화가 있다. 예를 들면 샌델은 공리주의적 자유주의(존 스튜어트 밀), 칸트적 자유주의, 평등주의적 자유주의(존 롤스), 자유지상주의(로버트 노직), 최소주의적 자유주의(존 롤스와 리처드 로티) 등 여러 가지 형태를 든다.

샌델에 의하면 이들 자유주의의 특징을 크게 개인주의와 평등주의다. 전자는 관용과 개인권의 존중을 강조하고, 각 개인의 가치관이나 삶의 방식 선택을 개인의 책임으로 본다. 가치관의 대립이나 충돌은 사회제도가 조정하고 가능한 공생하도록 한다. 자연히 개인의 도덕은 지극히 사적인 것으로 보고 법적인 제도적 장치에서는 도덕과 거리를 둔다. 평등주의적인 측면은 각 개인이 자유롭게 선택한 삶의 방식을 실현할 수 있도록 경제적 사회적 기본 능력을 갖도록 한다. 지나친 빈곤이나 불평등은 자유롭게 선택한 삶의 방식을 실현하기 힘들기 때문에, 이를 보완하고 보충해 주도록 국가가 사회적 제도와 장치를 개선하고 확대한다. 소위 복지국가를 지향하여 법적·정치적 평등뿐만 아니라, 재원과 자원의 평등한 배분이 이루어지도록 사회적·경제적 평등의 제도적 장치를 마련한다. 샌델에 의하면 자유주의의 공공철학은 두 가지를 근간으로 하는 정치이론이다.

샌델에 의하면 앞의 두 가지 특징을 근간으로 하는 자유주의의 공공철학의 중심축에는 정부는 시민들이 지지하는 도덕적·종교적 견해에 대해서 중립적이어야 한다는 주장이 자리를 잡고 있다. 샌델에 의하면 그 자리는 옳음(right)이 좋음(good)을 우선한다는 칸트적 견해로 메워졌다.

칸트적 자유주의자들이 주장하는 옳음이 좋음에 우선한다는 것에는 두 의미가 내포되어 있다. 첫째는 개인의 권리가 개인의 좋음과 공동체에서 공유되는 선=공동선(공익)보다도 우선되어야 한다는 것이다. 둘째는 정의의 원칙들은 어떠한 좋은 삶의 개념에도 의존해서는 안 된다는 것이다.

그런데 좋음이 우선인지 옳음이 우선인지의 판단은 논리적으로 가능한가? 선험적으로 주어지는가? "자유주의적 자아에게 무엇보다도 중요한 것, 인격성(personhood)에 대한 가장 본질적인 것은 선택되는 목적이 아니라 목적을 선택할 수 있는 능력이다." 이는 칸트가 말하는 자율적 행동을 의미한 것으로, 천성이나 사회적 관습이나 전통 등에 따라서가 아니라 내가 나에게 부여한 법칙에 따라 행동하는 것이다. 이것은 결국 선험적으로 그렇다는 것이다. 즉 이성의 통치를 받는 인간의 자율성 때문에 이른바 롤스의 원초적 상태에서의 인간의 상정이 가능한 것이다. 이러한 자아를 샌델은 "무연고적 자아(unencumbered self)"라고 한다. "무연고적 자아"란 목적에 대한 자아의 우선에서 짐작할 수 있듯이 각 개인이 인생에서의 다양한 목적을 스스로 발견하고 선택을 자유롭게 함을 이상으로 삼는 것으로, 목적에 의해서 영향을 받지 않으며 그것에 우선하는 것이다. 그리고 "무연고적 자아"는 정의를 행할 의무 등의 "자연적 의무"에 대한 책임에만 관심을 둘뿐이어서, "자연이나 신이 부여한 목적들이라든가 가족, 민족, 문화, 전통의 구성원으로서 그 정체성이 부여한 목적들을 실현할" 자발적이고 연대적 의무가 없는 것이다.

그래서 샌델은 충직인가 의무인가 라는 도덕적 딜레마를 잘 보여 주는 남북전쟁 직전 로버트 리 장군의 선택과 유나바머(Unabomber) 사건 등을 예로 들면서 연고적 자아를 인정하지 않으면 도덕적·정치적 딜레마를 이해하기 어렵고, 무연고적 자아에게는 "인격적 성질(qualities of character)"이 결여되어 있음을 지적한다. 이는 "인간 대 인간의 보편적 의무"뿐만 아니라 충직과 연대에 중점을 두어야 할 경우가 있음을 시사한다. 여기서 "정직함이란 남의 양을 훔친 아버지를 고발하지 않은 자식의 행동 안에 존재한다."고 한 논어의 이야기처럼 절대적 정직이냐 상황적 정직이냐 법은 절대적 준수냐 아니면 상황적 준수냐 하는 것이 문제가 된다. 중국 사상에서 보이는 유가와 법가 사이의 긴 논쟁과 관련이 있다. 이 점은 신학이나 윤리학에서도 나타난다. 상황윤리냐 절대적 윤리냐, 절대적 규범인가 상황적 규범인가라는 문제가 생긴다. 그러나 여기서 샌델이 내세우는 "인격적 성질"은 상황에 따라 무엇이 더 중요하고 더 적절한지(fitting)을 항상 염두에 둘 것을 강조한다고 말할 수는 없다. 이 것은 나중에 나올 것이다.

자유주의는 자유로운 행위 주체가 되기 위해서는 다양한 가치에 대해서 중립적이며 정치를 어떠한 도덕적·종교적 신념에 근간을 두지 않게 하고 개인에게 지나친 요구를 하지 않는 정치제도가 필요해야 자유주의 정신에 맞다는 것이다. 가치나 종교 도덕은 주관적이고 상대적이라 그것에 중립이 되지 않으면, 편향이 일어나기 때문에, 자유의 본질적 성격이라 부를 수 있는 가치의 자유로운 선택이나, 종교와 도덕의 선택이라는 사상에 어긋나기 때문이다. 따라서 자연히 도덕적이고 종교적인 각 개인의 신념을 괄호 안에 집어 둔 상태에서 정치제도를 성립시키는 원리를 합의해야 한다. 그럴 때, 정의의 원리는 불필요한 사회적 제약이나 가치의 서열, 편향에서 벗어난 각 개인에 의해서 자유롭게 정당하게 지지될 수 있다.

센델의 주장에 의하면, 자유주의의 공공철학이 다양한 가치관에 기초한 목적 추구를 인정하지만, 그것을 공적 제도적 영역에서는 다양성을 반영시킬 수 없고 사적 영역으로 보낸다면 이는 사적(개인적) 정체성과 공적(정치적) 정체성의 분리를 의미한다. 공-

사의 구분이라는 용어를 쓸 수 있을지 모르겠지만 - 그렇게 분리가 가능한 것은 아니다. 예를 들어 개인과 국가의 중간지대에 존재하는 공동체로 가족이나 로컬 공동체 등의 중간적인 공동체는 어떻게 되는가? 여기서 공공성의 담당자가 국가나 정부라는 의식이 강하게 존재할 수밖에 없다. 다시 말하면 공공정책에 대한 논쟁이 "인격 형성적 계획(formative project)"과 무관하게 진행됨을 의미한다. 이는 삶의 영역을 공적 영역, 즉 정부 영역과 사적 영역 두 가지로 나누어져 버린다. 일종의 정부 영역에서는 최고의 가치는 멸사봉공이고, 사적 영역에서는 멸공봉사가 되어버린다. 기업은 철저한 사적 추구 기업이 된다는 것이 정당화를 얻는 셈이다. 정부는 간섭해야 할 수많은 영역을 사적 영역으로 내어줘 버리고 좁은 영역만을 가지고 멸사봉공이라는 자세를 취하게 한다. 일본의 공공철학은 이러한 구도를 완강히 반대한다. 그들이 반대하는 공사이론을 적용해보면 자유주의의 공공철학은 공적 영역에서의 멸사봉공형의 사고방식과 사적 영역에서의 멸공봉사형의 사고방식이 공존하는 형태가 된다. 공사이원론의 두 형태는 자유주의의 공공철학에 필연적이 되는 셈이다.

(2) 공화주의의 공공철학

공화주의 역시 자유를 주요 덕목으로 삼는다. 그러나 자유에 대한 이해가 자유주의자와 다르다. 자유주의가 자유를 목적을 자유로이 선택할 수 있는 능력이기 때문에 정부는 자유에 제약을 주는 편향을 방지하기 위해서 가치나 도덕은 개인적 주관적인 덕목이기 때문에, 정부는 중립을 지켜야 한다고 주장한다. 그러나 공화주의 이론은 조금 다르다. 자유는 목적 선택 능력보다도 자기통치(self-government)에 참여하는 데 달려 있다. 이 점은 19세기의 제이 본성이 제일 본성을 통제하는 상태라는 월터 리프먼과 유사하다. 그러면 자기통치(self-rule)는 개인마다 같은가? 다른가? 샌델에 의하면 이 자기 통치는 보편성을 가질 수 있어야 한다. 즉 자기 통치는 공유되는 성질의 것이다. 샌델은 이를 아래에 잘 설명하고 있다.

> "동료 시민들과 함께 공동선(common good)을 숙고하고 정치 공동체의 운명을 만들어가는 데 이바지하는 것이다. 그런데 공동선을 숙고하기 위해서는 자신의 목적을 선택할 능력과 타인의 권리를 존중하는 능력만으로는 부족하다. 공공 사안(public affairs)에 대한 지식, 소속감, 전체에 대한 관심, 운명이 걸린 문제에 직면해 있는 공동체와의 도덕적 유대 등이 필요하다. 그러므로 자기통치를 공유하기 위해서는 시민들이 특정한 인격적 성질이나 시민들이 지지하는 가치와 목적에 대해 중립을 지킬 수 없다. 자유주의적 자유관과 달리, 공화주의적 자유관은 형성적 정치를 요구한다. 다시 말해 시민들 속에 자기통치에 필요한 인격적 성질을 길러내는 정치를 요구한다."

샌델은 시민의 자기통치를 추구하는 움직임을 공공정책과 정치적 담론에서 덕, 인격 형성, 도덕적 판단 등의 덕목 즉 도덕적 조건을 필요조건으로 강조하는 우파의 입장과 경제적 필요성을 강조하는 좌파의 입장 등에서 발견했다. 그가 예로 제시한 것은 다음과 같다.

시민적 보수주의자들은 가족, 학교, 교회 등의 공동체의 기능을 강화함으로써 정부에 대한 의존도를 낮추고, 교육현장에서의 도덕성을 활성화시키므로 사회문제를 해결하고자 했다. 특히 샌델은

빌 클리턴이 일자리 제공이 소득만이 아니라 인격 형성 효과와 가족생활에 부여하는 구조, 긍지를 위해서 필요하다면서 자유주의자들이 회피했던 도덕적이고 정신적인 영역을 다룬 것을 높이 평가하고 있다. 그리고 시민권의 정치경제학을 엿볼 수 있는 예로서는 저소득 공동체의 경제적 자립을 위한 NPO인「지역사회개발법인」, 지역경제와 공동체의 유대를 형성하고 강화하는 데 기여하는 동네 소매점을 보호하기 위해서 기업형 슈퍼마켓의 진출을 반대하는「스프롤버스터(sprawl-busters)」 등이 있다. 또한 공공생활을 촉진할 수 있는 만남의 공간이 늘어나도록 도시계획을 제창하는 새로운 도시주의(the New Urbanism), 지역사회에 기반을 둔 단체들이 빈곤한 지역사회 주민들 조직하여 정치활동의 방법을 교육하는 산업지역재단(Industrial Areas Foundation)가 있다. 샌델은 이러한 국가 차원의 시민권 의식의 함양을 전초지로 삼아 공공철학의 외연을 전 지구적이고 보편적인 도덕적 공동체를 기반으로 한 코스모폴리탄적 비전으로 확장한다.

샌델이 관심을 둔 이상의 것들은 자유주의의 공공철학에 의해서 침식된 공동체의 부활과 시민생활의 강화로, 시민사회의 제도에 중점을 둔 것이다. 이를 도식화하면 다음과 같다.

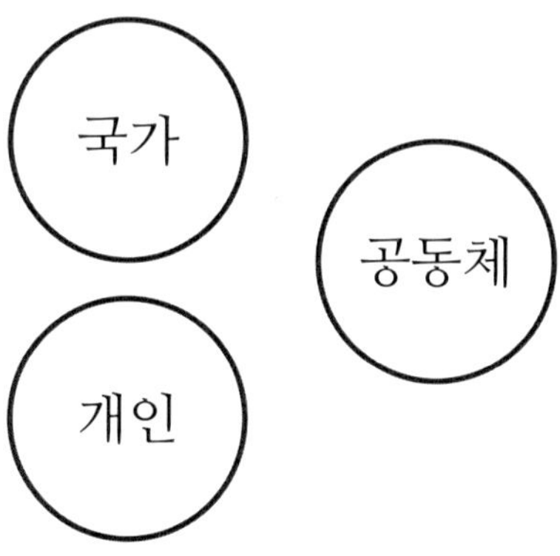

앞에서 논의한 바에 따르면 자유주의의 공공철학과 공화주의의 공공철학의 차이점을 한 마디로 공공생활과 도덕적·종교적 담론을 분리시키는가 아닌가에 있다. 샌델의 공화주의의 공공철학은 국가와 개인의 사이를 중재하는 시민적 자원이 풍부해질 때에 새로운 공공성을 창출하는 역할을 다할 것이다. 이는 상기의 도식과 나중에 언급할 활사개공의 도식을 비교하면 짐작할 수 있듯이, 공(=국가, 전체)과 사(=개인, 부분)를 함께(共) win-win하는 이념인 활사개공을 주창하는 일본의 공공철학과 일맥상통하는 점이 있다.

6. 활사개공과 공공철학

자유주의의 공공철학은 다양한 가치관에 기초한 개인의 목적 추구를 인정한다. 그러나 공적 제도적 영역에서는 그러한 다양성을 반영시킬 수 없다고 생각하고 그러한 것을 사적 영역으로 보낸다면 이는 사적(개인적) 정체성과 공적(정치적) 정체성의 분리를 의미한다. 사적 정체성과 공적 정체성의 분리를 가지고는 시빌리티를 함양시킬 수 없다. 자유주의 공공철학은 정부가 종교나 도덕에 중립적일 것이 아니라, 도덕적 종교적 훈련이 지니는 보편성에 착안하여 도덕과 종교를 공적담론에 보내어야 한다.

지금은 사적 영역은 개인의 이익이고 공적 영역은 정부 영역으로 보는 것은 철저히 제도에 의해서만 공적인 삶을 인정하려 하고 종교, 도덕, 사적 영역에 대해서는 공공 영역에 들어올 수 없다는 것은 인간으로 하여금 자신의 삶을 제한시키고 공동체에 기여한다는 것을 약화시켜버린다. 공동체의 책임감은 도덕과 종교적 훈련을 통해 올 수 있다는 사실을 망각한다. 오히려 공적 영역을 아주 약화시킨다. 책임감이 없이 공동체는 존재할 수 없다. 오늘날과 같은 글로벌 시대, IT에 의해 개인이 자기의 영역에 박히고 심지어 은둔한다 하더라도 IT에 의한 타인에 대한 영향력은 막강하게 되었다. 사적 영역이 공동체에 지니는 책임감이 강해졌다. 오늘날 사기업은 공동체에 막대한 영향력을 행사할 수 있으면, 동시에 공동체의 책임감과 공동체의 건전함이 사기업이 그들의 기업 활동을 자유로이 할 수 있는 토대 역할을 한다. 이것을 의식하는 것이 사회적 기업이라 부를 수 있겠다.[1]

IT시대에 개인 자율적 공간은 엄청나게 확대되어 공공의 공간을 창출하고 이용하게 되어 있다. 사회적 기업이란 공공 영역의 창출 역할을 한다. 그러나 그 창출은 공동체를 굳건히 하여 사기업이 번창할 수 있는 사적 공간도 넓어지도록 만들었다. 이제 사적 영역은 사적 영역의 확장을 위한 노력만으로는 사적 공간을 확장하기 힘들다. 오히려 공공 영역의 창출이라는 방식으로 공동체를 튼튼하게 만들어서 공동체가 더 큰 사적 영역을 받쳐줄 수 있어 사적 영역은 더 확장된다. 지금까지는 공적 영역은 정부로 대표되고 사적 영역은 개인이나 사기업으로 대표되어 공적 영역과 사적 영역의 총합은 일정한데 사적 영역이 커지면 공적 영역이 감소하고 공적 영역이 커지면 사적 영역이 감소한다고 보았다. 현대는 다양한 가치 다

---

1 여기서 사회적 기업의 의미는 사적 영역에서 공공 영역과 중첩되어 있다는 것은 사실이지만, 사기업, 공기업과 더불어 사회적 기업이라는 범주를 만든다는 것은 아니다.

양한 도덕 종교가 존재하지만, 그 핵심에서는 보편적 가치와 보편적 초월성과 인간의 존엄성이 있다. 그것을 가능케 하는 것이 합리적 의사소통이다.

이 보편성의 토대에서 우리가 발견한 것은 곧 공동체의 활성화와 공동영역의 확대가 가능하다. 정부 영역과 사적 영역의 총합은 공공 영역의 창출로 인해 더 커진다. 공공 영역은 이제 정부나 공공기관에 국한하는 것이 아니고, 사적 영역에서도 공공 영역을 창출할 수 있다. 사회적 기업, 봉사하는 개인은 바로 공공역의 창출이다. 이는 곧 자신에게로 돌아오는, 즉 사적 영역의 확대로 나타난다. 여기서 공공 영역의 브랜드 관리가 중요하다. 공적 영역, 곧 정부 영역은 공공 브랜딩을 통해서 공적 영역을 활성화하거나 창출시켜 사적 영역이 활사가 되게끔 한다는 얘기다.

7. 공공성과 공공 브랜딩

1) 공공성 개념의 다양성

지금까지 공공 기관, 지방자치 단체, 공기업, 정부 기관, 국립연구소 등은 그 존재 이유가 공공성을 위한 것이고 따라서 하는 일은 다 공공성을 가진 일이라고 했다. 공공 기관의 규약적 정의에서 공적인 영역의 일을 한다는 것이다. 이 관점에서 공공 브랜딩이란 공공 기관의 경영, 마케팅, 커뮤니케이션을 포괄한다. 이 점이 지금까지의 공공 브랜딩의 문제였다. 공공 브랜딩은 공공성의 인식의 토대

위에서 이루어져야 한다. 그러면 장소의 공공성, 공공 기관의 공공성, 지방자치단체의 공공성 등을 생각해 보자.

장소의 공공성은 장소에 누구나 접근할 수 있다는 데에서 찾아지는 것이 아니다. 가령, 시립공원은 공공장소이다. 거기에는 누구나 접근할 수 있다. 그런데 거기서 누가 공중도덕에 위배되는 일, 예를 들면 커플이 사랑을 나누고 있다고 하자. 이 경우 그 장소는 이들에게 사적 공간이 되고 만다. 그때 관리인에게 고발하여 관리인이 그들을 내보내어 그 장소의 공공성을 회복시킬 수 있다. 그런데 그것을 아무도 제지하지 않으면 그것은 이미 단순히 장소에 불과하지 공공 영역으로서의 장소는 아니다. 공공 영역은 점점 상실되는 것이다. 그 장소는 누구나 접근할 수 있지만, 이미 사적 영역이 개입되어 사적 영역화된다. 장소의 공공성은 단순히 누구나 접근할 수 있다는 것에서 출발하는 것이 아니라, 공공에 대한 인식을 토대로 그 장소에 접근할 때 비로소 그 장소는 공공성을 가진다. 장소에 대한 공공 브랜딩은 공적담론이 이루어지고 공중도덕을 준수하고 공공의식 아래에서 장소를 사적 영역으로 변질않도록 보호하는 작업이다. 이 작업은 끊임없는 관심이나 캠페인 같은 것을 통해서 공공 영역으로서 우리의 행복을 주는 곳으로 인식시키기 위해 여러 형태의 브랜딩을 하는 것이다. 공공 브랜딩은 공공장소의 본질을 드러내는 것이다.

4차 산업혁명 시대에 공간 개념은 매우 확장되었다. 가상공간, 사이버 공간이 그것이다. 게다가 플랫폼이나 메타버스 같은 것들은 가상공간이 단순히 IT가 창출한 공간만으로 그치는 것이 아니고 그 구조가 보다 복잡한 형태로 디자인될 수 있는 공간이다. 이 공간 내에서의 사적인 영역과 공적인 영역도 매우 중요한다. 이 가상공간은 디자인에 따라 가상 공공장소의 역할을 한다. 그렇다면 공공장소의 본질을 드러내는 공공 브랜딩은 여기에서도 필요하고 어떤 점에서는 새로운 공공 브랜딩 방식의 창안도 필요할 것이다. 이처럼 공공 영역의 브랜드화는 공간과 주체에 따라 접근방법도 다양해진다.

자칫 공공 브랜딩을 공공 기관의 성과나 외형적인 모습을 포장하거나, 마케팅하는 것으로 오해할 수 있는데 이는 아주 잘못된 것이다. 공공 브랜딩은 공공 기관의 브랜딩이 아니다. 공공 기관이 공공성을 유지하고 사적 영역으로 활용되는 것을 막으면서 공공 기관의 공공성으로 인해 국민이 서비스를 받고 행복하게 되는 전략적 과정이다. 나아가 이 작업이 이루어지도록 공공 기관을 공공 기관의 직원과 국민들에게 모두 인식시키는 것이 공공 브랜딩의 역할이다.

2) 공공 브랜드의 전략적 관리: 기업브랜드 원리의 확장

종래 기업은 자신의 전유물로 인식되어온 브랜드관리의 전략적 노력을 통해 그들의 자산과 가치를 극대화하는 시도에 의존해 왔다. 지금 사회 각계에서는 이 같은 노력과 노하우가가 공공의 영역에도 확장되어야 하며 사적 영역과의 소통이 단절되어 왔던 공기업, 지역, 정책 등과 긴밀히 소통해야 한다는 절박한 위기에 직면해 있다. 최근 공기업이 쏟아내는 천문학적 부채에도 여전히 건재해 있는 아이러니를 보면서 범사회적 관심이 실력있고 책임 있는 공공경영의 필요성이 어느 때보다 절실하다. 이는 단순히 공공을 대상으로 하는 일방적 마케팅에서 한발 더 나아가 공공철학과 정체성을 명확한 목표고객과 공유하려는 적극적 노력으로 진화해야 한다. 이것이 공공 브랜딩이다. 그러나, 이는 단순히 주체가 공적이라는 데 그쳐서는 안 된다. 공·사를 막론하고 공적 정체성을 어떻게 정립하여 이를 활용하느냐에 달려있다.

공공 브랜딩이란 공공의 영역을 경쟁의 공간으로 보기보다 사회의 존중성, 공공의 이익, 공생의 추구라는 기본 정신에 기반을 두고 함께 살아가는 상생에 가치를 두어야 한다. 최근 자본주의 4.0의 시대를 논하면서 더불어 사는 공공 정체성(public identity)이 강조되고 이에 대한 보다 구체적인 탐구노력이 필요한 때이다. 공공 정체성은 비단 공공 기관이나 주체만이 가지는 특징이 아니다. 오히려, 사적 영역에서도 단순히 소비자만을 위하는 상업적 노력에서 사회적 구성원이자 공적 개체로서의 정체성을 갖추고 이에 걸 맞는 활동을 해야 한다. 이렇게 보면, 공공 브랜딩은 공적 영역과 사적 영역 모두에서 반드시 갖추어야 할 공적 정체성의 발현이며 이는 최근 사회적 기업의 구현 등을 통해 예시되는 역할과 책임으로 예시된다.

정부, 공기업, 지방자치단체를 아우르는 공공 영역의 활동은 그 자체가 공공 브랜딩의 대상이요, 공공을 위한 공적 의무(Public Obligation)이다. 반면에 사적 영역 즉 민간기업이 벌이는 공적 활동은 자발적 책임(Voluntary Responsibility)이자 사회적 책임(Social Responsibility)이라고 할 수 있다. 공공 영역의 브랜딩 활동은 이 같은 공적 의무를 효율적이고 효과적으로 하기 위해 공공이슈에 대응하는 마케팅 및 커뮤니케이션의 총체적 행위라고 할 수 있다, 나아가 사적 영역의 사회적 책임은 일반 기업이라도 공공 의무를 게을리해서는 안 된다는 가치지향적적 사고를 강조한 것이다.

전술한 바대로 공공은 관계형성 존재자이다. 공공 속에서는 공동체성이 있음에도 불구하고 우리 공공 영역에서의 브랜드 원리는 기술적 관리요령만 습득하려 해 왔다. 공공 브랜딩이란 경쟁과 차별화에 의존한 기업원리의 답습이 아니라, 공적 주체로서의 역할과 책임구현을 통한 생산력 제고에 주력해야 하며 전략적 관점에서 장기적 비젼을 갖추어야 한다. 공공 영역에서 복지, 재경, 외교, 문화 등 정책의 혁신노력에는 비교적 오랫동안 이 원리가 응용되어왔다. 이는 국가 브랜드의 공공원리가 접목되면서 적절한 전략과 투자가 이루어졌기 때문이다. 그러나, 정부, 공기업, 지방자치단체 등이 벌이는 브랜드 활동은 민간기업의 공공 브랜딩 활동에 비해 여전히 초보에 머무르고 있으며 지속성과 일관성을 담보하지 못하고 있다.

민간이 벌이는 공적 활동을 보자, 최근 대두되어 온 사회적 기업의 등장과 활동(CSR)이 잉여 이익을 나누는 너그러운 투자라면, 공적가치를 우선시하여 공유하려는 기업의 전략(CSV)은 가히 사회적 공중으로서의 기업이 새로운 혁신 패러다임을 구사하는 형태이다. 환경적 공공정체성을 세계에 표방해 온 글로벌 아웃도어 의류업체인 파타고니아는 기업이익보다 공공의 이익을 우선시한 사례이다. 또한, 탐즈슈즈와 같은 글로벌 신발업체는 목표시장에 진입하여 현지 공장을 설립하고 현지 NGO와 함께 협업을 통한 사회공헌활동을 유도해 왔다. 즉 이들 사적 영역에서의 기업은 구색 갖추기나 따라하기가 아니라, 현지의 공공문제(public issue)를 해결하기 위해 독창적 공공 정체성을 담아 진정한 사회적 가치를 창출하는 혁신적 해결방안을 내놓고 있는 것이다. 이것이 미래 사회를 견인할 공공 브랜딩의 원형이다. 공적 영역에도 이 같은 혁신의 바람이 불 수는 없을까? 일거에 이 같은 변화를 기대하기 어려우나 점진적 발전을 모색해 봄 직하다.

공공 브랜딩의 올바른 모습은 새로운 패러다임과 관리시스템을 필요로 한다. 그러기 위해서는 먼저 적극적으로 개방되어야 한다. 그동안 정부와 지방자치단체, 공기업 등으로 대변되어 왔던 공공 영역은 너무 폐쇄되어 있었다. 그렇기에 공공이면서도 그 속에 목표고객인 시민이 없고 공중이 없었다. 공공 기관, 공기업, 정부, 정책, 지방자치단체들의 브랜딩 노력은 예산과 전통적 관례에 의한 콘텐츠를 내놓기보다 공공의 쟁점을 발의하고, 그들의 문제를 해결하여 시민의 관점에서 공공관계를 맺어가는 노력이 필요하다.

8. 4차 산업혁명과 공공 브랜드

산업혁명이 18세기 중후반(1760~1780)에 시작되었다. 그러나 산업혁명이라는 개념은 산업혁명이 발생한지 100년이라는 시간이 흐르고 난 뒤에 비로소 산업혁명이라는 용어가 나왔다. 산업혁명이라는 용어가 본격적인 학술 용어로 공식화된 계기는 역사학자 '아놀드 조지프 토인비(아놀드 J. 토인비)'의 숙부인 경제사학자 아놀드 토인비가 1881년에 행한 한 강의에서 시작했고 그 강의는 토인비가 30세로 사망한 다음 해인 1884년에 『18세기 영국에서 일어난 산업혁명에 관한 강의록(Lectures on the Industrial Revolution of the Eighteenth Century in England)』이라는 제목의 책으로 출판되었다. 이 책에서 1차 산업혁명과 2차 산업혁명은 학문적으로 비교적 잘 정립되었다. 과학혁명은 1543년에 시작하여 약 200년 정도의 서구 과학의 혁명적이지만 그 후 약 100년이 지나서 산업혁명은 일어났다. 산업혁명은 새로운 기반 기술이 탄생하고 그 기술을 토대로 일어났다. 예를 들면 1차 산업혁명은 증기기관의 발명으로 시작한다.

이 증기기관은 동력기관으로 기관차를 비롯한 여러 운송 수단에의 적용에서 공장제 공업을 발전시키는 데 동력으로 큰 역할을 했다. 2차 산업혁명은 전기의 발명으로 시작한다. 이 전기로 인하여 여러 형태의 산업이 발전했다. 3차 산업혁명은 컴퓨터, 반도체, 통신기술의 발명과 그로 인한 혁신적 발전을 일컫는다.

그런데 4차 산업혁명은 종래의 산업혁명과는 다르다. 새로운 기반 기술의 발명이 아니라 기존의 기술의 경계가 허물어지고 융합이 일어나는 혁명이다. 이 4차 산업혁명이라는 정의는 세계경제포럼 회장 클라우스 슈바프는 2016년 다보스포럼 기조연설에서 이루어졌다. 그는 4차 산업혁명을 다음과 같이 정의했다. "3차 산업혁명을 기반으로 디지털, 바이오와 물리학 사이의 모든 경계를 허무는 융합 기술 혁명이다." 이 정의에 의하면 4차 산업혁명은 3차 산업혁명 시대와 다른 자신 고유의 기반 기술을 개발한 것이 아니고 3차 산업혁명이 만든 토대 기술 아래 일어나고 있다는 것이다. 이것이 무슨 혁명이 되는가? 그것은 기술의 본질이 서로 다른 영역이라 각 기술은 경계를 가지고 있었다. 따라서 경계를 허물고 융합한다는 것은 초기에는 불가능한 것으로 보았다. 그런데 3차 산업혁명의 기반 기술로 발달된 반도체 컴퓨터 정보통신 기술은 바로 디지털 기술을 발전시켰고, 이 디지털 기술이 바이오 세계와 물리학 세계 사이의 모든 경계를 허무는 융합 기술 혁명이라는 4차 산업혁명을 가능케 한 것이다. 즉 통섭, 융합의 핵심이 인간에 주는 혁명적 혜택이다. 여기서 보면 4차 산업혁명의 핵심기술이 없기 때문에 사람들이 실체가 불분명하다는 생각을 했다. 그것은 3차 산업혁명까지의 기술에 대한 사고방식에서 나왔다고 할 수 있다. 4차 산업혁명은 융합기술 혁명이다. 따라서 기반기술이 출현한 것이 아니기 때문에 4차 산업혁명의 기술이란 여러 기술들로 나열된다. 그중에서 핵심기술 단 한 가지를 꼽으라면 필자들은 인공지능을 추천한다. 인공지능은 응용 범위가 넓고 산업 전체에 미칠 파급력도 커지만 인간의 본질과 관련이 있는 기술로 우리 삶 전반에 변화를 가져올 수 있다. 이것은 그저 하나의 기술로 그치는 것이 아니라 인간에 대한 관점을 흔들어 놓을 잠재력을 지니고 있다. 과학혁명이 자연을 바라보는 인간의 관점을 바꾸어 놓았다면, 융합혁명과 인공지능은 인간과 기계, 인간정신과 물질의 경계를 허문다. 기계가 인간의 진화적 본성과 뗄 수 없는 관계로 등장시켜 인간을 바라보는 관점을 바꾸고 있다.

필립 코틀러가 내놓은 이전의 마케팅 시리즈는 주로 제품과 소비자에서 발전하여 인간과 기술중심의 논리에 머물러왔다. 4차 산업혁명 이후 이제 기업은 인공지능과 로봇공학 등의 첨단기술의 역할을 어떻게 변화시킬 것인지를 예측하기 시작했다. 이들의 관심은 기업이 인공지능의 힘으로 신제품을 디자인하고 신소비자의 행동을 읽어가는 노력으로 그동안의 불필요한 중간과정을 회피할 수 있게 된 것이다. 현재 인공지능은 로봇의 인간화를 주요 목표로 한다. 학자들은 로봇의 존재론적 지위, 사회적 지위, 로봇 윤리, 로봇 책임론 등에 관한 생각에까지 이르고 있다. 그리고 디지털 융합기술의 발전의 심오함을 보이기 위해 메타버스, 멀티버스 등의 은유를 사용하여 우주를 확장시킨다고 주장한다. 나아가, 또한 가상현실, 증강현실 등을 사용하여 인간현실의 확장을 시도한다. 그러나 이러한 명칭은 모두 은유에 불과하고 실제로는 모두 컴퓨터 프로그램이다. 그럼에도 지금 기업의 이익, 국가의 이익, 사회의 이익이라는 미명 아래 인간의 로봇화는 급속도로 발전할 것이라는 것이 중론이다. 메타버스, 멀티버스, 증강현실 등이 우주의 확장으로 더 큰 보편적 세계이며 인간과 기계는 이 보편적 세계를 구성하는 도구에 불과하게 되는 사상이 점점 지배적으로 가고 있다.

이같은 기술혁명의 급속한 발전에도 기업과 마케터가 과도하게 접근하지 못하는 이유는 인간의 본질이 물리적 형태가 없는 윤리, 문화, 사회적 집단으로 기능하기 때문이다. 인간은 몸을 토대로 하는 일상 현실의 굳건한 존재이다. 이 독창적인 개체성으로 인해 인간은 윤리적 존재 즉 윤리적 책임을 지는 존재가 된다. 아무리 4차 산업혁명은 비록 여러 영역별 경계를 허물고 디지털로 통일하는 방향으로 가지만 여전히 우리는 인간의 독특한 존엄성을 가진 존재다. 이런 점에서 메타버스, 증강현실 등은 기계와 인간세계를 부분으로 하는 보편적 세계가 결코 아니다라는 사실에 주목해야 한다. 미래 기업은 4차 산업혁명과 기술은 여전히 상상력과 창의성이 발현되는 인간다운 삶을 위한 도구에 불과하다는 것을 명심해야 한다. 이를 위해 우리는 이 융합 기술을 항상 인간다움, 인간의 존엄성을 유지하면서 문화의 발전을 이루는 도구로 남을 수 있게끔 통제할 수 있는 인문학적, 과학 기술적 준비를 해야 한다. 이것이 따뜻한 자본주의가 지배하는 인본주의 즉 공공 브랜드 관리의 시작이자 코틀러가 현대 기업에 던지는 휴머니티를 향한 도전과 변화의 출발이다.

9. 맺음말

공공 브랜드는 멸사봉공, 즉 개인을 죽이고 공공을 위하자는 편협한 논리가 아니라, 활사개공, 즉 공과 사가 협력하여 함께 살자는 취지이다. 과거 권위주의 시대의 공적 영역이 시민 복리를 우선으로 하는 공리주의를 되찾는 일이고 보면, 가장 적합한 공공 브랜드 활동은 곧 시민중심의 정책활동에 브랜드 가치를 부여하는 일이다. 즉 경직된 중앙부처의 다양한 정책을 생산자 입장에서가 아니라, 실수요자인 시민중심으로 전개하면서 고객밀착형 공공 브랜드 관리에 주력해야 한다. 우리는 이미 지난 2000년대 초반 정부주도의 혁신정책을 브랜드화하려는 노력을 전국적으로 펼쳐왔다. 중앙부처, 처, 청, 지방자치단체 등이 전개하는 다양한 정책에 대해 브랜딩 작업을 실시하였고 각 단체장 중심의 관리능력을 평가하는 그야말로 공공정책브랜드 경진대회를 최초로 열었다. 이 덕분에 공공분야가 비교적 유연한 사고를 가지고 실체개발과 이미지 제고에 관심을 갖기 시작했다. 해외에서도 덴마크, 요코하마, 베를린, 런던 등 소위 창조도시 또는 문화도시 육성을 위한 정책 브랜딩 노력이 지속되고 있고 관련 이해관계자(중앙부처, 기업, 지역 등)들과의 브랜드 파트너십 형성을 통해 진정한 거버넌스 확충 노력으로 거듭나고 있다.

이제 국가, 도시, 지역, 공기업, 공공 기관 등 공적 영역에서도 내·외부 이해관계자와 함께 차별화된 가치를 고민하고 이를 지속적이고 일관되게 실행할 주체가 정립될 때, 비로소 브랜딩의 결실을 맺을 수 있다. 공공 영역은 시민의 것이다. 공적주체는 생산자의 입장에서 주인인 시민의 중심을 들여다 보아야 한다. 객관적, 실질적 가치 외에도 공적가치의 극대화를 목표로 한다면 이들이 지니는 무형적 가치에 더 큰 관심을 가져야 할 것이다.

참고문헌

김유경 (2020). 글로벌 도시 브랜드 컨퍼런스. 서울시 브랜드위원회 발표.

김유경, 김유신 공저 (2017). 공공 브랜드의 이해. 커뮤니케이션북스.

김유신 (2020). 과학기술혁명: 과학혁명과 4차 산업혁명. 자유아카데미.

로버트 K. 머튼 (1998). "청교도가 과학에 준 자극." 과학사회학. 민음사 역.

마이클 샌델 (2014). 정의란 무엇인가. 김명철 (역). 와이즈베리.

성현창 (2013). "공공철학과 기독교 인문학" 기독교 철학회 발표.

윤원근, 박영신 공저 (1999). "동감의 사회학: 선한 사회의 조건에 대한 탐구." 현상과 인식. 한국인문사회과학.

월터 리프먼 (1922). 여론(Public Opinion), 이동근 (역). 커뮤니케이션북스

임현찬 (2019). 디지털 미디어 저널리즘. 미래 미디어.

2장

강대국 경쟁 시대의 국가 브랜딩과 공공외교

김태환

김태환 tk41@me.com

현재 국립외교원 교수다. 연세대학교를 졸업하고 미국 콜럼비아대학교(Columbia University)에서 정치학 박사 학위를 취득하였다. 한국정치학회, 한국슬라브학회, 한국공공외교학회 연구이사를 역임하였으며, 동아시아재단에서 발간하는 Global Asia의 서평 편집인이다.

주 관심 분야는 '탈사회주의 경제변혁'과 '공공외교'이며, 최근의 저작으로는 『무정부 국제사회에서의 인정 추구: 공공외교에 대한 정체성 접근』, 『중견국 외교에 대한 지위 정체성 접근』, 『China's Sharp Power and South Korea's Peace Initiative』, 『Authoritarian Post-Communist Transition and Its Future in China, Vietnam, and North Korea』 등이 있다.

1. 문제의 제기

공공외교는 국가 및 비국가 행위자들이 외국민과의 의도적인 소통을 통해서 자국의 국가이익과 외교정책 목적을 증진하고자 하는 비전통적 외교 행위이다. 이때 매력 자산, 즉 문화나 정책, 정치적 가치와 같은 소프트 파워 자산을 외국민들의 마음을 얻는 수단으로 사용한다. 공공외교가 성공적일 때 이는 소프트 파워의 증진으로 직결된다. 이렇듯 순환적 관계에 있는 소프트 파워와 공공외교는 국가 중심성을 그 근간으로 해 왔다. 소프트 파워는 특정 국가의 속성이나 비물질적 매력 자산을 지칭하며, 공공외교는 특정 국가의 외교정책 목표의 달성에 기여함으로써 궁극적으로 국익을 증진하는 역할을 하기 때문이다. 이와 같은 국가 중심적 공공외교(state-centric public diplomacy)는 구세기 민족주의와 국민국가 시대의 자연스러운 산물이다.

그러나 21세기의 세계에서는 두 가지 이유에서 자기중심성, 국가 중심성을 넘어서는 공공외교에 대해 숙고해야 할 필요가 있다. 첫 번째 이유는 2차 세계대전 이래의 국제질서, 특히 냉전 종식 후의 국제질서가 변혁의 와중에 있으며, 오늘날의 국제정치는 무엇보다도 강대국 경쟁의 재부상으로 특징화된다는 데에 기인한다. 하드 파워와 소프트 파워 분야를 망라하는 오늘날의 강대국 경쟁은 글로벌 차원에서 갈등과 대립을 심화시키고 있으며, 인류가 당면하고 있는 공동의 글로벌 이슈들에 대한 상호 협력의 공간을 급격하게 축소시키고 있다. 2020년 이래 전 세계를 휩쓸고 있는 코로나19는 이와 같은 현실을 여지없이 노정시켰으며, 그 어느 때보다도 국가나 민족을 넘어서는 초국가적인, 전인류적인 협력과 공조의 필요성과 중요성을 부각시키고 있다.

두 번째, 정보통신기술의 혁신적 발전으로 인한 오늘날의 커뮤니케이션 동학은 타자와의 소통을 위한 접근 양식 자체의 변화를 촉구하고 있다. 소셜 미디어를 비롯한 디지털 커뮤니케이션 환경 하에서는 자국 중심적, 자기증진적 정보의 전달과 확산에 초점을 맞추는 지난 세기의 공공외교 접근법 자체가 뚜렷한 한계를 갖는다. 공공외교에 대한 구세기적 틀을 넘어서서 새로운 인식과 접근법, 그리고 국제사회와 국제정치에서 공공외교가 수행할 수 있는 새로운 역할에 대해서 깊이 있는 연구와 더불어 실천적 논의가 필요한 이유이다.

그렇다면 오늘날의 국제적 맥락에서 공공외교의 역할은 무엇인가? 공공외교는 특정 국가의 자기중심적, 지엽적 국가이익을 달성하기 위한 수단에 불과한 것인가? 강대국 경쟁의 경우에서 드러나듯 공공외교는 자국 중심적 지정학 경쟁의 수단에 불과하고, 따라서 글로벌 차원의 대립과 갈등을 증폭시키는 역할에 머물 것인가? 강대국들과는 달리 비강대국들 공공외교의 역할은 어떠해야 할 것인가? 한국 공공외교의 자기중심성, 국가 중심성을 어떻게 넘어설 수 있을 것인가? 중견국으로서 한국은 국제정치와 국제질서에 대한 공공외교의 역할을 어떻게 설정하고 실천해야 할 것인가? 한국 공공외교는 앞으로 어떠한 방향성을 가져야 할 것인가?

이러한 문제의식을 가지고 본 연구는, 2절에서 금세기 공공외교의 역할을 규정할 수 있는 중요한 국제적·구조적 맥락으로서 국제정치 및 커뮤니케이션 동학을 살펴본다. 3절에서는 공공외교에 대한 새로운 인식을 모색하기 위해서 국가 브랜딩, 소프트 파워, 그리고 공공외교의 관계를 논의하고, 이에 기반하여 공공외교의 유형분석틀(typological framework)을 제시한다. 4절에서는 동 유형분석틀에 의거하여 2018~2022년 기간 동안 한국의 중앙행정기관 및 광역지방자치단체가 시행한 공공외교 사업들을 분류하고 이로부터 함의를 도출한다. 5절에서는 한국 공공외교의 쟁점과 도전과제를 짚어보고, 결론에서 한국 공공외교의 방향성을 가늠하고자 한다.

2. 국제정치 맥락과 커뮤니케이션 동학

특정 시대 공공외교와 그 역할에 대한 이해는 공공외교가 작동하는 국제적·구조적 맥락에 대한 이해 없이는 불가능하다. 동 시대의 국제정치와 커뮤니케이션 동학이 그 시대 공공외교의 의미와 역할을 규정하는 중요한 요인이기 때문이다. 지난 세기 국민국가를 중심으로 하는 매스미디어 시대의 공공외교는 금세기의 국제 구조하에서는 상당 부분 그 적실성을 상실하고 있고, 따라서 공공외교를 오늘날의 국제적 맥락에 위치시켜서 새롭게 가늠해 보아야 할 필요가 있다.

1) 국제정치 맥락: 강대국 경쟁의 귀환

특정 시기의 국제질서는 물리적 힘(material capabilities)의 배분(물질적 차원의 국제질서)과 더불어 집단적 믿음(collective beliefs)의 배분(비물질적 차원의 국제규범질서), 그리고 "일련의 규칙과 제도들(a set of observed rules and institutions)"로 구성되는 것으로 이해할 수 있다.

트럼프(Donald Trump) 행정부의 2017년 국가안보전략 보고서(National Security Strategy)에서 강대국 경쟁(great-power competition)을 국제정치와 미국 외교정책의 핵심 초점으로 지목한 이래, 이는 오늘날 국제정치의 가장 중요한 현상의 하나이자 그 성격을 규정짓는 요소가 되고 있다. 미국과 중국, 러시아와 같은 강대국들은 전 지구적인 지리적 분야와 군사, 무역, 경제, 공적 개발협력(Official Development Assistance), 사이버공간, 첨단기술과 같은 기능적 분야에서 자국의 영향력과 주도권을 확보하기 위해서 경합하고 있다. 2022년 러시아의 우크라이나 침공은 강대국 경쟁이 주권 독립국가에 대한 무력 공격으로 비화한 경우로서, 그 비극적 결과를 적나라하게 드러내고 있다. 오늘날 강대국 경쟁의 재부상은, 과거 냉전 종식 시기에 하드 파워상의 확연한 우위로 인해 도전자가 부재했던 때에 비해서 미국의 영향력이 현저하게 줄어들었다는 현실을 반영하는 것이다. 이는 곧 국제질서의 한 축을 구성하는 물질적 힘의 배분 상의 변화가 빠르게 진행되어왔다는 점을 웅변하고 있다.

물질적 힘의 배분 차원에서의 변화는 중국과 같은 '비서구 나머지(non-Western rest)'의 급격한 부상으로 국제사회에서 다양성이 증대되었다는 사실에 기인하는 바가 크다. 오늘날의 국제정치는 다양성의 증대로 인해서 강대국 간 힘의 전이(power transition)와 더불어, 강대국으로부터 비강대국으로, 또한 국가 행위자로부터 비국가 행위자로 힘의 분산(power diffusion)이 동시에 일어나고 있다는 특징을 보이고 있다.

미중 간 경쟁은 또한 국제질서의 또 다른 축을 구성하고 있는 집단적 믿음, 즉 비물질적 가치와 규범의 영역으로까지 확산되면서, 가치의 경합, 소프트 파워 경쟁이 가속화되고 있다. 조셉 나이(Joseph S. Nye, Jr.)는 특정 국가의 문화가 매력적일 때, 외교정책이 국제사회에서 정통성 있는 것으로 인정받을 때, 그리고 국가의 행태가 주창하는 가치와 부합할 때, 그 국가의 소프트 파워가 강화된다고 하면서 특정 국가의 소프트 파워의 근원으로서 대표적으로 문화, 외교정책, 그리고 정치적 가치라는 세 가지 요소를 적시하고 있다(Nye 2004). 오늘날에는 강대국들이 가치를 중심으로 하는 소프트 파워 경쟁에 몰입함에 따라, 미국과 서유럽을 중심으로 하는 자유주의 가치 대(對) 중국과 러시아를 중심으로 하는 반(反)자유주의 가치 간의 대립인 '가치의 진영화(blocization of values)'(김태환 2019)가 진행되고 있는 것이다.

가치경쟁과 물질적 힘의 배분이 결합되어, 오늘날의 강대국 간 지정학적 경쟁은 전통 지정학[1]에서처럼 정치적이거나 지리적인 성격을 넘어서, 사회문화적, 심지어는 문명적인 성격을 띠고 있다. 경쟁국들은 자국의 문화와 민족/국가 정체성에 뿌리 내리고 있는 특정 가치를 내세워서 경쟁적으로 외국민의 마음을 얻음으로써 집단적 믿음을 구성하고, 궁극적으로 무정부 국제사회에서의 지위와 권위를 추구하고 있다. 이들 강대국들은 자국이 주창하는 가치를 중심으로 국가 간 관계를 구성하고 자국에 동조하는 국가들을 규합하고자

1 전통 지정학(classic geopoplitics)에 대해서는 많은 정의가 있지만, 일반적으로 '지리적 장소와 공간을 통제하기 위한 정치적 경합(political struggle for the control over places and spaces)'으로 이해되고 있다.

한다는 점에서, 오늘날의 강대국 경쟁은 사회적 성격을 띠고 있다.

공공외교를 '특정 국가의 문화, 가치와 아이디어, 그리고 외교 정책을 중심으로 하는 외국민과의 소통 행위'라고 이해할 때, 오늘날 강대국 경쟁의 사회문화적 성격이 곧 공공외교를 강대국 경합의 중요한 장으로 만들고 있다. 미국, 중국과 같은 강대국들은 공공외교를 상호 경쟁에서 우위를 점하기 위한 지정학적 수단으로 사용하고 있고, 그 결과 글로벌 차원에서 대립과 갈등이 심화되고 있다. 이는 다른 한편, 비물질적 집단적 믿음의 배분을 의미하는 국제규범질서의 형성에 공공외교가 중요한 역할을 할 수도 있다는 것을 의미하기도 한다. 그렇다면 오늘날 공공외교는 자국의 지엽적 국가이익을 실현하고 외교정책 목표를 달성하기 위한 수단에 불과한 것인가? 오늘날과 같은 강대국 경쟁의 시대, 국제질서 재편의 시대에 강대국과 구별되는 비강대국 공공외교의 구제적인 역할은 무엇이며 어떠해야 할 것인가?

2) 글로벌 커뮤니케이션 동학

공공외교는 본질적으로 외국민과의 소통 활동이므로, 오늘날 커뮤니케이션 환경의 급격한 변화는 새로운 소통의 환경에 걸맞은 새로운 공공외교 접근을 촉구하고 있다. 20세기 커뮤니케이션의 특징은 매스커뮤니케이션으로서 '일 대(對) 다자'의 일방향적 독백형 정보 전달이 지배적이었다. 즉 라디오나 TV 방송국은 불특정 다수의 청취자·시청자를 대상으로 일방적으로 정보를 송출하고, 이를 수신하는 시청자나 청취자는 수동적 수신자로서 매스미디어가 정보 습득의 중요한 원천이 되는 것이었다. 이러한 커뮤니케이션 방식에서는 메시지나 정보의 송수신자가 실시간으로 상호 소통하는 것은 기술적으로 불가능하였다. 이에 따라 공공외교 역시 '미국의 소리(Voice of America)' 같은 초단파 라디오 방송을 통해서 왕래와 접촉이 빈번할 수 없었던 공산권의 국민들에게 미국과 서방의 정보와 메시지를 전달하는 데에 초점을 맞추었다.

그러나 금세기의 커뮤니케이션은 정보통신기술의 혁신적 발달로 인해서 '일 대(對) 다수'뿐만 아니라, '소수 대(對) 소수,' '다수 대(對) 다수'가 실시간으로 상호 소통하는 이른바 "매스 셀프-커뮤니케이션(mass self-communication),"(Castells 2013) 네트워크 커뮤니케이션이 주류를 이루고 있다. 이는 소통의 주체가 콘텐츠를 생성할 뿐만 아니라, 콘텐츠 전달 역시 수신자를 지정하여 전달할 수 있고, 소통의 대상은 수신할 메시지나 콘텐츠를 스스로 선별하여 선택할 수 있다는 특징을 지닌다. 인터넷과 디지털 미디어의 발달로 정보의 근원 역시 대폭 증가하였으며, 범람하는 정보의 물결 속에서 소통자는 과거처럼 정보의 단순한 소비자가 아니라, 보다 능동적인 정보의 생산자-전파자-선택자가 되는 것이다. 이 과정에서 가짜 뉴스와 거짓 정보도 범람하게 되고, 적지 않은 경우 정보 생산자-전파자-선택자의 의견이나 견해가 정보의 진실이나 사실 여부에 관계없이 소통자의 인식과 행동에 영향을 미치는 현상도 초래되고 있다. 즉 오늘날에는 정보통신기술의 혁신으로 전 세계적인 글로벌 디지털 네트워크가 형성되었고, 이를 기반으로 인터넷과 다양한 소셜 미디어를 사용하여 전 세계적인 글로벌 커뮤니케이션 네트워크, 글로벌 휴먼 네트워크가 형성되어 명실공히 네트워크 커뮤니케이션 시대가 도래한 것이다.

이러한 커뮤니케이션 환경에서는 과거와 같은 일방향적 독백형 정보의 전달은 그 효과와 의미가 반감된다. 국가 중심의 산업사회에서 글로벌 네트워크 사회로의 변화가 일어나고 있으며, 새로운 디지털 커뮤니케이션 사회에서의 핵심 요소는 이동성이 아니라, 항구적인 연결성(connectivity)인 것이다(Castells 2010). 디지털 커뮤니케이션의 글로벌-로컬 네트워크를 중심으로 형성된 사회화된 커뮤니케이션 네트워크에서 담론이 생성되고, 확산되며, 논쟁을 거쳐서 수정되고, 내재화되며 궁극적으로 인간의 행동으로 구체화된다. 따라서 오늘날 네트워크 사회에서의 힘은 곧 커뮤니케이션 파워라고 할 수 있고(Castells 2013), 디지털 기술은 사람들이 자신을 사회적·정치적 행위자로 재규정하는 데에 매우 중요한 역할을 하게 되는 것이다. 오늘날 디지털 매체의 진정한 힘은 감성과 정체성의 상호 주관적인 배양을 통해서 개인과 집단의 정체성과 이익을 대변할 뿐만 아니라, 공동의 정체성을 형성하는 데에 있다. 따라서 디지털 기술을 적극적으로 활용하는 디지털 공공외교는 곧 디지털 매체와 네트워크 커뮤니케이션에 내재하는 인간관계 구축과 공동체 형성을 위한 긍정적 잠재력을 최대한 실현한다는 방향성을 갖게 되는 것이다.

3. 국가 브랜딩과 공공외교에 대한 재인식

이와 같은 오늘날의 국제적 맥락에서는 공공외교에 그 역할에 대한 새로운 인식이 필요하다. 여기에서는 국가 브랜딩, 소프트 파워, 그리고 공공외교에 대한 개념적 재인식을 시도하고자 한다.

1) 국가 브랜딩과 공공외교의 관계

국가 브랜딩(nation branding)에는 최소한 세 가지 의미가 있다. 첫째는 가장 널리 통용되고 있는 좁은 의미의 국가 브랜딩으로서, 이는 자국에 대한 타자(국제사회)의 인식에 영향을 주기 위해서 자국의 이미지를 전략적 목적 하에 의도적으로 관리는 것을 지칭한다. 이를 통해서 국제사회에서 자국에 대한 인식과 명성을 제고하고자 하는 것이다.

국가 이미지(national image)는 특정 국가에 대해서 사회적으로 형성된 유동적이고 단편적인 인식을 의미한다. 이미지는 당사자가 스스로 만들어내기도 하지만 많은 경우 당사자의 의지와 상관없이 타자에 의해서 생성되며, 따라서 긍정적인 것으로부터 부정적인 것에 이르기까지 다양할 수 있다. 국가 이미지가 특정 국가에 대한 외국 대중의 주관적 태도(subjective attitudes)인 반면, 국가 명성(national reputation)은 일반화된 타인에 의한 공적 평가(public estimation)라는 차이가 있다(Buhmann and Ingenhoff 2015). 즉 국가 명성은 특정 국가의 이미지가 주관적 인식을 넘어서 국제사회에서 객관화된 형태로 인정받고 있다는 것을 의미한다. 국가 브랜딩은 단순한 이미지 문제를 넘어서, 그 국가의 정체성(identity), 그 국가가 위계적 국제사회에서 점하고 있는 지위(status), 그리고 그 국가에 대한 인정(recognition)의 문제로 이어진다. 따라서 국가 브랜딩은 특정 국가의 정체성을 구성하는 요소들(예컨대 역사, 지리, 인종 등) 중에서 매력적이고 경쟁력 있는 요소 또는 속성을 부각시키는 데에 초점을 맞추고 있다. 여기에서 민족 또는 국가 정체성(national identity)은 타자와는 구별되는 자기 국가 또는 민족의 본질적인 속성을 의미한다. 정체성은 자신이 누구이고, 어떠한 공동체에 속해있으며, 특정 공동체 또는 사회에서 어떠한 역할을 수행하느냐를 규정하는 의미들의 집합이다(Burke and Stets 2009).

기업이나 국가의 이미지와 명성 관리는 디지털 미디어 시대에 들어 정보 소스의 급증과 정보에 대한 접근과 전파의 용이성이 대폭 향상되면서 그 중요성이 더욱 가중되고 있다. 브랜딩은 상품이나 장소에 감정과 신뢰를 부가함으로써 소비자들의 선택을 보다 쉽게 해 주고, 브랜드와 소비자 간의 감성적 관계는 브랜드 상품이나 장소/국가에 대한 충성으로 이어지며, 따라서 부가가치를 생성한다. 이에 따라 국가 이미지를 전문적으로 관리하는 새로운 전문 기관과 분야가 생겨나서 글로벌시장이 형성되고 있을 정도이고, 이들 전문 기관들은 국가 브랜딩을 위해서 홍보나 마케팅 방법을 활용하고 있다. 많은 국가들이 해외 관광객 유치, 투자 유치, 수출 증진 등과 같이 주로 경제적 이익을 제고하기 위해서 국가 브랜딩을 활용하고 있다.[2] 그러나, 국가 브랜딩이 경제적 이익 제고를 위해서 자기중심적 자기증진, 이미지 투사를 중시하고, 또한 상업적 방법을 사용함에 따라 시장과 경제, 경쟁 논리가 지배적인 '정체성의 상업화(commodification of identity)'라는 비판을 받는 것도 사실이다(Browning and de Oliveira 2017; Browning 2015).

한국은 2002년 월드컵 개최 이후 높아진 국가 이미지를 지속적

---

2 상징에 초점을 맞춘 국가 브랜딩의 예로서는 Cool Britannia, Cool Japan, Make in India, Germany Land of Ideas, I ♥ NY, Amazing Thailand, VisitDenmark, YourSingapore, MADRid, I amsterdam. Vietnam Timeless Charm, 100% Pure New Zealand, Vancouver Green Capital, I SEOUL YOU, Dynamic Korea, Creative Korea, Sparkling Korea, THIS IS GREAT Britain 등이 있다.

으로 유지하고 확산하고자하는 목적으로, 국가 이미지를 높이기 위한 정책 과제를 심의하고 이를 효율적으로 추진하고 지원하기 위해서 국무총리 소속하에 국가이미지위원회[3]와 국가이미지실무위원회를 설치하였고, 2005년 자문회의 성격인 국가 이미지개발위원회, 해외방송협의회를 신설하였으며, 국가 이미지 홍보대사도 새롭게 신설하였다. 2005년 10월 국가이미지위원회 간사가 국무조정실장에서 차관급인 국정홍보처장으로 변경되었는데, 이는 홍보의 중요성이 강조되면서 국내외 국정 홍보를 총괄하는 국정홍보처장이 간사 역할을 수행하는 것이 바람직하다는 정부 방침에 따른 것이었다. 실무 차원의 기관 간 국가 이미지 업무 조율을 강화하기 위해서 해외홍보원장이 주관하는 해외홍보정책협의회[4]도 이때 신설되었다. 국가 브랜드 Dynamic Korea를 국내외 미디어를 통해 확산시키고자 하는 홍보도 2002년부터 역점을 두어 추진했던 사업 중 하나였다.

또한 이명박 정부 출범과 더불어 2009년 대통령 직속 국가 브랜드위원회를 신설하여 국가 브랜드를 제고하기 위한 정부 부처 간 조정 기능을 수행하고자 하였다. 동 위원회는 국제 포럼, 전문가 포럼, 주한 외교관 초청 리셉션, 주한 외교사절 문화탐방, 주한 외신단 간담회 등 자체 행사를 개최하였고, 유튜브(YouTube) UCC(user-generated content) 공모전 주최, 커뮤니케이션 콘텐츠 기자단, 해외 블로거 캠프, 코리아 브랜드 탐험대 등의 공공외교 활동을 주관하였

3 2002년 김대중 정부에서 설치한 국가이미지제고위원회의 후신으로 발족하였고, 국무총리가 위원장을 맡고 관련 중앙부처 장관들을 위원으로 구성되었다.

4 동 협의회는 관련 부처 국장급과 한국관광공사, 국제교류재단, 국제협력단, 재외동포재단, 한국무역투자진흥공사, 아리랑TV, 한국언론재단 등으로 구성되었다.

다. 2012년 9월에는 한미수교 130주년 기념 국가 브랜드 컨벤션을 개최하기도 하였다. 그러나, 동 위원회는 단기간에 국가 이미지, 국가 브랜드 제고를 위한 마케팅적 접근으로 인해서 크게 실효를 거두지 못하고 정부의 임기 종료와 함께 해체되었다.

국가 브랜딩의 두 번째 의미는 보다 객관화된 지표에 근거한 '순위(ranking)' 브랜딩으로서, 이는 해당국이 아니라 제3의 기관이 몇 가지 측정 분야, 즉 국가들의 속성 등을 측정 분야로 설정하여 이에 대한 객관적·비교적 순위를 제시하는 방식이다. 대표적인 예로서는 안홀트 국가 브랜드 인덱스(Anholt-Ipsos National Brands Index), 안홀트 도시 브랜드 인덱스(Anholt-Ipsos City Brands Index),[5] 컨설팅 회사 포트랜드(Portland Communications)가 남가주대학교 공공외교센터(USC Center on Public Diplomacy)와의 협업으로 발행하는 소프트 파워 30(Soft Power 30),[6] 브랜드 파이넌스(Brand Finance)의 글로벌 소프트 파워 인덱스(Global Soft Power Index),[7] 스위스 국제개발경영원(IMD)의 세계경쟁력순위(World Competitiveness Ranking) 등이 있다.

이들 순위 브랜딩은 특정 국가의 물질적 및 비물질적 속성을 평가하여 이를 수치와 순위로 나타냄으로써 국가들의 이미지, 명성을 객관적 지표화하여 브랜딩하고 있다. 예컨대 안홀트 국가 브랜드 인덱스는 국민(People), 거버너스(Governance), 수출(Exports), 관광

5 https://www.ipsos.com/sites/default/files/19-05-50_Anholt_v2.pdf

6 https://softpower30.com

7 https://brandfinance.com/insights/why-brands-matter-2022

(Tourism), 투자 및 이민(Investment and Immigration), 문화 및 유산(Culture and Heritage) 등 여섯 가지 속성을, 소프트 파워 30은 정부(Government), 교육(Education), 관여(Engagement), 문화(Culture), 디지털(Digital) 및 기업(Enterprise) 등 여섯 가지 속성을 평가하여 지표화하고 있는데, 이들의 측정 대상이 되는 속성의 상당수가 통상 특정 국가의 소프트 파워 자산으로 인식되고 있는 것들이다.

그러나 이러한 순위 브랜딩에서는 대부분의 경우 특정 국가의 국제사회에서의 지위나 역할과 같은 비속성 자산이나, 비국가 행위자 또는 초국가적 소프트 파워 자산이 다뤄지고 있지 못하다는 한계가 있다. 안홀트(Simon Anholt)의 굿 컨트리 인덱스(Good Country Index)[8]는 예외적인 경우로서 7개 분야(과학기술, 문화, 국제질서, 국제 평화와 안보, 지구와 기후, 번영과 평등, 보건과 복지)에서 특정 국가의 국제사회에 대한 기여도를 측정하여 평가하고 있다.

세 번째는 공공외교와의 관계 측면에서 본 국가 브랜딩이다. 공공외교는 통상 '외국민을 대상으로 자국을 알리고 설득하며 영향을 미침으로써 궁극적으로 자국의 국가이익 실현과 외교정책 목표 달성에 기여하는 비전통적 외교활동'을 지칭한다. 국제사회에서 특정 국가의 긍정적인 이미지를 제고하고 부정적인 이미지를 희석시키는 것은 공공외교의 중요한 영역이 아닐 수 없다. 따라서 공공외교에는 자국의 이미지, 명성 제고를 위한 활동이 포함되므로, 공공외교 자체를 넓은 의미에서 국가 브랜딩 활동이라 볼 수 있다. 2016년 제정·발효된 한국 『공공외교법』(법률 제13951호. 2016. 2. 3. 제정,

---

8 https://www.goodcountry.org/index/about-the-index/. Anholt(2020).

2016. 8. 발효)에 의하면, 공공외교는 한국에 대한 외국민들의 이해와 신뢰를 증진시킴으로써 "국제사회에서 대한민국의 국가 이미지 및 위상 제고에 이바지하는 것을 목적으로 한다."

특히 앞서 논의한 좁은 의미의 국가 브랜딩과 공공외교는 정체성의 요소/속성에 대한 표출과, 국제사회에서의 이미지 및 명성 제고를 모색하고, 이에 대한 타자/국제사회의 인정을 추구한다는 점에서 공통점을 갖는다. '비서구 나머지'의 부상으로 다양성의 표출이 증대되는 오늘날의 국제사회에서, 여러 국가들은 자국의 존재를 부각시키기 위해서 정체성을 내세우는 이른바 '정체성의 정치(politics of identity)'를 적극화하고 있으며, 이것이 공공외교와 국가 브랜드에 대한 노력으로 표현되고 있다. 정체성의 정치는 정체성을 구성하는 요소의 단순한 표현과 표출을 넘어서, 궁극적으로는 국제사회에서의 인정을 추구한다는 점에서 공공외교와 국가 브랜딩은 공통점을 지닌다. 이러한 인정은 국가 이미지나 국가 명성에 대한 인정을 추구하는 양상을 보인다. 이러한 관점에서 볼 때 결국 국가 브랜딩은 공공외교의 한 특수한 형태, 즉 '시장지향적인 브랜딩 메카니즘을 통해서 자국의 정체성의 요소에 대한 인정을 추구하는 공공외교의 한 형태'로 규정할 수 있다. 국가 브랜딩 분야의 선구적 역할을 했던 사이먼 안홀트 역시 2007년 저서 출간에 즈음해서는 국가 브랜딩보다는 '경쟁적 정체성(Competitive Identity)'(Anholt 2007)이라는 개념을 선호하고 있다. 안홀트에 의하면 이는 국가 브랜드 관리와 공공외교, 그리고 무역, 투자, 관광, 수출 증진을 종합하는 개념이다.

그러나 공공외교가 후술하듯 독백 양식을 포함한 다양한 소통 양식과 방법을 사용하는 데 반해서, 좁은 의미의 국가 브랜딩은 상대방과의 상호작용 없이, 또는 제한된 상호작용을 통해서, 자신의 메시지를 관리함으로써 대상에 대해 일방향적 소통의 접근을 취한다는 점에서 적지 않은 차이를 보이고 있다. 공공외교에서 자기 정체성은 아래 3)절에서 상술하듯 상대방과의 소통 과정을 통해서 상호주관적으로 재구성될 수 있지만, 국가 브랜딩에서의 정체성 요소는 보다 불변적이고 정태적이다. 결국 좁은 의미의 국가 브랜딩이 추구하는 인정은 자국이 전략적으로 발신하는 메시지 또는 이미지를 상대방이 전적으로 수용하는 것을 의미한다. 상대방과의 논쟁이나 협상 과정을 거치지 않음으로써 다분히 전통적인 홍보의 성격을 지니고 있는 것이다. 또한 좁은 의미의 국가 브랜딩이 주로 자국에 대한 상대방의 감성적 인정(emotional attachments)에 중점을 두는 반면, 공공외교가 추구하는 인정은 이와 더불어 법적·정치적 인정(legal and political recognition)과 사회적 존경(social esteem)을 포함한다.[9]

2) 소프트 파워에 대한 재인식

여기에서는 국가 브랜딩의 주요 기준으로 사용되고 있는 동시에, 공공외교의 주요한 수단적 자산으로 사용되고 있는 소프트 파워에 대한 재인식을 시도하고자 한다. 소프트 파워는 강압이나 보상이 아니라, 매력과 설득을 통해서 타자의 선호를 형성하는 능력, 그리고 이를 통해서 궁극적으로 내가 원하는 결과를 얻는 능력(Nye

9 공공외교가 추구하는 상이한 '인정'에 대한 개념과 이에 기반한 사례연구로서는 김태환(2021c) 참조.

2004)을 지칭한다. 그러나 소프트 파워에 대한 주류적 이해와 인식은 국가 중심적이다. 특정 국가의 매력적이고 경쟁력 있는 속성은 그 속성의 주체와 상관없이 그 주체가 속하는 국가에 귀속되는 것으로 인식하고 있다. 예컨대 BTS라는 비국가 행위자의 매력은 곧 '한국'의 매력과 등가 시 된다.

그러나 이러한 국가 중심적 이해는 오늘날의 네트워크 세계에서 소프트 파워를 이해하는 데에 한계를 갖는다. 무엇보다도 오늘날 세계의 많은 매력 자산은 국가가 아닌 비국가 행위자들에게 귀속되고, 이것이 반드시 그 비국가 행위자의 소속 국가와 직접적으로 연계되지 않으며, 또한 비국가 행위자나 국가 행위자들이 국경과 국적을 초월하여 연대할 때 생성되는 '집단적 소프트 파워(collective soft power)'를 간과하고 있다는 점이다. 예컨대, 한국의 보이그룹 BTS는 〈표 2-1〉과 같은 세 가지 차원의 공공외교 효과를 가지는 것으로 볼 수 있다.

〈표 2-1〉 BTS의 공공외교 효과

국가('한국')와의 연계성	BTS의 활동에 따른 공공외교 효과
간접적 효과	BTS의 대중적 매력을 통해서 간접적으로 한국의 이미지를 제고하는 효과(예컨대 '문화강국')
직접적 효과	BTS가 한국의 홍보대사로서 활동함으로써 한국과 보다 직접적으로 연계된 공공외교 효과
초국가적 효과	BTS가 UN과 같은 글로벌 기구 및 글로벌 이슈에 관한 활동을 함으로써 거둘 수 있는 초국가적 공공외교 효과

BTS의 간접적 효과는, 글로벌 소비자들에게 한국을 규정하는 것은 한국의 역사나 문화라기보다는 삼성전자나 LG의 최신 상품들인 것처럼, BTS 브랜드가 이른바 '원산지 효과(country-of-origin effect)'를 통해서 외국민의 마음에 BTS와 한국의 이미지와 명성이 수렴하게 되는 것이다.

그러나 BTS가 한국의 공식적인 홍보 또는 문화대사로서 활동할 때, 이는 한국에 보다 직접적인 공공외교 효과를 가질 수 있다. 또한 예컨대 2021년 9월 UN의 지속가능발전목표 회의(UN SDGs Moment)에서 BTS가 대통령 특별사절로 참석하여 개회식 연설 및 공연[10]을 한 경우에서와 같이, BTS가 글로벌 플랫폼이나 글로벌 이슈와의 직접적인 연계 하에 활동을 할 경우 이는 초국가적 공공외교 효과를 산출할 수 있다. 이 경우에도 물론 원산지 효과를 통해서 BTS와 한국의 이미지가 수렴될 수 있으나, 이 경우의 인정은 감성적 애착과 더불어 '사회적 존경'의 요소가 될 수 있다.

이것이 의미하는 것은, BTS와 같은 대중문화 매력 자원을 '개별 국가의 소프트 파워' 자산이라는 전통적 인식으로부터, '초국가적 소프트 파워'라는 새로운 시각으로 바라볼 수 있다는 것이며, 특히 이 경우 소프트 파워의 주체는 국가가 아니라, BTS라는 '비국가 행위자'가 되는 것이다. 즉 기존의 국가 중심의 소프트 파워로부터, 초국가적 소프트 파워, 비국가 행위자의 소프트 파워 개념으로의 인식의 변화이며, 한류와 한국의 문화적 매력을 이와 같은 새로운 관점에서 볼 때, 대중문화를 자산으로 하는 문화외교 분야에서도 자기

---

10 이 사례를 대상으로 BTS의 공공외교 효과, 특히 한국에의 직접적 연계에 대한 실증적 연구는, Gibson and Istad(2022) 참조.

중심적 공공외교를 넘어설 수 있는 가능성이 있다는 것이다.

이와 관련 주목할 만한 것은, K-Pop과 같은 대중문화에 기반한 문화적 매력과 팬덤이 초국가적인 공공외교와 연계될 가능성이다. 오늘날의 디지털 세계에서 대중문화 현상으로서 팬덤(fandom)의 특징은, 팬들이 적극적으로 디지털 미디어를 이용한다는 점과 이를 통해서 초국가적인 공동체를 형성한다는 사실이다. 예컨대, BTS의 전 세계에 걸친 팬클럽 '아미(ARMY)'는 그 자체로서 BTS와, BTS가 발신하는 지속적인 메시지("Love Yourself")를 중심으로, 공동의 정체성 기반하에 구성된 초국가적 네트워크이다. 아미가 2018년 결성하여 운영하는 자선단체('One In an Army')는 전 세계 아미 28개 단체가 연대하여 만든 비영리 기구로서, 글로벌 차원에서 '선한 영향력'을 끼친다는 목적에서 탄생했으며, 'Black Lives Matter' 운동에 발맞추어 인종 차별 반대 메시지를 확산하고, 각종 기부를 위한 모금을 하는 등의 활동을 지속하고 있다. 또한 BTS의 브라질 아미에서 출발한 'Army Help The Planet'은 아마존 열대우림을 지키는 환경단체로 성장하여, 친환경 정책을 펼치는 정치인을 지지하고 투표권을 행사한다. K-Pop 팬들의 기후행동 플랫폼인 'K-Pop for Planet' 역시 기후변화에 관한 캠페인과 운동을 전개하고 있다.

이러한 관점에서, 오늘날 소프트 파워의 상이한 유형에 대한 개념적 인식을 〈그림 2-1〉과 같이 상정할 수 있다. 〈그림 2-1〉의 I분면은 국가 중심의 전통적인 소프트 파워 개념이며, II분면은 비국가 행위자가 소프트 파워의 주체로서 반드시 소속 국가와 연계됨이 없이, UN과 같은 글로벌 플랫폼이나 기후변화와 같은 글로벌 이슈들과 연계하여 매력 자산을 사용하는 경우이다. III분면과 IV분면은 국가들이나 비국가 행위자들이 국가를 초월하여 연대하여 활동함으로써 새로운 초국가적 소프트 파워 자산을 생성하는 경우를 의미한다. 이러한 소프트 파워의 유형화는 곧 오늘날의 세계에서는 국가 중심성을 넘어서는 새로운 소프트 파워의 개념과 활용을 고려할 필요가 있다는 점에 주목하는 것이다.

〈그림 2-1〉 소프트 파워에 대한 새로운 인식

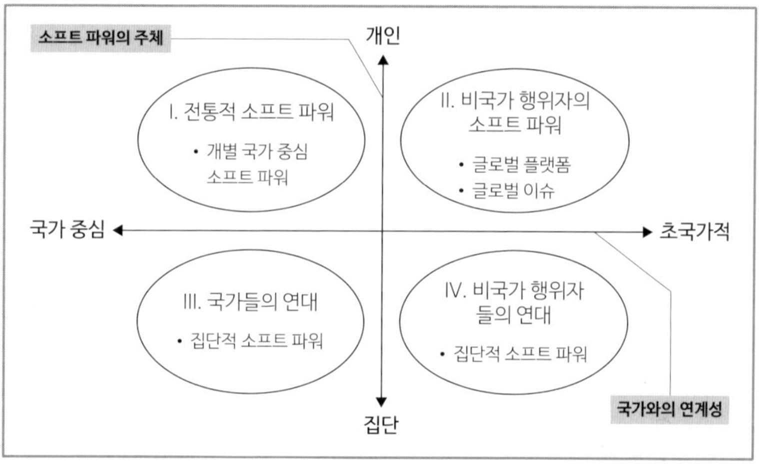

3) 공공외교에 대한 두 가지 시각과 유형화

강대국 경쟁의 국제정치, 그리고 새로운 디지털 커뮤니케이션 동학은 공공외교에 대한 구시대적 인식의 적실성을 크게 떨어뜨리고 있다. 자기중심적, 자기증진적 공공외교는 한편으로는 여전히 국제사회에 자국을 알린다는 필요성으로 그 당위성이 인정되지만, 다른 한편 강대국 경쟁의 현실에서는 이러한 공공외교가 오히려 갈등과 대립을 심화시키고 국제적 협력의 공간을 대폭 축소시키는 역할을 하고 있는 것도 사실이다. 한국과 같은 비강대국들이 강대국 경쟁의 장이 되고 있는 공공외교 분야에서 자국 중심성을 넘어서는 새로운 역할을 가늠하고 모색해야 할 필요성이 제기되고 있다. 디지털 커뮤니케이션 동학 역시 과거와 같은 일방적 정보 전달 중심 공공외교의 적실성과 효과성을 반감시키고 있다. 이제는 자기중심적 정보의 전달과 설득이 아니라, 상호 소통, 다중적 소통을 통해서 타자와 공유할 수 있는 의미, 이익, 정체성을 만들어가는 과정이 중요시되고 있다. 이를 통해서 강대국 정치의 부정적 결과를 희석시키고, 국제사회에서 협력의 공간을 확장할 필요가 있다.

바로 이와 같은 관점에서 이 절에서는 공공외교에 대한 기존의 시각에 더하여, 새로운 시각을 소개하고 이 두 가지 시각을 결합함으로써 공공외교 유형 분류를 위한 개념적 틀을 제시하고자 한다. 이 개념 틀의 일차적 목적은 물론 다양한 공공외교 프로그램들의 유형을 분류하기 위한 것이지만, 보다 본질적 목적은 금세기 공공외교에 대한 인식과 공공외교의 역할에 대한 인식을 새롭게 하고자 하는 것이다.

그 강조점의 차이에 따라서 공공외교에 대한 시각을 크게 상호 보완적인 두 가지 시각, 즉 '수단적 시각(instrumental perspective)'과 '정체성 시각(identity perspective)'으로 대별할 수 있다(김태환 2021b). 수단적 시각은 널리 통용되고 있는 전통적 시각으로서, 자국의 외교정책이나 국가이익에 대한 수단적 역할과 기여에 초점을 맞추고 있다. 이 시각에서는 공공외교를 '외국민을 대상으로 매력자산을 사용하여 자국을 알리며, 그들에게 영향을 미치고 관여함으로써 궁극적으로 자국의 외교정책과 국가이익의 증진에 기여하는 비전통적 외교 행위'로 인식하고 있다. 공공외교의 주체는 상대방

비국가 행위자에게 자국에 관한 올바른 정보를 전달하고 국제여론에 영향력을 행사함으로써, 상대방 정부로부터 자국에 유리한 정책을 이끌어 내도록 할 뿐만 아니라, 국제사회에서 자국의 평판을 높이는 데 기여함으로써 궁극적으로 자국의 외교정책 및 국익 증진에 이바지 한다는 것이다. 수단적 시각은 메시지의 내용(내러티브)과 전달에 초점을 맞추고 있고, 의도하는 국가 브랜드, 국가 이미지 투사 등을 강조하고 있다.

이와는 달리 정체성 시각은 상대방과의 사회적인 상호작용을 거쳐서 자국의 정체성은 물론, 특정 현상이나 대상 또는 이슈에 대해서 '상호주관적 의미(intersubjective meanings),' 즉 상대방과 '공유하는 이해와 의미(shared understanding and meanings)'를 확립해나가는 과정, 그리고 이러한 과정을 통해서 궁극적으로는 국가 간 관계나 국제관계를 '사회적으로 구성'하는 측면에 초점을 맞추고 있다.[11] 이러한 관점에서 볼 때, 공공외교는 '국제사회에서 소통을 통해서 자국의 민족/국가 정체성, 또는 정체성을 구성하는 요소들에 대한 인정(recognition)을 추구하는 활동'이라고 정의할 수 있다. 그러나 자국이 인식하고 규정하는 정체성은 국제사회에서 그대로 받아들여지는 것이 아니므로, 국가와 비국가 행위자들은 주관적 정체성을 사회적으로 인정받기 위해서 물질적 및 담론적 방법을 통한 외교활동을 수행하며, 특히 소통을 통한 담론적 방법은 공공외교의 핵심 영역이다. 즉 행위 주체의 인정 추구 행위는 국제사회에서 타자

11 공공외교에 대한 정체성 시각은 저자의 견해이다. 이러한 관점에서 공공외교를 상이한 인정 추구 활동(recognition-seeking practices)으로 보는 시각과 사례 연구에 대해서는 김태환(2021c) 참조.

들과의 상호작용을 통해서 이들로부터 공감(empathy)을 얻고, 인정을 획득함으로써 주관적 정체성을 객관화하고 실현하고자 한다.

여기에서 특히 주목을 요하는 점은 자기의 주관적 정체성에 대한 인정은 상대방에 대한 이해 및 인정과 동시에 진행되는 것이며, 궁극적으로 인정된 정체성은 원래의 주관적 정체성의 수정 또는 재구성을 필요로 한다는 점이다. 상대방이 공감하고 인정하는 자기 정체성의 수정 또는 재구성은 결국 정체성의 외연 확장을 통해서 자기중심적, 자국 중심적 정체성을 넘어선다는 것을 의미한다. 이러한 의미에서 상호작용을 통해 국제사회에서 인정된 정체성(recognized identity)은 '사회적 구성물(social construct)'이라고 할 수 있다.

공공외교에 대한 이와 같은 인식하에서는, 민족/국가 정체성의 어떠한 특정 요소를 소통하느냐에 따라서 또 다시 두 가지 유형의 구분이 가능하다. '투사형(投射型) 공공외교(projection public diplomacy)'는 한 민족이 오랜 시간 공동의 경험을 통해서 함께 공유하는 역사, 언어, 문화 등의 본원적 요소, 곧 '우리가 누구인가'를 알리는 데에 초점을 맞추는 것이며, 많은 국가들의 문화외교가 대표적이다. 이와는 달리 '주창형(主唱型) 공공외교(advocacy public diplomacy)'는 특정 국가가 국제사회에서 추구하는 규범과 가치, 이를 반영하는 제도나 정책, 그리고 이를 실천하고자 하는 역할에 초점을 맞추는 공공외교로서, 많은 경우 정책공공외교나 지식공공외교의 내용을 구성한다. 이와 더불어 국가들이 국제사회에서 차지하고 있거나 열망하는, 예컨대 강대국, 중견국 등의 지위 또한 대외 정체성을 구성하는 요소로서, 주창형 공공외교의 내용이 된다. 투사형 공공외교가 타자와 구별되는 우리의 '특수성'에 초점을 맞추는 것이라면, 주창형은 타자와 함께 공감할 수 있는 '상호주관적 보편성'에 중점을 두는 공공외교라는 점에서 양자는 상호보완적인 동시에 뚜렷한 차이가 있다.

공공외교에 대한 이와 같은 두 가지 시각을 결합할 때, 공공외교의 유형을 〈그림 2-2〉와 같이 개념화할 수 있다.

〈그림 2-2〉 공공외교에 대한 두 가지 시각과 접근의 유형

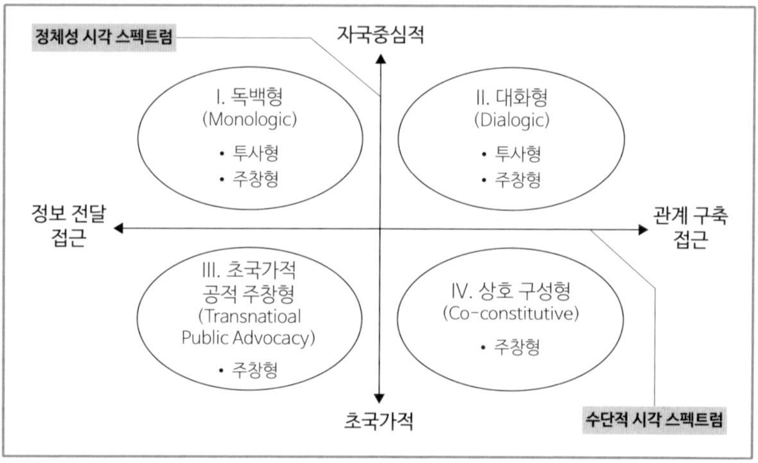

〈그림 2-2〉의 수평축은 좌단의 외국민에 대한 일방적 정보 전달로부터, 설득과 관여를 통해서 중장기적 관계를 구축하는 데 이르기까지 수단적 시각의 스펙트럼을 나타낸다.[12] 한편 수직축은 상단의 주관적 정체성 인식에 근거한 자국 중심적 이익 극대화와 홍보로부터 시작하여, 상대방과의 상호작용을 통해서 공유하는 의미의 추

12 공공외교에 대한 정보 중심 접근과 관계구축 접근에 대해서는 Zaharna(2010), Chapter 7 참조.

구 과정을 거쳐서 정체성의 외연을 확장하고 재구성해 나가는 데 이르기까지 정체성 시각의 스펙트럼을 나타낸다. 자기중심성, 자국 중심성을 넘어서는 것은 초국가적 정체성을 의미하며, 궁극적으로는 인간중심적 정체성을 지향하게 된다.[13]

〈그림 2-2〉의 각 영역 중 I분면은 상대방에게 자국중심의 독백형 정보전달에 중점을 두는 공공외교 접근(독백형)이며, 앞서 논의했던 좁은 의미의 국가 브랜딩은 바로 이러한 유형의 공공외교에 해당된다. II분면은 대칭적이건 비대칭적이건 상대방과의 상호 대화와 교류에 초점을 맞추는, 그러나 여전히 자국중심적인 상호 소통의 접근 유형(대화형)이다.[14] III분면은 자국의 정보 전달을 넘어서서 기후변화나 팬데믹 등 글로벌 현안 문제 등에 대한 정보 전달과 행동 촉구와 같이 초국가적 주창을 중시하는 공공외교 유형(초국가적 공적 주창형)이고, IV분면은 상대방과 공유하는 이해와 의미 생성을 통해서 공동의 정체성과 공동의 이익을 만들어나가는 유형(상호구성형)을 의미한다. 물론 이들 각 분면은 이상적 개념 유형을 나타내는 것으로서, 현실적으로는 각 유형이 중첩적으로 혼재하는 것이 일반적이다.

공공외교에 대한 두 가지 시각은 상호보완적인 것으로서, '어떤 시각이 더 적절한가'하는 질문은 의미가 없다. 국가들은 자국의 주관적 필요, 자국의 국제사회의 위치/지위에 따른 역할 인식 및 국제사회로부터 자국에 대한 역할 기대, 그리고 구체적인 국제적 현실과

---

13 인간중심적 공공외교에 대해서는 Zaharna(2022) 참조.

14 I, II분면 유형의 명칭(독백형, 대화형)은 Cowan and Arsenault(2008)로부터 차용한 것이다.

구조에 따라서 상이한 소프트 파워 자산을 사용하여 적절한 유형의 공공외교를 선택하고 혼합하게 된다.

4. 한국 공공외교 유형 분석

한국이 제1차 공공외교기본계획(외교부 2017)에 의거하여 2018~2022년 5년 동안 중앙행정기관[15]과 17개 광역지방자치단체가 시행해 온 공공외교 사업의 수는 〈표 2-2〉와 같다.[16] 사업 수에 있어서는 광역지방자치단체(총 1,928개)가 중앙행정기관(937개)을 두 배 이상 앞서고 있으나, 예산 측면에서는 중앙행정기관(총 17,104억원)이 광역지방자치단체(4,546억 원)의 약 네 배에 달하고 있다.

〈표 2-2〉 공공외교 사업 수 2018~2022

구분	2018	2019	2020	2021	2022	합계
중앙행정기관	143	203	213	195	183	937
지방자치단체	550	354	363	336	325	1,928
총계	693	557	576	531	508	2,865

15 동 기간 동안 중앙행정기관은 연도별 차이는 있지만 외교부와 문화체육관광부를 비롯하여 총 18개 중앙부처와 한국국제교류재단을 포함한다.

16 외교부는 제1차 공공외교 기본계획에 근거하여 2018년부터 중앙행정기관 및 광역지방자치단체의 공공외교 연간 실행계획을 수립·발표하고 있다. 외교부(2018, 2019, 2020, 2021, 2022).

〈그림 2-2〉에서 제시한 유형분석틀에 의거하여 이들 약 3천여 개의 공공외교 사업들을 분류할 수 있으며, 이때 유형분류 기준으로 사용하는 각 유형별 특징은 〈표 2-3〉과 같다. 이에 따라 5년간 시행계획에 적시된 총 2,865건의 공공외교 사업들을 분류하면 〈그림 2-3〉, 〈그림 2-4〉와 같다.

〈표 2-3〉 공공외교의 네 가지 유형별 특징(indicators)

유형	특징
I 독백형	• 주관적 정체성의 발신 • 독백형 자기 증진, 자기표현 • 자기중심적 메시지 및 미디어 전략 • 자국중심의 전략적 내러티브와 스토리텔링 • 정보전파에 초점 - 정보전쟁, 마음을 얻기 위한 전투, 아이디어 전쟁 • 상대방에 대한 정보전달, 설득 및 영향력 행사에 초점
II 대화형	• 정보전달보다는 관계구축에 초점. 그러나 여전히 자기중심적 관계구축 • 타자에 대한 학습과 이해 제고 • 상호 인정과 협력 강조 • 상대방과의 관계가 소통 및 정체성을 공히 지배 • 공동의 정체성에는 이르지 못한 개인집단들의 협력
III 초국가적 공적 주창형	• 주관적 정체성의 외연을 확장하지만, 관계구축보다는 정보 발신에 초점 • 공동의 정체성 없이 초국가적 메시지 발신 • 특정 이슈를 중심으로 한 상이한 정체성들 유지 • 글로벌 이슈들에 대한 스토리텔링, 내러티브 • 국제개발협력 프레임 하에서의 지식 공유 사업들 • 글로벌 이슈들에 대한 정보 전달과 주창을 위한 초국가적 캠페인
IV 상호구성형	• 확장된, 공유하는 관계 정체성 • 상호성, 동료의식, 공유하는 인류의식 • 정체성의 상호 조정과 적응 • 정보 전달보다는 상대방과 관계의 유대감이 소통의 중요한 특징을 구성 • 공감을 통한 협력 • 공동의 정체성 및 이익에 기반한 공동체 구성 • 공동의 정체성, 사회, 공동체에 대한 스토리텔링, 내러티브 • 공동체 의식을 고양시키는 네트워크 구축과 활동 • 국제규범의 형성 및 강화를 위한 역할

〈그림 2-3〉 공공외교 사업의 유형별 분포 2018~2022 (연도별)

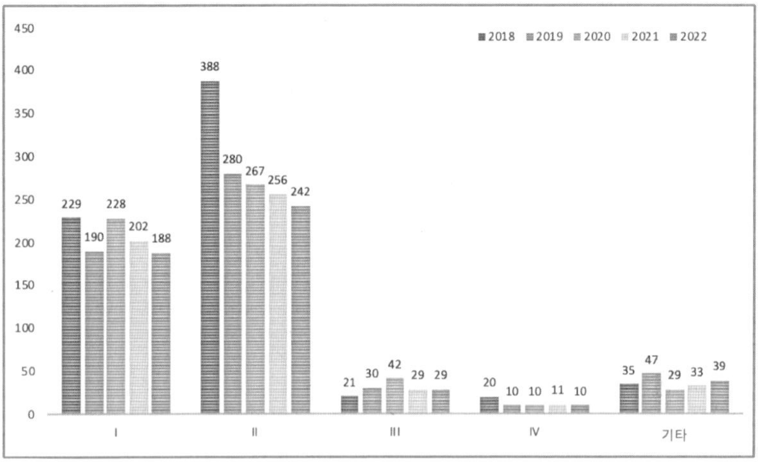

〈그림 2-4〉 공공외교 사업의 유형별 분포 2018~2022 (5년)

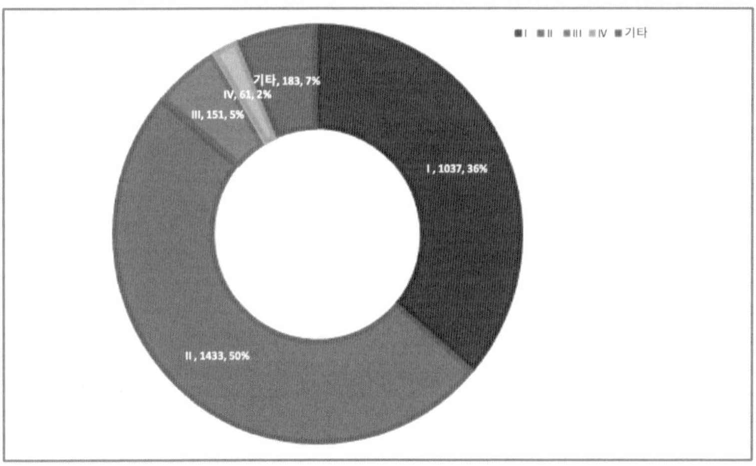

유형 I이 1,037건 또는 36%, 유형 II가 1,433건 또는 50%를 차지함으로써 자기중심형 프로그램(I+II)이 3,571건으로 전체의 86%

에 달하고 있다. 반면 유형 III과 IV에 속하는 자기중심성을 넘어서는 프로그램은 212건으로서 전체의 7%에 그치고 있고, 이 중에서도 상호구성형은 61건으로 전체의 2%에 불과하다.

중앙행정기관의 경우, 유형 I은 한국 소개, 해외 한국어·한국학 증진, 관광홍보를 포함하는 홍보, 한국 관련 외국의 교과서 등 오류 시정 및 기술 확대, 국가 이미지 제고 전시 사업, 정책설명회 등과 같은 전형적인 자기중심적 독백형 프로그램들로서, 한국에 관한 일방향적 정보 전달이 중심이 되고 있다.

광역지방자치단체의 경우에는 한국 및 당해 지방자치단체 소개 및 홍보 프로그램과 더불어 국내 외국인, 유학생 및 다문화가정을 대상으로 하는 한국 소개와 사회통합 프로그램들이라는 두 가지 사업 분야가 큰 비중을 차지하고 있으며, 이에 따라 국내 거주 한국인 및 외국인이 사업의 주요 대상자가 되고 있다. 또한 지역 특성 및 정체성에 특화하는 프로그램들이 두드러지고 있으며, 이는 중앙정부와 차별화되는 관점에서 바람직하다고 여겨진다. 예컨대, 충청북도의 금속활자본 직지 해외전시회, 직지캠프, 직지 관련 학술대회, 전라북도의 한 스타일 전시, 전라남도의 국제수묵화 비엔날레, 제주특별자치도의 유채꽃국제걷기대회, 경기도의 세계도자비엔날레, 경상남도의 함양산삼항노화엑스포, 경상남도의 하동세계 차(茶)엑스포 등이 이러한 유형의 사업에 속한다. 이들 프로그램들의 다수는 지역 특성과 정체성에 대한 소개 및 홍보와 더불어, 이를 통한 국내외 관광객들의 유치에 초점을 맞추고 있는 것으로 보인다. 이러한 점들로 미루어 볼 때, 지방자치단체 공공외교 유형 I 사업은 외국과 더불어 국내를 주요 타깃으로 설정하고 있고, 사업에 따라서는 국내에 초점을 맞추는 경우가 적지 않아 국내지향적 성격을 띠고 있는 것이다.

유형 II의 경우 중앙행정기관은 공무원 교환교류, 학자 및 전문가 교류, 청년 및 대학생 교류, 청소년 교류, 스포츠를 매개로 한 교류 등 다양한 인적교류와 문화교류와 더불어 양자 및 다자 회의체를 중심으로 이루어지고 있다. 이에 따라 상대방에 대한 이해를 높이는 측면이 부각되고 있으며, 이들 교류 프로그램의 다수가 단발성이 아니라 지속적으로 이어지고 있다는 점에서, 명백히 자기중심적 정보 전달에 중점을 두는 유형 I과는 달리 상대방과의 관계구축에 초점을 맞추고 있다는 점에 그 특징이 있다. 그러나 유형 II의 경우에도 자기중심성을 유지하고 있는 경우가 적지 않은 비중을 차지하고 있는 것이 사실이다. 예컨대 양자 회의체 및 세미나를 통한 정책공공외교에서 상대방에 대해 한국의 입장을 전달하고 설파하는 데 주안점을 두는 경우나, 해외 정책연구소 지원에서 한국 관련 연구를 권장하고 있는 것 등이 대표적인 경우이다.

지방자치단체의 경우에는 자매·우호교류 도시 간 교류(공무원 교류 및 연수, 청소년 및 청년 교류, 스포츠 교류 등)가 대다수를 차지하고 있고, 쌍방향 문화교류의 경우 인적 및 문화교류 분야에서 유사한 프로그램들이 지역/대상에 따라 개별 프로그램으로 등재되고 있는 경향성을 보이고 있다. 또한 관광홍보(관광자원 및 축제 해외홍보를 위한 팸투어 등)와 지방경제를 위한 상업적 홍보, 교류 및 전시 사업들(관광홍보 마케팅, 비즈니스 박람회 등)을 포함하고 있으며, 국내외 관광객 유치를 위한 지역 문화 축제도 다수의 지방자치단체에서 공공외교의 일환으로 시행하고 있다.

유형 III의 경우, 중앙행정기관 사업에는 개발협력 프레임하의 교육 및 연수 사업, 지식 공유 사업, 현지 봉사 프로그램들과 더불어 글로벌 이슈를 주제로 하는 다자포럼 및 사업들이 포함된다. 특히 여성가족부가 시행해 온 여성 직업능력 개발교육 초청연수, 성평등 교육전문가 양성교육, 양성평등정책 교육, 일본군 위안부 피해자 문제 관련 국제공조 활동 등과 같은 일련의 사업들은 유형 III의 의미 있는 프로그램들이라 할 수 있다.

지방자치단체의 경우 역시 중앙행정기관과 유사하게 개발협력 프레임 하의 지식 공유 및 연수, 개도국 봉사, 글로벌 이슈 중심의 다자포럼이 주류를 이루고 있다. 그러나 기후변화, 환경협력, 인권, 평화, 스마트 시티 등과 같은 이슈를 중심으로 하는 포럼이나 활동들이 많은 경우 국제적으로 반향력이 있는 초국가적 주창 이니셔티브나 캠페인으로 발전되지 못하고 있는 한계를 갖고 있는 것으로 평가된다.

유형 IV의 경우, 중앙행정기관 사업으로서는 문화체육관광부가 시행하는 아시아 예술커뮤니티 구축 및 운영, 한국국제교류재단(Korea Foundation)이 시행하는 글로벌 공공외교 네트워크(GPDNet: Global Public Diplomacy Network) 사업에 국한되어 매우 약세를 보이고 있는 현실이다.

지방자치단체의 경우, 시티넷(The Regional Network of Local Authorities for the Management of Human Settlements), 세계지방정부연합(UCLG: United Cities and Local Governments), 동북아지역자치단체연합(NEA: The Association of North East Asia Regional Governments), 한일해협연안 시도현교류 지사회의 등 각국의 지방자치단체들이 주체가 되는 지역적 또는 세계적 네트워크와 커뮤니티 구축에의 참여가 두드러진다. 중앙정부에 비해서 빈도수는 상대적으로 높으나, 이들 네트워크·커뮤니티에 대한 단순 참가가 대부분이며, 이들 네트워크를 기반으로 규범의 형성과 전파를 비롯한 주도적인 노력과 구체적인 성과의 측면에서는 미흡한 점이 있는 것이 사실이다.

중앙정부나 광역지방자치단체 차원의 공공외교는 아니지만, 예컨대 민간학술단체인 동해연구회는 1990년대 초 이래 국제적으로 사용되는 동해 수역의 표기를 '동해·일본해(East Sea·Sea of Japan)'로 병기하자는 운동을 주도해 왔다. 2000년엔 불과 2.8%에 불과했던 각종 세계지도와 교과서의 두 명칭 병기율이 2009년 28.1%까지 늘었고 최근 병기율은 40% 정도에 이르는 것으로 추정되고 있다. 동해연구회의 현 회장인 주성재 경희대교수는 지난 30년은 동해 병기뿐만 아니라 지명에 대한 인류의 인식이 확장되는 시기이기도 했다고 하면서, 최근 지명과 관련한 "국제적 화두는 포용(inclusion)과 지명을 문화유산적 관점에서 보자는 움직임"이라는 의견을 피력하였다(한겨레 2022. 10. 3). 이 사례는 한국의 물리적 정체성과 일본의 물리적 정체성에 대한 상호 공유할 수 있는 의미와 이해를 도출하고자 하는 시도로 볼 수 있으며, 이러한 점에서 상호구성형 공공외교에 근접하는 사례라 할 수 있을 것이다.

5. 한국 공공외교의 쟁점과 과제

지난 5년 간 한국 공공외교는 자기중심적 사업(유형 I과 II)에 중점을 두어왔으며, 초국가적 역할에 초점을 맞추는 사업(유형 III과 IV)은 상대적으로 주목받지 못하고 있다는 것이 현실이다. 그러나 앞서 적시한 금세기의 국제정치 및 커뮤니케이션 맥락은 공공외교의 역할과 방법론 양 측면에서 공히 한국 공공외교에 대해 중요한 점들을 시사해 주고 있다. 한국 공공외교의 현황과 유형 분석에 비추어, 오늘날의 국제정치 현실과 커뮤니케이션 맥락에서 한국 공공외교가 당면하고 있는 도전요소는 무엇인가? 여기에서는 다섯 가지 쟁점과 도전과제를 지적하고자 한다.

첫째, 투사형 공공외교에 대한 집중의 문제이다. 지난 30여 년간 한국의 공공외교가 괄목할만한 발전적 진화를 이룩해 온 것은 부인할 수 없는 사실이다. 그러나 다른 한편 한국 공공외교는 한류를 중심으로 하는 문화외교와 인적교류, 경험 공유를 중심으로 우리 민족/국가 정체성의 본원적 요소, 그리고 특징과 장점에 초점을 맞추어서 '우리가 누구인지'를 알리는 데에 주안점을 둔 자국 중심적 투사형 공공외교가 주류를 이루어온 것도 사실이다. 이는 지난 30여 년간 한국의 하드 파워 증강과 이에 따른 국제사회에서 지위 상승에 상응하는 공공외교 역할 간에 여전히 적지 않은 괴리가 존재한다는 점에 직결된다. 최근 G7 정상회담에 한국이 초청된 것이나 유엔무역개발회의(UNCTAD)가 한국을 더 이상 개도국이 아닌 선진국으로 지정한 데에서 보듯, 한국의 지위는 이미 국제사회에서 선진국에 이른 것으로 인정받고 있다. 이에 따라 국제사회에서 한국에 대한 역할 기대 역시 변화하고 있음은 자명하다.

한국의 국력 및 지위 상승과 이에 따른 국제사회의 역할 기대치의 상승은 곧 우리 스스로가 공공외교의 역할 정체성을 새롭게 설정하고, 국제사회에서의 역할 기대와의 괴리를 줄여나가는 노력이 필요하다는 것을 의미한다. 하드 파워 차원에서 한국의 국력, 한국의 위상과 지위, 그리고 국제사회의 한국에 대한 역할 기대를 감안할 때, 이제는 투사형 공공외교와 더불어 우리 정체성에 자리 잡은 가치와 아이디어에 초점을 맞추는, 즉 국제사회에서 '우리가 추구하는 것'과 이의 실현을 위한 구체적 역할에 초점을 맞추는 주창형 공공외교를 본격적으로 추진해야 할 시점이다.

이는 자국 중심적 정체성의 외연을 확장하는 것으로 비롯되어야 하며, 이를 위해서는 무엇보다도 공공외교에서 가급적 'K' 접두사를 배제함으로써 한국의 공공외교에 대해 사유재적 접근을 취하기보다는 글로벌 공공재적 접근을 취할 필요가 있다. 'K' 접두사를 통한 '한국 브랜드화'는 한국을 알리는 데에 초점을 맞추는 투사형 공공외교 측면에서는 유용하다. 그러나 정체성의 외연 확장을 통해서 보다 상호주관적 보편성에 기반을 둔 공감과 인정, 그리고 참여를 모색한다는 차원에서는, 한국의 고유한 특성의 지나친 강조가 오히려 역효과를 초래할 수도 있는 것이다. 좁은 의미의 자국 중심적 국가 브랜딩을 넘어서야 할 이유이다.

두 번째는 자기중심성의 문제이다. 이미 살펴보았듯 오늘날에는 국제정치 맥락과 커뮤니케이션 동학이 공히 급격하게 변화하고 있다. 상호연계성과 다양성으로 특징화되는 오늘날의 세계에서, 자국의 주관적 가치와 아이디어를 "보편적인" 가치와 아이디어로 설파하고 증진하는 자기중심적, 자국 중심적 공공외교는 더 이상 그 설득력을 얻기 어려우며 오히려 상대방의 반감을 초래할 여지가 크다. 9/11 이래 미국의 대(對) 중동 공공외교의 실패는 바로 이러한 점에서 우리에게는 좋은 반면교사가 된다.

오늘날의 정보 환경에서는 의도하는 정보를 일방적으로 전달하는 것은 더 이상 그 적실성이 없다. 정보의 전달보다는 정보와 의견의 교환을 통한 관계 형성이 보다 바람직하다. 공공외교 차원에서는 자신의 주관적 입장과 시각을 타자에게 전달하고 설득하기보다는, 타자와의 관계 구축을 통해서 서로 공감할 수 있는 의미와 이해를 만들어 나가는 접근이 요청된다. 나와 타자의 인식과 관계는 상호적인 것이며 상호성을 통해서 구성되는 것이므로, 상대방은 물론 자신, 자기 인식의 변화를 상정하는 상호구성형 접근이 요청된다.

이와 관련 셋째, 공공외교에 있어서 문화에 대한 재인식의 필요성이다. 아직도 문화는 일반적으로 공공외교를 수행하는 데 있어서 필요한 문화적 매력 자산, 즉 수단적인 의미로 인식되고 있다. 그러나 오늘날과 같은 다양성의 세계에서는 문화는 단순한 수단을 넘어서, 특정 국가의 공공외교 양식을 결정하고 공공외교의 결과를 좌우하는 역할을 한다. 문화의 차이를 넘어서 상대방과 상호주관적인 의미와 이해를 만들어 내기 위해서는, 상대방 문화 자체가 청취하고, 이해하고, 소통을 통해서 공유하는 의미를 도출해내는 중요한 대상이 되어야 한다.

넷째, 정책공공외교 내용상의 일관성과 지속성의 문제이다. 지난 문재인 정부는 특히 한국의 대(對)북 정책과 통일정책, 외교정책을 국제사회에 설파하는 정책공공외교의 중요성을 강조하였다. 이는 투사형 공공외교로부터 특정 주제에 기반한 주창형 공공외교로 향해 가는 초기 시도이긴 하지만, 아직은 특정 정부의 개별 정책에 초점을 맞추고 있다는 점에서 여전히 한계를 갖고 있다. 특히 진보-보수 간 정부 교체가 있을 때에는 한미동맹에 대한 접근과 대(對)북 정책에서 상당한 변화가 있어왔고, 이에 따라 정책공공외교를 통해 발신하는 메시지 역시 적지 않은 폭의 변화가 수반되었다. 이러한 지속성 및 일관성의 문제는 정책공공외교의 효과성 저하, 그리고 궁극적으로는 한국 외교의 신뢰성의 문제에까지 직결된다.

따라서 특정 정부의 개별 외교정책에 대한 홍보적 설명이나 설득보다는, 정부 교체에도 불구하고 지속될 수 있는 한국 '외교정책 정체성(foreign policy identity)'의 기조를 구성하는 가치와 규범, 원칙에 기반을 둔 공공외교의 확립이 필요하다. 이를 위해서는 무엇보다 먼저 국내에서 원칙적인 가치와 규범에 토대를 둔 정책적 입장(예컨대 한미 동맹과 대(對)북 정책)에 대한 최소한의 합의를 도출하는 작업이 선행되어야 할 필요가 있다. 국내적 합의 도출에 학자 및 전문가들과 언론은 물론, 특히 국회의 역할이 중요한 이유이다.

다섯째, 단기적인 국가이익과 외교정책 실현에 기여하는 공공외교의 수단적 기능의 함정에서 벗어나야 할 필요가 있다. 흔히 공공외교는 이미 결정된 외교정책을 국제사회에서 소통하는 역할에 머물고 있다. 공공외교가 그릇된 외교정책을 바로 잡을 수는 없다. 공공외교는 이미 결정된 외교정책의 단순한 전파와 소통에만 국한될 것이 아니라, 외교정책의 입안과 결정과정의 중요한 일부가 되어야 할 것이다. 외교적 실천 분야에서 전통외교와 공공외교의 구분이 모호해지고 양자가 통합되어가고 있는 통합외교(integrative diplomacy)의 추세와 현실을 감안할 때,[17] 공공외교가 단순히 외교정책의 수단에 머무는 것이 아니라, 외교정책의 핵심 내용이자 본질의 일부를 구성해야 할 필요가 있는 것이다.

17 통합외교에 대해서는 김태환(2022) 참조.

6. 결론 — 한국 공공외교의 방향성

그렇다면 오늘날과 같은 국제정치 및 글로벌 커뮤니케이션 동학의 맥락에서 한국의 공공외교는 어떠한 방향성을 가져야 할 것인가? 여기에서는 특히 네 가지 초점을 제시하고자 한다.

첫째, 미중 경쟁이 심화되고 있는 오늘날의 국제적 구조에서는, 중견국을 포함한 여러 국가들이 상호 공감할 수 있는 가치나 주제, 이슈를 중심으로 자국 중심성, 자기중심성을 넘어서 포용적·협력적인 공동의 정체성을 구성하는 노력이 이루어져야 할 필요가 있다. 오늘날 지구촌은 국가나 민족을 넘어서 공동으로 대응해야 할 글로벌 현안 이슈들이 산적해 있다. 한국의 공공외교는 평화와 안보, 기후변화, 비확산(nuclear non-proliferation), 보건안보 등 특정 이슈에 대한 '공동의 이해와 의미'를 생성해내고 공동의 정체성을 구성하기 위한 담론과 이를 반영하는 프로그램을 운용하는 공공외교, 즉 '규범공공외교(normative public diplomacy)'(김태환 2021a)의 플랫폼 국가로서의 도약을 준비해야 할 것이다. 이는 곧 〈그림 2-2〉에서 제시한 공공외교의 유형 중, 정체성의 외연을 확장함으로써 유형 III 초국가적 공적 주창형 공공외교와 유형 IV 상호구성형 공공외교로 향한 방향성을 의미한다.

유형 III과 IV는 발전적으로 규범공공외교로 연계될 가능성이 있는 공공외교의 유형들이다. 예컨대 기후변화나 팬데믹, 핵 비확산과 같은 글로벌 현안 이슈에 대한 초국가적 주창 캠페인으로 시작해서, 이것이 보다 공고한 내재화·집단화·제도화의 과정을 거치면서 상호구성형 공공외교를 통한 국제적 규범화 운동으로 발전할 수 있으며, 궁극적으로 초국가적 규범 공동체, 그리고 국제규범질서 형성에 역할을 할 수 있는 것이다.

둘째, 대결적인 자유주의 대(對) 반(反)자유주의 간 가치의 대립의 심화되어 가고 있는 오늘날의 국제정치 상황에서 한국 공공외교의 구체적 역할에는 소프트 파워 차원의 균형을 모색하는 역할이 포함되어야 할 필요가 있다. 이를 위해서는 공유하는 가치에 기반한 국가 및 비국가 행위자들과 결속과 연대를 통해서 '집단적 소프트 파워(collective soft power)'를 창출하고, 이를 대립하는 두 가치 사이의 완충, 또는 균형자(balancer)로서 역할 하는 기제로 사용함으로써 소프트 파워 균형(balance of soft power)을 모색할 필요성이 있는 것이다. 특히 '가치의 진영화'라는 국제적 맥락에서 가치·규범 및 정치체제 유형으로서의 민주주의가 정치화되고 있는 현실에서는, 한국은 중도적인 가치와 규범으로서 '적극적 평화(positive peace)'에 기반 하는 규범외교로서 '평화공공외교(peace advocacy)'에 초점을 맞출 필요가 있다(김태환 2021b).[18]

셋째, K-Pop과 같은 대중 문화예술의 초국가적 공공외교로서의 활용 가능성을 개발해야 할 것이다. 이미 앞서 논의했듯 K-Pop을 비롯한 한류는 글로벌 플랫폼과 글로벌 이슈들과 연계될 때, 초국가적인 공공외교 효과를 만들어 낼 수 있는 잠재력이 있다. K-Pop은 대중문화 현상에 그치지 않고, 글로벌 차원에서 국제 캠

18 평화공공외교에 관해서 상세 내용은 김태환(2021b) 참조. 평화외교의 대표적 사례로는 노르웨이의 분쟁중재를 들 수 있으며, 이에 대해서는 Taulbee, Kelleher, and Grosvenor(2014) 참조.

페인 및 공적 주창을 주도할 수 있을 뿐만 아니라(유형 III), 공동의 관심, 이익, 그리고 정체성을 기반으로 이슈 정향적 네트워크 공동체를 구축하고 규범을 발신할 수 있는(유형 IV) 잠재력을 갖고 있다. 이는 국가 중심의 소프트 파워 인식으로부터의 변화를 뜻하며, 한국의 대중문화 매력을 이와 같은 새로운 관점에서 바라볼 때, 자국 중심적 공공외교를 넘어설 수 있는 프로그램을 고안하고 개발할 수 있다는 것을 의미한다. 이러한 잠재력을 공공외교 사업으로 구체화시킬 필요가 있다.

넷째, 디지털 기술과 매체를 적극적으로 활용하는 공공외교 프로그램들을 개발하고 발전시켜 나아가야 할 필요가 있으며, 공공외교 분야에서 디지털 매체의 잠재력을 충분히 구현하기 위해서는 상당한 투자, 특히 인적 자원에 대한 투자와 준비가 절대적으로 요청된다. 코로나 팬데믹은 디지털 공공외교의 중요성과 잠재력을 다시금 일깨워주고 있다. 그러나 아직도 공공외교의 일선에서는 소셜 미디어를 포함한 디지털 매체가 일방적인 정보 전달, 홍보의 수단으로 사용되는 경향이 지배적이다. 공공외교에서 디지털 도구를 단순히 메시지를 전파하는 데에 사용하는 것을 넘어서서, 국가나 여타 정치적 집단의 정체성을 구성하는 아이디어, 가치, 이익, 글로벌 이슈와 현상들을 상대방과 소통하고, 이로부터 공유하는 이해와 의미를 생성해냄으로써 상대방과 관계를 구축하고, 궁극적으로는 공동의 이익과 정체성에 기반한 커뮤니티를 구축하는 매개체로 활용해야 한다.

특정 국제질서는 물리적 힘의 배분과 함께 집단적 믿음의 배분, 그리고 "일련의 규칙과 제도들"로 구성된다. 공공외교는 국제질서의 한 축을 구성하는 집단적 믿음의 배분, 가치와 규범의 배분에 결정적인 역할을 할 수 있다. 한국의 정체성 인식에 따른 주관적 필요와 국제사회의 한국에 대한 역할 기대의 차원에서 한국의 역할은 명확하다. 이제 자국 중심성을 벗어나서 정체성의 외연을 확장함으로써 국제사회에서 공동의 정체성과 이익을 도출하고, 이의 실천을 위해서 역할을 수행할 시점이 도래했다. 국제적 구조나 맥락은 흔히 인식하는 것처럼 전적으로 외부로부터 주어지는 것이 아니다. 공공외교는 상호간의 소통을 통해서, 상대방과 자신의 정체성을 재구성해가면서 물리적 현실을 사회적으로 구성해나가는, 이에 따라 행위를 규제하고 제어하는 인지구조(cognitive structure)를 만드는 역할을 할 수 있다. 바로 여기에서 공공외교와 국제질서, 특히 국제규범질서가 직접적으로 연계되는 것이며, 이러한 관점에서 오늘날 국제질서 형성과 재편의 시대에 한국 공공외교의 역할을 확인하고 다듬어 나아가야 한다.

참고문헌

김태환 (2022). "제7장. 공공외교," 김태환 외, 『현대외교정책론』. 서울: 명인문화사, 186-216.

김태환 (2021a). "문화적 보편성·다양성과 규범공공외교." 「공공외교: 이론과 실천」. 1(2), 35-65.

김태환 (2021b). "정책공공외교로서의 평화공공외교: 개념과 방향성." IFANS 주요국제문제분석. 2021-07.

김태환 (2021c). "무정부 국제사회에서의 인정 추구: 공공외교에 대한 정체성 접근과 한국에 대한 함의." IFANS 정책연구시리즈. 2020-03.

김태환 (2019). "가치외교의 부상과 가치의 '진영화': 강대국 사례와 한국 공공외교의 방향성." 「문화와 정치」. 6(1), 5-32.

외교부 (2017). 제1차 대한민국 공공외교 기본계획. 2017-2021.

외교부 (2018, 2019, 2020, 2021, 2022). 공공외교 종합시행계획.

공공외교법 (2016). 법률 제13951호.

Anholt, Simon (2020). *The Good Country Equation: How We Can Repair the World in One Generation*. Oakland, CA: Berrett-Koehler Publishers.

Anholt, Simon (2007). *Competitive Identity: The New Brand Management for Nations, Cities and Regions*. UK: Palgrave Macmillan.

Browning, Christopher S. (2015). "Nation Branding, National Self-Esteem, and the Constitution of Subjectivity in Late Modernity," *Foreign Policy Analysis*, 11, 195-214.

Browning, Christopher S. and de Oliveira, Antonio Ferraz (2017). "Introduction: Nation Branding and Competitive Identity in World Politics," *Geopolitics*, 22(3), 481-501.

Burke, Peter J. and Stets, Jan E. (2009). *Identity Theory*. New York: Oxford University Press.

Buhmann, A. and Ingenhoff, D. (2015). "The 4D Model of the Country Image: An Integrative Approach from the Perspective of Communication Management," *International Communication Gazette*, 77(1), 102-124.

Castells, Manuel (2013). *Communication Power*. New York: Oxford University Press.

Castells, Manuel (2010). *The Rise of the Network Society, The Information Age: Economic, Society, and Culture*, Vol. 1, 2nd ed. Wiley-Blackwell.

Cowan Geoffrey and Arsenault, Amelia (2008). "Moving from Monologue to Dialogue to Collaboration," *The ANNALS of the American Academy of Political Social Science*, 616.

Gibson, Jenna, and Istad, Felicia (2022). "Deconstructing Soft

Power: Audience Readings of Hallyu." 한국공공외교학회 2022년 연례 학술회의 발표 논문 (2022. 11. 17~18, 서강대학교).

Nye, Jr., Joseph S. (2004). *Soft Power: The Means to Success in World Politics*. New York: Public Affairs.

Taulbee, James Larry, Kelleher, Ann, and Grosvenor, Peter C. (2014). *Norway's Peace Policy: Soft Power in a Turbulent World*. New York: Palgrave Macmillan.

van Ham, Peter(2010). *Social Power in International Politics*. New York: Routledge.

van Ham, Peter (2001). "The Rise of the Brand State: The Postmodern Politics of Image and Reputation," *Foreign Affairs*, 80(5) (September/October).

Zaharna, R. S. (2022). *Boundary Spanners of Humanity: Three Logics of Communication and Public Diplomacy for Global Collaboration*. New York: Oxford University Press.

Zaharna, R. S. (2010). *Battles to Bridges: U.S. Strategic Communication and Public Diplomacy after 9/11*. London: Palgrave Macmillan.

3장

공공 조직 경영과 브랜드 관리

이준호

이준호 jhpaul2011@naver.com

현재 호서대학교 경영학부 교수다. 고려대학교에서 경영학 박사 학위를 받았다. 대통령 소속 국가지식재산위원회 전문위원, 정부 고공단(고위공무원단) 역량평가위원, 서울시 공무원 역량평가 위원, 한국인적자원개발학회 부회장이고, 국민연금공단 혁신위원회 위원, 문화체육관광부 조직문화혁신위원회 위원, 방송영상리더스포럼 위원, 기타 공공기관 및 단체 경영평가단 위원, 한국출판문화산업진흥원 좋은책 선정위원회와 책나눔위원회 위원, 충남 공공기관 경영평가단 위원, 자체평가위원회 위원, 제주문화예술재단 이사 등으로 참여한 바 있다. 문화, 미디어, 콘텐츠 산업 분야 다수 연구 용역을 수행하였으며, 이론적, 실제적 내용과 경험을 공공브랜드와 연결시킬 수 있는 방안을 찾고 있다.

1. 공공 조직의 경영과 브랜드 관리

1) 조직, 경영, 그리고 브랜드 관리

본 장이 초점을 맞추는 공공 조직은「공공 기관의 운영에 관한 법률」에 따른 공기업, 준정부 기관, 기타 공공 기관의 법적, 제도적 실체,[1] 그리고 익숙하면서도 상대적 개념이 반영되면 다소 애매해질 수도 있는 공공성을 목적으로 정부(중앙 및 지방)를 통해 운영 또는 사업 관련 각종 행·재정적 지원이 이루어지는 조직을 포괄한다. 물론 영리기업 관련 공공 목적 재단 등도 존재하지만 사적 이익을 통한 지원은 의도와 상관없이 해당 조직의 운영과 사업에 대한 다양한 해석의 여지가 가능할 수 있는 바, 지원의 출처에 있어 사적 이익이 개입되는 대상은 논외로 하고자 한다.

또한 '공공 브랜드'보다는 '공공 조직의 경영과 브랜드'라는 조금은 복잡하고 복합적인 표현을 사용한다. 공공 브랜드에 두 가지 개념을 연계한다. 하나는 '조직'과 관련된다. 일반 대중에게 여러모로 익숙한 영리기업 등 일반 조직의 브랜드는 해당 조직이 산출하여 제공하는 각종 유형의 제품이나 상품이 중심이 되는 경우가 통상적이다. 유형적 제품이나 상품은 물적 산물 그 자체가 브랜드가 되곤 한다. 반면에 공공 조직은 인적, 조직적 기반하에 무형적 서비스를 중심으로 사업을 전개하는 것이 일반적이라 할 수 있다. 무형적 서

1 2022년 370개(본부: 350개, 부설: 20개) 지정(https://www.alio.go.kr/guide/publicAgencyList.do)

비스는 인적, 조직적 특성과 분리하여 산출, 제공되기 어렵고, 분리되어 브랜드화되기 어렵다(Berry, 1999). 이는 공공 브랜드의 이슈를 조직과 연계해 조망해야 할 필요를 낳는다고 할 수 있다.[2]

다른 하나는 '경영'과 관련된다. 많은 경우, 브랜드 관리를 경영의 여러 기능 중 하나인 마케팅 관점에서 이해하는 것이 일반적이다. 하지만 실질적 브랜드 관리는 조직의 효과적, 효율적, 혁신적 경영 활동을 통해 창출, 확보, 유지되는 제품/상품 및 서비스, 더 나아가 이를 지속 담보할 수 있는 조직 차원의 본원적인 경쟁력을 기반으로 하고, 이 두 가지 측면, 즉 마케팅 관점의 외재적 이미지 등의 관리와 본원적 경쟁력 관점의 내재적 실체 내지는 실질 관리 간 상호 연계와 정렬이 중요하다. 따라서 브랜드 관리를 경영의 일부 제한적 기능으로만 보기보다는, 경영 전반의 영역과 연계해 확장적으로 조망할 필요가 있다고 할 수 있다.[3]

---

2 제조기반 기업조직 역시 서비스의 위상과 비중이 강조되고 있으나 해당 서비스가 제품이나 상품을 중심으로 전개되고, 최근 활발하게 관찰되는 플랫폼 기업조직 역시 서비스 중심의 비즈니스가 이루어지나 기술 기반의 서비스가 중심이 된다는 점에서, 공공 조직의 서비스보다는 유형적 특성이 강한 것으로 볼 수 있다. 또한 공공 조직 일부의 경우에도 제품이나 상품을 중심으로 하는 경우가 있으나 제품이나 상품을 위한 서비스라기보다는 공공적 관점에서 서비스를 위한 제품이나 상품이라는 측면에서 본문과 같이 논의 초점을 간명화하고자 한다.

3 실제 TQM(Total Quality Management)이 품질관리라는 경영의 제한적 기능 차원을 넘어 전사 차원의 경영혁신 접근으로 확장되는 등 경영의 특정한 기능만으로는 실질적인 이슈 해결과 관리가 어려운 사안에 대한 전 조직, 전 경영 차원의 접근은 필요성과 당위성이 있다고 할 수 있다. 브랜드 관리 역시 총체적 브랜드 관리, 즉 TBM(Total Branding Management)으로 접근할 필요가 있다.

2) 브랜드 관리 필요성의 제기

통상적으로 제품/상품과 관련해 익숙하게 사용되던 브랜드 개념이 최근 미시적으로는 인물(스포츠 또는 연예계 스타, 정치인 등), 거시적으로는 특정 단위 조직(대학, 각종 단체 등), 심지어는 국가 수준에서까지 활용되고 있다. 그만큼 브랜드의 중요성이 커지고 있다. 대상이 무엇이든 여타와 구분되는 고유한 가치를 갖는 대상에 브랜드라는 표현을 사용하는 것이 낯설지 않다. Barney(1995)는 전통적인 조직 외부 측면의 산업 구조 관점이 아닌 조직 내부 측면의 자원 기반 관점(Resource-Based View)을 통해 경쟁력 내지는 경쟁 우위를 창출, 유지, 지속할 수 있는 자원 내지는 역량의 중요성과 그 기준을 제시하였다. 탁월한 브랜드는 여기에 부합한다. 자원 기반 관점의 논의대로 탁월한 브랜드는 가치 창출 가능성(valuable), 희소성(rare), 모방 불가능성(inimitable), 대체 불가성(not substitutable) 그리고 조직 내재화(organized)라는 기준 모두에 매우 적합하다. 탁월한 브랜드는 지속적 부가가치 창출이 가능하고, 희소하며, 모방이 어렵고, 대체가 불가하며, 특정 조직에만 특화되어 내재된, 그 자체로 차별화된 자원 내지는 역량으로 자리하고 있다.

공공 조직의 경영에서도 브랜드의 관리가 중요해지고 있다. '공공' 자체가 보장하는 신용과 신뢰의 무게감으로, 그간 개별 공공 조직의 브랜드 관리는 의미와 가치를 제대로 확보하지 못한 측면이 있다. 전술한 맥락에서 경쟁력 내지는 경쟁 우위 관점의 주요 이슈로 부각되고 있는 브랜드 관리 필요성 외에 최근 공공 조직 경영에서 브랜드 관리가 중요해지는 이유는 무엇일까? 두 가지를 생각해 본다. 하나는 공공 조직을 둘러싼 환경의 변화, 다른 하나는 변화하는 환경에 따른 새로운 정당성(legitimacy) 확보 필요에 대한 것이다.

조직을 둘러싼 환경의 불확실성(uncertainty)이 심화되고 있고, 그간 환경의 불확실성 심화에도 다소 예외적이던 공공 조직 역시 중대한 영향에 놓여 있다. 최근의 공공 조직은 일부 핵심 이해관계자(정부 등) 정도를 제외하고는 제반 환경과의 괴리하에 내적인 통합이나 효과적, 효율적 경영 활동만으로도 거뜬히 운영될 수 있던 과거의 폐쇄 체제(closed system)에서 환경 전반의 영향 관계를 고려해야 하는 개방 체제(open system)로 변화하고 있다. 환경의 불확실성을 규정할 때 여러 접근 방식이 가능하지만, 대표적으로 환경의 복잡성(complexity)과 환경의 동태성을 들 수 있다. 환경의 복잡성은 조직의 외부 환경(1차 환경, 직접 환경, 과업 환경 vs. 2차 환경, 간접 환경, 일반 환경)을 구성하고, 조직과 상호 영향 관계를 주고받는 이해관계자가 다양하며, 그 상호작용이 빈번하거나 긴밀하고, 이해관계자 간 위치 내지는 중심성에 전환(switching)이 많은 상황(상황에 따라 이해관계자의 중요성이나 영향력이 달라짐)을 의미한다. "사공이 많으면 배가 산으로 간다"는 말처럼 조직을 둘러싼 환경의 복잡성은 조직의 대응을 위한 각종 경영의 메커니즘을 복잡하게 만들고, 이는 관리상의 어려움을 야기하게 된다. 특히 각 이해관계자 간 필요와 요구가 상충할 때 더욱 큰 어려움을 가져올 수 있다.

환경의 동태성은 환경의 변화가 빠르고, 급격하게 나타나는 양상이다. 과거와는 비교할 수 없을 정도로 급속해진 환경의 변화 속도는 정치/정책적, 경제/산업적, 사회/문화적, 기술적 환경과 같은 거시적 환경부터 조직 내부, 소비자/고객, 경쟁자 등과 같은 미시적 환경까지 다양한 영역 모두에서 경험되고 있다. 변화의 양상 역시 기존의 변화와 연결되는 연속적인 환경 변화가 아닌, 기존 변화의 궤적을 벗어난 새롭고 불연속적인 환경 변화가 빈번하다.

이러한 환경의 불확실성 관점에서 과거 공공 조직은 비교적 단순하고 안정적(정태적)인 환경 상황, 즉 환경의 불확실성이 낮은 상황에 놓여 있었다. 하지만 최근 공공 조직의 경영 환경은 점차 복잡성과 동태성이 가중되는 상황으로 전개되고 있다. 예를 들어, 여전히 핵심 이해관계자로서 중앙 및 지방 정부 등의 영향이 절대적이지만 직접적인 서비스 대상으로서 소비자이자 고객인 국민의 권리 의식 등이 신장하면서 수동적인 서비스 수혜자가 아닌 능동적인 서비스 제안자 내지는 감시자로서 영향을 키우고 있다. 또한 일정하게 구획화되었던 각 환경 영역 간 경계의 모호함(blur) 현상 등으로 객관적으로 독점적이고, 그로 인해 주관적으로 비교 불가의 위상을 갖던 공공 조직의 서비스를 대체할 수 있는 각종 서비스가 나타나고 있다(예: 지상파 중심 방송 서비스에서 종편 등 유료방송 서비스로, 그리고 최근 OTT 서비스로 확장되어 가는 양상 등).

한편 모든 조직은 존재 기반으로서 정당성의 확보를 필요로 한다. 정당성은 조직을 둘러싼 환경의 요구와 그에 대한 조직의 상응하에 확보될 수 있다. 전술한 환경의 불확실성 가중 및 영향력 확대에 따라 공공 조직은 주체적이고 전략적인 관점에서 새로운 정당성 확보의 메커니즘을 필요로 하고 있다. 환경의 복잡성과 동태성이 낮은 과거의 공공 조직은 주어진 공공적 목적에 부합하는 기본적 서비스를, 제한된 자원하에서 문제없이 전개하는 것만으로도 정당성을 확보할 수 있었다. 이는 공공 조직의 정당성 확보와 이를 위한 조건이 공공 조직에 각종 자원을 지원하는 정부 등의 핵심 이해관계자에 의해 상당 부분 기결정되어 있었기 때문이다. 공공 조직이 외부 환경과 관련해 정당성 확보를 위한 별도의 노력을 전개할 필요가 크지 않았다.

환경의 불확실성이 고조되면서, 공공 조직과 경영의 정당성을 확보하기 위한 내적 복잡성과 내적 동태성의 필요도 커지게 되었다. 다양한 환경의 요구와 급변하는 환경의 필요에 효과적으로 대응하기 위한 내적 경영 메커니즘이 중요해진 것이다. 이러한 측면에서 공공 조직의 경영에 있어 일관되고, 명확하며, 독특한 브랜드를 구축하고 관리하는 것은 외적 불확실성 속에 정당성 확보를 위한 내적 대응 양상으로 적합할 뿐 아니라, 내적 경영 메커니즘에 소요되는 다양한 비용을 최소화 내지는 최적화시킬 수 있고, 관련한 잠재적이고 부가적인 이익 또한 크다고 할 것이다. 공공 조직의 브랜드 관리는 환경 불확실성의 심화와 영향력 하에서 공공 조직이 정당성을 확보하기 위한 내적 경영 메커니즘의 설계, 운영의 필요와 관련해 가치와 의미가 커지고 있다.

2. 공공 조직 경영의 브랜드 관리 다이내믹

조직의 바람직한 또는 성공적인 경영[4]을 가능하게 하는 메커니즘과 관련해 보편적 접근(universal approach)과 상황적합적 접근(contingency approach) 간 논쟁이 있다. 보편적 접근은 조직 경

4 두 가지 의미는 각기 다른 지점이 있지만, 공공 조직은 영리기업 등 일반 조직과 달리 '바람직한'과 '성공적인'의 의미가 공공성이라는 측면에서 수렴될 수 있는 가능성이 높은바, 이를 구분 없이 사용한다.

영에서 어느 상황에나 통용될 수 있는 바람직한 방식이 존재한다는 'one best way'를 주장한다. 반면에 상황적합적 접근은 조직 경영의 바람직한 방식은 조직이 처한 상황에 따라 달라질 수 있다는 'many best ways'를 주장한다. 브랜드 관리 측면에서 가시적인 실제 관행/실행(practice)[5]은 영리기업 등 일반 조직의 경우 상황적합성과 함께 다양성을 확장해 온 것과는 달리, 필요성을 먼저 자각한 일부 공공 조직조차도 많은 경우 가시적인 관행/실행 수준의 브랜드 관리는 보편성의 맥락, 즉 전형적인 성공 방식을 추구, 참조하는 맥락에서 전개되어 왔다고 볼 수 있다. 이는 실제 공공 조직의 서비스를 경험하고 경영을 지켜본 소비자 내지는 고객으로서 국민의 인식 속에 공공 조직의 브랜드 대부분이 서로 구분되어 명확하게 기억되지 못하는 데서도 확인할 수 있다. 사실 여기에는 두 가지 문제가 담겨 있다. 하나는 공공 조직이 브랜드 관리를 통해 소비자 내지는 고객으로서의 국민에게 차별화된 브랜딩, 즉 브랜드 인지와 각인을 이끌어내는 데 한계가 있었다는 점이다. 다른 하나는 그간 간과된 측면이지만, 공공 조직이 브랜드 관리 측면에서 차별화할 만한 실제 서비스를 고안, 제공하는 데 한계가 있었다는 점이다. 따라서 브랜드 관리에서 차별화할 만한 포인트가 없었다는 점이다.

이러한 브랜드 관리 차별화의 문제는 이제 불확실성이 가중되

---

5 '6. 공공 조직 경영의 차별화된 브랜드 관리 방향 제언' 부분에서 조직 경영은 비가시적 수준에서부터 가시적 수준으로의 수준 구분(principle-policy-practice)이 가능하며, 이에 따라 보편적 접근과 상황적합적 접근 간 연계 가능성이 있음을 논의한다. 흔히 벤치마킹이 이루어지는 BP(best practice)는 가시적 수준의 경영행태로 모든 조직에 맞는 가시적 경영행태가 있는가에 대한 이슈로 실효성 관련 문제 제기가 있다.

는 환경하에서 개별 공공 조직이 처한 불확실한 환경의 전개 양상, 이와 연계해 개별 공공 조직이 산출, 제공하는 서비스 고유의 특성을 반영하는 방식으로 보다 차별화될 필요를 갖는다. 본 장은 결국 공공 조직 경영에 있어 브랜드 관리는 두 가지 측면, 즉 내재적 측면에서 차별화된 제품이나 상품, 서비스를 창출, 유지하고(내재적 측면), 이를 차별화된 전략과 방식으로 소비자 내지는 고객으로서의 국민 등 외부에 인지, 각인시키는(외재적 측면) 것과 이 두 측면 간 상호 연계, 조화, 균형에 관한 것임을 제기한다.

여기에 담긴 두 가지 의미를 부연한다. 우선 '차별화'다. 차별화의 의미는 두 가지로 이해할 수 있다. 하나는 이미 해당 조직만이 아니라 경쟁자/대체자도 하고 있는 것을 경쟁자/대체자보다 더 잘 해낸다는 것(점진적 차별화)이라면, 다른 하나는 아직 경쟁자/대체자가 하고 있지 않은 것을 경쟁자/대체자보다 먼저 해낸다는 것(급진적 차별화)이다. 차별화는 결국 기존 경영 영역에서 비교 우위와 새로운 경영 영역에서 선점 내지는 절대 우위를 의미한다.

다음은 브랜드 관리의 본질이다. 브랜드 관리는 내재적 측면과 외재적 측면 간 상호 연계, 조화, 균형을 이루는 것이 중요하다. 조직이 차별화된 상품과 서비스를 창출, 유지하는 것만으로는 브랜드 관리의 필요조건은 가능해도 충분조건이 될 수는 없다. 마찬가지로 차별화된 전략과 방식으로 외부에 인지, 각인시키는 것만으로도 불충분하다. 둘 간의 차별화된 정합성이 중요하다. 이러한 브랜드 관리의 본질은 최근 더욱 중요해지고 있다. 조직이 산출, 제공하는 제품이나 상품, 서비스에 대해 차별화된 마케팅 차원에서 소비 유도를 위한 긍정적, 매력적 이미지를 창출하는 데만 초점을 맞추는 식의 외재적 측면 중심의 통상적 브랜드 관리는 이제 한계를 갖는다.

다양한 채널과 적극적 이해관계자(소비자/고객 등)를 통해 내용, 범위, 규모 등의 측면에서 거의 무제한적이고, 시차가 거의 없는 정보의 확산과 공유가 이루어지고 있다. 또한 정보의 확산과 공유가 제품이나 상품, 서비스, 더 나아가 이를 산출, 제공하는 조직의 실체에 대한 실제적 평가로까지 이어지면서 외재적 측면의 접근만이 아니라 내재적 측면의 접근에 대한 필요가 부각되고 있다.[6]

'잘 포장된 브랜드 관리'가 아닌 '실질을 담은 브랜드 관리'의 필요는 영리적 목적을 추구하는 일반 조직에 비해 공공 조직에 더 큰 이슈를 제기하고 있다. 동일한 수준과 양태의 비윤리적 사안에 대해 일반 조직보다 공공 조직의 관련 사건이 더욱 심각한 것으로, 엄격하게 받아들여지는 것은 이러한 양상을 반증한다. 영리를 전제로, 어느 정도 관용의 영역을 확보할 수 있는 일반 조직에 비해 국민이 실제적 주인이고, 신용과 신뢰를 공적 책무로 담보하는 공공 조직이 내재적 측면을 배제하고, 외재적 측면에만 집중하는 것은 관용이 쉽지 않다. 특히 공공 조직의 브랜드 관리가 내재적 측면을 배제하고, 외재적 측면의 차별화된 전략과 방식으로만 소비자 내지는 고객으로서 국민에게 다가설 수 있는가 하는 현실성 역시 고려가 필요하다.

공공 조직 경영에서 브랜드 관리는 내재적 측면과 외재적 측면의 다이내믹, 즉 각 측면의 브랜드 관리 이슈를 체계적으로 관리하고, 둘 간 다이내믹의 연계, 조화, 균형을 이루는 것이라 할 수 있다.

---

6 윤리적 소비 등이 확산되면서 차별화된 서비스를 산출, 제공하는 조직이 결과물로서 서비스만이 아니라 해당 서비스를 산출, 제공하는 과정에서 어떻게 조직을 경영하는가 하는 측면의 윤리적 관점 또한 강조된다. 이에 따라 소비자 내지는 고객의 인식이나 의사결정에 대한 조직과 경영의 연계와 영향이 보다 복합화되고, 강화되고 있다.

〈그림 3-1〉 공공 조직 경영에서 브랜드 관리의 다이내믹

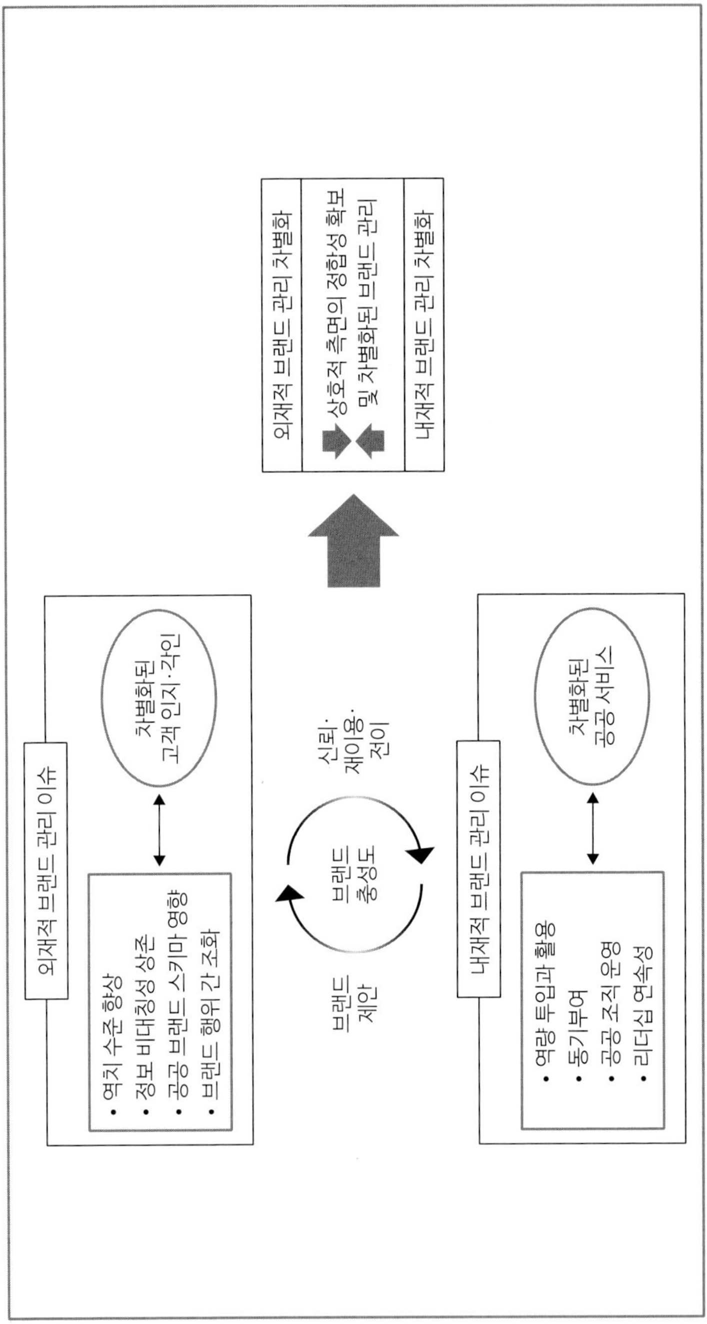

본 장은 내재적 측면의 이슈로 역량 투입과 활용, 동기부여, 공공 조직 운영, 리더십 연속성을, 외재적 측면의 이슈로 역치 수준 향상, 정보비대칭성 상존, 공공 브랜드 스키마 영향, 브랜드 행위 간 조화의 관리 필요성을 제기한다. 또한 두 측면 간 연계, 조화, 균형의 불완전성에 따른 양상과 제한적이나마 공공 조직 경영의 바람직한 브랜드 관리를 위한 방향성을 제언해 보고자 한다.

3. 내재적 측면의 브랜드 관리 이슈

공공 조직의 차별화된 서비스 창출과 유지는 브랜드 관리의 내재적 측면이자 출발점이 된다고 할 수 있다. 공공 조직은 공공의 지원에 기반하는바, 서비스 관련 각종 정보의 투명한 공개, 입증 및 검증의 책무를 가진다. 따라서 내재적 측면의 서비스가 온전히 산출, 제공되지 않는 상황에서 이를 외재적 측면에서만 근사하게 포장하여 전달하는 방식의 브랜드 관리(정합성 미확보)는 공공 조직의 경영에서 중요한 진실성(integrity) 차원에서 심각한 위험 요인으로 작용할 수 있다. 또한 내재적 측면에서 공공 조직의 서비스 차별화 수준 자체가 낮은 경우, 이를 진실하게만 알리는 방식(차별성 미확보)만으로도 차별화된 브랜드 관리를 성취하기 어렵다.[7] 따라서 공공

7 브랜드 관리의 내재적 측면과 외재적 측면 간 부정합성이나 내재적 측면은 물론 외재적 측면의 차별화 수준이 낮음으로 인해 생기는 비차별성 이슈는 '5. 상호적 측면의 브랜드 관리 실패 양상'에서 논의한다.

조직은 실제 차별화된 서비스에 기반해 차별화된 브랜드를 구축하고 관리하기 위한 노력을 전개하는 것이 필요하다. 이를 내재적 측면의 브랜드 관리라 할 수 있을 것이다. 그러나 이를 실현하는 데는 공공 조직의 측면에서 현실적으로 몇 가지 이슈가 존재한다. 내재적 측면에서 바람직한 브랜드 관리를 위해서는 이러한 이슈를 이해하고, 해결 또는 관리해 나가기 위한 접근이 필요할 것이다.

1) 역량 투입과 활용

공공 조직 경영에서 차별화된 서비스 창출과 유지를 원활하게 가져가기 어렵게 함으로써 브랜드 관리에 영향을 미칠 수 있는 첫 번째 내재적 이슈는 역량 투입과 활용이라 할 수 있다. 역량은 다양한 맥락으로 이해할 수 있다. 무엇을 어떻게 해낼 수 있는가 하는 기능(skill)일 수도 있고, 변환 과정을 거쳐 산출물을 만들기 위한 자원일 수도 있으며, 탁월한 성과와 연결되는 핵심경쟁력 관점의 역량(competence)일 수도 있고, 기능과 역량 발휘의 넓이(width)와 깊이(depth)로서의 용량 내지는 수용력(capacity)일 수도 있다. 하지만 이러한 역량의 다양한 연관 개념을 아울러 공공 조직 경영의 역량 투입과 활용은 브랜드 관리의 기본적 출발점이 되는 차별화된 서비스의 창출과 유지라는 측면에서 몇몇 이슈를 가져온다. 대표적으로 자원 투입의 제약과 역량 활용의 안정성 딜레마를 들 수 있다.

공공 조직 경영에서 차별화된 서비스를 창출하고 유지하기 위해서는 때로는 일반 조직 이상의 자원 투입이 요구된다. 하지만 공공 조직의 특성상 이러한 자원 투입은 제한적일 수밖에 없다. 우선 전체 자원 규모(예산, 인력 등)가 어느 정도 제한되어 있다. 따라서 공공 조직 경영의 자원 투입 이슈는 개별 공공 조직 간의 제로섬(zero-sum) 양상을 갖게 되고, 관련 의사결정은 보수적인 관점에서 이루어질 수밖에 없는 측면이 있다. 또한 자원 투입의 근거 내지는 기준이 될 수 있는 성과의 설정과 규명이 용이하지 않고, 기본적으로 자원 투입의 방식 역시 경로 의존적(path-dependent)이다. 즉 기존의 자원 투입이 다음 자원 투입에 논리적 근거와 당위성을 제공하는 경우가 많아 기존의 양상을 벗어나는 새로운 자원 투입 결정이 쉽게 이루어지지 않는다. 적확한 자원 이슈만이 아니라 자원이 여유로울 때보다 제한적일 때 오히려 혁신적 성과가 가능하다는 논의도 존재하지만, 기존 흐름이 연계되는 우상향 차원의 개선(점진적 차별화)이 아닌, 기존 흐름을 벗어나는 새로운 혁신, 즉 질적으로 차별화된 서비스(급진적 차별화)를 위해서는 여유 자원 확보가 효과적이라는 논의가 다수를 점한다.

안정성 딜레마도 고려가 필요하다. 공공 조직 경영이 갖는 안정성 또는 일관성은 공공의 서비스 제공 측면에서 분명한 장점을 갖는다. 특정한 영역과 범위 안에서 지속적으로 이루어지는 공공 조직의 서비스는 안정성하에서 계속 일정한 수준의 질을 예측가능하도록 일관되게 유지하고, 시간에 따른 반복적 수행으로 향상되는 인적, 조직적 숙련도 등에 따라 일부 개선된 서비스 수준을 창출하게 된다. 다만, 이러한 안정성은 기존의 틀과 경로를 벗어나는 유연성에는 어려움이 있다. 이러한 안정성 딜레마는 역량 활용 측면에서 볼 수 있다. 예를 들어, 조직 경영의 핵심 자원인 인적자원과 관련해, 공공 조직 경영은 서비스의 질적 차별화와 같은 보다 급진적 변화를 위해 요구되는 새로운 전문성을 갖춘 인적자원의 원활한 활용이 수월하지 않다. 인적자원의 유입과 유출 같은 경로가 다소 경직적인바, 수적 유연성(numerical flexibility)을 담보하기 어렵고, 새롭고 다양한 역량 확보를 위한 인적자원 개발과 육성의 기회와 경험이 제한적이다. 이로 인해 인적자원의 활용이 용이하지 않다. 즉 기능적 유연성(functional flexibility)을 담보하기 어렵다.

공공 조직 경영이 갖는 역량 투입과 활용의 이슈는 기존 서비스를 어느 정도 안정적으로 창출, 유지하면서 점진적 차별화를 이루어 내는 데는 일정 정도 효과적일 수 있지만, 새롭고 질적으로 차별화된 서비스를 창출, 유지하는 데는 제약으로 작용할 수 있으며, 이를 효과적으로 해결 또는 관리할 필요가 있을 것이다.

2) 동기부여

공공 조직 경영에서 브랜드 관리와 관련된 내재적 측면의 두 번째 이슈는 차별화된 서비스 산출, 제공을 위한 동기부여의 이슈라 할 수 있다. 공공 조직은 태생적으로 일반 조직과는 선명하게 구분되는 법적, 제도적 차별성에 기반한다. 법적, 제도적 차별성은 통상 명문화된 형태의 역할과 책임을 규정한다. 하지만 역할과 책임의 영역과 범위는 비교적 명확하지만, 수준에 대한 개념은 모호하거나 부재한 경우가 많다. 즉 공공 조직의 역할과 책임은 공공성을 위한 사회적 필요 등을 반영해 법적, 제도적으로 설정되지만, 그것을 어느 정도의 수준으로 수행해 내야 하는지는 주관적이고, 자의적인 측면을 갖게 된다. 따라서 이러한 공공 조직이 왜 굳이 차별화된 서비스라는 수준의 이슈를 고민해야 하는가는 질문은 나름의 타당성을 가져왔다.

Higgins(1997)는 이상, 성취, 도전 등과 같은 더 나은 상태를 추구하는 향상 초점(promotion focus)과 안전, 보호, 의무 등과 현 상태보다 더 나빠지지 않는 상태를 추구하는 예방 초점(prevention focus)의 동기가 있음을 제기하였다. 향상 초점은 긍정적인 결과에 더 중요성을 부여하는 반면, 예방 초점은 부정적인 결과를 피하는 데 더 중요성을 부여한다. 이러한 동기 측면의 조절 초점(regulatory focus)은 개인과 같은 미시적 수준만이 아니라 사회 및 국가와 같은 거시적 수준에서도 관찰된다. 공공 조직은 특성상 향상 초점보다는 예방 초점이 지배적인 양상을 보이며, 이러한 동기 상태를 안정적으로 유지하는 방향으로 시스템화되어 있다. 따라서 기존의 서비스와 다른 차별화된 창출과 유지에 대한 초점과 관심은 상대적으로 제한적이다.

또한 공공 조직 경영의 동기부여 이슈는 비교 기준의 제한적 설정도 작용하는 것으로 판단된다. 공정성 이론(equity theory)은 모든 주체는 준거 대상(referent)을 선정하고, 자신과 대상의 투입과 산출(결과, 성과, 보상 등) 간 비율을 비교해 그 비율의 불균형(과소 불공정성 내지는 과다 불공정성)이 확인될 때, 이를 균형 상태(공정성)로 조정하기 위한 방향으로 동기부여가 된다고 설명한다. 즉 동기는 준거 대상의 선정과 비교를 통한 불균형 상태의 인지를 중요한 메커니즘으로 해 작동하게 된다. 이러한 측면에서 공공 조직의 준거 대상 선정과 비교는 변화의 방향과 동력을 확보하는 데 있어 제한적이다. 공공 조직 대부분은 자체 경영, 서비스를 비교할 수 있는 대상으로서 주로 여타 공공 조직 내지는 자체 조직의 과거에 초점을 맞춘다. 유사하거나 대체 가능한 서비스를 차별적으로 제공하기 위해 고민하는 영리기업 등 일반 조직이 있더라도 이는 비교 대상이 되지 않는 경우가 많다. 이는 조직의 특성상 일반 조직의 경영과 서비스가 공공 조직과는 궤를 달리한다는 점에서 일견 타당할 수 있지만, 변화의 방향과 동력을 제공하는 데는 한계로 작용할 수밖에 없다. 특히 대부분의 공공 조직이 공공성 안에서 비교적 독점적인 지위를 점하고 있다는 측면에서 다른 공공 조직 내지는 자체 조직의 과거를 주 비교 대상으로 하는 것은 실효성 측면에서도 한계가 있다. 아울러 공공 조직이 제한된 필요(예: 상대적 평가 개념이 작동하는 연간 경영성과평가 등)에 따라 타 공공 조직을 벤치마킹하는 경우도, 변화의 방향과 동력을 확보하기 위한 미래지향적인 것이기보다는 상황을 파악하고, 수준을 점검하며, 관련 근거를 마련하기 위한, 즉 과거와의 연속선상에 있는 현재지향적인 경우가 많다. 따라서 온전한 변화의 동기를 부여하기에는 어려운 측면이 있다.

이렇게 공공 조직의 차별화된 서비스를 제공하기 위한 내재적 측면의 동기부여는 용이하지 못한 측면이 있다. 물론 공공 조직의 설립목적과 같은 미션에 기반한 가치와 소명을 통해 공공성의 수혜 대상인 국민에게 보다 가치로운 서비스를 제공하기 위해 노력하는 양상 또한 다수의 공공 조직에서 관찰되지만, 이는 실제 차별화된 서비스를 위해 기존 서비스와 이상적인 서비스 간의 차이를 발견하고, 이러한 차이를 줄이기 위한 방안을 찾아가는 인지적, 정보적, 개발적 측면에서는 다소 제한적인 양상을 보인다. 동기부여는 특정한 '방향'을 향한 '행동'을 유도하고 '지속'하는 힘이라 할 수 있다. 공공 조직 경영에서 내재적 측면의 차별화된 서비스 창출과 유지라는 브랜드 관리의 출발선에서 변화를 통한 이상적인 모습과 기존 서비스의 문제점에 기반한 구체적인 방향과 행동 방식 그리고 지속성을 확보하기 위한 노력과 접근이 필요할 것이다.

3) 공공 조직 운영

IPO, 즉 투입-과정(변환)-산출과 외부 환경이 연계된 시스템적 관점에서 모든 조직은 외부 환경으로부터의 투입물(자원 등)을, 특정한 변환 과정을 거친 후 산출물을 도출, 외부 환경에 제공하게 된다.[8] 이 과정에서 내부의 메커니즘이라 할 수 있는 변환 과정은 다른 시스템과 동일한 수준이거나 미흡한 투입물이 차별성을 갖는 산출물이 되도록 하기도 하고, 때로는 차별적인 투입물에도 불구하고 동일한 수준이거나 오히려 미흡한 산출물이 되도록 하기도 한다. 이러한 변환 과정, 즉 내부 메커니즘의 핵심적인 측면이 조직관리 내지는 조직 운영이라 할 수 있다.

조직은 구조와 문화라는 조직 운영 메커니즘을 갖는다. 구조는 조직의 하드한 측면을, 문화는 조직의 소프트한 측면을 반영한다. 구조는 조직도 등으로 표현되는 정적인 양태만이 아니라 실제 조직이 공식적으로 작동하는 다양한 동적인 방식, 즉 역할과 기능의 분배, 권한체계, 의사결정 등을 포함한다. 반면에 문화는 비공식적으로 작동하는 다양한 방식, 즉 가치, 규범, 의식, 물리적 장치 등을 포괄한다. 전술한 대로 공공 조직의 경영은 서비스 지향적인 특성을 갖는다. 특히 기술적인 측면보다는 인적 측면 더 나아가 조직적 측면이 기반이 된다. 따라서 공공 조직의 구조와 문화 관련 조직 운영은 차별적인 산출물로서의 서비스를 창출하고 유지하는 데 핵심적

8 제품이나 상품의 경우, 산출물을 도출하는 내부적 과정과 이를 제공하는 외부적 과정이 분리, 존재할 수 있으나, 서비스의 경우에는 산출물을 도출하는 내부적 과정이 외부적 과정과 분리되지 않는다.

인 변환 과정으로서 기능하게 된다. 공공 조직이 차별화된 서비스를 창출하는 데 필요한 바람직한 조직 운영 메커니즘을 가져가는가에 따라 차별화된 서비스 창출과 유지를 위한 조직적 역량과 조직적 동기(예: 사기(morale) 등) 수준이 달라지게 된다.

또한 공공 조직은 산출, 제공하는 서비스의 특성상 인적, 조직적 측면과 분리된 브랜드의 인식이 어렵기 때문에 이러한 변환 과정으로서 조직 운영 그 자체가 공공 조직의 브랜드 및 브랜드 관리에 관한 위험 요인으로 작용할 수도 있으며, 이는 이후 논의되는 외재적 측면의 브랜드 관리, 즉 고객에 대한 브랜드 인식, 각인의 과정에도 부정적인 영향을 미칠 수 있다. 즉 '서비스=조직=브랜드'의 연계로, 공공 조직 운영 상의 여러 부정적 이슈가 조직이 제공하는 서비스와 분리되지 못함으로써 조직에 대한 차별화된 브랜드 형성에 부정적인 영향을 미치게 될 수 있다.

특히 문화적 측면은 상당 부분 비가시적이고, 내재화되어 있어 더욱 큰 위험성을 갖는다. 차별화된 서비스 창출과 유지 및 바람직한 조직 운영에 부정적인 영향을 미칠 수 있는 조직문화 예를 들어, 권위주의, 비밀주의, 보신주의, 냉소주의, 심리적 안전감 부족 등은 내재적 측면의 브랜드 관리에 부정적인 이슈로 작용할 뿐만 아니라 미처 감지하기 어려운 잠재적인 위험 요인으로 폭발력을 가짐으로써 서비스 및 조직, 이를 통한 브랜드 관리 전반에 부정적인 영향을 미칠 수 있다. 공공 조직 운영의 이슈는 공공 조직만이 아니라 일반 조직에도 범용적인 측면이 있지만, 공공 조직의 구조와 문화가 일반 조직에 비해 기본적으로 경직적인 속성과 이를 탈피하기 어려운 여러 제도적, 규범적 한계를 갖는다는 점에서 이슈의 관리 필요성은 그 중요성이 보다 크다고 할 수 있을 것이다.

4) 리더십 연속성

영리기업 등 일반 조직의 서비스 차별화는 대부분 경제적 목적을 염두에 둔 전략적 선택으로 이루어진다. 이러한 접근은 실적 개선이나 조직변화 등 여러 이슈를 고려해 이루어지는 경영자 교체 등 리더십 변화에도 불구하고, 일정 정도 승계되고 지속되는 양상을 갖는다. 이는 일반 조직의 존속, 유지, 발전이 리더십 교체에 상관없이 경제적 목적에 초점을 맞추는 비교적 분명하고 실용적인 특성을 갖기 때문인 것으로 볼 수 있다.

공공 조직 또한 일상적이고 기본적인 서비스와 관련해서는 리더십 교체, 심지어는 리더십 부재에도 불구하고, 일관성이 지속된다. 하지만 단순하고 명확한 경제적 목적과 대비되기에는 다양하며, 관점에 따라 다른 의미를 가질 수 있는 사회적 목적이 표방된 방향하에서 차별화된 서비스는 리더십 교체에 따라 복잡한 여타 목적이 개입됨으로써 일관성과 지속성을 유지하기 어렵다. 공공 조직에 대한 절대적 영향력을 갖는 상위 단위의 조직(정부 등)에서 일어나는 리더십 교체로부터 시작되는 일종의 적하효과(trickle-down effect) 등을 통해 어떠한 서비스를 선택, 집중, 차별화할 것인가에 관한 방점이 달라지게 된다. 따라서 새로운 차원에서 전개되는 차별화된 서비스 창출이 이루어지더라도 연속성을 담보하기가 용이하지 않다.

또한 공공 조직 리더십은 기간적으로도 차별화된 서비스를 추구하기에는 한계가 있다. 소위 '조직의 DNA'라고 불리는 창의와 혁신 같은 차별화된 서비스 관련 핵심 가치체계나 이를 반영하는 조직의 다양한 문화적 양상은 조직의 출범 단계(예: 창업 신화 등)에서부터 비롯되고, 이것이 조직 운영의 메커니즘을 통해 강화되며, 기간을 두고 지속적으로 학습, 전승, 내재화된다. 반면에 공공 조직은 출발부터 차별화된 서비스를 창출, 지속할 수 있는 조직의 DNA가 장착되기 어려울 뿐 아니라 이후에도 이를 위한 시간과 노력, 시행착오 등의 기간이 확보되기 어렵다.

영리기업 등 일반 조직의 경영자는 정해진 일정의 임기를 갖고 있지만, 전술한 조직의 DNA 등을 통해 교체 여부와 관계없이 일정의 일관된 리더십 전개가 이루어질 수 있다. 또한 정해진 일정의 임기 역시 경영 상황의 전개에 따라 유동적이다. 따라서 차별화된 서비스를 통해 어떠한 평가를 받는가에 따라 연속성의 한계는 존재하지 않는다. 하지만 공공 조직의 리더십은 대부분 정해진 임기가 절대적임은 물론, 여러 경영 외적인 사안에 따른 교체의 가능성이 상존한다. 또한 연임 등의 일부 리더십 연속성 확보가 이루어지더라도 예측 가능한 결말이 존재한다. 짧은 기간 리더십 성과를 보여야 하는 공공 조직 경영자의 입장에서는 자신의 임기 내에 기존과 다른 새로운 무엇인가를 보여줘야 한다는 데 대한 압박감이 작동하게 되며, 이로 인해 근시안적인 노력 또는 조직의 전체적 자원 활용 측면에서 비효율적일 수 있는 서비스 등으로 오히려 조직의 손실을 초래할 가능성이 나타나게 된다.

공공 조직 리더십의 연속성 이슈는 내재적 측면에서 차별화된 서비스를 창출, 유지하는 데 어려움을 야기하게 된다. 공공 조직 리더십 연속성의 확보는 실질적이고 전문적인 경영자 평가 등의 성과관리와 전문적 경영자 풀(pool) 구축 및 승계 과정에 대한 관리체계 마련과 실행 등에 대한 고민과 과제를 제기한다.

4. 외재적 측면의 브랜드 관리 이슈

기존 공공 조직 경영에서 브랜드 및 브랜드 관리는 주요 이슈 또는 유의미한 관심 사안으로 받아들여지지 못한 것으로 보인다. 특히 본 장에서 외재적 측면으로 규정한 차별화된 전략과 방식의 브랜드 관리를 통한 소비자 내지는 고객 인식과 각인은 사적 이익을 추구하는 기업조직의 마케팅 논리에서 비롯된 것으로 여겨져 공공 조직 관점에서는 불필요한 활동 내지는 공적 자원을 소모 또는 낭비하는 사안으로까지 여겨진 측면이 있다.

하지만 공공 조직을 둘러싼 복잡성과 동태성으로 규정되는 불확실한 환경의 심화와 이에 따른 개별 공공 조직의 설립, 운영 등에 대한 새로운 정당성 확보의 필요성 등은 외재적 측면의 브랜드 관리를 경영 환경과의 커뮤니케이션, 경영 활동의 효과성과 효율성을 높여 주는 자산, 심지어는 경영 환경의 변화에 따른 각종의 위험을 관리할 수 있는 주요 수단으로까지 부각시키고 있다. 특히 공공 조직 구성원의 차별화된 서비스 창출과 유지를 가능하게 하는 각종의 원동력이 외재적 측면의 브랜드 관리를 성공적으로 만드는 요소가 되기도 하지만, 역인과적으로는 외재적 측면의 성공적 브랜드 관리가 내재적 측면에 영향을 미치는 양상이 전개되면서(예: 차별화된 브랜드를 통한 구성원의 자부심이나 사명감 고취 등), 브랜드 관리는 단순히 외부 고객에 대한 지향을 넘어 내부 고객의 만족과 몰입, 이를 통한 관련 노력과 성과를 창출할 수 있는 경영의 메커니즘으로 기능하고 있다.

이러한 측면에서 공공 조직의 외재적 브랜드 관리와 관련해 어떠한 이슈가 영향을 미칠 수 있는지, 몇몇 이슈를 중심으로 살펴보고자 한다.

1) 역치 수준 향상

경쟁 상황에서 영리기업 등 일반 조직 간 기술개발이나 혁신 등의 차이가 점차 줄어들어 시장에서 자사 제품 질의 차별성을 갖기 어려워지는 품질 동등성(parity)의 이슈는 경쟁력 내지는 경쟁 우위의 원천으로서 차별성을 무의미하게 하거나 차별성으로 인해 발생한 간극을 단기간에 극복하게 하고, 선점자(first mover)의 각종 노력과 시행착오 등에 대한 학습을 더해 오히려 후발주자(second mover)가 시행착오와 자원 소비 없이 격차를 줄이는 등의 양상으로 여러 조직의 고민거리가 되고 있다. 이로 인한 차별성의 부재는 소비자 내지는 고객 관점에서 동일한 비용에도 효용을 높이거나 동일한 효용에도 비용을 절감하는 합리적 소비를 유도하고 있다. 그리고 이에 대한 효과적인 해결안 중 하나가 브랜드라 할 수 있다. 하지만 차별화된 서비스를 창출, 유지하는 어려움 이상으로 차별화된 브랜드로 고객에게 인식, 각인시키는 것은 쉽지 않은 과제다.

공공 조직이 산출, 제공하는 무형적 서비스와 관련해서도 이러한 품질 동등성 이슈는 차별화된 브랜드를 만드는데도 어려움을 낳는다. 과거와 같이 공공 조직의 서비스가 시장에서 제공되는 서비스와 분리되어 독점적 위치를 점하던 시대를 지나 공공 조직의 서비스와 시장 서비스 간 경계가 모호해지고, 심지어는 시장 서비스의 효용이나 가성비가 좋다면 오히려 공공의 관점에서 새로운 서비스를 제공할 필요가 없이, 기존 공공 조직 서비스를 대체하는 방안을 찾는 경우도 빈번하다(예: 코로나19 백신 접종과 관련한 민간 플랫폼 활용 등). 따라서 공공 조직의 서비스가 차별화해야 할 경쟁대상의 범주가 확대되고, 차별화의 어려움은 더욱 커지고 있으며, 거기에서 외재적으로 차별화된 브랜드로 인식, 각인시키는 것은 많은 이슈와 한계를 지닌다.

또한 기본적으로 무형성을 갖는 서비스의 주요 특성 중 하나는 기존에 경험한 최상의 서비스가 후속 서비스 기대치의 기저(base)가 될 가능성이 크다는 점이다. 즉 차별화된 서비스를 경험하고 나면 다음에는 그 이상의 서비스 수준을 기대하게 되고, 실제로 그러한 서비스를 경험해야만 만족할 수 있게 된다. 공공 조직의 서비스를 차별화된 브랜드로 인지, 각인하게 하는 데 있어 이러한 서비스 차별화가 갖는 근본적 이슈 역시 외재적 측면의 공공 조직 브랜드 관리에 어려움을 낳는다.

특정한 자극을 자극으로 인지할 수 있는 최소 자극을 역치(threshold)라 한다. 역치 수준의 측면에서 차별화된 서비스 브랜드를 갖춘다는 의미는 개별 공공 조직의 서비스 브랜드를 다른 여타 유사 효용을 제공하는 서비스와 남다른 것으로 지각할 수 있도록 한다는 의미이다. 각종 브랜드 행위를 통해 소비자 내지는 고객에게 인식, 각인시키려는 차별화된 자극이 여러 방면으로 다양하게 제공되면서, 공공 조직 서비스를 위한 차별화된 노력은 남다른 자극으로 받아들여지기 어려워지고, 특히 공공 조직이 갖는 브랜드 인지, 각인을 위한 접근 상의 여러 공적 제약은 공공 조직의 외재적 브랜드 관리 노력에 대한 관심을 유발하기 어려워지게 하고 있다.

소비자 내지는 고객의 역치 수준 향상은 전문성 확보는 물론,

관련 자원을 투입하는 데 제약이 있는 공공 조직의 외재적 브랜드 관리에 주요 이슈로 작용하게 된다. 관련 이슈를 어떻게 관리, 극복할 수 있을 것인가에 대한 고려가 필요할 것이다.

2) 정보비대칭성 상존

공공 조직 경영은 공공의 지원을 전제로 하는바, 관련된 정보의 공개 및 공유는 물론, 해당 지원 목적에 부합하는 방향으로 관련 서비스 등 활동이 이루어졌는지에 대해 입증하거나 검증받아야 하는 법적, 제도적 책임을 지닌다. 이러한 측면에서 공공 조직 경영은 영리기업 등 일반 조직 경영과는 달리 조금은 정보대칭적인, 즉 투명한 것으로 여겨질 수 있다. 하지만 이러한 이상적인 관점과 실제 간에는 다소의 괴리가 있어 공공 조직 경영의 투명성 여부는 몇몇 지점에서 실질적인 이슈를 갖는다.

영리기업 등 일반 조직 경영과 마찬가지로 공공 조직 경영 역시 주인과 대리인(principal-agent) 간 이슈를 안고 있다. 특히 공공 조직 경영의 경우에 이러한 주인-대리인 이슈는 일반 조직보다 오히려 복합적인 양상을 띤다. 영리기업이 기업의 지분을 보유한 주주를 사실상의 주인으로 보고, 그를 위해 기업을 경영하는 대리인으로서 경영자를 바라보는 이원적인 양상을 띤다면, 공공 조직 경영은 세금 등으로 공적 자금을 공여하는 주인(국민), 그리고 이를 대행해 방향 설정, 선택과 집중 등 관련 정책을 설계, 운영, 관리하는 정부(1차 대리인), 그리고 이러한 정부의 위탁 내지는 위임을 받아 실제적인 관련 사업 등을 전개해나가는 공공 조직 내지는 공공 조직 경영자(2차 대리인) 등 보다 다층적 양상을 가지게 된다. 따라서 주인-대리인 관점에서 존재하는 정보 비대칭성 문제도 일반 조직보다 더 많은 이슈를 지닐 수 있다.

물론 앞서 논의한 공공 조직 경영이 갖는 근본적 특성에 비추어 관련 이슈에 대한 모니터링과 자기 입증 등의 과정이 원활히 이루어질 수 있도록 해야 하겠지만, 공공성을 띤 각종 서비스의 범위나 내용이 방대해지면서 이에 대한 전문성이나 동기부여 등이 부족한 경우, 공공 조직 경영의 정보 비대칭성을 효과적으로 관리하는 것은 용이하지 않은 상황이다. 공식적인 내/외부 감사나 경영성과평가와 같은 법제화된 절차를 통해 1차 대리인의 의뢰를 받은 전문가 집단의 주기적 평가와 피드백 등 정보 비대칭성 해소와 관리를 위한 합리적 절차가 운영되긴 하지만, 이것만으로는 정보비대칭성 문제가 해결되기 쉽지 않다.

이러한 정보비대칭성 이슈는 외재적 측면의 브랜드 관리 필요를 부각시킴과 동시에 외재적 측면의 브랜드 관리를 어렵게 하는 요인이 될 수 있다. 브랜드 관리는 이중 일종의 확증비용(bonding cost), 즉 2차 대리인으로서 공공 조직이 주인인 국민 내지는 1차 대리인으로서 정부에 대해 해당 조직의 경영이 주인 등의 뜻에 반하지 않는 방향으로 이루어지고 있음을 스스로 입증해야 하는 책임과 연계된다고 할 수 있다. 따라서 외재적 측면의 차별화된 브랜드 관리가 효과적으로 이루어지게 될 때 이는 정보비대칭성에 따른 기회주의적 행동에 대한 우려와 불신을 해소하고, 신뢰로운 주인-대리인 간 관계를 형성하는 기제가 될 수 있다. 반면에 정보비대칭성 이슈는 공공 조직 경영에서 외재적 측면의 브랜드 관리 관련 의사결정과 전개 과정 및 그 실질적인 효과 등을 공유, 확인하는 데 있어 주인-대리인 간 원활한 소통의 부재와 간극을 유발함으로써 효과적 브랜드 관리보다는 형식적 브랜드 관리의 측면으로 이어질 위험성을 낳을 수 있다. 따라서 외재적 측면의 브랜드 관리가 정보비대칭성 측면에서 가질 수 있는 위험성을 관리하고, 이를 통해 정보비대칭성 이슈를 효과적으로 관리할 수 있는 커뮤니케이션 수단으로 활용하기 위한 접근이 필요하다.

3) 공공 브랜드 스키마 영향

공공 조직 경영과 관련해 브랜드를 인식하는 소비자 내지는 고객(국민 등)을 포함한 모든 브랜드 인식의 주체는 근본적으로 인지적 구두쇠(cognitive miser)의 특성을 갖는다. 인지적 구두쇠는 어떠한 정보를 받아들이고 해석하는 정보 처리 과정에서 최소한의 인지적 노력만을 들이고자 한다. 이러한 특성은 특정 대상이나 사안에 대한 정보를 처리하는 과정에서 시간을 덜 소요하는 방식을 선택하거나 정보 공백을 메우기 위해 사용 가능한 일부 정보만을 활용하거나 새로운 대상이나 사안의 경우, 연관이 있다고 판단하는 기존 정보를 활용해 곧잘 추론이나 예측을 하는 형태로 전개된다. 즉 특정 대상이나 사안에 대한 정보 처리를 가급적 간편하고, 신속하게 하려는 속성을 보인다. 여기에서 유용한 개념이 스키마라 할 수 있다.

스키마(scheme), 즉 도식은 어떤 자극 영역에 관련된 속성 그리고 속성 간의 상호관계로 구성된 기억에 저장된 축약된 지식구조라 할 수 있다. 특정 대상이나 사안에 대해 잘 조직화된 지식체계 또는 지식덩어리라 할 수 있다(우석봉, 2016). 스키마는 개별적 대상이나 사안에 관한 정보를 받아들이고 해석하는 과정에서 기존 연관 정보(내지는 연관이 있다고 판단함으로써 통합, 구조화된 지식 틀 내의 정보)를 활용하게 한다. 따라서 개별 공공 조직 경영의 브랜드 관리가 차별성을 지향하더라도 이는 해당 차원에서만 인식, 해석되는 것이 아니라 기존 공공 브랜드에 관해 형성, 유지되어온 개인 내지는 공유된 스키마의 맥락에서 영향을 받게 된다. 즉 기존 공공 브랜드에 관한 스키마가 해당 공공 조직 경영의 브랜드 및 브랜드 관리 등 외재적 측면에서 고객의 인식, 각인에 영향을 미치게 된다. 일반적으로 긍정적인 특성과 연계된 스키마는 관련 대상이나 사안의 정보를 처리함에 있어 긍정적인 영향을, 부정적인 특성과 연계된 스키마는 관련 대상이나 사안의 정보를 처리함에 있어 부정적인 영향을 미치게 된다.

그렇다면 개별 공공 조직 경영에서 외재적 측면의 브랜드에 대한 영향은 어떻게 작동할 것인가? 공공 브랜드가 나름의 신용과 신뢰는 갖지만, 별다른 차별성은 없는 것으로 기존에 인지, 각인되어 있다면, 선입견 등 잘못된 인식 및 해석으로 작동할 수 있다. 개별 공공 조직의 차별화된 서비스와 이를 차별화하여 인식, 각인하고자 노력은 그 틀을 벗어나 인식, 해석되기 어렵다. 또한 해당 공공 조직 경영의 브랜드에 관해 섣부르고 과장된 과잉 일반화의 가능성도 가질 수 있다. 즉 해당 공공 조직 경영의 브랜드를 구별하여 차별적으로 받아들이기보다는 기존 공공 브랜드의 맥락과 관련 정보 틀 내에서 신속하고 과장된 방식의 휴리스틱으로 작용하게 될 가능성이 있다. 스키마의 적용 과정에서 인간은 실제 합리적(rational)이기보다는 합리화하는(rationalize) 방향으로 합리성을 좇는다. 따라서 공공 조직 경영의 브랜드를 바라보고 해석하는 과정에서 기존 공공 브랜드에 대해 가지고 있는 통합된 정보의 덩어리와 일관된 방식으로 그 인식을 강화하기 위해 노력하게 된다. 실제 몇몇 사회적 이슈를 통해 문제를 야기한 공공 조직의 브랜드에 대한 소비자 내지는 고객으로서 국민의 평가가 연속해서 부정적 영향을 미치고, 서비스 회복(service recovery) 역시 용이하지 않은 양상을 볼 수 있다. 이러한 모든 과정은 기존 공공 브랜드와 연합되어 형성된 브랜드 스키마가 개별 공공 조직 경영의 차별화된 서비스와 차별화된 고객인지, 각인 노력의 효과성에 영향을 미치는 방향으로 작용할 수 있는바, 관련 이슈에 대한 관리 필요성을 보여 준다.

4) 브랜드 행위 간 조화

외재적 측면의 차별화된 브랜드 관리를 위해 전개하는 각종 브랜드 행위 간 조화를 가져가는 것 역시 중요한 이슈다. 브랜드 메시지를 전달하는 다양한 커뮤니케이션 방식 간의 연계, 균형, 조화, 즉 내적 적합성(internal fit)이 필요하다. 외재적 측면에서 브랜드를 관리하는 데 있어 소비자 내지는 고객(국민 등)은 관련된 브랜드 메시지 각각을 별개로 인식하지 않는다. 즉 각종 브랜드 메시지 전달의 방식과 내용을 일련의 패턴화된 형태(configuration)로 인식하게 되며, 이것이 원활하게 이루어질 때 브랜드 메시지의 차별화 강도(strength)가 강화될 수 있다. 차별화된 브랜드로의 인지와 각인에 효과적일 수 있다. 예를 들어, 품격이라는 핵심 메시지를 담은 광고와 달리, 수준 낮은 관련 안내 자료는 내적 부적합성(internal misfit)을 통해 브랜드 메시지 강도를 저하시키게 될 것이다.

공공 조직은 이러한 외재적 브랜드 관리에 관한 각종 브랜드 행위를 연계, 균형, 조화롭게 가져감에 있어 몇몇 제약을 갖는다. 공공 조직의 서비스는 대부분 사회적 편익을 위해 필요하지만, 경제적 이익과는 연계되기 어려운 구조적 틈새, 그저 놔두면 기회주의적 행태로 자기 이익 행동만을 추구하는 사회적 양태에 의해 공유지의 비극(the tragedy of commons)을 방지하기 위한 공간에서 생겨나게 된다. 따라서 공공 조직의 서비스는 공공성이라는 거대하고 근본적인 목적성 하에서 개별적인 브랜드 관리 차별화의 통찰과 방향성을 확보하는 것이 용이하지 않다. 가장 대중적이고, 기본적이라고 여겨지는 음식이 오히려 가장 만들기 어렵다는 이야기를 하곤 한다. 소비자 내지는 고객 대부분에게 익숙하고 보편적으로 경험되는 서비스는 그만큼 차별화하기 어렵다. 따라서 개별 공공 조직의 서비스를 통한 외재적 브랜드 관리 전략과 방식의 고유한 방향성을 설정하기가 수월하지 않다.

또한 공공 조직의 차별화된 브랜드 관리 전개를 위한 전문성(2차 전문성), 즉 각종의 브랜드 행위를 특정의 브랜드 관리로 전략화할 수 있는 역량을 포함해 기본적인 각종 자원 투입과 활용 측면에서 어려움을 갖는다. 브랜드 관리의 필요성을 설득해 관련된 자원을 확보할 수 있는 전문성(1차 전문성)은 물론 내적 적합성 하에 일관된 브랜드 관리를 강화시킬 수 있는 다양하고 창조적인 브랜드 행위를 구사하는 데 필요한 기본적인 자원의 확보도, 이를 집행할 수 있는 당위성의 확보도 용이하지 않은 측면이 있다.

따라서 공공 조직 경영에서 외재적 브랜드 관리를 위한 각종 브랜드 커뮤니케이션의 메시지와 수단 간 정합성을 확보하고, 이를 통해 차별화된 외재적 브랜드 관리를 가능하게 하기 위한 기본적 조건으로서 전문성, 필요 자원 확보와 관리에 관한 현실적 접근이 필요하다. 이러한 측면에서 내적인 브랜드 관리 전문성 확보에서 더 나아가 외부, 네트워크, 협력 등을 통한 전문성 확보, 각종 자원을 확보, 투입, 활용할 수 있는 방안의 강구, 자원의 효율적 관리 방안에 대한 전략, 관련 당위성을 확보할 수 있는 유관 공공 조직 간 연계형 브랜드 관리 등을 고민할 필요가 있다.

5. 상호적 측면의 브랜드 관리 실패 양상

내재적 측면의 서비스 차별화를 통한 가치 있는 브랜드 기반 마련과 외재적 측면의 차별화를 통한 브랜드 인식 각각에 관한 개별적 접근에서 더 나아가, 내재적 측면과 외재적 측면 간 연계, 조화, 균형이 공공 조직 경영의 브랜드 관리에 있어 중요하다. 이러한 상호 연계, 조화 및 균형은 내재적 측면의 차별화와 외재적 측면의 차별화 간 부정합성 양상과 내재적 측면의 차별화와 외재적 측면의 차별화가 공히 낮은 수준에서 형성되는, 즉 차별화 자체가 미흡한 내-외재적 측면의 브랜드 관리 양상으로 구분할 수 있다. 상호적 부정합성 양상은 두 측면 간 차별화 내용이나 수준의 차이로 야기되며, 비차별화된 브랜드 관리는 브랜드 관리가 온전히 이루어지지 못함으로써 야기된다. 반면에 내재적 측면의 차별화와 외재적 측면의 차별화가 그 내용이나 수준에 있어 상호 연계, 조화 및 균형을 이루는 상태를 가장 바람직한 차별화된 브랜드 관리로 분류할 수 있을 것이다.

부정합성과 관련된 비효과적 브랜드 관리의 두 가지 양상과 양 측면에서 브랜드 관리가 미진하거나 차별화가 이루어지지 않는 비차별화된 브랜드 관리를 공공 조직 경영에서 상호적 측면의 브랜드 관리 실패 양상으로 구분하고, 이를 살펴본다.

〈그림 3-2〉 공공 조직 경영에서 상호적 브랜드 관리의 양상

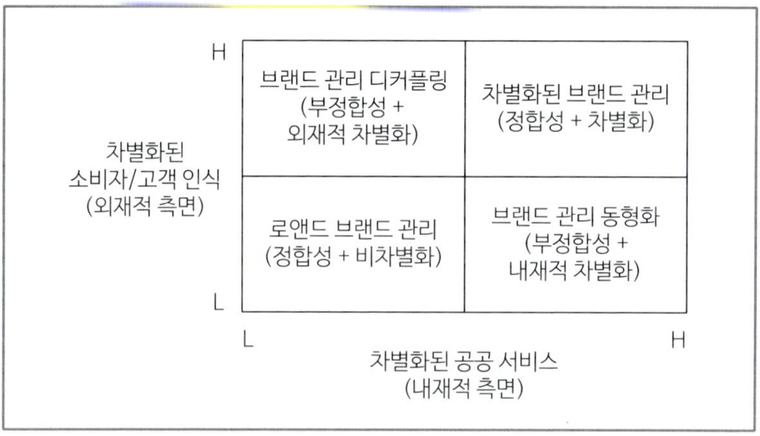

1) 브랜드 관리의 디커플링

조직은 외부 환경과의 접점에서 내부 핵심기능 수행이 온전히 이루어질 수 있도록 이를 보호하고, 관련 자원이 원활히 수급될 수 있도록 지원하는 변경기능(boundary-spanning)을 보유하고 운영한다. 이 과정에서 환경의 불확실성 등에 따라 외부 환경과 접점에 있는 변경기능과 핵심 산출물을 창출하는 핵심기능 간 분리의 필요성이 제기되게 된다. 통상 이를 디커플링(decoupling)이라 할 수 있다.

관련해 브랜드 관리의 관점에서 외재적 측면에서는 차별화된 브랜드 전략 및 방식을 구사하지만, 내재적 측면의 실제에서는 기존 그대로 차별성 없는 공공서비스를 유지, 전개하는 일련의 부정합성을 브랜드 관리의 디커플링이라고 표현할 수 있을 것이다. 이는 비효과적인 브랜드 관리 양상의 하나로 공공 조직을 둘러싼 불확실한 경영 환경하에 외적으로는 환경의 요구에 상응하는 양태를

보임으로써 정당성을 확보하고자 하지만, 이와 괴리되어 내적으로는 기존의 경영, 공공서비스 양태를 답습하거나 지엽적인 수준에서만 개선을 가져가는 접근이라 할 수 있다. 디커플링은 상징적 경영(symbolic management)의 관점에서 단기적으로는 외적 적응을 지향하면서도 내적으로는 관련 변화에 대한 저항을 최소화함으로써 조직의 통합을 함께 가져갈 수 있는 전략적 기제가 될 수 있다.

하지만 이슈에 대한 일종의 분리 대응 방식인 디커플링은 중장기적으로 공공 조직의 브랜드 관리에 대한 신뢰 저하 및 공공에 대한 불신의 문제로 연결될 수 있는 위험성을 갖는다. 앞서 외재적 측면에서 브랜드 행위 간 조화 내지는 정합성이 낮을 때 발생하는 이슈를 살펴봤는데, 외재적 측면과 내재적 측면 간 상호 부정합성 곧 배치의 문제는 더욱 심각한 문제를 가져올 수 있다. 예를 들어, 외재적 측면에서 진심 내지는 진정성(authenticity)에 초점을 맞춰 일관된 브랜드 관리 전략과 노력을 수행함에도, 실제 내재적 측면의 공공서비스는 표면적인 내용과 수준에서 전개된다면, 이러한 브랜드 관리는 단기적으로 얻을 수 있는 일정의 효과와 달리 중장기적으로 공공 조직의 존립 필요에까지 심대한 영향을 미칠 수 있다. 특히, 공공 조직의 서비스는 불특정다수가 범용적으로 접할 수 있는 공공재적 속성을 가지므로, 이러한 이슈는 잠시의 시간적 여백만 존재할 뿐 반드시 확인, 이슈화될 가능성이 높다.

또한 내재적 측면의 공공서비스 차별화 수준만이 아니라 내용적 측면에서 초점을 잘못 맞춘 외재적 측면의 브랜드 관리 접근 역시 주의를 기울일 필요가 있다. 즉 실제 공공 조직의 차별화된 서비스 내용과는 다른 부분에 초점을 맞추는 외재적 측면의 브랜드 관리가 야기하는 이슈 역시 주목해야 할 것이다.

2) 브랜드 관리의 외재적 동형화

상호적 측면에서 공공 조직 브랜드 관리의 또 다른 부정합성 양상은 내재적 측면의 차별화된 공공서비스와는 달리 비차별화된 내용과 방식의 외재적 브랜드 관리라 할 수 있다. 외재적 측면의 비차별화된 브랜드 관리는 소비자 내지는 고객인 국민 등의 관점에서 브랜드 관리가 이루어지지 않음과 함께, 외재적 브랜드 관리가 미흡한 경우, 그리고 개별 공공 조직 간 브랜드 관리의 차별성이 부족함으로써 유사한 외재적 브랜드 관리가 이루어지는 양상 등을 볼 수 있다. 이를 외재적 브랜드 관리의 동형화(isomorphism) 가능성으로 분류할 수 있다. 외재적 측면의 브랜드 관리 이슈는 전술한바, 상호적 측면에서 동형화 이슈를 중심으로 논의를 정리해 본다.

동형화는 유사한 제도적 환경과 압력 내지는 그러한 인식하에서 조직의 경영이 서로 닮아가는 양상이라 할 수 있다. 공공 조직은 외재적 측면의 브랜드 관리 자체에 대한 노력이 부재하거나 전개가 이루어지더라도 미흡할 가능성이 높다. 공공 조직의 브랜드 관리 필요성이 과거보다 강조되는 것은 사실이지만 여전히 관련 우선순위의 한계가 있고, 전문성 또한 부족하다. 그리고 실제 외재적 브랜드 관리에 관한 전문적 노력과 자원 투입이 이루어지더라도 차별성을 담보하는 효과적인 브랜드 관리가 이루어지기는 용이하지 않다. 공공 조직은 영리기업 등 여타 일반 조직에 비해 조직 간 제도적 환경과 압력의 유사성이 높고, 이에 대한 인식과 대응 역시도 유사해질 가능성이 높기 때문이다.

공공 조직 간 외재적 측면의 브랜드 관리는 실제 동형화의 위험성을 갖는다. 많은 공공 조직이 경영이념체계에서 지향하는 핵심 가치 등은 서로 매우 닮아있으며, 일부 필요성을 지각하는 공공 조직의 브랜드 관리 전개 역시 상당 부분 명확한 구별이 이루어지지 않는 측면이 있다. 공공 조직의 외재적 브랜드 관리에서 차별화를 저해할 수 있는 동형화는 세 가지 기제를 통해 작동할 수 있다(DiMaggio & Powell, 1983). 우선, 강압적(coercive) 영향이다. 중앙 및 지방정부는 공공 조직을 효과적, 효율적으로 관리하기 위한 각종의 정책적 수단을 강구한다. 이러한 정책적 수단은 기본적으로 관리 편의성 및 형평성 이슈 등으로 공공 조직의 다양성보다는 동질성과 통일성을 강화하는 기제로 작동하게 된다. 이러한 압력 하에서 공공 조직의 외재적 브랜드 관리는 차별성을 띠기 어렵게 된다. 둘째, 규범적(normative) 압력이다. 공공 조직은 공공 측면에서 갖는 브랜드 관리의 근본적인 제약과 함께 환경 불확실성 하에서 다양한 이슈에 놓인다. 따라서 외재적 측면의 브랜드 관리에 관한 방향과 방식은 상당 부분 관련 전문가 집단의 의견과 자문에 의존하게 된다. 특히 여타 일반 조직에 비해 전문가 자체가 제한적인 공공분야는 그 제한된 전문가 집단의 개입을 통해 공공 조직 브랜드 관리의 유사성을 야기할 가능성이 있다. 마지막으로 모방적(mimic) 압력은 공공 조직이 놓인 환경 불확실성 하에서 다른 공공 조직의 외재적 브랜드 관리를 모방할 가능성이 높아지게 된다는 점과 관련된다. 외재적 측면에서 브랜드 관리를 잘한다고 인식, 평가되는 여타 공공 조직에 초점을 맞춰 가시적인 관행/실행 수준의 벤치마킹을 중심으로 서로 닮아가는 양상이 전개될 가능성이 높아지게 된다.

이러한 동형화의 기제로 내재적 측면에서 차별화된 경영과 공공서비스를 가져가더라도 정작 이를 외재적 측면에서 소비자에게 인식, 각인시키기 위한 브랜드 관리의 전략과 방식은 차별화되기 어렵고, 이로 인해 상호적 측면에서 정합성을 갖는 차별화된 브랜드 관리가 어려운 양상이 전개될 수 있다. 공공 조직만의 차별적인 서비스를 창출, 유지한다면 이를 차별화된 방식으로 인지, 각인시키기 위한 고유한 접근이 요구되며, 이 과정에서 동형화 기제를 극복하고, 개별 공공 조직에 특화된(specific) 브랜드 관리 방안을 강구할 필요가 있다.

3) 로앤드 브랜드 관리

앞선 두 가지 실패 양상은 상호 연계, 조화 및 균형이 부족한 부정합성이 이슈가 되는 경우다. 하지만 정합성이 있는 양상이라 할지라도 그 수준과 관련된 이슈를 고려할 필요가 있을 것으로 판단된다. 로앤드(low-end) 브랜드 관리는 공공 조직이 내재적 측면에서 창출하는 서비스의 차별화가 미흡한, 즉 내재적 측면의 브랜드 관리에 이슈가 있고, 이에 기반해 외재적 측면에서 전개하는 고객 인지와 각인 노력 그리고 성과 역시 차별화가 부족한 상태라 할 수 있다. 전반적으로는 내재적 측면과 외재적 측면 간의 정합성이 있는 것으로 볼 수도 있지만, 낮은 수준의 브랜드 관리로 인해 효과적인 브랜드 관리가 전개되지는 않는 양상이다.

이러한 브랜드 관리는 상호적 측면의 브랜드 관리의 내용적 정합성은 있다고 판단할 수 있으나 높은 수준의 차별화 수준을 갖춘 차별화된 브랜드 관리와는 달리 전체적인 차별화 수준은 낮은 브랜드 관리 양상이라 할 수 있다.

6. 공공 조직 경영의 차별화된 브랜드 관리 방향 제언

개별 공공 조직과 경영 차원의 서비스 차별화(내재적 측면)와 공공성 내지는 공공 브랜드로 단순 번들링된 기존 틀을 벗어나 개별 브랜드 차별화를 통해 소비자 내지는 고객으로서 국민 등에게 인지, 각인(외재적 측면)되도록 하기 위한 각 측면의 주요 이슈를 살펴보고, 내재적 측면과 외재적 측면 간 상호적 측면에서 정합성과 차별화의 부족으로 인해 나타날 수 있는 실패 양상을 고찰하였다. 전술한 내재적 측면과 외재적 측면 각각의 주요 이슈에 대한 해결 내지는 관리 그리고 상호적 측면의 효과적인 브랜드 관리를 통해 차별화된 브랜드 관리가 가능할 것이다. 관련해 상호적 측면의 효과적인 브랜드 관리의 방향에 대해 논의해 보고자 한다.

두 가지 논의의 전제가 있다. 하나는 논의의 수준이다. 조직의 경영은 경영 활동을 구성하는 다양한 수평적 요소 간 유기적 정렬로 설명되곤 하지만, 한편으로는 수직적 요소 간의 일관적 정렬로 조망할 수 있다. 경영의 추상성 수준(level of abstraction) 측면에서 경영은 가시적이고 관찰가능한 제도 및 실행 수준의 관행/실행, 이보다 덜 가시적이고 관찰이 어렵지만 관행/실행에 영향을 미치는 정책/전략(policy) 그리고 비가시적이고, 관찰불가한 원리/원칙(principle) 간 일관적 정렬이 필요하다(Becker & Gerhart, 1996). 이를 적용하면, 브랜드 관리에 성공한 조직에 대해서는 많은 경우, 가시적이고 관찰가능한 관행/실행이라는 표면적인 수준에서 평가나 벤치마킹 등이 이루어지지만, 실제 해당 조직의 브랜드 관리는 심층적 수준의 정책/전략 그리고 원리/원칙과의 일관적 정렬이 성공의 비결이라 할 수 있다. 즉 브랜드 관리의 원리/원칙에 정합성을 갖는 정책/전략, 그리고 이들과 정합성을 갖는 관행/실행 간 정렬이 매우 중요하다. 따라서 공공 조직의 브랜드 관리 차별성은 관행/실행 이전에 원리/원칙, 정책/전략과 같은 보다 비가시적인 수준의 방향 및 내용과 일관성이 필요하다.[9]

다른 하나는 앞서 논의한 경영의 보편적 관점과 상황적합적 관점과 관련된다. 경영의 보편적 관점과 상황적합적 관점은 대립되는 접근으로 여겨져 왔지만, 최근 이 둘을 아우르는 방향의 논의가 전개되고 있다. 경영의 수준과 관련해, 기본적 원리/원칙에서 실제 관행/실행으로 갈수록 보편적 관점에서 상황적합적 관점이 반영된다는 시각이다. 즉 조직을 경영하는 보편적 측면은 나름의 원리/원칙 내지는 정책/전략 등의 수준에서, 실세 가시적 경영 활동으로 이루어지는 관행/실행 그리고 일부 정책/전략은 상황적합적 측면과 연계된다는 것이다. 정리하면 본질은 보편성이 있을 수 있지만, 정책/전략, 관행/실행 차원에서는 보다 상황적합성을 가질 수 있다는 것이다. 물론 이러한 보편적 원칙과 상황적합적 실제 간의 정합성은 큰 틀에서 연계되지만, 결국 외부적 영향관계에 놓인 관행/실행은 상황적합적 측면에서 유연성을, 내부적 원리/원칙은 보편적 측면에서 견고성을 가질 수 있다는 것이다.

이러한 측면에서 본 장의 마지막 부분은 개별 공공 조직의 상황에 따라 다를 수 있는 공공 조직 경영의 브랜드 관리에 대한 세부

9 관행/실행에는 브랜드 관리를 위한 제반 제도, 프로그램, 기법과 도구 등 모든 가시적 기제가 포함된다.

적인 방법 내지는 활동으로서의 관행/실행에 관한 접근보다는 공공 조직 경영에 일반적으로 적용될 수 있는 보편적 측면의 브랜드 관리 원리/원칙과 관련해 몇 가지 방향을 모색해 보고자 한다.

1) 절차적 공공성의 확보

내재적 측면의 차별화된 서비스와 외재적 측면의 차별화된 브랜드 인지, 각인의 출발점은 소비자 내지는 고객이다. 따라서 조직의 특정 서비스 추구와 특정 브랜드화 전략과 방식의 전개는 소비자 내지는 고객의 경험과 인식에 따라 표현된 필요와 요구에 의한 것이든, 경험하고 인식하지 못해 표현되지 못한 것이지만 통찰에 따라 그들의 편의와 만족을 향상시킬 수 있다는 판단에 의한 것이든 소비자 내지는 고객의 관점에서 시작될 필요가 있다.

특히 영리기업 등 일반 조직이 이러한 시작점 내지는 전개 과정에서 소비자 내지는 고객의 참여를 형식적이 아닌 실질적인 수준에서 반영하기 위해 고민하고 노력하는 것 이상으로, 공공 조직의 브랜드 관리에 대한 소비자 내지는 고객의 참여가 적극 보장, 강화될 필요가 있다. 공공 조직의 브랜드 관리가 내재적 측면과 외재적 측면에서 차별화를 기할지라도 본질은 공공성에 발을 디뎌야 하므로, 이러한 소비자 내지는 고객 참여의 제반 과정은 결과물로서 차별화된 브랜드 관리의 내용적 공공성이라는 측면과 대비해 절차적 공공성이라 할 수 있을 것이다.

상대적으로 브랜드 관리를 포함한 공공 조직의 경영에 있어 실제 주인인 소비자 내지는 고객 관점의 필요, 요구, 편의 등을 반영하지 못하는 경우가 많다. 소비자 내지는 고객의 실제적 목소리와 현실적 과제를 반영할 뿐 아니라 이들의 주체적이고, 선도적인 참여와 협력 공간을 마련하고, 그것을 브랜드화하고 브랜드 관리에 반영해 나갈 수 있는 각종의 기제를 도입, 운영함으로써 결과로서 차별화된 브랜드 관리만이 아닌 브랜드 관리 과정으로서 PDCA, 즉 계획-실행-평가-환류 전반에 있어 절차적 공공성을 담보하고자 하는 노력이 필요하다.

2) 브랜드 진정성의 추구

최근 브랜드 진정성(brand authenticity)에 대한 논의가 활발하다. Moulard, Raggio, & Folse(2016)는 브랜드 진정성을 '소비자가 인식할 때, 브랜드 관련 주체가 제품 제공에 열정을 갖고 헌신한다는 점에서 내재적 동기가 있다고 여기는 정도'라고 정의한다. 내재적 동기는 외재적 동기와 달리, 특정한 노력과 활동이 다른 외재적인 보상이나 영향에 의해서가 아니라 그 노력과 활동 자체에 대한 즐거움, 의미, 성취와 같은 본질적 보상으로 발생하는 것이라 할 수 있다. 브랜드 진정성은 다양한 브랜드 및 브랜드 관리 관련 개념이 관행/실행 측면의 구체적인 방법과 방안을 제시한다는 점과 구별되어 원리/원칙으로서의 차별성을 갖는다고 볼 수 있다.

공공 조직 경영에 있어 브랜드 진정성은 공공 조직이 자신들이 제공하는 공공서비스에 대해 본질적이고, 내재적인 관심과 열의를 가지고 있는 것으로 이를 소비자 내지는 고객 인식을 통해 확인하는 것이라 하겠다. 이는 공공 조직의 관점에서 중요한 요소다. 공공성은 공적이며, 서비스 제공 자체가 가치와 의미를 지닌다. 따라서 브랜드 진정성에 대한 소비자 내지는 고객의 기대가 남다르고, 어찌 보면 지극히 기본적이다. 다른 여타 사안에 비해 공공 조직의 여러 부정적 행태(도덕적 해이, 갑질 등)에 사회적인 민감성이 높게 작용하는 것도 이러한 측면과 맞물려 있다. 또한 브랜드 진정성은 브랜드 관리와 관련한 여러 제약(자원, 전문성 등)을 극복하고, 신뢰를 확보할 수 있는 가장 효과적인 원리/원칙이 될 수 있다. 특히 브랜드 진정성은 객관적 수준만이 아닌 주관적 수준에서 긍정적 브랜드 관리 효과를 낳는다. 즉 실제 브랜드 관리의 수준보다 더 긍정적인 인식과 반응을 유발할 수 있다.

Moulard et al.(2016)은 브랜드 진정성의 네 가지 선행 조건을 발견하였다. 두 가지는 희귀한 브랜드 행동, 즉 독특함(uniqueness) 및 희소성(scarcity)과 관련되고, 다른 두 가지는 안정적인 브랜드 행동, 곧 존속(longevity) 및 종단적 일관성(longitudinal consistency)과 관련된다. 그리고 이러한 관계성을 통해 두 가지 지각적 결과인 기대된 품질과 신뢰가 산출됨을 밝혔다. 브랜드 진정성과 유사한 맥락에서 황부영(2013)은 진정성의 브랜딩을 위해 '진짜'와 '차별화'를 제기하였다.

이러한 논의를 연계, 종합해 귀인이론(attribution theory)의 관점에서 브랜드 진정성의 조건을 정리해 본다. 귀인은 특정한 행위와 사건에 관해 그 원인을 찾는 과정이다. 특정한 행위와 사건의 원인을 관련 주체가 가진 내부적 요소와 관련지어 찾을 때 내적 귀인을, 반대로 해당 행위와 사건의 원인을 관련 주체의 외부적 요소(상황 등)와 관련지어 찾을 때 외적 귀인이 이루어진다. 공공 조직의 브랜드 관리가 다양한 환경적 요인에 의해 수동적으로 이루어지는 것으로 판단하는 외적 귀인보다는 공공 조직의 경영을 개선하고, 소비자 및 고객 등 이해관계자에게 보다 다가서기 위한 능동적 접근으로 판단하게 하는 내적 귀인이 중요하다. 이러한 내적 귀인은 브랜드 및 브랜드 관리의 진정성을 성공하게 하는 요소라 할 수 있다.

Kelly(1971)는 공변모형(covariance model) 또는 큐브이론(cubic theory)을 통해 내적 귀인의 세 가지 조건으로 낮은 합의성(consensus), 낮은 특이성(distinctiveness), 높은 일관성(consistency)을 제시한다. 낮은 합의성은 다른 비교 대상과 차별화된 행태를 나타내는 것이다. 낮은 특이성은 상황에 따라 특이한 행태를 보이지 않고, 상황에 관계없이 일관된 행태를 나타내는 것이다. 마지막으로 높은 일관성은 과거-현재-미래 등의 시점에 상관없이 한결같은 행태를 나타내는 것이다. 결국, 내적 귀인은 경쟁자/대체자와의 차별성과 상황 및 시점과 무관한 일관성을 유지함으로써 가능하다. 이러한 측면에서 공공 조직 경영의 브랜드 진정성은 앞서 논의한 상호적 측면의 차별화된 브랜드 관리(낮은 합의성)와 함께 상황적 변화나 시간적 변화에 관계없이(낮은 특이성, 높은 일관성) 지속적으로 전개될 필요를 낳는다.

3) 브랜드 관리의 조직 내면화

공공 조직의 브랜드 관리를 공공 조직 및 경영에 내면화(internalization)하기 위한 방향 설정과 노력이 필요하다. 조직 경영은 관성(inertia)의 특성을 갖는다. 관성은 경영 양태를 지속적, 안정적으로 유지할 수 있도록 하는 복원의 효과가 있지만, 기존 경영 양태를 벗어난 새로운 변화와 변화관리에는 부정적인 영향을 미친다. 일정의 변화를 일시적으로 유도하더라도 다시 원래대로 돌아감으로써 해당 변화를 정착시키는 데 제약으로 작용하게 된다. 따라서 기존의 브랜드 관리와 차별화된 브랜드 관리가 공공 조직 경영에 전면적으로, 심층적으로 내면화되도록 할 필요가 있다.

사회적 영향 관점에서 조직의 변화 및 변화관리 수준은 순응(conformation) → 동일시(identification) → 내면화의 3단계로 구분할 수 있다. 순응은 다른 대상의 호의적 반응을 얻기 위해 혹은 부정적 반응을 회피하기 위해 영향을 받아들이는 과정으로, 일시적일 가능성이 높다. 동일시는 다른 대상과 어떠한 관계를 맺는 것이 만족스럽고, 이 관계가 자기 이미지를 좋게 한다고 믿을 때 관련 양상을 자기 것으로 수용하는 것이다. 이는 변화 및 변화관리의 성공 가능성과 지속성을 높인다. 하지만 한 걸음 더 나아가 변화를 자기 목표나 가치관에 부합되고 합당한 것으로 받아들이는 내면화가 더욱 효과적이다. 즉 브랜드 관리 측면에서 내면화는 차별화된 브랜드 관리를 공공 조직과 경영의 목표 및 가치관과 연계해 자기화함으로써 단순하고 일시적인 변화가 아닌 공공 조직 경영에 이식하고 녹여내는 과정이라 할 수 있다. 이는 조직의 심층적 측면(깊이)과 전사적 측면(넓이)에 해당하며, 본 장의 처음 부분에서 제시한 대로 마케팅적 관점의 브랜드 관리가 아닌 조직을 구성하는 전 단위조직 및 경영 전반에서 브랜드 관리를 지향하고 실천하는 것이다.

공공 조직 대부분은 명문화된 설립 목적을 가지고 있고, 그에 따른 핵심 가치를 표방한다. 그러나 핵심 가치는 공공 조직 전반적으로 매우 유사한 양상을 띤다. 내용적 측면에서 이러한 유사성을 비판하는 시각도 존재하지만, 유사성 자체보다는 과정적 측면에서, 즉 실행 강도(strength)와 관련해 해당 핵심 가치가 실제 공공 조직 경영에서 얼마나 강하게 내재화되고 실천되는가 하는 이슈가 더욱 중요하다.

차별적 브랜드 관리를 조직에 강하게 내재화, 공유하고 이를 규범적 측면에서 실행할 수 있도록 하기 위해서는 조직문화적 접근이 유효하다. 조직문화적 관점에서 공공 조직 경영의 브랜드는 공공 조직의 역할, 책임, 기여 등에 대한 경계를 명확히 보여줌과 동시에, 각각의 공공 조직을 다른 공공 조직과 차별화하는 역할을 하게 된다. 이러한 해당 공공 조직만의 독특성과 차별화는 대외적으로 공공 조직의 존재 이유를 강화할 뿐 아니라, 대내적으로 공공 조직 구성원의 정체성 및 이해관계자와의 유대를 공고하게 한다. Schein(1992)은 조직문화를 가시적 수준인 인공물(artifacts)이나 행동 패턴(behavior patterns), 덜 가시적 수준인 공유된 가치(shared values), 그리고 비가시적 수준인 구성원의 기본 신념(basic beliefs)과 가정(assumptions)으로 구분하였다. 브랜드 관리의 조직 내면화는 이러한 조직문화의 각 수준과 유형에서 차별화된 브랜드 관리가 조직 내부에 강하게 공유, 내재화될 수 있도록 하는 것이다. 이는 공공 조직 경영의 브랜드 관리 강화는 물론, 지속성을 담보하게 할 수 있다.

참고문헌

우석봉 저 (2016). 브랜드 심리학, 3판. 학지사.

황부영 저 (2013). 진정성 브랜딩: 진짜+독특=진정성 실체 있는 브랜딩에 일관성을 더하라. DBR, 136(1).

Barney, J. B. (1995). Looking inside for competitive advantage. *Academy of Management Executive*. 9(4), 49-61.

Becker, B. E., & B. Gerhart (1996). Human resources and

organizational performance: Progress and prospects. *Academy of Management Journal* (Special Issue: Human Resources and Organizational Performance). 39(4), 779-801.

Berry, L. L. (1999). *Discovering the soul of service: The nine drivers of sustainable business success.* New York: Free Press.

DiMaggio, P., & W. Powell (1983). The iron cage revisited: Institutional isomorphism and collective rationality in organizational fields. *American Sociological Review.* 48, 147-60.

Higgins, E.T. (1997). Beyond pleasure and pain. *American Psychologist.* 52, 1280-1300.

Kelley, H. H. (1971). Attribution in social interaction. In E. E. Jones et al.,(Eds.), *Attribution: Perceiving the causes of behavior.* Morristown, New Jersey: General Learning Press.

Moulard, J. G., Raggio, R. D., & J. A. Folse (2016). *Brand authenticity: Testing the antecedents and outcomes of brand management's passion for its products. Psychology & Marketing.* 33(6), 421-436.

Schein, E. H. (1992). *Organizational culture and leadership: A dynamic view*, 2nd ed. Jossey-Bass, San Francisco, CA.

4장

공공 브랜드 콘텐츠의 사례와 특징

임대근

임대근 dagenny@daum.net

한국외국어대학교 융합인재학부 교수이다. 한국외국어대학교를 졸업하고 같은 대학원에서 중국영화연구로 문학박사 학위를 받았다. 한국외국어대학교 대만연구센터장, 융합인재연구센터장, 사단법인 아시아문화콘텐츠연구소 대표, 글로벌문화콘텐츠학회 회장, 한국문화콘텐츠비평협회 회장, 전주국제단편영화제 조직위원장, 한국영화학회 부회장 등을 맡고 있다.

중국영화와 아시아 대중문화 교류, 문화콘텐츠 담론, 문화정체성과 스토리텔링 등을 주제로 연구와 강의를 수행하고 있다. 최근 지은 책으로 『세계의 영화 영화의 세계』(공저), 『한국영화의 역사와 미래』(공저), 『문화콘텐츠연구』, 『착한 중국 나쁜 차이나』 등이 있다.

1. 공공 브랜드의 개념과 가치

브랜드(brand)는 원래 불타는 나무나 횃불 등을 가리키는 말이었다. 시간이 흐르면서 그 의미는 뜨거운 인두로 태워서 생긴 자국, 즉 작인(灼印)으로 확장되었다. 이런 작인이 특정한 상품, 즉 와인이나 술통처럼 목재나 금속 물질로 이루어진 상품에 인두로 새겨넣는 상표로 쓰이면서 점차 오늘날의 의미를 갖게 되었다(OED).

'브랜드'라는 말의 어원을 통해서 알 수 있는 바와 같이, 그 뜻은 표면적으로는 특정한 상품을 표시하는 상표를 의미하지만, 심층적으로는 그 상품에 대한 제작자의 강한 자부심을 내포하는 의미를 갖고 있다는 사실을 유추할 수 있다.

따라서 브랜드를 구체적으로 표현하고자 하는 활동으로서 '브랜딩'(branding)은 윌슨 레비가 설명하는 바와 같이(Wilson Bastos Sidney J. Levy, 2012: 349) "근본적으로 인간이 중요한 존재가 되기 위하여, 개인적이거나 사회적인 정체성을 만들어 자신을 다른 사람과 같거나(예: 소속감) 또는 다른 사람과 같지 않게(예: 눈에 띄기 위해) 표현하려는 욕구를 내포한다."

현대적인 의미에서 브랜드는 기본적으로 상품의 마케팅 활동을 위한 요소로 인식된다. 최근에는 그 의미가 이런 범주보다 더욱 확장되어 "단순히 이름이나 상품 표시 마크나 포장이라기보다 전반적으로 비즈니스를 움직이는 힘"으로 인식된다. 이는 "기업의 전반적인 경영이 브랜드를 기반으로, 또한 브랜드를 중심으로 운영되는 것"(박기철, 2008: 164)이라는 인식으로 나아간다.

공공 브랜드는 기업에서 활용하는 브랜드 개념을 공공 영역에 접목한 결과다. 공공 브랜드는 “공공 영역의 기관이나 단체, 사물을 각종 수단을 활용하여 시민을 포함한 여러 이해관계자에게 호의적인 이미지나 태도 등 긍정적 인식을 형성하는 활동”(Kotler, P. & Lee, N., 2006)으로 정의할 수 있다. 전종우(2021: 90)에 따르면 공공 브랜드는 브랜드 개념이 “정부 부처, 공공 기관 등을 포함한 정부, 국가, 도시(여기서 도시는 시 도, 구, 마을 등을 모두 포함한다.)” 등의 분야에 적용된 경우다. “최근에는 공공 부문에서 브랜드라는 개념을 많이 사용하고 중요성이 점점 강조되고 있다.” 그는 나아가 지역브랜드와 국가 브랜드, 도시 브랜드를 공공 브랜드의 중요한 영역으로 설정하고 지역브랜드와 국가 브랜드, 도시 브랜드, 마을브랜드를 나누어 설명한다.

“지역브랜드는 넓은 의미에서 지역을 브랜드로 접근하는 방법이다. 지역브랜드 안에 국가 브랜드(country brand)가 포함되고, 국가 브랜드 안에 도시 브랜드가 포함된다. 여기에 더해 더 작은 단위의 마을브랜드(community brand) 개념도 적용할 수 있다.”(전종우 2021: 91)

김유경(2016)은 공공 브랜드를 “공적 영역에서 활동하는 공공재와 공공 기관을 비롯해 그들의 활동에 대한 총체적 인식”이라 정의하고 국가 브랜드, 도시 브랜드, 정책브랜드, 관광브랜드, 공기업 브랜드 등을 그 중요한 영역으로 제시한다. 이들은 공공 기관의 정체성을 확립하여 “이를 국민, 시민, 주민에 이르는 공적 요소를 대상으로 치열한 마케팅 활동을 펼치고 있”는 것이다.

이렇게 볼 때, 공공 브랜드란 공공성을 핵심 가치로 추구하는 단위가 자신의 정체성을 강화함으로써 다양한 상징물을 활용하여

〈그림 4-1〉 공공성 구현을 위한 요소

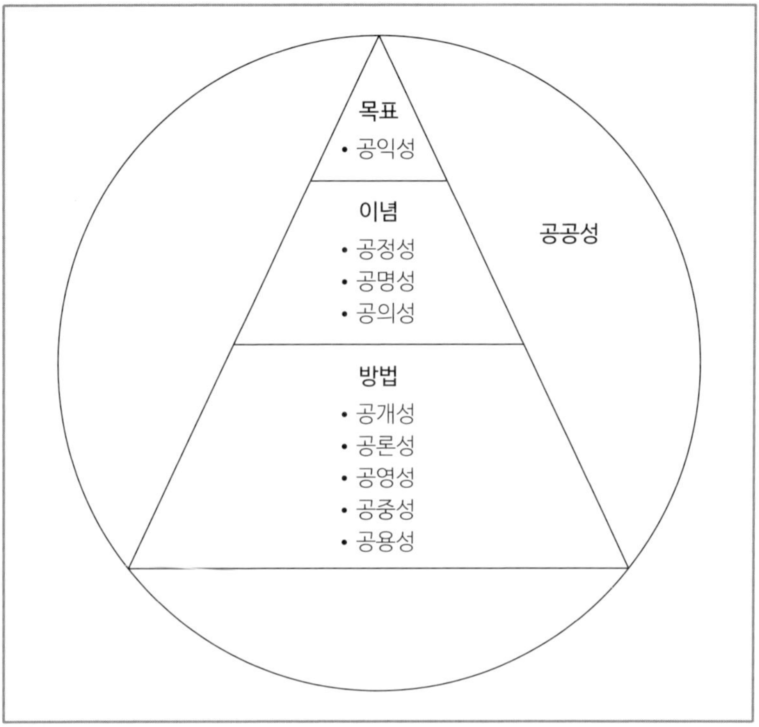

이를 각 단위를 구성하고, 이에 참여하는 주체에게 적극적으로 홍보하는 수단을 의미한다. 공공 브랜드의 영역은 국가, 도시, 행정부처, 공공기업 등을 넘어서 대학과 초·중등학교 등 각급 교육기관은 물론, 공공성을 중요한 가치로 내세우는 언론이나 시민단체에 이르기까지 폭넓게 적용되어야 한다.

공공성을 구현하기 위해서는 다양한 요소를 고려해야 한다. 공공성의 목표와 이념, 이를 구체적으로 구현할 방법 등을 함께 설정해야 한다. 공공성의 가치는 기본적으로 사적인 이익의 추구를 배제하고 공공의(public) 이익과 발전을 중요하게 설정한다. 공공성은 공익성을 궁극적인 목적으로 설정되어야 한다. 공익성을 구현하기 위해서는 공정성, 공명성, 공의성이라는 이념을 갖춰야만 한다. 공정성이란 공공성을 추구하는 의도와 과정, 결과가 공평하고 정직해야 함을 의미한다. 공명성은 특정한 방향으로 치우치지 않고 투명(clear)해야 함을 의미한다. 공의성(公義性)이란 공공의 이익을 위해 올바른 가치를 추구해야 함을 의미한다.

이러한 이념을 구현하기 위한 구체적인 방법으로 공개성, 공론성, 공영성, 공중성, 공용성 등이 갖춰져야 한다. 공개성이란 공공의 가치를 추구하기 위한 정보가 공중에게 모두 열려 있어야 함을 의미한다. 공론성이란 공중의 이론(異論)을 수렴함으로써 상호 참여를 통해 다양한 토론을 거칠 필요가 있음을 의미한다. 공영성이란 이 모든 과정을 공개적으로 경영해야 함을 의미한다. 공중성이란 공중이 쉽게 이해할 수 있고 수용할 수 있어야 함을 의미한다. 공용성이란 공공을 위한 결과물을 공공이 함께 활용할 수 있어야 함을 의미한다.

공공 브랜드는 이와 같은 공공성을 구현하는 요소를 충족해야 한다. 공익성을 궁극적인 목표로 설정하되, 공공 브랜드를 결정하는 절차와 과정뿐만 아니라 결과물로서의 브랜드는 공정성, 공영성, 공의성이라는 이념을 갖추어야 한다. 이를 바탕으로 구현된 공공 브랜드는 공개성, 공론성, 공영성, 공중성, 공용성의 방법에 따라 공익성을 구현할 수 있어야 한다.

2. 브랜디드 콘텐츠의 개념

브랜드를 구체적으로 표현하는 방식으로는 대체로 시각 이미지나 텍스트의 결과물을 떠올리게 된다. 시각 이미지는 색채와 구도, 형상 등을 중심으로 브랜드 아이덴티티를 디자인한 결과로서의 로고, 심볼, 마크 등을 예로 들 수 있다. 텍스트는 브랜드 아이덴티티를 구현할 수 있는 간결하고 핵심적인 메시지로 구현된다.

최근에는 브랜드를 표현하는 방법으로 '콘텐츠'가 부상하고 있다. 브랜드를 표현하는 방법으로서 콘텐츠를 활용하는 것이다. 이를 브랜디드 콘텐츠(branded contents) 또는 브랜드 콘텐츠(brand contents)라고 부른다. 두 용어의 차이는 크지 않지만, 독립적으로 사용될 때에는 대체로 '브랜디드 콘텐츠'를 널리 사용하는 경향이 있고, '공공 브랜드' 등의 용어와 결합해서 사용할 경우에는 '브랜드 콘텐츠'를 사용하는 경향이 있다. 이 글에서는 이런 경향을 따라 브랜디드 콘텐츠, 공공 브랜드 콘텐츠 등의 용어를 혼용한다.

브랜디드 콘텐츠는 특정한 브랜드 아이덴티티를 바탕으로 한 제품이나 서비스를 홍보하기 위해 제작한 독창적인 콘텐츠를 일컫는다. 브랜디드 콘텐츠는 출판, 영상, 공연, 전시 등의 다양한 콘텐츠를 활용한다. 브랜디드 콘텐츠는 목표 수용자(target audience)를 참여케 하여 흥미를 추구하는 방식으로 브랜드의 제품 또는 서비스를 홍보한다. 브랜디드 콘텐츠는 목표 수용자와의 신뢰를 구축하여, 브랜드를 목표 시장과 연결하는 효과적인 방법으로 활용될 수 있다.

브랜디드 콘텐츠는 몇 가지 측면에서 특징을 갖는다. 첫째, 브랜디드 콘텐츠는 일반적인 의미에서의 광고와는 다르다. 광고는 발신자가 일방향적으로 수용자에게 메시지를 발신하는 과정으로 구현된다. 또한 발신자가 홍보하려는 상품이나 서비스에 관한 정보를 중심으로 구성되며 관련 정보가 직접적으로 노출된다. 따라서 이를 수용하는 수용자가 광고임을 분명하게 인식하게 된다. 그러나 브랜디드 콘텐츠는 수용자가 콘텐츠를 직접 찾아보는 과정을 통해 자율적으로 관련 정보를 수용하게 되고, 이를 다른 수용자와 공유하는 적극적인 수용 행위 과정을 형성한다.

둘째, 브랜디드 콘텐츠는 대체로 스토리텔링을 중심으로 콘텐츠를 만들어 수용자의 흥미로운 수용 경험을 중요하게 여긴다. 이 과정에서 홍보하려는 상품이나 서비스의 정보가 대체로 간접적으로 전달되는 특성이 있다. 따라서 수용자는 이를 광고보다는 콘텐츠로 간주하는 경향이 강하다.

예컨대 삼성 그룹은 웹드라마를 통해 기업을 홍보하기 시작했다. 〈무한동력〉(6화: 2013)을 시작으로 〈최고의 미래〉(5화: 2014), 〈도전에 반하다〉(6화: 2015), 〈긍정이 체질〉(6화: 2019) 등을 잇달아 선보이면서 '삼성 웹드라마'라는 유튜브 채널을 운영하고 있다. 이 채널은 각각의 웹드라마는 물론 메이킹 영상과 뮤직비디오 클립 등으로 콘텐츠를 구성하면서 수용자의 호응을 유도하고 있다. 그 결과 20여 만회(2023년 1월 현재) 조회수를 기록하는 인기 콘텐츠도 등장했다.

삼성 웹드라마는 국내와 해외를 막론하고 수용된다. 해당 콘텐츠의 댓글을 보면 다양한 외국인들이 적극적으로 참여하고 있음을 알 수 있다. 일부 수용자는 콘텐츠를 수용하면서 "삼성의 광고"라는 사실을 분명히 인식하고 있으나, 절대다수 수용자는 스토리텔링과

〈그림 4-2〉 삼성 웹드라마 〈무한동력〉

〈그림 4-3〉 삼성 웹드라마 〈최고의 미래〉

〈그림 4-4〉 삼성 웹드라마 〈도전에 반하다〉

〈그림 4-5〉 삼성 웹드라마 〈긍정이 체질〉

캐릭터 등에 대한 관심을 드러내면서 삼성이라는 기업과는 상관없이 웹드라마로서 콘텐츠 자체를 수용하고 있음을 알 수 있다.

셋째, 브랜디드 콘텐츠는 다양한 콘텐츠 유형으로 구현된다. 이승영(2017)은 브랜디드 콘텐츠를 브랜드+블로그(카페), 브랜드+웹툰, 브랜드+1인 미디어, 브랜드+뮤직, 브랜드+게임 등과 같이 다섯 가지 유형으로 구분하여 분석했다. 그러나 브랜디드 콘텐츠의 가능성은 이러한 유형에만 그치지 않고 더욱 확장될 수 있다.

브랜디드 콘텐츠란 결국 브랜드 아이덴티티를 잘 표현하기 위하여 문화콘텐츠 영역과 협업을 통해 이를 표현하는 것이다. 임대근(2014)은 문화콘텐츠를 "인간 삶의 질적 가치의 제고를 위하여 문화적 전통과 현상을 특정한 매개체를 통하여 현대화(동시대화)하는 일련의 행위"라고 정의한 바 있다. 문화콘텐츠에 대한 이러한 정의는 브랜디드 콘텐츠가 공공 브랜드와 연결될 수 있는 이론적 근거를 제공한다. "인간 삶의 질적 가치의 제고"라는 목표는 공공 브랜드가 공공성을 추구하려는 방향과 일치하기 때문이다. 공공 브랜드는 이를 통해 문화콘텐츠와 결합하면서 다양한 양식을 변주해낼 수 있다.

임대근(2020)은 문화콘텐츠를 다양한 기준으로 분류한다. 이를 간략하게 정리하면 〈표 4-1〉과 같다.

이러한 분류 체계에 따르면, 브랜디드 콘텐츠는 우선 기획과 생산의 과정 및 결과라는 기준에 의해 그 성격을 적용해 볼 수 있다. 브랜디드 콘텐츠는 목적 콘텐츠로서는 홍보 콘텐츠, 주제 콘텐츠로서는 특정한 브랜드의 정체성을 표현하려는 '브랜드 콘텐츠'라고 분류할 수 있다. 도구 콘텐츠는 다양한 양식이 활용될 수 있다. 매개체의 성질이나 스토리 기반 여부, 수용자의 수용 감각, 장르 콘텐츠 등의 기준에 의해서는 브랜디드 콘텐츠를 특별한 영역으로 구속할 수 없다. 그만큼 브랜디드 콘텐츠는 다양한 형식으로 구현될 수 있다.

그러므로 브랜디드 콘텐츠는 단지 블로그(카페), 웹툰, 1인 미디어, 뮤직, 게임 등의 다섯 가지 유형에만 머무르지는 않는다. 물론 이 유형들이 대체로 지금까지 브랜디드 콘텐츠를 주도해 왔음은 사실이지만, 향후에는 다양한 형태의 브랜디드 콘텐츠가 출현할 수 있음을 부인할 수 없기 때문이다.

실제로 김종민(2020)은 브랜디드 콘텐츠의 커뮤니케이션 기법을 설명하기 위해 그 유형을 구분하면서 웹드라마, 브랜드 저널리즘, 브랜드 웹툰, 브랜드 1인 미디어, 브랜드 게임, 브랜드 공간을 제시했다. 그는 기존의 유형과 달리 브랜드 저널리즘과 브랜드 공간을 추가했다. 그는 브랜드 저널리즘의 특징을 "과거 막연히 정보를 전달하는 데 급급하거나, 신문기사 형식이 가진 공신력에 묻어

〈표 4-1〉 문화콘텐츠의 분류

기준	유형	사례/내용
매개체의 성질	디지털 콘텐츠	전자책, 디지털영화, 디지털방송, 웹툰, 웹소설, 웹드라마, 모바일게임 등
	아날로그 콘텐츠	종이책, 필름영화, 아날로그방송, 아케이드게임, 현장 전시, 무대 공연 등
스토리 기반 여부	스토리텔링 콘텐츠	웹소설, 웹툰, 웹드라마, 영화(드라마) 등
	비스토리텔링 콘텐츠	불꽃 축제, 랜턴 축제, 실험 영상 등
수용자의 수용 감각	시각 콘텐츠	웹툰, 캐릭터 등
	청각 콘텐츠	오디오북, 팟캐스트, ASMR 등
	공감각 콘텐츠	영화, 게임, 뮤지컬, 모바일 게임 등
기획과 생산의 과정 및 결과	목적 콘텐츠	교육 콘텐츠, 홍보 콘텐츠, 치료 콘텐츠 등
	도구 콘텐츠	영상 콘텐츠, 공간 콘텐츠, 오디오 콘텐츠 등
	주제 콘텐츠	역사 콘텐츠, 과학 콘텐츠, 팬덤 콘텐츠 등
콘텐츠의 장르	장르 콘텐츠	출판 콘텐츠, 영상 콘텐츠, 공연 콘텐츠, 전시 콘텐츠, 게임 콘텐츠, 축제 콘텐츠, 테마파크 콘텐츠

가고자 했던 '기사 형식 광고'(advertorial: 인용자)와는 달리, 흥미와 관심을 높이는 형태로 콘텐츠를 생산하는 데 집중한다는 점"(김종민 2020: 298)이라고 설명하고 그 사례로 코카콜라의 공식 홈페이지 "coca-cola journey"를 들고 있다. 또한 브랜드 공간은 "기업이 대외적으로 브랜드 컨셉이나 모티프를 상징할만한 공간을 제공함으로써 소비자와 소통하는 방식을 뜻한다"고 설명하고 "주로 전시, 문화 활동에 관심이 많은 젊은 타깃을 상대로 기획되며, 국내는 물론 해외여행객들이 많이 오가는 문화적 거점에 설치된다. 제공된 공간에서는 작가들이 브랜드를 재해석한 설치물을 선보이고, 이 과정의 끝에서 독특한 브랜드체험의 기회를 제공한다. SNS나 스마트

폰을 통하지 않고도 콘텐츠를 통해 소비자와 소통하는 브랜드 공간은 현장에서만 느낄 수 있는 감동, 그리고 반영구적으로 설치되어있지 않는다는 점에서 오는 '경험의 소장 가치'때문에 더욱 화제가 된다"(김종민 2020: 299)고 주장하면서, 그 대표적 사례로 젠틀몬스터, 닥터자르트의 컨셉 공간을 들고 있다.

이 밖에도 브랜드와 축제가 결합하는 사례도 있다. 한화그룹이 주도하는 '서울세계불꽃놀이축제'는 2000년부터 시작되어 해마다 많은 인기를 모으고 있다. 한화그룹은 이 브랜디드 콘텐츠를 통해 화약 제조 기업이자 민주화운동 시기 최루탄 제조 기업이라는 부정적인 이미지를 뒤바꾸고 있다. 따라서 브랜디드 콘텐츠의 확장 가능성은 문화콘텐츠의 영역과 장르만큼이나 무궁무진하다. 브랜디드 콘텐츠는 웹툰, 웹드라마, 게임, 블로그, 공간, 축제 등의 형식은 물론 오디오북, 팟캐스트, 애니메이션, 다큐멘터리, 뮤지컬, 테마파크 등 문화콘텐츠의 다양한 장르로 확장될 수 있다.

이와 같은 브랜디드 콘텐츠를 공공 브랜드가 적절하게 활용한다면, 공익성을 목표로 하는 공공성을 추구함에 있어서 매우 유용한 도구가 될 수 있다. 또한 국가 브랜드뿐만 아니라, 지방자치단체가 도시 브랜드의 아이덴티티를 구축하기 위해서 브랜디드 콘텐츠를 활용할 명분과 효과는 충분하다. 지방자치단체의 도시 브랜딩은 소속 구성원의 정체감을 제고하는 기능에 더하여 외부 관광객과 방문객에 대한 홍보를 통해 지방자치단체 내부 산업을 활성화하는 기능을 할 수 있을 것이다.

3. 공공 브랜드 콘텐츠의 사례

공공 브랜드를 구현하기 위하여 브랜디드 콘텐츠를 활용하는 사례가 점차 활성화하고 있다. 국가 브랜드를 구현하기 위한 중앙행정부처의 브랜디드 콘텐츠는 물론 지방자치단체의 브랜디드 콘텐츠, 다양한 공공 기관의 브랜디드 콘텐츠에 이르기까지 최근에는 다양한 사례가 제작, 유통, 수용, 공유되고 있다.

특히 코로나19 팬데믹 시대에는 이런 경향이 더욱 강화하고 있다. 디지털 소통이 뉴모멀로 자리 잡은 상황에서 디지털 콘텐츠가 공공 홍보를 위한 브랜디드 콘텐츠의 핵심적인 기능을 수행해 줄 수 있기 때문이다. 특히 코로나19 자체에 대한 정보의 공유와 대응 방법을 위한 홍보를 위해서 많은 국가의 보건기구가 브랜드를 전략적 도구로 활용하기도 했다. 스타치 자바타로 등(Staci M. Zavattaro, Alex Marland, Jasper Eshuis 2021)은 코로나19 시대에 보건기구의 "공식 조직의 로고, 이름, 기호가 다른 형태의 커뮤니케이션보다 대중 커뮤니케이션의 신뢰성을 나타내는 데 사용되었다"고 말하면서 "메시지의 단순화와 반복화가 통신 생명을 앗아갈 수도 있는 혼란스러운 메시지를 회피하기 위한 필수 요소"로 활용되었다고 주장한다.

예컨대 미국 질병관리센터(Centers for Disease Control and Prevention)는 시민과의 소통을 위해 소셜 미디어를 적극적으로 활용했다. 특히 예방 접종 캠페인을 위해 "나와 함께예방접종을"(#VaxWithMe)이라는 해시태그를 이용해 홍보를 진행했다. 이는 시민에게 감기 예방 접종을 한 뒤, 그 인증 사진 또는 영상을 해시태그와 함께 트위터, 페이스북, 인스타그램, 유튜브 등의 소셜 미디어에 게시하도록 하는 캠페인이었다. "이 캠페인은 1800만 건이 넘는 노출 횟수를 기록했고, 2015년 에르메스 크리에이티브 어워드에도 우수 사례로 선정되었다."(Contenta M 2018)

다시 말하면 공공 브랜드의 구현을 위한 브랜디드 콘텐츠는 지속적인 브랜드 아이덴티티를 구축하는 데에도 필요하지만, 예측 불가능한 긴급 상황이 발생했을 때에도 충분히 역할을 할 수 있다는 점이다. 그러나 긴급 상황에서도 브랜디드 콘텐츠가 원활하게 작동하면서 소통 기능을 수행하려면 일상 상황에서 브랜디드 콘텐츠의 신뢰성과 접근성, 수용성이 잘 갖추어져 있어야 함은 물론이다.

이런 맥락에서 공공 브랜드의 아이덴티티를 잘 구현한 국내 사례들을 예시하고, 그중에서도 몇 가지 대표적인 사례의 특징과 의미를 살펴본다.

1) 숏폼 영상: 문화체육관광부

문화체육관광부는 2020년부터 '한국관광 해외홍보 영상'을 유튜브에 게시하고 있다. 이 영상의 영어 버전은 'Feel the Rhythm of Korea'라는 이름으로 제작되었다. 영어 버전을 기준으로 지금까지 서울, 부산, 전주, 안동, 목포, 강릉, 부산/통영, 대구, 순천, 경주/안동, 강릉/양양, 서산, 여수, 평창, 인천 등을 주제로 공개됐다. 2022년부터는 'Feel the Rhythm of Korea with BTS'를 시리즈로 만들고 있다.

문화체육관광부는 2012년부터 유튜브를 통해 'Imagine Your

〈표 4-2〉 국내 '공공' 브랜디드 콘텐츠의 대표 사례

플랫폼		공공 기관		브랜디드 콘텐츠	
범주	명칭	범주	명칭	범주	제목
SNS	페이스북	중앙부처	농림축산식품부	카드뉴스 등	농림축산식품부
	페이스북	지방자치단체	충청남도	카드뉴스 등	희망공감 캠페인 등
	트위터	중앙부처	문화재청	텍스트/이미지	어제를 담아 내일에 전합니다
	트위터	공공기관	국립산림과학원	텍스트/이미지	'홍릉숲' 등
	트위터	지방자치단체	하남시	캐릭터	하남툰
	인스타그램	지방자치단체	경상북도	사진 등	경북의 힘으로
웹사이트	네이버	중앙부처	국가정보원	웹툰	기밀입니다
	홈페이지	지방자치단체	부산광역시	웹툰	부산브랜드 웹툰
	유튜브	지방자치단체	청주시	웹드라마	내 마음이 율량말랑해
	유튜브	지방자치단체	경상북도	웹드라마	가 보이소
UCC	유튜브	중앙부처	문화체육관광부	숏폼	Feel the Rhythm of Korea
	유튜브	지방자치단체	충청남도	Vlog	홍보가 기가 막혀
	유튜브	지방자치단체	충청남도	페이크 다큐	팩트폭격! 겨? 아녀?
메타버스	제페토	지방자치단체	서울시	가상세계	서울창업허브 월드
	게더타운	공공기관	서울시설공단	가상세계	가상 사무실

Korea'라는 채널을 개설하고 '2012 Asian On Air Program'을 시작으로 지금까지 수십 개에 이르는 브랜드 기획 영상을 선보였다. 그중에서 'Feel the Rhythm of Korea' 시리즈가 전 세계적으로 폭발적인 인기를 끌면서 주목받고 있다.

문화체육관광부는 국가를 대표하는 중앙 행정부서로서, 'Feel the Rhythm of Korea'라는 채널을 통해 국가 브랜드를 구현하기 위한 방법으로 숏폼 영상을 제작했다. 숏폼 영상은 사용자 창작 콘텐츠(UCC: User Created Contents)로서 유튜브(Youtube) 플랫폼이 보편화하자, 여기에서 착안하여 만들어낸 매우 짧은 영상을 뜻한다. 틱톡(Tik Tok) 플랫폼이 이를 선도한 이후, 지금은 대부분의 영상 플랫폼이 숏폼을 하나의 장르로 수용하고 있다. 숏폼 영상은 기존의 '롱폼' 영상을 분절하는 경우와 당초부터 짧은 영상으로 기획, 제작된 경우로 나눌 수 있다. 숏폼 영상은 말 그대로 짧은 시간에 핵심적인 메시지와 흥미를 전달하는 특징을 갖는다. 숏폼 영상은 이런 특징 때문에 수용자의 연쇄적인 시청을 유도하는 데 용이하다.

문화체육관광부는 국가 브랜드를 구현하기 위하여 도시 브랜드를 도구적으로 활용하고 있다. 이는 2020년 공개한 'Feel the Rhythm of Korea'의 〈서울〉편이 큰 인기를 얻은데 따른 것이다. 이 영상은 지금까지 4925만 회(2023년 1월 현재)의 조회수를 기록할 정도로 인기를 끌었다.

이 영상은 한국 전통 판소리 〈수궁가〉를 재해석한 음악을 중심으로 청와대, 리움미술관, 덕수궁 대한문, 자하문터널, 동대문디자인플라자 등 서울을 대표하는 장소를 배경으로 삼아 1분 36초 동안 전통과 현대가 결합하는 독특한 군무를 선보인다. 〈서울〉편의 후속으로 제작된 다른 지역 영상들도 대동소이한 구성 요소와 구조를 갖

〈그림 4-6〉 Feel the Rhythm of Korea: Seoul

〈그림 4-7〉 Feel the Rhythm of Korea: Busan

〈그림 4-8〉 Feel the Rhythm of Korea: Incheon

〈그림 4-9〉 Feel the Rhythm of Korea: Mokpo

추고 있다.

이 숏폼 영상은 문화콘텐츠의 구성 요건을 모두 갖추고 있다는 점에서 특징적이다. 첫째, '전통의 현대화'라는 문화콘텐츠의 요건을 잘 구현했다. 문화콘텐츠가 전통을 현대화(동시대화)해야 한다는 것은, 다른 의미에서는 이미 갖춰진 문화원형 또는 문화자원을 현대적 의미의 문화기술을 결합하여 기획, 제작한 결과물(콘텐트)을 문화산업의 사슬 안에서 직접 또는 간접적인 문화 플랫폼을 통해 매개, 유통함으로써 향유하게 한다는 뜻이다. 물론 공공 브랜드의 경우 여기에서 문화산업이 추구하는 영리적 목적은 공공 기관 자체를 위한 것이 아니라 지역의 산업을 위한 것으로 해석되어야 한다. 이 영상은 바로 이러한 문화콘텐츠의 일련의 과정을 충실하게 보여 주고 있다는 점에서 의미가 있다.

둘째, 지역을 대표하는 중요한 장소를 배경으로 삼고 있다. 주지하는 바와 같이 장소는 공간과 다른 의미다. 이-푸 투안이 강조한 바와 같이 "공간(space)은 장소보다 추상적"인 개념이다. 그러나 장소(place)는 "별 특징이 없는 공간"을 "더 잘 알게 되고 그곳에 가치를 부여하면서" 형성되는 개념이다(Yi-Fu Tuan 2001). 특정한 도시는 지역 범주로 보면 단일한 행정 단위의 공간이지만, 그 범주 안에는 무수히 많은 장소가 있다. 그것은 그 도시 내부에 이미 고유한 역사와 문화가 스토리텔링으로 얽힌 '전통'이 있음을 의미한다. 이 영상은 이와 같은 고유의 스토리텔링에 새로운 형식의 군무를 덧입혀서 보여 주고 있다는 점에서 의미가 있다.

셋째, 흥미로운 음악과 춤을 통해 '전통'을 재해석하고 있다. 에릭 홉스봄이 간파한 바와 같이 전통은 물론 만들어진 것이지만, 그것이 만들어지는 과정에서 일련의 관습과 정서로 남는 것 또한 사실이다. 특정 장소와 공간을 중심으로 삶을 이어온 집단은 자신들이 반복적, 관습적으로 즐겨왔던 노래를 새로운 형식의 춤으로 재해석하는 문화콘텐츠와의 과정에 대해 호감을 갖게 된다. 이때 새로운 형식의 재해석은 수용자의 흥미를 이끌어낼 수 있는 즐거움의 요소를 발굴하는 과정이며, 이를 통해 결과적으로 만들어진 콘텐츠를 '향유'할 수 있도록 하는 과정을 말한다. 이 영상은 이와 같이 흥미로운 전통의 재해석을 보여 주고 있다는 점에서 의미가 있다.

넷째, 숏폼의 특징을 잘 살려서 짧은 영상을 시리즈로 제작했다. 숏폼은 동시대 오락적 욕구가 짧은 시간 단위로 재편되고 있는 상황에서 매우 유용한 형식이다. 그러나 이러한 숏폼이 단일한 단편의 콘텐츠로만 제작된다면 그 의미는 축소되고 말 것이다. 이 영상은 앞서 말한 바와 같이 국가 브랜드의 아이덴티티를 구현하기 위하여 다양한 지역과 도시를 시리즈로 제작함으로써 수용자가 연쇄적 흥미와 향유를 통해 콘텐츠를 수용할 수 있게 하는 구조를 취했다는 점에서 의미가 있다.

다섯째, 개별과 보편을 상호 범주화하는 기획을 선보였다. 이 시리즈는 국가 브랜드를 구현하기 위하여 '한국의 리듬'(Rhythm of Korea)을 강조하고 있다. 그러나 이를 구체화하는 방식은 한국의 다양한 도시들을 소재로 삼았다. 이를 통해 국가 브랜드가 도시 브랜드와 서로 다른 영역과 범주에 속하지 않으며, 오히려 상호 범주화할 수 있음을 실천적으로 보여 주었다. 따라서 이는 국가 브랜드와 도시 브랜드의 상호 범주화를 통해 양자의 관계가 하나(국가 브랜드)이되 여럿(도시 브랜드)이며, 여럿이되 하나인 브랜드 아이덴티티의 구조적 특징을 잘 표현했다는 점에서 의미가 있다.

2) 소셜네트워크서비스(SNS): 농림축산식품부

소셜네트워크서비스는 인터넷이 보편화하고 디지털 미디어가 대세로 전환한 시대에 중요한 커뮤니케이션 도구로 활용되고 있다. 페이스북(Facebook), 트위터(Twitter), 인스타그램(Instagram) 등은 레거시 미디어의 영향력을 벗어나서 1인 미디어로도 널리 활용되는 플랫폼으로 자리 잡았다. 레거시 미디어가 일방향적인 메시지 발신, 수용자의 수동적인 메시지 수신을 기본으로 공식적인 언어와 고정된 표현 형식에 구속되어 있었다면, 뉴미디어는 특정한 방향이 설정되지 않은 채, 불특정 다수의 발신자가 불특정 다수의 수용자에게 방사형으로 뻗어가는 형식으로, 자유롭고 비정형화된 표현을 통해 메시지를 전달하고 수신한다는 특징을 갖는다.

이러한 소셜네트워크서비스는 텍스트 콘텐츠는 물론, 다양한 이미지 콘텐츠(포스터, 캐릭터, 카드뉴스, 사진 등), 숏폼 영상콘텐츠 등을 아우르면서 콘텐츠 표현의 경계를 확장해 나가고 있다. 따라서 소셜네트워크서비스는 개인이 특정한 정보를 공유하거나 주장을 내세우거나 하는 도구로 활용되고 있다. 그러나 동시에 다수의 공중이 이용한다는 특성 때문에 국가 브랜드나 도시 브랜드를 구현하는 데에도 매우 훌륭한 수단이 될 수 있다.

농림축산식품부는 중앙부처로서 공공 브랜드를 구현하기 위해 페이스북, 트위터, 인스타그램 등을 통해 다양한 콘텐츠를 게시하고 있다. 농림축산식품부는 이들 플랫폼을 통해 텍스트와 이미지가 결합된 형식의 콘텐츠를 주로 제공한다. 이미지는 포스터나 카드뉴스가 주를 이루며, 경우에 따라 제공되는 텍스트는 이미지에 대한 간략한 부가 설명을 담당한다.

예를 들면 페이스북에서는 2023년 1월, 〈그림 4-10〉과 같이 2023년 농림축산식품 분야 '규제 혁신' 정책콘텐츠를 제시하고 있다. 카드뉴스 이미지콘텐츠를 활용하여 '네컷 이미지'를 보여 주는데, 혁신 정책을 위한 과제별로 개요와 개선 방안, 혁신 정책 집행 의지 등을 나타내고 있다.

트위터에는 일상적인 정책 홍보와 더불어 긴급한 공지를 중심으로 게시하고 있다. 예컨대 2023년 1월 6일 트위터에는 〈그림 4-11〉과 같이 아프리카 돼지 열병 발생과 관련하여 경기도 북부와 인천시 일대의 축산 관계 시설 종사자와 차량에 대한 '일시이동중지 명령'(Standstill) 발령을 알리고 있다. 이 같은 긴급 공지 역시 이미지콘텐츠와 텍스트콘텐츠를 결합하는 형식이지만, 이미지콘텐츠가

〈그림 4-10〉 농림축산식품부 페이스북(2023.1.)

〈그림 4-11〉 농림축산식품부 트위터(2023.1.)

즉각적인 정보 전파에 중점을 둔 반면, 텍스트콘텐츠는 관련 내용에 대한 상세한 부가 설명을 덧붙이고 있어서 상호 보완적인 콘텐츠로서 기능을 담당하고 있음을 알 수 있다.

인스타그램에서는 〈그림 4-12〉와 같이 일상적인 정책 홍보는 물론, 다양한 관련 정보를 이미지콘텐츠로 제공하고 있다. 특히 인스타그램은 정책 대상자뿐만 아니라 일반 대중을 위한 일상 정보, 예컨대 "맛있는 귤 고르는 법", "겨울철에 먹으면 좋은 도라지" 등을 사진 또는 카드뉴스, 웹툰 양식의 이미지콘텐츠로 제작하여 게시하고 있다.

농림축산식품부의 브랜디드 콘텐츠는 내부에서 제작한 내용뿐

〈그림 4-12〉 농림축산식품부 인스타그램(2023.1.)

〈그림 4-13〉 농림축산식품부 유튜브 '농춘문예공모전'

만 아니라 외부 전문가의 다양한 정보도 함께 게시하여 호응을 얻은 바 있다. 〈냥신의 슬기로운 반려인 생활〉(나응식), 〈올바른 반려동물 먹거리 사전〉(박은정) 등은 수의사나 펫영양사인 전문가들이 반려동물에 대한 다양한 정보를 제공하는 콘텐츠로 주목받았다. 〈이랑의 반려식물 일기〉(디어클라우드)는 인디밴드 멤버가 제공하는 텍스트 콘텐츠로서 반려식물에 관한 내용을 통해 관심을 끌었다.

농림축산식품부의 브랜디드 콘텐츠는 게임을 활용한 사례도 있다. 2020년 진행했던 '농춘문예공모전'은 유튜브와 웹사이트를 활용한 융합콘텐츠로서 이른바 'N행시' 이벤트이다. 유튜브에서 시제 영상을 시청한 수용자는 웹사이트 링크를 통해 시간 제한 게임에 참여하게 된다. 수용자는 제시어 1글자당 30초 안에 'N행시'를 입력하는 방식으로 응모한다. 'N행시'의 시제는 주로 '마늘', '고구마빵', '열무국수', '소불고기', '목살필라프' 등과 같이 농산물과 축산물을 소재로 한 음식 재료나 요리 이름을 주로 제시했다.

농림축산식품부의 브랜디드 콘텐츠는 다음과 같은 특징을 보여 주었다. 첫째, 다양한 콘텐츠 플랫폼을 활용했다. 페이스북, 트위터, 인스타그램, 유튜브 등 최근 공중이 활용하고 있는 다양한 플랫폼을 적극적으로 활용함으로써 콘텐츠를 동시대적으로 소통하려는 노력을 보여 주었다.

둘째, 각 플랫폼의 구조적 특징에 알맞게 콘텐츠를 제작함으로써 소통 효과를 극대화했다. 페이스북은 이미지를 중심으로 하고 텍스트를 부가한 콘텐츠, 트위터는 텍스트를 중심으로 하고 이미지를 부가한 콘텐츠, 인스타그램은 이미지 콘텐츠 중심, 유튜브는 영상콘텐츠를 중심으로 하되, 웹사이트를 결합하는 방식으로 각각의 플랫폼의 특징을 적절하게 활용했다.

셋째, 콘텐츠의 주제가 시의성을 알맞게 갖추었다. 농림축산식품부의 정책 특성상 계절에 따른 농산물과 축산물의 유통 관련 정보, 예컨대 가격 변동에 관한 정보뿐만 아니라, 병충해 및 돌발적인 축산물 전염병, 태풍 등과 같은 일기에 관한 긴급한 정보 등을 시의적절하게 홍보하고 공유하는 방식으로 브랜디드 콘텐츠의 시의성을 부각했다.

넷째, 콘텐츠의 흥미성을 부각함으로써 수용자를 유인했다. 인스타그램의 웹툰이나 유튜브 영상콘텐츠를 통해 흥미로운 콘텐츠를 제작, 게시함으로써 수용자들이 호기심을 갖고 이를 향유할 수 있도록 유도하였고, 댓글을 중심으로 살펴보면 수용자의 만족도 또한 매우 높은 것으로 나타났다.

3) 웹툰: 부산광역시

웹툰은 만화가 웹사이트라는 플랫폼을 통해 유통되는 형식이다. 해외에서는 웹사이트에 게재되는 만화라는 의미로 주로 '웹코믹'(web comic)이라는 용어를 많이 사용하고 있으나, 한국에서는 '웹+카툰'의 합성어로서 '웹툰'이라는 용어가 자리 잡았고, 최근에는 이런 한국의 용법이 해외에서도 통용되고 있다.

웹사이트를 통해 유통되는 콘텐츠는 대표적으로 웹소설, 웹툰, 웹드라마가 있다. 이들은 유통의 플랫폼을 웹사이트로 설정하고 이를 경유하여 수용되는 콘텐츠의 대표적인 장르들이다. 웹소설은 기존에 종이책으로 출판되던 문학의 형식을 거부하고 판타지를 중심으로 한 짧은 분량의 시리즈 연재 형식을 통해 새로운 문학 양식을 창조했다. 웹드라마 역시 기존 TV드라마 형식과 달리 짧은 단편을 중심으로 한 재기발랄한 시리즈 형식으로 새로운 드라마 양식을 만들었다. 웹툰 역시 종이책으로 출판되던 만화에서 벗어나 시리즈 연재 형식을 취하면서 네이버나 카카오 등과 같은 특정한 포털 사이트를 통해 수용자와 만나고 있다.

웹툰은 콘텐츠를 구성하는 3요소인 스토리, 이미지, 사운드 가운데 스토리와 이미지만을 중심으로 제작되는 평면콘텐츠다. 사운드가 배제되기 때문에 콘텐츠의 형식이 단순하다는 특징이 있으나, 그럼으로써 오히려 스토리와 이미지의 기능과 역할이 더욱 크게 증대되는 특징이 있다. 다시 말하면 웹툰은 탄탄한 스토리와 그에 걸맞은 이미지가 조화를 이뤄야만 수용자의 승인을 받을 수 있는 구조를 지니고 있다. 따라서 많은 웹툰은 평면콘텐츠에 머무르지 않고, 해당 스토리와 이미지를 바탕으로 영화나 TV드라마 등으로 다시 '멀티 유즈'(multi use)되는 경향이 있다. 물론 거꾸로 영화나 TV드라마가 웹툰으로 전환되는 사례도 적지 않다. 웹툰-영화/TV드라마 등의 장르콘텐츠가 상호 전환되면서 콘텐츠 생태계를 만들어내고 있는 것이다.

이런 특성 때문에 웹툰에 대한 수용자 집단이 충분히 형성될 수 있었고, 많은 브랜디드 콘텐츠가 웹툰을 적극적으로 활용하고 있다. 공공 브랜드도 예외는 아니다. 예컨대 경상북도 안동시는 만화 〈궁〉을 원작으로 하여 파생콘텐츠를 제작했다. 〈궁 외전: 별신의 밤〉은 〈궁〉을 모티브로 삼아 안동시에 대한 이야기를 홍보하는 브랜디드 콘텐츠의 대표 사례 가운데 하나다.

웹툰을 가장 잘 활용한 공공 브랜드의 사례로는 부산광역시를 빼놓을 수 없다. 부산광역시는 도시 브랜드에 관한 명확한 인식을 바탕으로 부산브랜드 웹툰을 공모 방식으로 선정하고 있다. 부산광역시는 홈페이지에 도시 브랜드의 개념을 "도시를 하나의 상품으로 인식하고, 타 도시와 차별화된 해당 도시의 특성과 이미지를 상징하는 수단", "특정 도시가 지역만이 가지고 있는 자연환경, 역사적인 특성, 문화적인 매력, 행정서비스나 다른 도시와 확연히 구별하기 위해 사용하는 도시의 명칭, 상징물, 디자인 혹은 그 결합체"라고 정의하고 도시 브랜딩을 "도시 브랜드를 구축해 나가는 일련의 활동을 말하며, 도시의 모든 유 무형의 요소들을 바탕으로 그 도시의 구성원(공공과 민간부문)들이 협력하여 도시의 이해관계자들이 선호하는 이미지, 제도, 시설 등을 개발 및 개선하고, 이를 외부에 알리고 명확히 인식시켜 도시의 전체적인 자산의 가치를 높이는 활동"으로 설명하고 있다(부산광역시 2023). 부산광역시는 이를 위해 도시 브랜드위원회를 설치하고 2014년부터 도시 브랜드 기본 계획(3개년)을 추진하고, '도시 브랜드 상상 ON'이라는 온라인 소통 채널을 운영하는 등 공공 브랜드 구축을 위해 매우 적극적인 사업을 펼쳐나가고 있다.

부산광역시는 산하 기관인 부산정보산업진흥원을 통해 "부산

〈표 4-3〉 부산 브랜드 웹툰(2016~2021)

회차	연도	제목	내용	작가
제1회	2016	호떡 든 남자	서울 남자와 부산 씨앗호떡의 우정을 그린 코믹물	안예랑
		미로정원	온천천의 돌연변이 식물을 둘러싼 추리극	김태영
제2회	2017	바다별	부산에 불시착한 외계인과 광안리 버스킹 소녀 이야기	전재훈
		영도할배쓰	영도의 노인들이 친구 죽음의 진실을 밝히는 추리극	허윤정
제3회	2018	라인업	송정해수욕장에서의 서핑과 로맨스 이야기	권보라
제4회	2019	Wish	할머니의 추억을 찾기 위해 부산에 온 에이든과 해주의 이야기	김지영
		바다와 시간, 그 사이	일상에 지친 주인공이 제2의 부산이라는 시공간에서 위로받는 이야기	정현진
		귀신 잡는 말뚝이	'수영야류' 말뚝이가 현재에 재림하여 사람에 빙의한 양반 귀신을 물리치는 이야기	서영호
		괴물과 소녀	전포시장을 배경으로 한 소녀와 도깨비 이야기	타네오 마코토
		빨간 도깨비와 파란 도깨비	츤데레 두 도깨비의 좌충우돌 부산 여행기	라쿠토 이치고
		정령	부산에 수학여행 온 여고생과 그 주위를 떠도는 정령 이야기	하야시 다카야키
제5회	2020	부산 가이드	일상에 지친 남자가 부산에서 운명의 여자를 만나 부산 토박이인 척 가이드를 해주는 이야기	김호드
		라이브	가상현실 속 부산에서 만난 추억을 잊지 못하고 부산행 열차에 몸을 싣는 이야기	김명현
제6회	2021	3일동안	옛 애인이 부산을 찾아와 벌어지는 이야기	김혜원
		눈을 내리는 방법	서울에서 부산으로 이사 온 어린이가 겪는 이야기	정보영
		영광을 위하여	부산 경찰의 실종 사건 해결 이야기	주지예

의 도시 브랜드를 전국 단위의 독자를 대상으로 홍보"하기 위해 사업을 수행한다고 밝히고 있다(부산정보산업진흥원 2021). '부산 브랜드웹툰 제작 사업'은 2016년부터 시행하고 있다. 제1회부터 제6회까지 공모에서 선정된 부산 브랜드웹툰을 살펴보면 〈표 4-3〉과 같다.

공공 브랜드로서의 부산브랜드 웹툰은 다음과 같은 특징을 갖고 있다. 첫째, 공공 기관이 자체로 제작하는 방식이 아닌, 지역을 중심으로 활동하는 콘텐츠 생산자가 부산을 소재로 삼은 스토리를 발굴하여 제작한 웹툰을 통해 부산이라는 도시 브랜드를 구현하고 있다.

둘째, 웹툰은 부산광역시 홈페이지는 물론 네이버나 카카오와 같은 포털사이트를 통해서도 유통하고 있다. 이는 부산이라는 도시 브랜드의 생산 주체는 지방자치단체이지만, 그 유통과 향유의 주체는 전국적으로 확장되기를 바라는 기획의 일환이다. 또한 공공 브랜드라고 하여 제한적인 플랫폼이 아니라 일반 대중이 향유할 수 있는 플랫폼에 공개함으로써 공중의 접근 가능성을 제고했다.

셋째, 웹툰 제작과 홍보뿐만 아니라 축제와 연계하는 전략을 구

〈그림 4-14〉 부산 브랜드 웹툰 〈미로 정원〉

〈그림 4-15〉 부산 브랜드 웹툰 〈3일 동안〉

사한다. 부산광역시는 2017년부터 '부산웹툰페스티벌'을 개최함으로써 웹툰을 명실상부하게 부산을 대표하는 콘텐츠로서 설정하고 도시 브랜드 구축을 위해 이를 적극적으로 활용하고 있다. '부산웹툰페스티벌'은 개막식과 개막 공연, 국내외 웹툰의 전시, 웹툰 주제의 컨퍼런스, 웹툰 창작 체험존 등의 부대 행사, 라이브 드로잉쇼/웹툰 토크쇼/웹툰 상담소/브로맨쇼 등의 오프라인 콘텐츠, 비즈니스 상담회 등으로 구성되어 다양한 웹툰 관련 종합콘텐츠를 선보이고 있다.

넷째, 공공 브랜드 콘텐츠를 단일 장르콘텐츠로만 제한하지 않고 다른 장르콘텐츠와 연결한다. 예컨대 2021년 부산교통방송(TBN)은 부산브랜드 웹툰 가운데 〈영도할배쓰〉를 라디오드라마로 제작하여 방송했다. 이는 웹툰콘텐츠가 오디오콘텐츠로 미디어 전환(transmedia)한 사례이다. 콘텐츠는 본질적으로 장르 내부에 구속되지 않고 다양한 상호 장르적 전환 현상을 추구하는 특징을 가지고 있다. 이런 특징을 잘 활용한다면 공공 브랜드 콘텐츠의 다원화가 구현될 수 있다.

다섯째, 도시 브랜드 구축을 위해 국제 교류를 지속적으로 추진하고 있다. 앞서 말한 '부산웹툰페스티벌'에도 국제 교류 프로그램을 포함하고 있음은 물론이다. 이에 더해 2019년에는 한국과 일본의 문화교류 사업의 일환으로 양국 웹툰 창작자들이 릴레이로 제작한 부산 브랜드웹툰을 공개하기도 했다. 이런 시도는 도시 브랜드가 결코 국내에서만 제한적으로 활용되는 것은 아니라는 사실을 실천적으로 보여 준다.

4. 공공 브랜드 콘텐츠의 활성화를 위한 제언

공공 브랜드 콘텐츠는 브랜드의 성격과 콘텐츠의 성격에 더해 공공성이라는 가치를 추구해야 할 필요가 있다. 이와 같은 세 가지 요소가 조화롭게 구성된다면, 안정적인 공공 브랜드 콘텐츠를 구현할 수 있다.

첫째, 공공성은 공공 브랜드 콘텐츠가 추구해야 할 가치이다. 공공성이라는 가치는 공익성이라는 목적을 구현하기 위해 공정성, 공명성, 공의성이라는 이념을 갖춰야만 하며, 방법론적으로 공개성, 공론성, 공영성, 공중성, 공용성 등의 특성을 아울러야 한다. 따라서 공공 브랜드 콘텐츠는 반드시 원론적으로 이러한 공공성이라는 가치를 내포하고 있어야만 한다.

둘째, 브랜드의 특성을 효율적으로 활용해야 한다. 공공 브랜드는 브랜드가 갖춰야 할 성격을 이론적, 실천적으로 갖추어야 한다. 공공 브랜드는 특히 국가 브랜드, 도시 브랜드, 지역브랜드 등을 중심으로 구현된다. 국가 브랜드는 가장 추상적인 범주에서 형성되기 때문에 도시 브랜드와 지역브랜드를 방법론적으로 활용하게 된다. 따라서 지역, 도시, 공간에 대한 이해가 필요하다. 공공 브랜드를 활용하는 주체는 중앙부처, 지방자치단체 등는 물론 공공기업, 교육기관, 시민단체 등으로 다변화할 필요가 있다.

셋째, 보편적인 콘텐츠로서의 성격을 갖춘 공공 브랜드를 개발해야 한다. 공공 브랜드콘텐츠는 기본적으로 공공 기관의 브랜드 아이덴티티를 구현하기 위한 목적으로 개발되지만, 콘텐츠라는 도구와 수단은 일반적인 콘텐츠로서의 요건을 충분히 갖추어야 한다. 구체적으로는 일반 콘텐츠가 유통되는 플랫폼에서도 충분히 유통될 수 있는 자격과 요건을 갖출 필요가 있다. 이를 위해서는 공중의 흥미를 끌어내는 전략을 잘 구사해야 한다.

넷째, 공공 브랜드 콘텐츠 개발의 모델을 다양하게 선택할 필요가 있다. 공공 브랜드 콘텐츠의 기획과 제작은 몇 가지 모델로 나눠 볼 수 있다. 공공 기관이 직접 기획, 제작하는 경우(자체 제작), 외부 기관에 기획과 제작을 의뢰하는 경우(외주 제작), 특정 제작자와 협약을 통해 제작하는 경우(협력 제작), 시민과 공중에게 개방된 공모 절차를 통해 제작하는 경우(공모 제작) 등이 그것이다. 공공 기관의 성격에 따라 이와 같은 모델을 단독으로 또는 결합하는 방식을 활용할 수 있다.

다섯째, 콘텐츠가 가지고 있는 성격 가운데 상호 장르 전환성을 활용하여 공공 브랜드 콘텐츠를 확장할 수 있다. 콘텐츠의 결과물을 기획-제작-유통-향유에 이르는 단일한 사슬(chain)로 간주하지 않고, 연계와 확장이 가능한 그물(net)로 인식한다면, 콘텐츠는 연쇄적인 제작의 확장이 이뤄질 수 있다. 앞서 살펴본 바와 같이 웹툰-라디오 드라마-웹드라마 등의 상호 전환성은 콘텐츠의 중요한 속성이다.

여섯째, 공공 브랜드 콘텐츠는 즉각적인 정책적, 산업적 효과를 창출하지 않는다. 콘텐츠를 통해 궁극적으로 공공 브랜드의 아이덴티티를 구현하기 위해서는 지속가능한 유통과 향유가 중요하다. 공공 브랜드 콘텐츠의 장기 목표를 설정하고 콘텐츠를 통해 비가시적인 효과를 충분히 인내하면서 추구할 필요가 있다.

공공 브랜드 콘텐츠는 분명한 아이덴티티에 기반을 둔 광범위한 홍보를 목적으로 하는 브랜드의 속성, 흥미를 추구하면서 플랫폼 기반으로 유통되는 대중성을 추구하는 콘텐츠의 속성을 공유해야 할 뿐만 아니라 공공성이라는 가치를 구현해야 하므로 본질적으로 상호 배타성을 기반으로 한 긴장된 역장(力場)을 형성할 수밖에 없다. 구체적인 공공 브랜드 콘텐츠는 이러한 특성을 원론적으로 인식하는 바탕 위에서 실천적으로 기획, 제작, 유통, 향유될 때에만 성공할 수 있다.

참고문헌

김유경 (2016). "공공의 시대, 공공 브랜드의 중요성." 한국경제 에듀칼럼.

김종민 (2020). "브랜디드 콘텐츠의 커뮤니케이션 기법에 관한 연구: 유형 구분을 중심으로." 한국콘텐츠학회논문지. 20(4), 295-304.

박기철 (2008). "브랜드 경영을 위한 가치 컨셉의 의미 제안: 가치 컨셉의 관점에서 브랜드 컨셉이란 무엇인가?" 한국광고홍보학보. 10(3), 163-196.

부산광역시 (2023) "부산소개-도시 브랜드." https://www.busan.go.kr/ahprbrand

부산정보산업진흥원 (2021). "2021 부산브랜드웹툰 공모전 작품 모집 공고."

이승영 (2017). "다채널 미디어 환경에서 브랜디드 콘텐츠 마케팅의 유형에 관한 연구." 한국디자인문화학회지. 23(1), 445-456.

임대근 (2014). "문화콘텐츠 개념 재론." 문화 더하기 콘텐츠. 4, 10-21.

임대근 (2020). "문화콘텐츠의 분류: 비판과 대안." 글로벌문화콘텐츠. 44, 1-20.

전종우 (2021). "코로나19와 대응이 도시 브랜드에 미치는 영향." 신글로벌 시대의 도시 리더십. 서울: 서울특별시.

Contenta M. (2018). "시민은 온라인에 있다: 공공 기관 콘텐츠 마케팅 성공 사례5." https://magazine.contenta.co/2018/07/

Kotler, P. & Lee, N. (2006). *Marketing in the Public Sector: a road map for improved performance*. 이진원 역 (2007). 필립 코틀러의 퍼블릭 마케팅. 서울: 위즈덤하우스.

OED, Oxford English Dictionary (Online).

Staci M. Zavattaro, Alex Marland, Jasper Eshuis (2021). "Public Branding and Marketing: Theoretical and Practical Developments." *Public Administration Review March*. https://www.researchgate.net/publication/350095287

Wilson Bastos Sidney J. Levy (2012). "A History of the Concept of Branding: practice and theory." *Journal of Historical Research in Marketing*. 4(3), 347-368.

Yi-Fu Tuan (2001). Space and Place: The Perspective of Experience. University of Minnesota Press: 윤영호·김미선 역 (2020). 공간과 장소. 서울: 사이.

5장

공공 PR과 디지털 커뮤니케이션

김주호·김은용

김주호 jhkim@kpr.co.kr

현재 KPR 사장으로 한국PR협회 회장을 맡고 있다. 경희대학교 영문과를 나와 평창동계올림픽조직위 부위원장, collabo K 대표, 제일기획 마스터로 PR, 스포츠, 이벤트, IMC, 공공커뮤니케이션 업무를 맡아 왔다. 삼성그룹 해외홍보, 올림픽 스폰서십, 평창올림픽 유치 등 11번의 올림픽에 참여했고, 서울시 브랜드 캠페인, 갤럭시S 글로벌 론칭 등 해외마케팅 업무도 다수 맡았다. G20, ASEM, 아시안게임, 여수엑스포 국제행사 등의 커뮤니케이션에도 참여했다.

『이기는 홍보 성공하는 PR』, 『PR의 힘』, 『세계 10대 메가스포츠 이벤트와 스폰서십』 등의 저서가 있고, 〈올림픽 훈장〉, 〈패럴림픽 훈장〉, 〈체육포장〉, 〈올해의 PR인상〉 등을 수상했다. 네이버 파워 블로거로 '김주호의 PR의 힘(https://blog.naver.com/jhkim1909)'을 운영하고 있다.

김은용 hieykim@naver.com

현재 KPR 디지털사업부문 총괄이며 디지털커뮤니케이션연구소 소장을 겸임하고 있다. 중앙대학교 커뮤니케이션대학원에서 뉴미디어PR 및 마케팅PR을 강의하고 있다. 연세대학교와 알토경영대학원에서 커뮤니케이션을 전공하였으며, 켈로그경영대학원의 연수 프로그램을 수료하였다. 오리콤과 제일기획에서 광고기획국장으로 근무했고, 대한적십자사 홍보실장, 서울시 뉴미디어 담당관을 역임했다.

〈칸느 국제광고제 은사자상〉, 〈대한민국 광고제 대상〉, 〈대우자동차 공로상〉, 〈올해의 홍보인상〉 등을 수상하였다.

1. 공공 PR의 이해

한국PR협회는 'PR은 조직과 공중이 쌍방향 소통으로 상호 호혜적인 관계를 형성하고, 유지하며, 지속가능한 발전을 추구하는 전략적 관리 기능'이라고 정의했다. PR은 전통적으로 관계를 좁혀 상호 이미지를 좋게 만드는 활동으로 특히 언론을 매개로 해 소비자나 국민과 소통한다고 인식되었다. 그러나 PR의 개념은 이미지 개선이나 전환뿐만 아니라 평판관리, 사회공헌(CSR), 투자자 관리(IR) 등 개인이나 법인의 이미지 관리로 넓게 보는 추세다. 특히 PR을 전개하는 기능적 측면에서도 언론관계뿐만 아니라, 광고, 이벤트, 전시, 디지털, 스포츠마케팅, 스폰서십 등 다양한 수단을 활용하고 있어 PR의 개념을 넓게 해석하고 있다. 특히 PR과 프로모션을 구분하는 이미지와 판매증진 관점에서도 마케팅 PR이라는 개념을 도입해 PR이 마케팅의 영역에 적극적인 활동이 이루어지고 있다.

PR을 실행하는 주체 측면으로 보면 일반인, 정치인, 연예인, 조직의 최고 책임자 등 개인은 물론 기업, 학교, 단체, 공공 기관, 대통령실, 정부, 국가 등 조직이나 법인 등을 포함해 다양하다. 누구나 어떤 조직이나 PR이 필요하면 PR 활동을 전개할 수 있다.

PR의 대상(Target) 측면에서도 일반인, 종업원, 학생, 회원, 소비자, 유권자, 공중, 국민, 외국 정부 등 다양하게 생각할 수 있다.

여기에서 공공 PR의 영역은 크게 두가지로 나누어 볼 수 있다. 하나는 PR활동을 이끌어가는 주체가 공적 영역인 경우다. 정부 부처나 정부 산하 기관이나 투자기관, 공공 단체 등 주로 국민을 대상으로 정책을 시행하거나 공공 서비스를 하는 기관이나 법인들이 전개하는 PR활동을 들 수 있다. 물론 대통령실이나 지방자치단체 등도 포함된다. 국회, 대법원, 대검찰청, 국가정보원, 육군본부, 국세청 등 어떤 기관도 공공 PR의 주체가 되는 게 어색하지 않다. 이런 기관들은 법률이나 정책을 만들어 국민에게 알리고 국민이 그 법이나 정책에 공감하고 따르도록 설득하는 과정이 필요하다. 다른 하나는 정부와 직접적인 관련은 없더라도 공익 재단이나 일반 기업 등에서 실행하는 공공의 이익을 위한 사회공헌 활동이나 ESG와 관련된 PR 활동, 공익캠페인 등도 공공 PR의 영역이라고 할 수 있다.

공공 PR은 기본적으로 영리를 추구하는 기업의 활동과는 구분된다. 기업이나 협회 등도 공익캠페인을 하지만 기업이 추구하는 본질적인 영역은 아니다. 공공 PR은 사회구성원이 함께 누릴 수 있는 공동의 이익, 공동의 선(善)을 추구한다. 케이피알(KPR)의 창립자인 김한경 회장은 'PR이 사회의 선을 추구하고 공익을 우선 고려해야 한다'고 밝혔는데, 이는 기업에도 해당되지만 특히 공공 PR에 더 적절한 개념이다. 정부나 지방자치단체, 공공 기관의 정책 결정과 법의 집행 등은 국민의 삶과 직결되기 때문에 그 유용성을 알려 다수의 국민이 행동하거나 혜택을 받게 하는 데 공공 PR의 핵심적 기능이 있다.

2. 공공 PR과 디지털

1) 왜 디지털 PR의 시대인가?

전통적인 기사 생산모델인 게이트 키핑 모델(1950년 화이트,1950; 멕넬리,1959)의 영향력이 감소하고 있다.

과거 기업과 매스 미디어(Mass media)가 주도하던 여론의 형성과 이를 통한 유의미한 공중과의 관계설정 기능의 주도권은 이미 소셜 미디어(Social media)라는 시공간의 한계를 넘은 강력한 미디어를 소유한 개별 소비자들, 그리고 그들이 속한 버츄얼 커뮤니티(Virtual community)에게 넘어가고 있다. 단순히 보도 자료를 멀티미디어(Multi media)에 끼워 넣는 것만으론 새로운 미디어 시대를 살아가는 이들을 대상으로 과거 기대했던 PR 성과를 이끌어 갈 수 없다.

이는 2007년 애플의 스마트폰이 세상에 등장한후 미디어 환경, 비즈니스 전반에 디지털 트랜스포메이션(Digital transformation)이 급격히 진행되고, 이후 5G, 서물인터넷(IoT), AR, VR, 인공지능(AI), 드론(Drone), 로봇, 머신 러닝(Machin learning), 자율주행차, 웨어러블(Wearable), 헬스케어(Healthcare), 스마트홈(Smart home) 등 거대한 커뮤니케이션 기술혁명이 잇달아 진행하면서 시간이 갈수록 소비자와의 정교한 커뮤니케이션 서비스가 가능해지는 새로운 커뮤니케이션 환경 변화 때문이다.

이런 환경 변화는 디지털 미디어가 미디어 이용자 주변에 물과 공기처럼 존재, 소셜 미디어 채널과 소통을 인간관계와 다름없는 커뮤니케이션으로 가능하게 하였고, 단순히 어떤 미디어 채널을 선택해야 하는 과제를 넘어서, 현실과 가상의 경계가 무의미해지는 새로운 콘텐츠 경험을 제공할 수 있는 온라인과 오프라인의 융복합 콘텐츠 시대를 대비한 디지털 콜라보레이션(Digital collaboration) 서비스, 디지털 PR 시대로 진화하게 하였다.

특히, 2019년말 시작된 전 세계적인 코로나(COVID-19) 확산은 소비자 계층들의 모든 커뮤니케이션 접점에서 온라인, 오프라인, 모바일을 넘나드는 옴니채널(Omni channel) 이용 경험을 대폭 증가시켰고, 이를 통해 이전까지 미디어 커뮤니케이션 환경에서 진행되어오던 디지털 트랜스포메이션이 더이상 1990년 중반이후 태어난 젊은 디지털 네이티브(Digital native) 세대, 즉 Z세대의 전유물이 아닌 전 연령대에 걸친 가치 패러다임 변화를 몰고왔다(그림 5-1).

오늘날 고객들은 디지털의 연결성으로 브랜드에 대한 진실을

〈그림 5-1〉 소비자들의 카테고리별 디지털채널 이용 경험

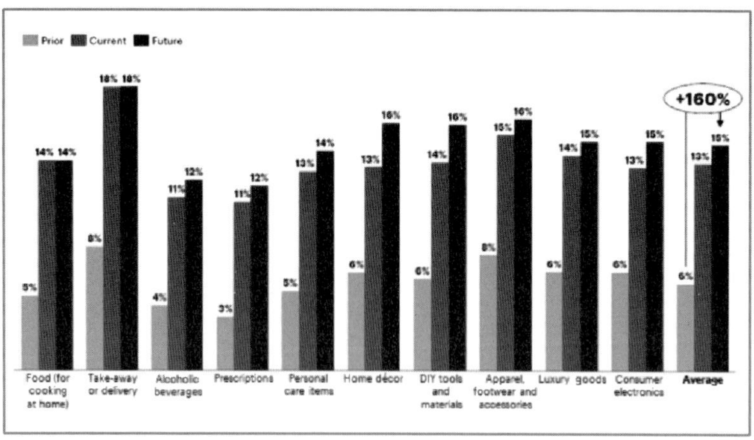

출처: Accenture COVID-19 Consumer Research, 2020.4

〈그림 5-2〉 오가닉미디어 네트워크로의 변화

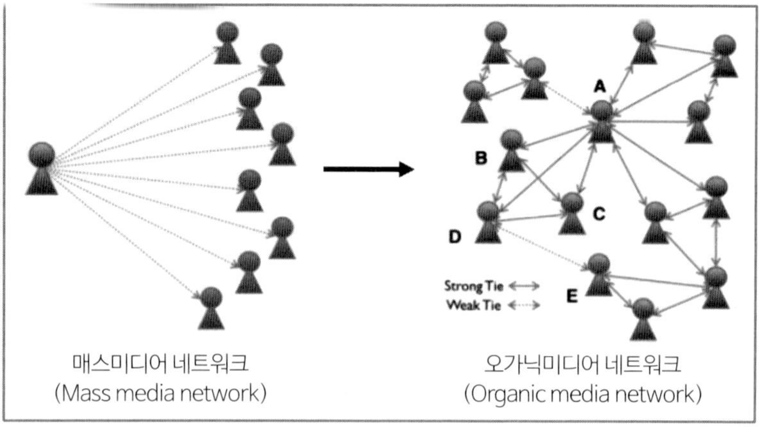

출처: Organic Media Lab(https://organicmedialab.com)

더 쉽게 발견하고, 이야기할 수 있게 되었다. 이전의 전통적 미디어를 통해 접했던 콘텐츠보다 더 신뢰를 느끼고, 자신과 비슷한 경험의 또 다른 사용자가 생성한 더 매력적인 콘텐츠를 풍부하게 접하고 있다(그림 5-2).

필립 코틀러(Philip Kotler)는 이런 새로운 소비자 등장에 맞게 앞으로의 마케팅은 4차 산업혁명시대의 새로운 마케팅 전략, 뉴 웨이브 마케팅(New wave marketing)으로 변화해야 한다고 설명한다. 뉴 웨이브 마케팅은 소비자 커뮤니티의 인정, 명확한 브랜드 특성과 내면화, 공동생산, 통화, 공동체 활성화, 대화 등의 커넥티드 마케팅 믹스(Connected marketing mix) 및 상업화, 소비자 관리와 협업 등, 기존의 기업 주도의 전통적인 마케팅 접근법을 벗어난 새로운 방식의 마케팅 전략이다. 기존의 페이드 미디어(Paid media)를 기반으로 했던 커뮤니케이션 패러다임을 새로운 언드 미디어

(Earned media) 시대 환경에 맞춰 마케팅의 영역을 확장해 나가야 한다는 것이다. 즉 제품을 팔고 나서부터 고객과 진짜 관계를 맺는 고객관리 방식으로의 전환, 고객과의 관계 지속에 집중하는 것으로의 변화를 의미한다.

이제 매스 미디어 중심 대중사회는 소셜 미디어 중심의 네트워크 사회로 대체되고 있다(반 다이크 Van Dijk, 'The Network Society', 2012). 즉 새롭게 형성되고 있는 뉴 미디어 커뮤니케이션 지형의 핵심 플레이어는 단순한 콘텐츠 소비자에서 콘텐츠의 공동 창조자(Co-creator)로, 고립된 개인 수용자에서 소셜 공중(Social public)으로 업그레이드한 '개인', 개별 콘텐츠 이용자가 되고 있다.

그들은 콘텐츠의 정의도 바꾸고 있다. 과거 콘텐츠가 돈으로 환산되는 시간, 물체 등 명확한 가치였다면 이들 개별 이용자가 콘텐츠 생산에 관여하면서 콘텐츠의 개념은 콘텐츠를 소비하며 커뮤니케이션하는 과정으로 변화되었고, 결국 '우리를 어떻게 알릴까?'가 아닌 '우리를 접하는 소비자와 어떻게 만날까?'라는 이들 개별 콘텐츠 이용자와의 커뮤니케이션 접점에서 시작하는 전략적 사고(Strategic thinking)가 중요한 시대가 되었다. 어느때, 어느곳에서 우리 콘텐츠 이용자를 만날 수 있는지, PR 커뮤니케이션 전략을 수립하고, 그 계획에 따라 여러 가지 디지털 PR 수단을 사용하는 전략적 사고적 접근이 중요해지고 있다. 분명하게 정의된 고객 집단에게 흥미롭고, 적절하며 유용한 콘텐츠를 창조, 관리, 배포하는 콘텐츠 마케팅 관점이 중요해지고, 이를 능수능란하게 다룰 수 있는 커뮤니케이션 전문가가 필요한 디지털 PR의 시대가 되고 있다. 다만, 메스 미디어가 짧은 시간에 다수의 대중에게 강렬한 인상을 남길 수 있다는 점에서 여전히 강력한 미디어이므로, 페이드 미디어(Paid Media)를 통해 화제성을 일으켜 언드 미디어(Earned media)에 확산시키는 트랜스 미디어 스토리텔링(Trans media storytelling) 전략도 좋은 디지털 PR 전략이 될 수 있다.

2) 공공 디지털 PR의 개념

PR의 개념은 시대를 반영, 변화해 오고 있다. 새롭게 그 중요성이 부각되고 있는 공공디지털 PR의 경우도 이러한 시대 변화로 그 개념이 새롭게 해석되면서 그 중요성에 대한 관심이 높아지고 있다. 오랫동안 공공 영역은 기업의 입장에서 볼 때 PR의 대상, 유익적 관계를 유지해야 할 대상으로 존재해 왔다. 본질적 차원에서 공공 영역이 갖고 있는 특성, 예를 들면 공중의 이해관계와 밀접한 행위, 기능을 통해 공중의 이해와 협력을 얻어야 하는 목표와 의지 등이 다분히 통치행위, 행정과정으로 이해되면서 소극적인 공보, 홍보 역할에 머물러, 법, 정책 소비자로서 개념이나 이를 주도할 PR의 역할, 기능의 중요성은 크게 부각되지 못했다.

하지만 1980년대 이후 인터넷의 발달, 2000년대 초반 스마트폰의 등장 등으로 더욱 촉발된 대중사회에서 네트워크 사회로의 급격한 이전은 일반 기업뿐 아니라 정부와 공공 기관에게도 일반 시민, 미디어와 관계를 정보 제공자와 정보 소비자의 관계로 변화를 불러 일으켜왔고, 이전과는 다르게 정부와 공공 기관도 새로운 정보 소비자들과 어떻게 효과적인 전략적 커뮤니케이션 관계를 형성해야 할지 고민하게 되었다. 특히 시민, 미디어, 기업들과 우호적 관계를 구축해 나가야 할 공공 PR의 역할을 고려할 때 단순히 정보 메시지를 얼마나 많이 도달시킬 것인가를 중시하는 것에서 벗어나 주요 정책 중심으로 타깃을 세분화하고, 실질적으로 정책 수요자들 행동에 어떤 변화를 이끌어냈는지를 중요하게 주목하게 되면서 공공 디지털 PR의 역할에 대한 관심이 증가하기 시작했다.

공공 디지털 PR의 개념을 정의하는 방법은 그 해석범위에 따라 크게 두가지로 나눠진다. 공공 PR의 수단으로서 디지털 기기, 소셜 미디어 채널 등을 적극적으로 활용한다는 의미의 1차적인 개념과, 이보다 이를 통해 달성하게 되는 좀 더 포괄적인 성과라는 측면의 2차적 개념으로 나눠 볼 수 있다.

1차적인 개념의 공공 디지털 PR은 PR의 주체에 따른 분류와 비슷하다. 최근 정부, 지방자치단체, 공공 기관 등 우리 사회의 법, 정책 등을 입안하고 집행하는 기관들의 다양한 디지털 방식을 활용한 PR 활동을 1차적인 개념의 공공 디지털 PR이라고 할 수 있다. 이전의 대변인실, 홍보실, 혹은 소통실 등에서 주로 매스 미디어를 대상으로 담당하던 공보, 홍보 업무 등을 새롭게 중요성이 부각된 디지털 미디어 채널들을 활용해 적극적으로 소통, 나름대로 큰 성과를 달성하고 있는 하는 경우가 대부분 여기에 포함된다. 1차적 개념의 공공 디지털 PR에서 대부분의 주체들은 소셜 미디어, 홈페이지, 앱(App), 이메일, 인플루언서 등 빠르게 다양한 뉴미디어 채널들을 통해 그동안 매스미디어에 의존해 왔던 PR 방식, 과거의 평면적, 일방적이었던 방식 등에서 벗어나 복합감각을 활용할 수 있는 풍부한 디지털 멀티콘텐츠를 기획, 다양한 디지털 접점을 통해 확산하고 있다. 최근에는 새롭게 부상하고 있는 디지털 기기들, 사물인터넷(IoT), AR, VR, 인공지능(AI) 등을 접목한 쌍방향 콘텐츠들을 활용하는 사례도 자주 등장하고, 적극적으로 커뮤니케이션 성과를 이뤄

내고 있다.

2차적인 개념에서 공공 디지털 PR은 좀 더 광의의 개념으로 해석해 볼 수 있다. 정부, 지방자치단체, 공공 기관 등이 해당 기관의 법, 정책 등을 정보제공, 우호적 여론 형성이라는 1차적 목적을 넘어 공익적 가치차원에서 우리 사회와 구성원들의 행복과 공동의 이익 실현이라는 공적 책임을 바탕으로 노력하는 디지털 PR 활동들을 포함해 볼 수 있다.

예를 들면 시민 의식을 높이고, 정책 참여를 통해 주권자로서 권리를 높여 주기 위해 소셜 미디어를 통한 자발적 커뮤니티 육성, 여러 사회경제적 이유로 소외된 디지털 소외계층을 대상으로 디지털 격차 해소를 위한 디지털 리터러시(Digital literacy) 등을 들 수 있다. 이외에도 정부, 지방자치단체, 공공 기관 등이 기업과 공동으로, 혹은 공익 재단이나 일반 기업 등이 디지털 채널, 콘텐츠 등을 활용해 공공의 이익을 위한 사회공헌 활동이나 ESG와 관련 활동, 공익캠페인 등의 다양한 활동이 여기에 해당된다.

3) 공공 디지털 PR의 목적

공공 디지털 PR은 사회 전체의 공익을 추구하는 공공 PR의 목적을 디지털 수단들을 활용하여 좀 더 효율적으로 달성할 수 있도록 할 수 있다. 그 근거로는 최근 기업은 물론 공공 영역에서도 수년간 진행되고 있는 미디어 패러다임, PR 업무의 디지털라이즈(Digitalize)로 인해 생겨난 다음의 세 가지 변화를 들 수 있다.

첫째, 커뮤니케이션 콘텐츠 주도권의 이동으로 인해 PR의 주도권이 메신저(Messenger)에서 수용자(Receiver)로, 하나에서 다수

(One to many)로, 다수에서 다수(Many to many)로, 전달 결과 중심에서 전달의 과정과 관계 중심 등으로 변화했다.

둘째, 커뮤니케이션 솔루션 전략의 다양성으로 인해 과거 하나의 채널이나, 콘텐츠 형식에 의존하던 평면적, 일방적 콘텐츠들이 다양한 채널들로, 콘텐츠들이 결합되고 수용자들과 실시간 소통이 가능해지는 입체적, 쌍방향 방식으로, 병렬되었던 오프라인 PR 방식과 온라인 PR 방식이 좀 더 유기적으로 융합(Convergence)되는 등 질적 변화를 겪고 있다.

셋째, 커뮤니케이션 산업 역할의 변화로 과거 정부, 지방자치단체, 공공 기관 등은 물론 기업 등에서도 보조자, 지원자로 머물러 있던 PR의 역할이 정책 결정의 주도자, 참여자로 역할이 부각되고, 과거 그 기능과 역할이 분명했던 마케팅, 광고, PR 부문이 서로 공유하고 연합하는 관계로 변화하고 있다.

이런 세 가지 관점에서 공공 디지털 PR의 목적은 과거 엄청난 금액을 특정 TV, 신문, 잡지 등을 대상으로 한 보도 자료 배포, 미디어 행사 등 매스 미디어 관계 구축에 지출했던 방식과는 구분된다. 잠재 PR 대상과의 연결고리들, 즉 소셜 미디어 인플루언서, 온라인 뉴스플랫폼, 다양한 콘텐츠 사업자들, 대중 비평가들, 애널리스트들, 컨설턴트 등을 공략, 보도 자료에 담지 못한 전문 아이디어들, 다양한 커뮤니케이션 채널들과 연결하는 스토리빌딩(Story building)에 집중한 콘텐츠들을 생산, 이를 검색엔진, 사이트 등 다양한 정책 소비자들의 콘텐츠 소비 접점에서 발견할 수 있도록 확산하는 것에 집중하는 것이 되어야 한다. 그리고 이를 통해 공중을 관리와 설득의 대상이 아닌 공동 창조자(Creator), 상호 소통 및 관계 구축자로 이해하고, 이들과 서로 유익한 관계를 구축하는 전략적 커뮤니케이션 과정으로 만들어가야 한다.

앞으로의 공공 디지털 PR은 공중, 조직 등이 공공 PR 이슈에 쉽게 개입, 활동할 수 있는 커뮤니케이션 환경이 조성된 만큼 적극적으로 공공 PR 이슈에 참여(Participation)하여 PR 기회를 발굴해야 하고, '숨김의 미학'인 과거 조직중심 PR 방식, 사후적, 방어적 커뮤니케이션 전략에 집중했던 이전 PR 방식과 달리 투명하게 공개(Openness)된 디지털 PR 환경에서 좀 더 '적극적인 선제적 커뮤니케이션'을 전개해야 한다. 또한 과거 전통 미디어(Legacy media)들이 다수에게 일방적으로 전달하는 브로드캐스트(Broadcast)에서 서로 주고받고 지속적으로 대화(Conversation) 가능한 양방향 커뮤니케이션, 이슈 중심으로 공중이 모이고, 자발적으로 자신들의 관심과 활동들로 운영되고 있는 커뮤니티(Community)를 쉽게 생성할 수 있고 이들의 활발한 활동을 지원할 수 있는 것으로 변화해야 한다. 디지털 환경에 최적화된 풍부한 콘텐츠, 다양한 디지털 미디어들을 기반으로 공중, 조직들과 유기적인 정보적, 관계적 연결(Connectedness)을 이룰 수 있도록 해야 한다.

4) 공공 디지털 PR의 주체와 타깃

디지털 미디어 환경 변화 속에서 공공 디지털 PR 담당자들은 커뮤니케이션 프로세스의 주체는 콘텐츠의 주도권을 갖게 된 수용자들이라는 것을 잊어서는 안 된다. 이를 위해 공공 디지털 PR 담당자는 소셜 미디어 공간에 참여, 투명하게 참여자들과 피드백을 주고 받으며 공중과 가치를 공유, 정보 제공, 다양한 협찬과 후원을 통한 커뮤니티 양성, 공중의 공통 관심사 파악 등을 통해 적극적으로 우호적인 커뮤니티를 형성할 필요가 있다. 또한 이런 커뮤니티 형성 과정으로 개인 간 밀접한 네트워크 속에서 생기는 상호신뢰인 사회자본(Social capital)을 관리하는 역할, 커뮤니티를 위한 다양한 지원 활동, 구성원들과 유대감 증진시키고 번영할 수 있도록 지원하는 사회자본 관리자로 역할, 단순 사실 전달자가 아닌 해석하고, 설명하고, 여러 의견을 청취해 사안에 대해 성찰하는 역할, 조직 관련 이슈뿐 아니라 커뮤니티 속 구성원 중 하나로 직접 수많은 이슈를 듣고 토론하며 다루는 사회적 역할 등에 관심을 가질 필요가 있다.

일반적으로 공공 디지털 PR의 주체는 점차 다양해지고 있는 추세다. 과거 단순히 소셜 미디어 등을 통해 정부, 지방자치단체, 공공 기관 등의 정책과 이슈를 게재하고, 정책 소비자들은 여기에 좋아요, 댓글, 팔로잉 등을 통해 의견을 제시하는 다소 소극적 형태의 상호 이해 증진에 집중했던 시기엔 기존의 공보 인원, 조직에서 뉴미디어 채널들을 함께 관리, 운영하는 방식이 일반적이었다. 그러나 디지털 기술의 발달과 이로 인해 운영해야 할 뉴미디어 플랫폼이 늘어나고, 다원화한 정책 소비자들이 적극적으로 의사를 표현하는 등, 커뮤니케이션 환경이 변화하면서 정부, 지방자치단체, 공공 기관 등에서도 이를 관장할 전문화된 조직을 필요로 하였다. 이에 최근 대부분의 공공 디지털 PR을 전개하는 조직들은 별도의 디지털 PR 관련 조직, 전문인력을 구성, 운영하고 있다. 특히 중앙정부 부처들의 경우 2010년 전후 기존의 매스 미디어 대상의 대변인제도와 유사하게 온라인 대변인 조직을 운영해 오면서 공공 디지털 PR 경험과 성과를 쌓아오고 있다. 물론 아직까지 대부분의 사례에서는 공보 기능을 보완하는 차원의 역할, 기능에 머물러 있어, 급변하는 디지털 환경 속에서 좀 더 전략적 디지털 PR 활동을 전개하기엔 미흡한 점은

〈그림 5-3〉 코로나 팬데믹 결과 변화한 메시지 전략

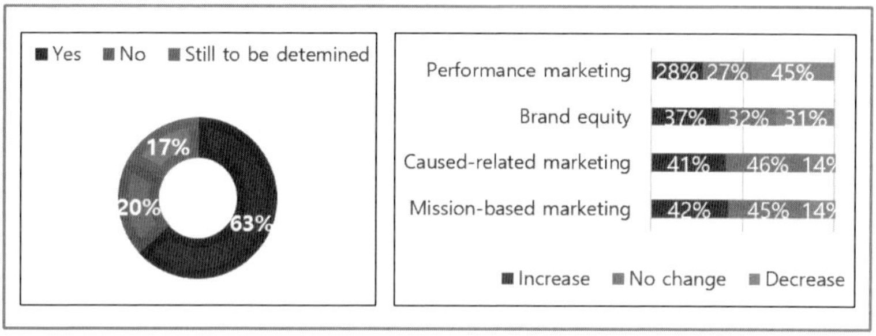

출처: IAB(Interactive advertising bureau) proprietary research, 2020.7

있으나 그동안 한정된 인력, 예산 등으로 실행하지 못했던 다양한 온라인 기반의 커뮤니케이션 프로그램을 주체적으로 운영하게 되었다는 점에서 큰 변화라고 볼 수 있다.

공공 디지털 PR의 목적을 공익적 가치 실현으로 넓힐 경우, 공공 디지털 PR의 주체는 정부, 지방자치단체, 공공 기관뿐만 아니라 일반 기업, 소비자단체 등 그 범위를 좀 더 확대할 수 있다. 최근 공익 재단이나 일반 기업 등에서 공공의 이익을 위한 사회공헌 활동이나 ESG와 관련된 PR 활동, 공익캠페인 등 활발히 전개하고 있는 사례들이 여기에 해당한다. 최근 한 연구 조사 결과에 따르면 코로나 이후 기업들의 마케팅 전략들이 미션기반 마케팅(Mission-based marketing), 대의명분 마케팅(Caused-related marketing) 메시지 전략으로 변화하는 추세라고 한다(그림 5-3).

이러한 추세는 1990년대 중반 이후 출생한 소위 Z세대의 등장으로 더욱 강화되고 있다. Z세대를 중심으로 한 오늘날 20~30대 젊은 층들은 기업들의 마케팅 활동에서도 공익적 메시지를 담고 있는 기업에 대한 호감도가 매우 높은 것으로 나타나고 있다. 태어날 때

〈그림 5-4〉 Z세대의 소비 고려 요인 및 미디어 이용 형태

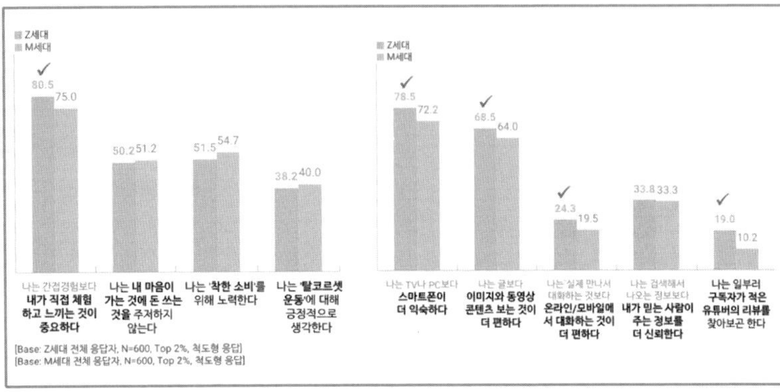

출처: 오픈서베이 'Z세대 트렌드리포트, 2020.9

부터 디지털 기기와 소셜 미디어 환경에서 자라, 익숙해진 디지털 네이티브(Digital native) 세대인 이들은 사소한 계기를 통해 일상적이거나 소외되었던 이슈들에 자신의 목소리를 내고, 자신의 소신을 거리낌 없이 이야기하는 특징을 지니고 있다. 적극적으로 콘텐츠를 확산하고, 스스로 콘텐츠를 생산하기도 하는 인류 최초의 저널리스트(Journalist) 세대라고 불리고 있을 정도이다(그림 5-4).

따라서 공공 디지털 PR의 주체는 기존의 정부, 지방자치단체, 공공 기관 등을 넘어서, 이런 소비자들의 공익 가치에 대한 높은 관심과 새로운 디지털 네이티브 세대, 저널리스트 세대 등장에 맞춰 점차 공익기관, 사회단체, 일반 기업으로 확대되고 있고, 이는 점차 공공 디지털 PR의 주체와 타깃의 형태를 다양하게 할 것이다.

3. 공공 PR의 디지털 커뮤니케이션 전개 방법론

1994년 처음 시작된 이래 지난해 20회를 맞는 2022년 대한민국 광고대상에서 공공 디지털 PR 관점에서 특이할 점이 있었다. 총 2,800여개 작품, 72개 수상작이 선정되었는데 대기업 계열 종합광고대행사가 제작한 광고들이 주류를 이뤘었던 지금까지 광고제 수상작들이 디지털 광고대행사, 독립 프로덕션, 심지어 PR회사가 제작한 콘텐츠들로 확대되면서 점차 디지털 미디어 중심의 크리에이티브 콘텐츠, 캠페인들로 다원화되는 방향으로 재편되고 있는 경향을 보여 줬다. 이제는 매스 미디어를 통한 광고 물량이나 규모를 넘어, 디지털 광고 시장에 대한 폭넓은 이해도와 최신 기술 및 트렌드를 선도하는 재빠른 대응 능력이 전통적인 대한민국 광고대상에서도 새로운 기준점으로 자리잡아 가고 있는 것으로 보인다. 특히, 사회 문제를 지적하고 이에 대한 인식을 개선하는 수준에 머물렀던 기존 공익광고들과는 달리, 최근 공공 PR 캠페인들은 문제를 해결할 수 있는 실질적이고 진정성 있는 솔루션까지 제시하는 적극성을 띠고 있다.

즉, 최근에 매스 미디어 중심에서 다양한 소셜 미디어, 디지털 플랫폼 등으로 커뮤니케이션 접점이 확장되면서 기업들의 광고 유형이 다양해지고 있는 것이다. 이제는 '우리를 어떻게 알릴까?'가 아닌 '우리를 접하는 소비자와 어떻게 만날까?'라는 소비자 브랜드 접점에서 시작해야 하는 시대가 되고 있다. 어느때, 어느곳에서 소비자가 우리 브랜드를 접하는지, 그 브랜드 접점에서 만날 수 있는 PR 커뮤니케이션 전략을 수립, 그 계획에 따라 브랜드 접점에 맞는 여러 가지 디지털 PR 수단을 사용하는 프로세스가 중요해지고 있다. 1983년 설립된 세계적인 독립광고대행사 중 하나로 갓밀크(Got Milk) 캠페인 등 수많은 화제를 낳고 있는 광고, 디지털 캠페인 등을 제작한 '굿비 실버스타인 앤 파트너스(Goodby Silverstein & Partners)의 창업자 리치 실버스타인은 "사람들에게 무언가를 얘기하던 마케팅에서 벗어나 그들을 위해, 그들과 함께 무언가를 하는 것으로 바뀌고 있다."라고 그 흐름을 한마디로 설명하였다. 따라서 공공 디지털 PR 영역에서도 성공한 디지털 커뮤니케이션을 전개하기위해선 우리 PR 공중과 함께 할 수 있는 디지털 방식들, 채널, 플랫폼, 콘텐츠들에 대한 탐색과 이를 결합하려는 적극적인 시도가 점차 중요해지고 있다.

KPR 디지털커뮤니케이션 연구소가 발표한 '빅데이터 분석을 통해 알아본 23년도 디지털 커뮤니케이션 트렌드 10'에 따르면 일부 IT 차원에서 주목을 받던 디지털 트랜스포메이션(Digital transformation)이 전통적인 비즈니스 모델이나 업무 프로세스, 사회구조를 혁신해 오고 있는데, COVID-19 이후 클라우드, 사물인터넷, 인공지능(AI), 블록체인, 가상현실, 빅데이터, 애널리틱스(Analytics) 등의 디지털 기술과 결합해 2023년에는 커뮤니케이션 전략의 뉴노멀(New normal)을 확산할 것으로 전망했다.

연구소에서 발표한 디지털 트렌드 키워드들은 다음과 같다(그림 5-5).

- 팝업스토어 르네상스: 코로나19 팬데믹 이후 3년 가까이 오프라인 매장 방문을 삼가했던 소비자들이 일상을 회복하면서

MZ세대를 중심으로 인생네컷, 스냅사진 촬영, 폴라로이드 등 일상을 색다른 방법으로 기록하는 기록 문화가 트렌드로 자리 잡으면서 다양한 브랜드에서 브랜드 경험 공간으로 다시 주목하면서 부상.

- 브랜드 세계관: 브랜드 인지도 및 이미지 제고 측면에서 효과적일 뿐더러 파생 상품 및 콘텐츠 등 부가가치 창출 가능성이 매우 높다는 특징을 가지고 있어 과거 연예 엔터테인먼트 산업이나 일부 캐릭터 위주에서 점차 식음료 업계로 확장되면서 많은 기업의 관심을 받고 있음.
- 빅데이터 인사이트(Big data insight): 시시각각으로 변화하는 미디어, 커뮤니케이션 환경가운데 제한적으로 소비자 의견을 볼 수 있었던 기존의 정성, 정량적 조사 한계를 특정 주제에 대해 소셜 미디어상에서 이루어지는 이용자들의 글과 사용자를 분석, 소비자들이 다양하고 복잡한 브랜드 접점에서 어떻게 커뮤니케이션 하는지를 패턴화 하여 분석해 볼 수 있는 소셜 마이닝(Social mining), 소셜 리스닝(Social listening) 방식 등 소비자들의 의견을 여과없이 관찰할 수 있어 소비자 중심적인 의사결정이 가능하게 하는 소셜 빅데이터의 활용 확산.
- 파워풀 온라인(Powerful online): 온라인에서 자발적으로 모여 공통 관심사에 대해 직접 정보를 생산하고 공유하며 소통하는 공간이 기업과 소비자의 관계가 기업 중심에서 소비자 중심적으로 바뀜에 따라 고객들이 자생적으로 형성한 커뮤니티가 시장의 주도 세력으로 부상, 자유로운 커뮤니케이션, 공동의 가치 등을 공유하면서 영향력이 커지는, 디지털 미디어 커뮤니케이션 시대의 관계와 여론을 만드는 새로운 방식으로 강력한 힘을

갖게 된 커뮤니티.

- 마이크로 개인화 시대: 기존의 소비자의 일반적인 정보나 온라인 행동 데이터를 바탕으로 서비스를 최적화해 제공하는 일반적 개인화에서 더욱 발전, 개개인의 실제 생활 패턴이나 취향 데이터를 반영해 그 상황에 맞는 적절한 서비스를 제공, 소비자 구매 여정을 현재 수준보다 능동적으로 파악하여 선제적으로 핀포인트 타깃팅 하여 커뮤니케이션.
- 숏폼(Short-form)의 대중화: 콘텐츠 소비의 주축이자 재미와 정보를 빠르게 소비하고 탐색하는 MZ세대를 중심으로 시작되어 전세대에 거쳐 대중화되었으며, 고객 참여공감 중심의 UGC(User-Generated Content) 동영상 마케팅과 결부되며 더욱 인기를 끌고 있음.
- YOLD의 귀환: 그동안 MZ세대를 대상으로 한 서비스나 캠페인이 주를 이루며, 큰 성과를 보였던 현상이 구매력과 브랜드 로열티가 높은 1946~1964년에 태어난 베이비붐 세대들이 장기간의 COVID-19 팬데믹 시대를 거치면서 디지털라이즈(Digitalize)가 활발히 이뤄지자 디지털 커뮤니케이션 영역에서도 중요한 타깃으로 부각되면서 활기찬 노후를 꿈꾸며 주목받는 YOLD 세대(Young+Old, 젊게 사는 시니어)의 재등장.
- 메타버스 3.0 시대: 지난 2019년 마크 저커버그가 MWC(Mobile world congress)에서 오큘러스 인수 이후 구상 중인 '오큘러스 커넥트 2019' 행사로 집중 조명을 받았으나 이후 기술적, 콘텐츠적 한계로 인해 주춤하였지만 다시 탈중앙화로 보다 더 개인화되고 고도화되고 지능화된 웹 3.0 시대가 현실화되면서, 콘텐츠 소유권이 창작자에게 이전되고, 이익을 얻을 수

〈그림 5-5〉 2023년 디지털 커뮤니케이션 트렌드 10

출처: KPR디지털 커뮤니케이션연구소

있는 시대가 되자 세계 가전 전시회인 'CES 2023'의 주요 카테고리로 웹 3.0과 메타버스가 새로운 주제로 선정되기도 하면서, 금융·자동차를 비롯한 대부분의 산업에서 IT 기술을 접목하려는 시도가 이어지면서 다시 새롭게 주목.

- 공감의 대세: 최근 전 세계적 주요 이슈로 부상하고 있는 장기적이고 거시적인 관점에서 친환경 및 사회적 책임과 투명한 지배구조를 바탕으로 지속가능한 발전을 추구하는 ESG 관련 캠페인이 늘어나면서 우선한 고려요인으로 필수 요소가 되고 있어 앞으로 디지털 커뮤니케이션을 수행함에 있어 빅데이터 분석 등을 에서 그 중요성이 부각되고 있는 기업과 소비자와의 공감(Empathy)

따라서 공공 디지털 PR 영역에서도 이러한 디지털 커뮤니케이션 트렌드 변화에 맞춰 이제 엔데믹의 본격화와 함께 일어날 여러 가지 변화에 맞춰서 우리 사회와 생활 전반에 나타날 새로운 국면에 적합한 공공 PR 전략 전개 방안을 고민해야 하는 시점이다.

우선, 본격적인 전략 수립을 위한 사전 준비 단계로 기존의 방식을 좀 더 디지털 트랜스포메이션 환경에 맞춰 변화를 시도할 필요가 있다. 첫째, 과제 분석과 실질적인 목표 설정과 이에 대한 구성원의 업무 효율성을 위해 구성원들과 정기적인 디지털 PR 기획 회의를 운영하는 게 바람직하다. 공공 디지털 PR 팀을 하나의 목표로 관리하고, 운영하는 데 도움이 되는 방안으로 소속한 팀원들이 마치 언론사 편집국의 기자처럼 오전, 오후 중반 하루에 2회 스토리 아이디어 리뷰 미팅, 콘텐츠 기획을 위해 매주 한 번 주간 편집 회의를 실시, 한 주간의 디지털 PR 콘텐츠 스토리 아이디어를 팀원들과 논의하면서, 디지털 미디어 환경에 맞춰 제공할 수 있는 분석 기획 기사, 새로운 스토리 아이디어, 인터뷰 기회 등을 논의하는 게 좋다. 둘째, 생생한 스토리는 정책 소비자들과 소셜 미디어 대화를 이끌어내는 중요한 요소이다. 따라서 생생한 스토리 생산, 그리고 이를 통한 스토리빌딩(Story building)을 위해선 공공 서비스 타깃의 실생활 현장을 취재하는 노력이 필요하다. 셋째, 관련 부처, 업계 및 사회적 이슈에 대한 지속적인 팔로업(Follow-up)이 필요하다. 업계 및 사회적 이슈 파악을 통해 외부 세상에서 어떤 일들이 진행되는지 파악하는 게 중요한데, 공공 디지털 PR 담당자는 최신 소식을 계속 파악해야 한다는 강박관념, 이 이슈가 우리 조직과 고객에게 어떤 의미가 있는지 신속히 파악할 역량을 키우고, 익숙한 소셜 미디어, 연관성 높은 리포트들을 적극적으로 구독하면서 업계 활용 최신 툴, 기술에 대한 업무 지식을 쌓아가야 한다.

이러한 사전 준비 단계가 자리를 잡았다면 공공 디지털 PR의 성공적인 전개를 위해 전략적인 관점, 즉 이제는 '우리를 어떻게 알릴까?'가 아닌 '우리를 접하는 소비자와 어떻게 만날까?'라는 소비자 브랜드 접점에서 본격적인 디지털 PR 전개 방법에 대한 고민을 시작해야 할 필요가 있다. 그러기 위해 크게 5단계에 걸친 과정을 통해 디지털 PR 활동을 전개하는 것이 바람직하다.

첫 번째 단계에서 가장 중요한 출발점은 우리 조직, 공공 디지털 PR 목표에 대한 명확한 이해이다. 먼저 우리 조직, 서비스의 브랜드 본질(Essence)을 정책 소비자 입장에서 규정하고, 이를 커뮤니케이션 관점에서 달성할 목표로 명확히 하는 것이다. 목표가 구체적이고 측정 가능할수록 성공적인 공공 디지털 PR 전개 프로그램을 설계할 수 있다. 두 번째 단계는 첫번째 단계에서 설정한 브랜드 본질, 그리고 달성하고자 하는 구체적인 목표를 고려해 정책 소비자들에게 마지막에 남기고 싶은 핵심 경험을 결정해야 한다. 핵심 경험은 다양한 공공 디지털 PR 실행 프로그램들을 대표한 가치를 포괄적으로 상징할 수 있는 것이어야 그 효과가 극대화될 수 있다. 이는 정보의 주도권이 수용자에게 넘어가 있는 미디어 패러다임 속에서 정보가 아닌 경험을 통해 이들의 공감을 얻고, 지지와 확산을 얻기 위한 단계이다. 세 번째 단계는 정보 수용자에게 주고자 하는 핵심 경험을 직관적으로 쉽고, 매력적으로 보이도록 캠페인 타이틀, 캠페인 비주얼 등을 개발하는 것이다. 핵심 경험을 구체화되고, 차별화한다는 점에서 매우 중요한 단계로 볼 수 있고, 얼마나 완성도가 높고, 독창적이고, 감각적으로 풍부한지에 따라 그 성과는 천차만별일 수 있으므로 장기적으로 조직 내부에 콘텐츠 생산능력을 높이는 것이 중요하겠으나, 전문가의 도움, 정보 수용자를 비롯한 제3자의 생산 등 방식 등을 포함해 다양한 노력을 기울여야 한다. 네 번째 단계는 앞의 세단계에서 기획된 내용을 세부적으로 실행프로그램에 적용하는 단계로 공공 디지털 PR의 다양한 경로의 특성에 맞게 맞춤형으로 발전시키고, 연결하는 노력을 해야 한다. 구체적으로 채널 특성에 맞게 핵심 경험을 표현하는 캠페인 타이틀, 캠페인 비주얼을 적용, 전체적인 본질과 목표를 극대화할 수 있도록 세심하게 고려하여 적용시켜 나가야 한다. 마지막 단계는 네 번째 단계에서 설정된 구체적인 채널 및 콘텐츠 아이덴티티를 따라 구체적인 전술과 실행 아이디어들을 결합, 캠페인을 완성하는 단계이다.

이런 과정을 좀 더 쉽게 이해해 보고자 아메리칸 익스프레스 신용카드(American Express Credit Card)사가 지난 2010년부터 블랙 프라이데이(Black Friday)와 사이버 먼데이(Cyber Monday)에 대응해 시장 내 매출 성과는 물론 칸페스티벌 그랑프리 수상 등 커뮤니케이션 성과를 계속 만들어 내고 있는 '스몰 비즈니스 새터데이(Small Business Saturday) 캠페인' 사례를 살펴보자. 아메리칸 익스프레스 신용카드사는 당시 전 세계적 금융 위기로 침체되고 있던 미국 경기 불황 속에서 브랜드 위기를 극복하기 위한 전략으로 자사의 브랜드 본질인 '미국이란 상징성'을 활용, 추수감사절 다음날인 금요일 1년 중 가장 큰 폭의 세일로 미국 내 최대 쇼핑 모멘텀으로 자리잡은 블랙 프라이 데이(Black Friday)가 대형 백화점과 쇼핑몰 중심으로 독점되면서 오히려 매스 미디어로부터 관심을 받지 못하고 있는 커뮤니케이션 기회를 발견, '중소 자영업자들에 대한 관심 회복'이란 공익 가치를 높이기 위한 공공 디지털 PR 전략으로 소비자의 관심과 지지를 받고자 했다. 그래서 아메리칸 익스프레스 신용카드사가 내세운 핵심 경험이 지역 내 작은 가게들을 방문해 지역 경제와 상권을 살리자는 '스몰 비즈니스 새터데이 쇼핑(Small Business Saturday Shopping)'이었다. 이를 위해 아메리칸 익스프레스 신용카드사는 작은 가게를 운영하는 지역 상인들에게 팸플릿, 페이스북 페이지, 배너, 트위터, 포스퀘어, 유튜브 등을 이용해 홍보할 수 있도록 다양한 커뮤니케이션 도구(tool)를 제공하였다. 특히 일부 주에선 11월 마지막 주 토요일을 '스몰 비즈니스 새터데이'로 법제화를 하기도 하였으며, 당시 오바마 대통령은 자신의 두 딸을 데리고 백악관 근처 가게를 방문, 이 캠페인에 동참하면서 미국 전체의 관심사로 떠오르기도 했다.

즉, 아메리칸 익스프레스 신용카드사 사례를 공공 디지털 PR의 5단계 전개 프로세스를 따라 정리해 보면, 1단계: 브랜드 에센스와 명확한 목표 설정 – "미국이란 상징성 × 중소 상인 지원을 통한 공익 가치 포지셔닝", 2단계: 핵심 경험 설정 – 블랙 프라이데이와 차별되는 "Small Business Saturday 쇼핑 경험", 3단계: 아메리칸 익스프레스 카드사가 제공하는 다양한 쇼핑 경로 활용할 수 있도록 개발한 통일된 홍보물들, 4단계: 법제화 추진 및 유명인 활용 버즈 마케팅(Buzz marketing) 등을 활용으로 매스 미디어 이슈 확산, 5단계: 구체적인 실행 프로그램 전개 등으로 진행하면서 커뮤니케이션 효과를 극대화하였음을 발견할 수 있다.

4. 공공 브랜드의 디지털 PR 성공 사례

1) 보건복지부 국립장기조직혈액관리원 '생명나눔 캠페인'

국립장기조직혈액관리원은 보건복지부 산하기관으로 장기이식에 관한 일체의 관리를 맡고 있다. 고령화와 의료 기술의 발달로 장기이식 대기자가 증가하는 반면 실제 장기이식률은 감소하고 있다. 2019년 인구 100명당 뇌사 기증률은 우리나라가 8.68%인데 스페인은 6배 정도인 48.9%이고, 미국 36.9%, 이탈리아 24.7%, 영국 24.9%, 독일 11.2% 등이다. 2016~2020년 질병관리청 자료에 따르면, 국내 장기이식 대기자는 2016년 3만286명, 2020년 4만1262명으로 약 1만 명 이상 증가했다. 특히 2020년은 코로나19로 인해 연초 장기 기증 희망 등록률이 아주 낮았다.

2019년 장기 및 인체 조직 기증 인지도는 장기 기증 97.6%, 인체 조직 기증 47.0%인 것으로 나타났다. 평균 기증 의향 비율은 63.7%인데 비해 실제 기증 희망 등록 여부는 17.2%로 나타나 막연한 두려움 등 심리적 요인을 극복하고 실제 참여를 유도하는 게 필요한 것으로 나타났다.

기증을 실질적인 행동으로 옮기기 위해서는 캠페인 등을 통해 장기 기증의 필요성과 편이성 등을 쉽게 알리는 게 필요했다. 그러기 위해서는 PR 환경의 파악이 필요했다. 공공 영역에서 인터넷을 통한 PR활동의 증가, 특히 모바일을 통한 동영상 이용이 급증하고 있다. 인터넷 이용자 중 동영상 콘텐츠 이용률은 약 91%, 동영상 콘텐츠 소비 순위는 예능이 69.6%였다. 특히 대중적인 연예인이 출연하는 동영상에 거부감이 적다는 의견이 67%로 나타났다.

국립장기조직혈액관리원에서는 장기 기증 희망 서약 등록률 제고를 위해 2018년부터 유명 인사를 활용한 '생명나눔 서약 릴레이 캠페인'을 진행, 장기 기증 인식 개선 및 서약 활성화를 위해 노력해 왔다. 2020년 코로나19로 인한 디지털 트랜스포메이션(digital transformation)의 트렌드에 맞추어 비대면 PR의 유용성을 바탕으로 연예인을 활용한 영상 캠페인 '생명나눔 서약 릴레이 캠페인 시즌3 나눔방 손님'을 기획했다 '생명을 이어주세요'란 메시지를 내세워 잠재 기증자 비중이 높은 2030세대를 메인 타깃으로 설정해 기능적 메시지와 감성적 메시지를 동시에 전달할 수 있는 캠페인을 실시했다.

생명나눔 서약 릴레이 캠페인으로 '나눔방 손님' 영상 프로그램을 기획했는데 아이돌 출신의 황광희와 전 KBS 아나운서 조수빈이 MC를 맡아 GOT7 영재, 배우 박진주, KBS 이재성 아나운서 등 총 11팀이 출연해 기증 서약에 대한 인터뷰 및 실제 기증 희망 등록을 진행했다. 한옥을 촬영 장소로 선정해 보다 친근하게 시청할 수 있는 콘텐츠를 기획하고, 영상 구성 역시 유튜브에서 많이 쓰이는 형식의 편집 기법을 활용하여 시청자로 하여금 무겁지 않게 다가가기 위해 노력했다.

'장기'라는 단어의 중의적 표현을 활용하여 '장기 자랑' 코너로 매 편을 시작하여 캠페인 참여자뿐 아니라 시청자에게도 장기 기증에 대한 무거운 인식보다는 친근함을 강조하고, 출연자의 팬 혹은 동종 업계 종사자들에게 기증 서약을 권유하는 영상 편지 형식의 구성을 통해 보다 진정성 있는 콘텐츠를 구성했다. 영상 끝부분에는

'기증희망서약방법'을 구체적으로 소개함으로써 영상을 통해 바로 기증희망서약으로 이어질 수 있도록 했다.

이 영상은 보건복지부 페이스북과 유튜브, 보건복지부 국립장기조직혈액관리원 인스타그램, 질병관리청 페이스북과 유튜브 등 5개 채널을 통해 송출함으로써 2020년 10월 기준 총 26만 회의 조회수를 기록했다. 이러한 활동을 보도 자료를 통해 언론에 배포해 총 133건이 언론에 보도되었고, 정부 청사의 영상 매체를 통해서도 노출되었다.

코로나19 팬데믹으로 대면 접촉이 어려운 상황에서 기존에 연례적으로 해 오던 기증 유도 캠페인을 온라인으로 대폭 전환해 장기나 인체 조직의 기증에 대한 인식을 유지할 수 있었다.

2) 평창동계올림픽 헬로우 평창 캠페인

평창동계올림픽은 2018년 2월 9일부터 2월 25일까지 17일간 펼쳐졌다. 평창, 강릉, 정선 등 12개 경기장에서 92개국 2,920명의 선수가 참가한 가운데 성황리에 막을 내렸다. 역대 최대 참가국과 역대 최다의 관람객수를 기록했다. 평창동계패럴림픽도 49개국 567명의 선수가 참가해 역시 최대 규모 대회가 되었다.

그러나 평창동계올림픽 개막 5개월 전만 해도 대회 성공 가능성은 불확실했다. 2017년 9월 29일 문화체육관광부가 발표한 바에 따르면 올림픽 성공 가능성 66%, 직접 참여 의향은 7.1%에 불과했고, 9월 20일 현재 올림픽 티켓 판매율은 25%, 패럴림픽 티켓 판매율은 0.1%에 불과했다.

조직위는 10월 들어 PR의 패러다임을 바꾸기 위한 커뮤니케이션 전략의 전환을 통해 대회 열기를 높이기 시작했다. 첫째, 대회 PR용 슬로건의 사용, 둘째, 디지털 캠페인의 전개, 셋째 성화 봉송의 적극적 활용 등이었다.

공식 슬로건인 '하나된 열정(Passion.Connected.)'을 활용하되 국민의 애국심과 참여 열기를 높이기 위해 '하나된 열정, 하나된 대한민국'을 국내 캠페인용 슬로건으로 확대 활용했다. 그러나 가장 중요한 것은 쌍방향 소통, 참여를 위해 젊은이들의 대회에 대한 관심을 높이는 것이었다. 대회 공식 디지털 채널만 공식 홈페이지를 포함해 8개가 넘고 다양한 나라의 언어로 커뮤니케이션이 되고 있었지만 '열정'과 '참여'가 중심이 된 캠페인이 필요했다. MZ세대의 관심과 이들의 티켓 구매 유도가 필요했다.

이를 위해 디지털 트렌드를 반영한 '헬로우 평창 캠페인'이 기획되었다. 헬로우 평창은 평창 올림픽의 또 하나의 홈페이지를 만들지만 기존 공식 홈페이지와 완전한 차별화를 통해 B급 정서로 접근해 MZ세대의 소통의 장으로 만드는 것이 목표였다. 공식적인 올림픽 정보나 티켓 정보는 별도의 사이트에서 제공하지만 헬로우 평창 사이트는 일종의 온라인 놀이터로 접근할 수 있게 했다.

헬로우 평창 캠페인은 5차에 걸쳐 진행되었는데 가장 중요한 론칭 캠페인은 대회 3개월을 남긴 11월 14일에 시작했다. 티켓 프로모션에 중심을 두되 '대통령과 식사하고 올림픽도 직접 보고'라는 파격적인 인센티브를 내걸었다. 입장권 구매자들이 인증샷을 올릴 수 있게 했고 대통령, 장관, 조직위원장 등이 자비로 티켓을 직접 구매하고 인증샷을 남겼다. 또 티켓 인증이 아니더라도 온라인에서 쉽게 참여할 수는 있는 관점 꿀팁 공모전, 국민홍보대사 공모전, 국민아이디어 공모전 등을 함께 개최했다(그림 5-6).

〈그림 5-6〉 헬로우 평창 홈페이지 메인 화면

출처: 평창동계올림픽조직위

물론 사이트에는 티켓 사이트 링크, 평창 경기장을 먼저 보여 주거나 강원도의 여행지로서 매력을 보여 주는 영상 등이 수시로 업로드 되었다. 또 웹툰이나 게임 등 다양한 놀거리를 제공하기도 했다.

서울-강릉 개통을 앞둔 KTX 열차의 시험 운행 기간을 이용해 대통령과 점심 함께 하기에 당첨된 10명이 초대되었고 홍보대사인 가수 정용화도 동승했다. 대통령 전용 열차의 오찬은 처음 기획된 것이어서 언론은 물론 네티즌의 큰 반향을 일으켰고, 캠페인은 2차로 이어졌다.

2차 캠페인은 '평화의 초대장'이란 테마로 진행했다. 올림픽 관람 티켓 및 숙소 등을 제공하는 경품 등을 내걸고 매주 참여자들 중에 선발하는 형식이다. 북한의 핵 위협 등이 고조되고 있는 상황에서 북한을 포함한 누구나 올림픽에 참가하고 평화올림픽이 되기를 바라는 마음에서 올림픽에 초대하고 싶은 사람에게 온라인으로 초대장을 보내는 형식으로 이벤트가 진행되었다. 이 캠페인에는 장근석, 박기량, 닉 등의 유명인이 참여했다. 3차 캠페인은 '2018 불타오르네'로 사람들이 디지털 성화 봉송에 참여할 수 있게 했고 당시에 인기 있었던 롱패딩이나 경기장 입장권 등을 이벤트 경품으로 내걸었다. 4차는 겨울 말 대잔치로 '솔직히 말해서'란 캠페인을 전개했다. 지붕 없는 메인스타디움 때문에 추위에 대한 우려가 많이 제기된 가운데 평창 조직위에 욕하고 싶은 것, 개선하고 싶은 것을 마음대로 말할 수 있는 공간을 연 것이다. 5차는 평창 패럴림픽 기간을 활용해 '평창어울룸전'이란 디지털 전시회를 열었다. 패럴림픽을 주제로 이현세, 강병인 등 23명의 아티스트가 재능기부로 참여했다.

헬로우 평창 캠페인은 국민들의 참여와 소통을 끌어내기 위해 시작한 디지털 캠페인이다. 5차에 걸친 캠페인에는 총 281만 명이 홈페이지를 방문했고, 28,173명이 이벤트에 직접 참여했다. 헬로우 평창은 뉴스, 블로그, 포털 이미지 등이 광범위하게 확산되며 평창 동계올림픽과 패럴림픽을 알리는 디지털 메신저 역할을 했다.

그 결과 올림픽 입장권은 판매 목표의 100.9%를 달성했고 관람객은 141만 명으로 역대 최고였다. 패럴림픽 입장권은 무려 판매 목표의 157.2% 달성에 74만 명의 관람객을 유치했는데 이 역시 동계올림픽 사상 최대였다. 평창올림픽이 끝나고 한국 갤럽 여론조사 결과 국민의 84%가 평창 동계올림픽 성공적으로 치러졌다고 응답했고 IOC는 전 세계 50억 명이 올림픽을 시청했다고 발표했다.

3) 대한적십자사 '물은 생명입니다(Water for Lives)' 캠페인

대한적십자사 홈페이지를 보면 '대한적십자사는 재난구호, 공공의료, 남북교류, 혈액 등의 사업을 통해 생명과 안전을 지키는 인도주의 기관'이라고 안내하고 있다. 대한적십자사는 1905년 10월 27일 고종황제 칙령 제47호에 의해 설립되었다.

그러나 세월이 흐르면서 아름다운재단, 월드비전, 초록우산, 유니세프, 국경없는 의사회, 세이브더칠드런, 컴패션 등 수많은 구호기관이 생겨나 모금 경쟁을 할 수밖에 없는 환경이 되었다. 기부를 하는 사람들 입장에서는 기부금이 어떻게 활용되는가에 관심이 갈 수밖에 없고 모금기관 입장에서는 그런 점을 커뮤니케이션의 소구포인트로 삼아야 한다.

대한적십자사는 헌혈, 남북이산가족상봉의 주관 등으로 인해 정부 기관이나 공공 기관으로 인식되어 젊은이들 사이에서 굳이 적십자 회비를 자발적으로 낼 필요가 없다는 인식이 높아지고 있다. 기성세대에게는 적십자회비가 세금처럼 납부가 되었지만 지금은 강제 규정이 아니어서 회비가 지로 청구서 형식으로 가정에 배달이 되지만 기부여부는 전적으로 자유다. 적십자 입장에서는 회비 모금을 늘리기 위해서는 국민, 특히 젊은 층에게 적십자사가 구호기관이라는 확실한 인식을 심어주는 것이 필요했다.

대한적십자사는 이런 문제의식하에 2017년 새로운 브랜드 슬로건인 '적십자는 생명입니다(Saving Lives)'를 도입했다. 우리나라는 구호를 받는 나라에서 해외 구호를 하는 나라로 바뀌었고 대한적십자사가 해외 원조에 앞장서고 있다는 점을 감안해 적십자사는

〈그림 5-7〉 대한적십자사 '물은 생명입니다' 캠페인 부스

출처: 대한적십자사

아프리카 어린이를 소재로 캠페인을 전개해 브랜드 강화의 계기로 계획했다.

20초마다 1명이 수인성 질병으로 생명을 잃고 전 세계 인구의 10분의 1 정도가 식수 문제로 고통을 받고 있다. 대한적십자사는 3월 22일 세계 물의 날을 맞이하여 아시아 및 아프리카의 물부족 국가에 대한 관심을 촉구하기 위해 새로운 형태의 체험 이벤트를 전개하였다.

적십자사는 사회 문제에 대한 NGO 단체의 다양한 메시지를 더 이상 대중에게 관심을 촉구하는 것에 한계가 있다고 보았다. 더 나아가 단순한 관심 발생을 위한 계기 마련이 중요한 것이 아니라 위기에 처한 이들에게 몰입하고 집중할 수 있는 경험을 만들어 주는 것이 궁극적인 문제 인지에 도움이 될 수 있을 것으로 판단하였다.

이런 캠페인 배경에서 적십자사는 의료 진단에 사용되는 뇌파

측정기를 활용해 인터랙티브 캠페인 '물은 생명입니다(Water for Lives)를 기획했다. '적십자는 생명입니다'와 연상 효과를 주면서 물에 대한 중요성, 구호에 대한 가치를 중의적으로 담은 슬로건이다.

영등포 타임스퀘어 로비에 이벤트 부스를 설치해 시민을 대상으로 체험 이벤트를 진행했다. 아프리카는 물 때문에 많은 고통을 받고 있는 점을 감안해 체험 참가자가 대형 화면을 보고 아프리카 어린이에 대한 동정심이 뇌파를 자극하면 화면에 물이 나오고, 수로가 생기고, 화장실이 지어지는 3단계의 과제를 해결할 수 있게 했다. 당연히 뇌파 자극이 제대로 안 되면 다음 단계로 넘어갈 수가 없다.

이 캠페인은 영등포 타임스퀘어를 시작으로 부산과 대전 등 5대 광역시에도 체험 부스가 운영되었고 적십자 SNS를 통한 바이럴과 신문 기사 등을 통해 적십자사의 브랜드 실체를 PR하는 계기가 되었다. 디지털 기술을 활용한 체험 공간이 구호 기관으로 적십자사를 인식시키는 매개체가 된 캠페인이다.

4) 대한민국 육군협회 '리멤버 더 히어로즈(Remember the Heroes)' 캠페인

지난 2020년 11월 시작된 '리멤버 더 히어로즈' 캠페인은 코로나19 여파로 시작된 언택트(Untact) 스포츠 이벤트로 현재 3회째를 맞고 있다. 이 행사는 대한민국 육군협회에서 주관하고, 국가보훈처가 후원하였다. 일반인에겐 잘 알려지지 않은 단체인 육군협회는 2007년 비영리 사단법인으로 창립되었고, 그동안 육군 정책을 알리고, 후원하는 역할을 맡아 오고 있다. 이 단체가 기획, 운영한 '리멤버 더 히어로즈' 캠페인은 누구가 자유롭게 참여할 수 있는 생활

스포츠를 연결고리로, 특히 소셜 미디어를 통한 인증 등 미닝아웃(Meaning out) 트렌드를 주도하는 MZ세대의 많은 관심과 참여를 이끌어 내는 성과를 얻은 참여형 공공 디지털 PR의 좋은 사례이다.

행사는 6.25 참전용사, 독립운동가 등 호국영웅들의 이름을 가슴에 달고 다양한 GPS 애플리케이션을 통해 시간, 장소 제약 없이 누구나 자유롭게 참여할 수 있도록 기획된 생활 스포츠 대회다. OECD 출범 후 수혜국에서 공여국으로 바뀐 유일한 나라 대한민국의 눈부신 성장, 우리가 지금 누리는 소중한 자유, 민주, 평화 뒤에 잊혀져 있는 수많은 순국선열의 희생의 가치를 자연스럽게 참여자들이 경험하고, 느끼게 한다는 점이 눈길을 끄는 캠페인이다. 참여자는 마라톤, 사이클, 하이킹, 수영 중 한 종목을 선택, 온라인 홈페이지나 소셜 미디어를 통해 지원 후 참여하는 스포츠 종목과 목표거리를 설정후 원하는 장소에서 자신의 기록을 측정하고 이를 GPS 애플리케이션을 통해 비대면으로 진행하여 본인의 참가 사진과 함께 그 결과를 SNS, 홈페이지 등에 인증하는 방식으로 진행된다. 참

〈그림 5-8〉 '리멤버 더 히어로즈' 신청자가 받는 패키지중 티셔츠와 명찰 이미지

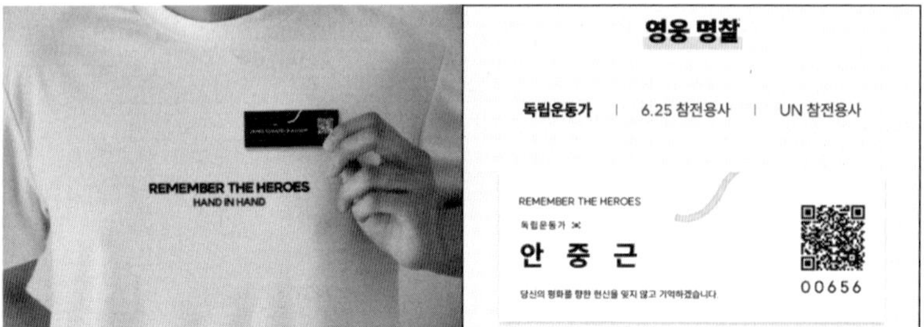

출처: 대한민국 육군협회

가자 전원은 개인 이름표가 아닌 6.25 참전용사, 독립운동아 등 대한민국을 지킨 영웅의 이름이 새겨진 명찰을 달고 대회에 참여한다. 그리고 행사후 완주 기록증을 온라인을 통해 발급받아 소셜 미디어에 게재하면서 인증 공유할 수 있다. 육군협회는 행사 수익금 전액을 해외 파병국 현지 어린이 대상 구호 물품지원 후원에 사용, 참여자들의 호응을 얻기도 했다.

2022년 11월 행사의 경우 참여자들이 해시태그와 함께 올린 인증 사진이 1,760개로 챌린지 이후에도 여러 온라인 플랫폼을 통해 지속적으로 소비되는 등 호국보훈이라는 다소 어렵고, 공감하기 힘든 이슈를 참여형 소셜 이벤트와 결합해 MZ세대의 호응을 얻었다.

참고문헌

김주호 (2019). PR의 힘(개정3판). 서울: 커뮤니케이션북스.

반 다이크 (Van Dijk, 2012). The Network Society. 서울: 커뮤니케이션북스.

베리 월먼 (Barry Wellman, 2015). 새로운 사회운영 시스템. 서울: 에이콘출판.

세스 고딘 (Seth Godin, 2007). 마케터는 새빨간 거짓말쟁이. 서울: 재인.

이종혁 (2015). 공공소통감각. 서울: 한경사.

조수선 외 (2017). 뉴미디어 뉴커뮤니케이션. 서울: 이화여자대학교 출판문화원.

평창동계올림픽조직위 (2018). 2018 평창동계올림픽 공식 보고서.

필립 코틀러 (Philip Kotler, 2017). 마켓4.0시대 이기는 마케팅. 서울: 한국경제신문.

KPR 인사이트트리 홈페이지(https://www.kprinsighttree.co.kr)
Organic Media Lab 홈페이지(https://organicmedialab.com)
PRovoke Media 홈페이지(https://www.provokemedia.com)
PR Week 홈페이지(https://www.prweek.com/uk)
Brand Brief 홈페이지(https://www.brandbrief.co.kr)
칸느광고제 한국공식사무소 홈페이지(https://www.canneslions.co.kr)
Accenture 홈페이지(https://www.accenture.com)
Open survey 홈페이지(https://www.opensurvey.co.kr)
대한적십자사 홈페이지(www.redcross.or.kr)
보건복지부 국립장기조직혈액원 홈페이지(www.konos.go.kr)
육군협회 홈페이지(https://www.aroka.kr)
한국PR협회 홈페이지(www.koreapr.org)
KPR 홈페이지(www.kpr.co.kr)

6장

소셜 마케팅

조재형

조재형 young@prone.co.kr

조재형은 강원도 강릉에서 태어났다. 한양대에서 광고홍보학 박사 학위를 받았다. 1984년 LG화학 홍보실에 입사한 이래 지금까지 40년간 PR업계에서 일해 왔다. 1993년 신화커뮤니케이션을 설립한 이래 2006년 피알원으로 확대하여 현재 경영자로 일하고 있다. 지난 2017년 사내 브랜딩랩을 설립하여 브랜드자산 평가자료 개발 등 컨설팅 역량 강화를 통해 한수원, 대우조선, 청와대, ABC마트, 질병관리본부 등 브랜드 컨설팅을 진행해 왔다. 대외 활동으로 전임 PR기업협회회장, 정부 정책홍보평가위원 등과 현재는 소비자공익네트워크 이사, 한국PR협회 부회장 등으로 활동해 오고 있다. 지난 2021년 PR협회 주관의 올해의 PR인으로 선정되어 문화관광부 장관 표창을 받았다.

지은 책으로 『기업을 살리는 설득의 기술』(2021), 『위험사회』(2017), 위기관리 전문서인 『위기는 없다』(1995) 등이 있다.

1. 소셜 마케팅의 등장과 활용

1) 소셜 마케팅의 탄생

소셜 마케팅은 "공공의 선"을 달성한다는 기본 목표를 가지고 공중의 행동에 영향을 미치는 데 초점을 맞춘 마케팅적 접근 방식이다. 상업 마케팅의 진수로 사회적 목적을 달성하는 것이다. 전통적인 상업적 마케팅의 목표는 주로 수익이지만 긍정적인 사회적 지각 효과도 가져올 수 있다. 같은 의미로 공중 보건의 맥락에서 소셜 마케팅은 건강을 증진하고 인식을 높이며 행동 변화를 도모한다.

과거부터 공익과 관련해 문제를 해결하기 위해 마케팅 도구를 사용한 사례가 있었으나 이를 체계화해 1970년대 필립 코틀러(Philip Kotler)와 제널드 잘트만(Gerald Zaltman)이 소셜 마케팅을 정식으로 소개했다. 사회적 문제를 해결하기 위해 의도적으로 마케팅을 사용했다는 최초의 문서화된 증거는 인도 캘커타에 있는 인도 경영 연구소에서 케이트 찬디(KT Chandy)가 이끄는 1963년 생식 건강 프로그램에서 나온다. 케이트 찬디와 동료들은 고품질의 정부 브랜드 콘돔을 저렴한 비용으로 전국에 배포 및 판매 하는 국가 가족계획 프로그램을 제안하고 시행했다. 이 프로그램에는 적극적인 POS 홍보와 함께 운영되는 통합 소비자 마케팅 캠페인이 포함되어 있다. 소매업자들은 제품을 공격적으로 판매하도록 훈련을 받는 등 마케팅 활동이 강화되었다.

2) 소셜 마케팅의 적용

1980년대에 헬스케어 분야에서 소셜 마케팅이 실제로 적용하기 시작했다. 주목할 만한 초기 발전은 호주에서도 일어났다. 금연 캠페인 “Quit”(1988) 및 피부암 예방 캠페인 “SunSmart”(1988)의 “Slip! Slop! Slap!”이라는 슬로건으로 캠페인을 주도한 빅토리아 암퇴치본부(Victoria Cancer Council)을 들 수 있다. 1988년에 설립된 SunSmart는 세계에서 가장 오래 운영되고 가장 성공적인 피부암 예방 프로그램 중 하나로 빅토리아주에서 60세 미만의 모든 연령대에서 흑색종 발생률이 감소하거나 안정화되었다는 성과를 이뤘다. 1980년대 이후 생활 공동체운동, 재해 대비 및 대응, 생태계 및 종 보존, 환경 문제, 자원 봉사자 또는 토착 노동력 개발, 항생제 내성의 위협, 정부 부패, 건강관리의 질 향상, 부상 예방, 토지 소유자 교육, 해양 보호 및 해양 지속 가능성, 환자 중심 건강관리, 건강 격차 감소, 지속 가능한 소비, 교통 수요 관리, 수처리 및 위생 시스템, 청소년 도박 문제 등에서 다양한 활동이 전개되었다.

상업 마케팅과 다르게 소셜 마케팅에서는

① 고객(광고주)이 반드시 제품이나 서비스에 대해 돈을 지불하지 않는다.

② 항상 정치적인 성향이 나타나는데 이는 공중의 지지가 필요하고 기득권적인 이익에 반하는 경우가 있기 때문이다.

③ 제품이나 서비스의 사용은 잠재고객이 볼 때 바람직하지 않거나 가치가 없을 수도 있다.

④ 마케팅에서 고객과 재원을 지원하는 사람이 같지 않을 수 있다. 따라서 양쪽을 만족시켜야 하나 상호 배타적일 수 있다.

⑤ 제품이나 서비스에 대한 요구가 증대되는 것이 재원소요 등으로 항상 바람직한 것은 아니다.

3) 소셜 마케팅의 특징과 유사 개념

마케터의 이윤 추구가 아닌 타깃 수용자의 행동 변화를 통해 건강하고 질 높은 삶을 지향함으로써 사회의 이익을 실현하는 데 있다. 반면 상업 마케팅은 소비자의 제품 구매를 통한 기업의 이윤이 우선이다.

- vs **헬스 커뮤니케이션**: 둘 다 사회문제 중 흡연, 마약, 폭력, 폭음 등 건강과 관련한 문제를 다룬다. 헬스컴은 건강에 대한 지식이 증진되면 자연스럽게 행동 변화를 전제로 하나 소셜 마케팅은 수용자가 원하는 제품, 서비스를 제공해 자발적인 행동을 유도 '행동의 변화'를 추구한다.
- vs **소셜 미디어 마케팅**: 소셜 미디어 플랫폼과 웹사이트를 사용하여 제품이나 서비스의 마케팅 활동을 제고하는 것이다. 즉 인스타그램, 유튜브, 페이스북, 틱톡 등 다른 사람들과 교류할 수 있는 앱 서비스, 일명 '소셜 미디어'를 활용하는 마케팅 기법을 말한다.
- vs **공익연계 마케팅**: 공익마케팅은 기업이 이윤의 일부를 자선이나 공익에 기부하는 활동. 궁극적 목표는 기업의 명성 확보와 이윤 추구이다.

소셜 마케팅은 적어도 지지자들이 사회적으로 용납할 수 없는 것으로 간주하는 제품을 겨냥할 수 있다. 가장 주목할 만한 것 중 하나는 수년 동안 천연 모피 제품 사용에 반대하는 소셜 마케팅 캠페인을 벌인 PETA(People for the Ethical Treating of Animals)이다. 캠페인의 효과는 논란의 대상이 되었다. 모든 소셜 마케팅 캠페인이 모두에 효과적인 것은 아니다. 예를 들어, 세계 금연의 날과 같은 금연 캠페인은 북미와 유럽 일부 지역에서는 담배 제품에 대한 수요를 억제하는 데 성공했지만 다른 지역인 중국, 인도, 러시아 등에서는 덜 효과적이었다.

4) 소셜 마케팅이 왜 중요한가?

제품 또는 서비스에 대한 "전통적인" 광고를 생각해 보자. 잘 디자인된 광고는 어떻게 당신의 관심을 끌까? 예상하지 못한 매우 창의적인 각도를 취하거나 웃거나 울거나 생각하게 만든다. 모든 광고가 홍보하는 제품이나 서비스를 확인하도록 설득하는 것은 아니지만 최고의 광고는 사람들이 그렇게 하도록 동기를 부여하기 위해 창의성이나 감정에 호소한다. 소셜 마케팅도 마찬가지다. 사람들은 무엇을 하라고 지시받는 것을 좋아하지 않는다. 오랜 습관(예: 흡연, 일회용 물컵 사용 등)을 끊는 데 어려움을 겪을 수 있다. 그러나 잘 실행된 소셜 마케팅은 창의성과 감성을 통해 관심을 끌고 사회적 문제에 대한 인식을 확산시킨다. 가장 중요한 것은 세상을 더 좋게 만드는 설득력 있고 간단한 방법을 제시하고 이 유익한 행동을 어떤 "경쟁" 행동보다 더 바람직하게 만든다는 것이다. 이러한 요소를 통해 소셜 마케팅은 유익한 행동을 성공적으로 "판매"할 수 있다. 소셜 마케팅은 사람들이 세상을 변화시키고 싶어하기 때문에 자선 기부 요소와 관련될 때 특히 강력하다. 그들은 매우 기꺼이 기부에 참여한다. 단지 어떤 명분으로 기획하느냐의 문제일 뿐이다.

2. 소셜 마케팅의 배경 이론

1) 교환이론

사람들은 자신의 이익이 극대화되기 위해 손실이 큰 행동을 피하고 투자한 이상의 보상을 얻을 수 있는 방향으로 타인과 상호작용한다. 타인과 비교하여 관계가 유리하면서 이제까지 취한 행동을 지속하고 불리하면 관계를 개선하거나 중지하여 새로운 관계를 만들어 간다. 교환이론은 이러한 일반명제를 시작으로 전개되었으며 개인 간 상호작용과 이를 둘러싼 광역집단에서의 교환작용을 다루고 있다. 다시 말해 인간의 행동을 다른 사람과의 보수 교환과정으로 보는 이론이다. 인간의 행동에는 항상 비용과 보수가 따르고 행위자는 행동에 의해 생기는 비용과 보수, 그리고 자신의 사회적 자산(학력·지위 등)에 바탕을 두고 행동한다는 점에 입각한 이론으로 Gerhart D. Wiebe(1951)의 "비누를 팔듯 형제애를 팔 수 없을까?"라는 질문에서 그 의미를 유추할 수 있다.

앨런 안드리아슨(Alan R. Andreasen, 1994)는 "교환 이론의 등장은 소비자의 행동이나 마케팅의 개념을 안전벨트 착용, 헌혈과 같은 분야로 확장하려는 마케팅 학자들에게는 중요한 자극제이다. 예를 들면 마케팅에서 헌혈을 촉구하는 것은 좋은 기회이지만 헌혈을 촉구하기 위해 소셜 마케터는 행동의 대가로 제품이나 서비스를 주지 않는다. 또한, 헌혈을 하려는 소비자도 행동의 대가로 돈을 내지 않는다. 오히려 '구매'의 대가로 약간의 '고통'이 따른다. 그래서 이를 전통적인 소비자의 행동 관점에서 봤을 때는 참으로 이상한 것이다. 우리에게는 늘 새로운 패러다임이 필요하다."고 했다.

결국 교환이론이 개인의 행동 변화를 성취할 수 있는 소셜 마케팅에서 받아들여져 새로운 패러다임을 형성했음을 의미한다. 또한 교환이론을 바탕으로 하는 소셜 마케팅 프로그램에서 헌혈 행동을 촉구한다면 '헌혈'의 대가로 '고통'이 아닌 다른 보상(심리적 혹은 물질적)이 필요하다는 것이다. 예를 들어 배고픈 사람에게는 "헌혈하면 빵과 우유를 드립니다."라고 하고 헌혈을 무서워하는 사람에게는 "카페처럼 꾸민 헌혈 카페에서 30초면 끝나요. 끝나면 쉬었다 가세요."라고 하는 것이다. 또는 적십자가 카드 회사나 온라인 쇼핑 사이트와 제휴해 헌혈자에게 포인트를 주고 물건이나 문화티켓 구매 때 할인 받을 수 있도록 하는 등 실질적인 인센티브를 제시할 수 있다.

2) 리와 코틀러(Lee & Kotler, 2011)가 말하는 소셜 마케팅의 독특한 원리

첫째, '가치의 교환'이다. 이는 상업 마케팅의 교환 원리를 소셜 마케팅의 관점에서 해석한 것이다. 소셜 마케팅은 타깃 수용자가 권장 행동의 대가로 보상을 원한다는 것을 잘 알고 있다. 또한, 자신에게 얼마나 이익이 될지(self-interest) 생각한다는 것도 알고 있다. 그러므로 교육이나 법, 커뮤니케이션과 같이 행동 변화를 촉구하는 분야와 차이가 있다. 여기서 말하는 자기 이익이란 한마디로 수용자 자신이 손해 볼 일은 하지 않는다는 의미로 보상을 받을 만한 행동은 지속되고, 손해 보거나 벌 받을 만한 행동은 절대로 하지 않음을 뜻한다. 따라서 소셜 마케터는 타깃 수용자가 생각하기에 끌릴 만한 이점을 제시하는 프로그램을 실행해야 한다. 그러면 수용자는 이를 통해 현재의 해로운 행동을 '포기'하고 권장 행동을 받아들일 수 있다.

둘째, 소셜 마케팅은 경쟁(competition)에 대해 늘 의식하고 있다. 소비자는 늘 선택의 상황에 놓이게 된다. 상업 마케팅에서 많은 제품 혹은 브랜드가 소비자에게 선택받기 위해 치열하게 경쟁하듯이 소셜 마케팅에서도 타깃 수용자는 권장 행동을 이행하는 데 많은 경쟁 상황에 직면하게 된다. 예를 들어 흡연자를 상대로 금연을 권장하는 소셜 마케팅 프로그램에서는 금연을 방해하는 모든 행동이나 상황, 심리 상태는 반드시 극복하고 이겨내야 할 경쟁 상대다. 그래서 흡연 습관, 주변 사람들이 흡연자이기 때문에 금연을 하면 소외될지도 모른다는 심리적 부담, 흡연 외에는 다른 소일거리가 없는 상황 등을 경쟁자로 여길 수 있다. 윌리엄 스미스(William A. Smith, 2002)는 "소셜 마케팅에서 경쟁자는 타 기업체가 아니다. 아이들에게 백신을 맞힐 것을 권장하는 소셜 마케팅 프로그램의 경우 백신을 맞는 것을 방해하는 상황이나 행동 그리고 백신을 꺼리는 어머니들의 태도가 경쟁자다."라고 말한다.

소셜 마케팅은 일반적으로 〈표 6-1〉과 같은 목적으로 사용된다.

〈표 6-1〉 소셜 마케팅을 통해 구현할 수 있는 프로그램

구분	도움을 줄 수 있는 주제	예시 소셜 마케팅 프로그램
환경	삼림 보호	우리 강산 푸르게
	쓰레기 투기 예방	무단 투기 스마트폰으로 잡는다
	멸종 위기종 보호	함께 보호해요. 멸종위기 동물
	폐기물 재활용	쓰레기를 줄이는 정책 제안하기
	에너지 절약	1°C 낮추기
	야생동물의 보호	동물과 사람이 함께 행복한 사회 만들기
	고래보호	크지만 '작은' 고래를 아시나요?
	갯벌 보호	갯벌을 더욱 사랑스럽게 '갯꾸쟁이 캠페인'
건강/안전	운동과 건강한 식생활 장려	'현명하게 먹고 많이 놀자' (Eat Smart, Play hard)
	마약 예방	마약, 당신을 무너뜨리는 것은 단 한번
	금연	담배는 노답, 우리는 노담
	작업장 안전	안전은 생명을 지키는 일!
	과속 예방	Look At The Damage
	알코올 중독 예방	어쩌다 금주
	청소년 임신예방이나 미혼모 보호	꽃보다 엄마
	에이즈의 예방	사랑의 붉은 리본 달기
	경기장 폭력의 추방	올바른 길을 찾도록(Choose the Right Track)
	성폭력 성폭행	white tie 캠페인
	안전벨트, 헬멧 착용	SIT, BELT
사회적 행동	왕따 근절	깍두기 캠페인
	세대갈등	당신의 청춘을 들려주세요.
	성별 고정관념에 맞서기	모두가 존중받는 행복한 동행
	미성년 착취	Swipe Safe
	반전(反戰) 운동	전쟁을 멈춰라
	혐오, 차별 예방	저마다의 빛깔 존중

[사례 1] 환경문제 해결을 위한 노란물고기(yellow fish) 캠페인

"비점오염(Non-point source pollution)의 심각성을 알려야 한다!" 2005년 환경부는 4대강 유역에서 비점오염의 영향(BOD 기준)은 전체 오염물질 배출부하의 19~48% 차지하고 있으며, 전체 오염원에서 비점오염원이 차지하는 오염부하도가 98년 28%에서 2020년 43%까지 높은 증가율이 예상하면서 생활하수와 공장 폐수 등의 점오염은 점차 감소하는 반면 도로, 산지 등 배출 장소가 불분명한 비점오염은 지속적으로 증가하고 있어 비점오염원에 대한 체계적이고 지속적인 관리 없이 수질오염 개선이 불가능한 실정임을 인식하고 이를 예방하는 캠페인을 시도했다.

〈그림 6-1〉 노란물고기 캠페인 로고

▷**기획 및 전략** = 정부차원의 체계적인 관리활동과 더불어 국민의 참여와 동참을 유도하는 대국민 비점오염 홍보사업이 전개되었다. 우선 비점오염이란 낯선 용어와 직접 와닿지 않는 환경문제로 이슈화하기 어려웠다. 과제는 단기적으로 해결될 사안이 아니고 아주 장기적으로 국민들의 인식을 확보해야 했다. 따라서 10년 이상의 장기 캠페인으로 기획했고 특히 주 타깃인 어린이를 대상으로한 체험 프로그램을 중심으로 구성하였다.

▷**프로그램** = 주요 전략과제로는 인식의 연결고리 만들기, 여론의 진앙지를 움직이기, '내'가 보고 느끼는 비점오염 등으로 정했다. 비점오염을 가시적으로 명확하게 받아드릴 수 있도록 하는 연결고리가 필요했다. 그래서 '비점(非點)오염'이라는 학술적, 추상적이며 불명확

한 용어를 친근하고 가시적인 '빗물오염'이라는 용어로 변경해 사용하기로 했다. 빗물오염(=비점오염)이 '비'라는 기상활동에 의해 야기되는 오염형태임을 쉽고 친근하게 알리기 위해 당시 MBC 기상캐스터였던 안혜경 씨를 홍보대사로 위촉했다. 그녀는 9시뉴스 기상코너에 비점오염 예상도를 보여줘 시청자들의 인식에 제고하는 데 큰 역할을 했다.

▷**여론의 진앙지를 움직여라** = '제3자 인증 효과'를 얻을 수 있는 객관적이고 권위 있는 오피니언 리더들을 통해 비점오염의 심각성을 제기하였다. 환경단체 리더, 환경관련 분야 교수, 환경전문 기자 등을 옹호자로 내세워 그들이 빅 마우스로서 비점오염이라는 화두를 제기하는 데 집중하였다. 이를 통해 세미나 진행, 뉴스레터 발송, 칼럼 기고 등의 사업을 수행하였다.

▷**'내'가 보고 느끼는 비점오염** = 비점오염을 좀더 명확하게 이해할 수 있는 다양한 체험의 장을 마련하여 국민들의 참여와 실천을 도모했다. TV, 신문을 활용한 언론홍보 및 홍보책자, 홍보동영상, 캠페인 사이트 등 직접매체를 통한 홍보 활동 등 다양한 매체 활용과 대국민 홍보캠페인 전개를 통해 접점을 확대해 나갔다.

그중에서도 핵심 프로그램은 비점오염 발생 경로인 우수로 주변에 우리가 보호해야 한 환경을 상징하는 노란물고기를 상징적으로 표시하는 체험환경교육인 '노란 물고기(Yellow Fish) 그리기 캠페인'을 초등학교 학생을 중심으로 진행하여 그들을 통해 어른들에게까지 간접적인 체험을 전달함으로써 비점오염에 대한 이해와 계몽활동을 확대해 갔다.

'노란 물고기 캠페인'은 쓰레기, 담배꽁초 등 도심의 오염물질이 빗물을 통해 우수로(雨水路)에 들어가 하천의 생물에 해를 끼칠 수 있다는 것을 시각적으로 알리기 위해, 우수로에 들어가는 비점오염물질로부터 환경을 보호하자는 의미를 강조한 캠페인이다. '노란 물고기 캠페인'은 캠페인 저작도구를 캠페인 사이트에서 다운 받아서 전국 어디서나 학생들이 쉽게 지역별로 캠페인을 진행할 수 있도록 하여 자발적으로 소수의 학생들이 직접 진행하고 경험할 수 있도록 해 많은 참가를 유도했다.

▷**효과** = 캠페인의 첫 단계를 재미있는 시각도구를 활용하여 어린이들이 쉽게 참가할 수 있도록 하여 이를 계기로 장래 어른이 되어서도 환경운동을 주도할 수 있는 동기를 부여했다. 순차적 설득 전략을 통해 효과를 얻은 것이다.

3. 소셜 마케팅 캠페인의 기획과 실행

코틀러(Philip Kotler)와 리(Nancy Lee)는 그들의 저서 『Social marketing: Influencing behaviors for good』(2008)에서 소셜 마케팅 캠페인의 기획과 실행을 10단계로 구분했다.

1) 목표의 설정

캠페인이 해결하고자 하는 사회적 문제의 정의와 해당 사회적 문제 해결을 통해서 얻고자 하는 궁극적인 목표, 그리고 문제 해결을 위해서 중점을 두고자 하는 바람직한 행동에 대해 정리한다.

소셜 마케팅 캠페인의 기획은 사회적 문제가 무엇이며, 그것이 왜 문제인지, 그 문제의 해결을 통해서 얻게 되는 사회적 이익이 무엇인지에 대해 명확히 정의하는 것에서 출발한다. 문제 해결과 목표 달성을 위해서 다양한 바람직한 행동 중 한두 가지를 집중해서 선정하는 것이 중요하다.

Washington주의 캠페인 'Litter and it will hurt'에서 사회적 문제는 '운전 중 도로 주변에 쓰레기 무단 투기'이며, 이런 무단 투기는 도로 주변에 서식하는 야생동물들에게 피해를 주기 때문에 해결해야 할 문제였다. 이 캠페인의 목표는 '운전 중 도로 주변 쓰레기 무단 투기 줄이기'이다. 예로 운전하면서 금연하거나 음식물 먹지 않기 등은 '운전자가 의식적으로 쓰레기를 버리는 행동'을 줄이는 가장 합리적이면 현실적인 해결 방법이라고 판단되기 때문에 이 행동에 주안점을 둘 수 있다.

[사례 1]의 노란 물고기 캠페인의 경우 2005년 환경부는 4대강 유역에서 비점오염의 영향은 전체 오염물질 배출부하의 19~48% 차지하고 있으며, 전체 오염원에서 비점오염원이 차지하는 오염부하도가 98년 28%에서 2020년 43%까지 높은 증가율이 예상하면서 비점오염의 심각성을 알리는 것이 주요 목표였다. 그래서 도로, 산지 등 배출 장소가 불분명한 비점오염원에 대한 예방 캠페인이 필요했다.

2) 환경 분석

캠페인 실행 주체의 장/단점과 사회적 이슈와 관련된 사회/경제/문화적 환경 분석, 유사 사례 분석을 통한 잠재적 성공/실패 요인을 파악한다. 2단계는 기존 마케팅 기획 과정에서 자주 활용되는 SWOT(Strengths, Weaknesses, Opportunities, Threats) 분석과 문헌/사례 조사를 중심으로 진행이 된다. 만약 SWOT 분석에서 캠페인 실행에 있어서 캠페인 주체의 취약점(weaknesses)이 파악이 되면, 해당 취약점을 보강해 줄 수 있는 외부 조직이나 기관과의 연계에 대해서 적극적으로 고려를 해야 한다. 예를 들어서, 청소년 흡연 예방 캠페인 'Truth'의 경우, 그 주체인 미국유산재단(American Legacy Foundation)은 캠페인이 장기적으로 진행되면서 발생하는 자체 기금의 한계에서 오는 재정적 취약점을 파악했다. 재정적 취약점을 미국질병통제센터(The U.S. Centers for Disease Control and Prevention, CDC)과의 연계를 통해서 해결했다.

3) 타깃 설정

① 목표 청중의 선정, ② 목표 청중의 규모, 인구통계적/지리적/사회경제적/심리적 특성의 파악 및 ③ 주안점을 둔 바람직한 행동에 대한 목표 청중의 현 수용도 점검.

미국의 경우, 흡연자의 80%가 만 18세에 흡연을 시작한다. 그래서 청소년 흡연 예방 캠페인 'Truth'의 경우, 목표 청중을 평균 흡연 시작 연령 직전인 12-17세 청소년들로 선정하였다. 이들 청소년은 또래집단이나 대중매체에 영향을 많이 받는 특성을 가지고 있다. 따라서 친구들의 흡연과 대중매체에서 표현된 흡연의 긍정적 이미지(예를 들어 흡연자 = 쿨하고 멋진 사람)에 영향을 쉽게 받게 된다. 또한 목표 청중은 건강하기 때문에 흡연이 건강에 미치는 나쁜 영향에 대해서 크게 고려하지 않는다. 결국 바람직한 행동 (흡연을 시도하지 않거나 금연하기)에 대한 목표 청중의 수용도는 매우 낮다.

4) 커뮤니케이션 목표의 설정

이는 목표 청중의 바람직한 행동 수용과 관련된 ① 행동, ② 인지 및 ③ 태도 변화에 대한 목표 설정이다.

'Litter and it will hurt' 캠페인의 목표는 운전 중 쓰레기를 무단으로 버리지 않게 하기(행동 목표), 운전자의 쓰레기 무단 투기가 도로 주변의 야생동물들에게 피해를 입힌다는 사실을 인식시키기(인지 목표), 및 쓰레기 무단 투기는 도로 주변의 야생동물들에게 피해를 입히기 때문에 바람직하지 않은 일임을 믿게 만들기(태도 목표) 등일 수 있다.

조사 결과, 운전자 중 약 25%가 운전 중 무의식적으로 쓰레기를 무단 투기하는 것으로 나타났다. 그래서 'Litter and it will hurt' 캠페인은 여러 목표 중 인지를 커뮤니케이션 목표로 설정하였다.

5) 경쟁 관계 파악

바람직한 행동에 대해서 표적 청중이 익숙한 경쟁 행동을 파악한다. 캠페인에서 표적 청중이 공익에는 해가 되지만 '현재 익숙하거나 선호하는'행동, 습관, 인식 등이 주요 경쟁 상대이다. 예를 들어서, 쓰레기 분리수거는 공익에 도움이 되는 행동이지만, 분리수거를 하는 사람의 입장에서는 하기 번거로운, 그래서 그들이 선호하지 않는 행동이다. 일반적으로 사람들이 선호하는 행동은 쓰레기의 종류를 구분하지 않고, 그냥 편하게 버리는 것이다.

6) 포지셔닝 방향의 설정

포지셔닝 방향은 표적 청중이 바람직한 행동을 어떻게 인식하게 만드는가와 관련된다. 청소년 흡연예방 캠페인 'Truth'의 포지셔닝 방향은 목표 청중이 '흡연을 시도하는 것은 어리석은 일, 쿨하지 않은 일'로 인식하는 반면 '흡연을 시도하지 않는 것이나 금연은 쿨하고 멋진 일'이라고 인식하게 만드는 것이다. 4, 5, 그리고 6단계와 관련된 정량적 또는 정성적 마케팅 리서치를 실시하고, 그 결과를 각 단계에서 요구하는 활동에 반영할 수 있다.

7) 전략적 마케팅 믹스(4Ps)의 개발

전통적 마케팅의 4P 접근 방법이 소셜 마케팅 캠페인에서도 그대로 적용된다. 상품(product)은 주로 표적 청중이 수용할 사회적으로 바람직한 행동이나 아이디어를 말한다. 가격(price)은 표적 청중이 특정 행동이나 아이디어를 수용함으로써, 포기해야 하는 심리적 비용(cost) 또는 금전적 비용을 포함한 가시적 비용으로 정의된다. 유통(place)은 표적 청중이 특정 행동이나 아이디어, 또는 이와 관련된 커뮤니케이션 활동에 노출되는 공간으로 정의된다. 마지막으로, 촉진 활동(promotion)은 표적 청중에게 메시지를 전달하는 모든 수단들을 통칭한다.

예를 들어서, 1980년대 이후 미국 12-19세 청소년의 비만은 세 배 이상, 2-11세 아동의 경우 두 배 이상 증가했다. 이를 해결하고자 'VERB Summer Scorecard' 캠페인이 기획되고 실행이 되었다. 이 캠페인은 아동/청소년의 비만 문제 해결을 위해서 바람직한 행동으로 '운동하기'를 선정하였다. 4P Mix를 적용해 보면 다음

〈그림 6-2〉 VERB Summer Scorecard

과 같다. 캠페인의 상품(product)은 추상적이지만 '친구들과 시간을 보내면서, 새롭고 흥미진진한 운동하기'이며, 'VERB Summer Scorecard'로 가시화되었다. 'VERB Summer Scorecard'는 총 24개의 빈칸이 있는 카드이다. 표적 청중이 여름 동안에 'Summer Scorecard' 웹사이트에서 지정한 곳에 운동을 할 때 마다 자신이 가지고 있는 'VERB Summer Scorecard'에 스탬프를 한 개씩 받는다. 여름이 다 가기 전까지, 24개의 빈칸에 스탬프를 모두 받은 표적 청중은 경품 추첨의 기회를 얻게 된다.

이때 주어지는 경품도 '운동'과 관련된 자전거, 스쿠터, 가라데 학원 등록권 등이다. 한 가지 흥미로운 점은 이 캠페인의 상품은 직접적으로 '운동을 하면 살이 빠진다, 건강해진다' 등에 대해서 전혀 언급하지 않는다는 것이다. 그 이유는 운동이 건강이나 비만에 미치는 효과에 대한 언급이 오히려 표적 청중의 캠페인 참여에 대한 흥미를 떨어뜨릴 수 있기 때문이다.

표적 청중이 이 캠페인에 참여할 때 경험할 수 있는 비용(price)은 운동에 익숙하지 못한 표적 청중이 그 친구들 앞에서 운동을 시도했을 때, 느낄 수 있는 창피함, 어색함 등이다. 이 캠페인의 가시적 상품인 'Scorecard'는 공공 도서관, 수영장, 학교, 맥도널드 패스트푸드점, YMCA 등에서 쉽게 구할 수 있고, 카드는 다양한 곳에서 이용이 가능하다(place). 캠페인은 대중매체를 통해서 캠페인 웹사이트와 함께 광고 및 홍보가 되었다(promotion).

소셜 마케팅 캠페인의 비용 효율성을 높이기 위해서, 4Ps를 개발한 이후에 이와 관련된 세부 마케팅 활동들에 대해서 사전에 그 효과가 어느 정도인지를 점검하는 사전 조사가 필요하다.

8) 평가 — 지속적인 캠페인 효과 추적과 평가를 위한 조사의 기획

8단계와 관련해서, 마케팅 캠페인의 주체는 캠페인의 성공을 평가할 수 있는 지표는 무엇인가, 어떻게, 그리고 언제 그 지표들의 측정을 실시할 것인가에 대해서 계획을 수립해야 한다. 가장 일반적으로 이용되는 세 종류의 평가 지표는 다음과 같다.

① Output 평가지표는 개별적인 마케팅 활동을 평가할 때 이용된다. 'Truth' 캠페인은 TV 광고를 활용했으며, 광고 인지도를 하나의 캠페인 평가 지표로 활용하였다. ② Outcome 평가지표는 표적 청중의 행동, 인지, 지식, 신념, 태도의 변화를 직접적으로 측정한다. 'Truth' 캠페인은 캠페인 집행 이후 주기적으로 표적 청중의 흡연 여부 및 흡연 시도 여부 등을 조사하였다. 마지막으로 ③ Impact 평가 지표는 해당 캠페인이 사회 전반에 미친 영향을 평가하는 지표이다. 캘리포니아 지역의 흡연율을 낮추는 것을 목적으로 하는 'the California Tobacco Control Program'은 비흡연자를 포함한 지역 거주민들의 금연 정책 입안에 대한 관심도 또는 지지도를 캠페인 평

가 지표로 조사하였다.

9) 예산 편성

예산을 보다 집중시킬 마케팅 활동과 그렇지 않는 마케팅 활동에 대한 합리적인 예산 편성이 필요하다. 합리적 예산 편성의 기준은 캠페인의 목표, 캠페인의 범위, 표적 청중의 특성 등이 될 수 있다. 예를 들어서, 전체 미국을 포괄하는 청소년 흡연 예방 캠페인 'Truth'는 대중매체 광고(특히 TV광고)에 비용을 집중했다. 그 이유는 ① 표적 청중이 대중매체에 영향을 많이 받기 때문에, ② 전체 미국의 표적 청중에게 가장 효율적으로 캠페인이 노출이 되어야 하기 때문에, ③ 캠페인의 목표가 흡연에 대한 이미지를 바꾸는 것이기 때문이다. 반면, 동일한 금연 캠페인임에도 불구하고 'the California Tobacco Control Program'은 대중매체 광고 대신에 성인 흡연자가 자신이 거주하는 지역에서 캠페인의 직접적인 혜택을 누릴 수 있는 지역 병원의 금연 클리닉 등에 상대적으로 많은 비용을 집행했다.

10) 실행 계획의 완성

효과적이며 체계적인 실행을 위해서, 최종적으로 소셜 마케팅 캠페인의 주체는 누가, 무엇을, 언제, 그리고 얼마나 많이, 자주 마케팅 활동을 진행할 것인가에 관한 일종의 로드맵의 작성이 필요하다. 소셜 마케팅 캠페인을 장기적으로 진행하는 경우, 다른 조직이나 기관과의 연계를 고려하는 것도 대단히 중요하다.

4. 타깃팅: 수용자의 세분화

수용자의 세분화란 다수 수용자를 비슷한 욕구, 성격, 선호에 따라 분류하고 구성하는 것이다. 세분화를 위해서는 수용자의 공통 분모를 찾아야 한다. 즉 인구, 시장, 수용자를 다른 집단과 차별화하되 그 안에서는 동질적인 하부 집단으로 나누는 것이다. 또한 하부 집단은 분명히 구분될 수 있고 다른 집단과 차별화되며 측정 및 접근이 쉬어야 한다.

우간다에서는 세계 최초로 에이즈에 맞서 싸운 극적인 성공 사례가 있다. 1990년대 초 15%에 달했던 에이즈 점유율이 2004년 6.5%로 떨어졌다. 세계보건기구에서 시행한 조사에 의하면 문란한 성관계는 1989년에서 1995년 사이에 50% 이상 감소했다. 우간다에서 에이즈가 감소한 것은 서로 다른 부족 집단을 설득할 경우 서로 다른 조정과정이 필요하고 또한 그들의 반응에 따라 각각 적합한 메시지가 따라야 한다는 사실을 지각한 것에 힘입었다. 시장이 다르면 대응도 달라야 한다는 당연한 결과이다.

젊은이들을 대상으로 한 이 모든 행동을 아우르는 전략을 ABC 방식이라고 칭한다. 'A'는 절제(abstinence) 젊은이들의 성생활을 늦추는 것이고, 'B'는 신의를 지키는(being faithful) 것이나 섹스 파트너를 줄이는 것이었다. 'C'는 무절제한 섹스를 하는 이들에게 올바르고(correct) 지속적(consistent)으로 콘돔을 사용하게 하는 것이었다. 이처럼 강력한 세분화 전략은 철저한 실천만이 성공을 담보할 수 있었다.

[사례 2] "Be Smart, Don't Start" 캠페인

1980년대 중반 레이건 정부는 청소년의 알콜남용 방지에 역점을 두었다. 국립 알콜남용 및 중독 연구소(National Institute on Alcohol Abuse and Alcoholism, NIAAA)는 어린이들이 친구와 사회로부터의 음주권유에 관한 알콜남용 방지를 위한 대규모 캠페인을 전개하였다. 이 캠페인의 목표 공중은 8~12세 어린이와 이들의 태도와 행동을 형성시키는 영향력 있는 주위 어른, 특히 부모와 교사를 대상으로 했다. 조기 음주의 위험성을 알리고 조기음주 유혹에 대항하는 기술을 가르치며 금주를 사회적 규범으로 받아들이도록 기획했다. 또한 부모들이 적절한 역할로 어린이들의 음주를 못하게 예방적 노력을 경주하도록 하는 목표를 세웠다.

캠페인 기획자들은 적절한 메시지 개발을 위한 다양한 전략을 개발했다. 술이 신체와 정신에 끼치는 영향에 대해 정확한 정보를 제공하고, 금주에 대한 긍정적인 결과를 보여 주며, 이런 행동에 대한 동료들의 긍정적인 역할모델을 묘사하고, 음주판촉물에 대한 비판적 평가를 가르치고 술로부터의 자유를 선언하고 금주를 실천하는 행동에 대한 대안을 제시했다.

5. 포지셔닝과 브랜딩

포지셔닝(positioning)은 기업이나 제품에 대하여 위상을 정립하기 위해 마케팅 믹스를 통해 소비자들에게 자사 제품의 정확한 위치를 인식시키는 것이다. 1969년 잭 트라우트(Jack Trout)가 학술지

[사례 3] 태국: 건강상태별 세분화 전략

태국의 '콘돔왕'이라 불린 메차이 비라바이디야(Mechai Viravaidya) 상원 의원은 방콕의 선도적인 공중보건 관련 비정부기구인 '인구와 지역사회 개발연합(PDA)'의 창시자이며 의장이다. 그는 에이즈 확산방지를 돕고 에이즈 환자로 살아가는 이들의 자활을 돕는 일이 자국의 불우한 사람을 돕는 데 꼭 필요하다고 믿었다. 극빈층들은 1980년대 말에 처음으로 에이즈의 위험이 부각되었을 때 가장 취약한 집단이었다. 그는 1990년에 이루어진 한 연구 자료를 인용하면서, '태국에서 후천성면역결핍증 전염병을 막을 조치가 취해지지 않았더라면 2000년까지 400만 태국인이 감염되었을 것이며, 에이즈로 인한 사망은 46만 명에 이르렀을 것이다.' 라고 말했다.

반면 다른 태국 정치가들은 에이즈를 문제로 거론하기를 거부했다. 그 문제를 공식적으로 언급한다는 것은 그들의 주요 관광산업 중 하나인 섹스 산업에 타격을 가하기 때문이다. 그러나 메차이는 섹스 산업을 운영하는 사람들에게 에이즈 확산을 막을 예방책을 강구하는 것이 그들의 이익에 부합하는 일이며, 그러지 않으면 성 산업 종사자들과 고객 모두를 이 질병으로 잃게 될 것이라고 경고했다. 이에 따라 PDA는 에이즈의 확산을 막고 공식화하는 프로그램을 운영했다. 이어 질병의 치명성을 밝히고 그것을 퍼뜨리는 자들에게 오명을 씌우는 영화가 상영되었다. 암웨이(Amway)의 세일즈맨들은 질병을 알리는 책자와 콘돔의 배포를 도왔다.

인 인더스트리얼 마케팅(Industrial Marketing)에 발표한 논문에서 처음 사용하였다. 이후 앨 리스(Al Ries)와 잭 트라우트(Jack Trout)가 공저 『포지셔닝』을 발표하며 광고산업과 경영계에 큰 영향을 끼쳤다. 당신은 자신의 제품을 소비자의 마음속 어디에 자리 잡을지 생각해야 한다는 말은 포지셔닝을 정의할 때 빠지지 않는 유명한 문장이다.

소셜 마케팅의 포지셔닝도 소비자가 인지하는 권장 행동의 이익과 방해되는 요인을 파악하는 것이 중요하다. 그래서 인구통계학적, 지리적, 심리학적, 행동 관련 특성 등을 고려한 세분화를 통해 목표 수용자를 정의한다. 그리고 현재 행동과 권고되는 행동에 대한 인식을 파악한다. 낸시 리와 필립 코틀러(Nancy R. Lee & Kotler, P., 2011)는 소셜 마케팅에서 포지셔닝은 타깃 수용자, 경쟁 상대(혹은 경쟁행위), 권장 행동, 권장 행동에 대한 이점 등을 명확하게 해 다음과 같이 진술해야 된다고 역설한다. "우리는 '타깃 수용자'가 '권장 행동'을 '경쟁 상대· 경쟁 행위'보다 더 많은 이점이 있다고 생각하길 원한다."

행동중심 포지셔닝은 새롭거나, 행동적 욕구가 큰 목표 청중에게 행동 중심의 혜택을 전달해 그들의 마음을 빼앗는 방법이다. 예를 들어 미국에서 진행된 '하루에 다섯 번(5 a Day)'이란 캠페인은 과일과 채소를 권장량에 훨씬 못 미치게 섭취하는 성인들을 대상으로 더 건강한 생활을 위해 하루에 최소 5번은 과일과 채소를 먹자는 행동에 초점을 둔 포지셔닝이다. 이러한 방법은 권고 행동을 실행하기가 어렵지 않아 바로 행동을 유도하는 것이 가능할 때 사용하는 방법이다.

한국중앙자원보호센터의 〈안녕캠페인〉은 자원봉사자, 지역주민이 일상 속에서 경험하는 다양한 문제점을 스스로 발견하고 목소리를 낼 수 있는 장(場)을 펼쳐내고 있다. 여기서 발견된 문제점을 지역의 다양한 주체와 함께 협업을 통해 해결할 수 있도록 주민 주도의 자원봉사 참여 활동을 지원하고 있다. 센터는 지역의 필요와 문제는 지역주민이 가장 잘 알고 있다고 말한다.

〈그림 6-3〉 한국중앙자원보호센터의 안녕캠페인 로고

장애중심 포지셔닝은 타깃 수용자에게 권장 행동을 이행하는 데 방해되는 것을 최소화하고 장애를 극복할 수 있다는 자신감을 불어 넣어 줌으로써 행동 변화를 유도하는 방법이다. 요즘 같은 스마트폰 시대에 안 쓰는 휴대폰을 어떻게 할지 몰라서 서랍 속에 고이 묻어 두는 경우가 종종 있다. 그러나 휴대폰 재활용 방법만 안다면, 혹은 휴대폰 재활용이 수용자의 생각보다 쉽다는 것을 알려준다면, 행동의 장애는 사라질 것이다.

미국 패스트푸드 체인 버거킹(Burger King)은 대표 상품 와퍼 햄버거가 곰팡이로 뒤덮인 모습을 동영상으로 찍어 광고에 활용했다. 이를 통해 인공 첨가제를 퇴출하는 친환경적인 접근을 시도했다. 버거킹은 갓 만들어진 와퍼 버거가 34일에 걸쳐 곰팡이 등으로 망가지는 모습을 촬영한 45초짜리 동영상을 소셜 미디어에 올렸다. 해당 광고에는 '인공 방부제가 없는 것의 아름다움'이라는 문구를 삽입했다. 이와 관련해 버거킹은 미국 매장에서 향미증진제(MSG)와 고 과당 콘 시럽을 완전히 퇴출하고 인공색소와 향미료, 방부제가 들어간 식품 성분을 전체의 10% 미만으로 줄일 것이라고 밝혔다. 이로써 패스트푸드의 대표적 상품이라는 버거킹의 부정 인식을 크게 떨쳐낼 수 있었다.

일반적으로 소비자가 구매 전의 기대와 구매 후의 실제 평가가 서로 일치하지 않을 때 발생하는 것이 인지 부조화(Cognitive

Dissonance)다. 기대에 비해 성과가 낮은 경우에는 불만족을 느끼고, 사람들은 불편한 인지부조화를 해결하기 위해 노력한다.
더불어 사람들에게는 확증편향(Confirmation Bias)이라는 속성이 있어서 자신이 느끼는 인지부조화를 줄여 주는 메시지에 관심을 갖는다. '과자는 살만 찌고 건강에 좋지 않다'는 생각 때문에 먹으면서 죄책감을 느끼는 소비자에게 오리온의 프리미엄 과자 브랜드 '닥터유'는 죄책감을 덜어주고 그 자리에 영양밸런스를 채우는 건강에 좋은 과자라는 점을 내세웠다. 소비자가 느끼는 인지부조화를 줄여 주고자 한 것이다.

이점중심 포지셔닝은 권장 행동의 이점에 초점을 두는 포지셔닝이다. 미국 위스콘신주에서 집행된 '로드 크루(road crew)'는 음주운전 방지 소셜 마케팅 프로그램으로서 이점 중심 포지셔닝을 활용한 대표적인 예다. 위스콘신의 한 시골마을, 성인들의 여가는 주말에 선술집에 모여 술을 마시며 즐기는 것뿐이다. 그러나 이들에게는 버스나 택시 등 대중교통수단이 없고 거의 자가용이 유일한 교통수단이다. 그래서 선술집에서 술을 마신 후 집에 갈 수 있는 방법은 오직 자가 운전뿐이었다. 소비자 조사 결과, 21~34세의 젊은 미혼 남성이 음주운전과 사고의 주범이었다. 그들은 음주운전의 위험을 인식하지만, 별다른 대안이 없다고 생각한다. 그렇다고 그들은 음주를 포기할 마음은 없다. 대신 자가용만큼 편안하고, 차 안에서도 흡연과 음주가 가능하며, 집에서 선술집까지, 한 선술집에서 다른 선술집까지, 그리고 선술집에서 다시 집까지 데려다주는 서비스만 있다면 비용이 들더라도 기꺼이 이용하겠다고 답했다. 그들에게는 음주 사고를 염려해 유일한 여가생활을 망치느니 마음의 평화를 얻는 것이 우선이었다. 이러한 조사를 바탕으로 집과 선술집 사이를 안전하고 럭셔리하게 오가는 리무진 서비스가 탄생했는데, 이름하여 로드 크루다. 결국 이 서비스는 모든 것을 잊고 선술십에서도 즐길 수 있으며, 리무진 안에서도 술을 마실 수 있다는 점을 강조했다. 이는 이점에 초점을 둔 포지셔닝으로 성공한 소셜 마케팅 프로그램이라고 할 수 있다.

볼보자동차코리아는 2019년 3점식 안전벨트 개발 60주년을 기념해 전개하고 있는 'SIT, BELT!' 전 좌석 안전벨트 착용 캠페인의 누적 참가자 수가 불과 3주만에 120만명을 돌파했다고 밝혔다. 도로교통공단과 함께 진행하는 이번 캠페인은 전 좌석 안전벨트 착용 독려를 통한 올바른 운전습관의 확산을 위해 기획됐다. 이를 위해 지난 1일부터 마이크로사이트를 마련하고 SK텔레콤 T맵 및 카카오내비 등과 함께 전 좌석 안전벨트 착용 서약, 안전벨트 착용 인

〈그림 6-4〉 볼보자동차 안전캠페인 홍보스티커

증, 전 좌석 안전벨트 착용 습관 아이디어 공유 등의 이벤트를 실시해 왔다. 안전벨트의 이점에 대한 홍보를 통해 볼보의 안전 이미지를 강조할 수 있었다.

리포지셔닝은 기존의 이미지를 쇄신해야 하는 경우나 새로운 수용자를 타깃으로 확장할 경우에 사용한다. 예를 들어 미국의 약물남용 저항 교육 프로그램(D. A. R. E.: The Drug Abuse Resistance Education)은 1983년에 약물남용의 부작용을 예방하자는 취지에서 생겼으며, 그 당시에는 나름대로 파격적인 프로그램이었다. 그러나 요즘처럼 소셜 미디어나 컴퓨터 등 커뮤니케이션 테크놀로지가 무서운 속도로 발전하는 시대에 전화보다는 SNS 메시지가, 직접 만나는 것보다 인스타그램을 통해 친구가 되는 젊은 세대에게는 강의와 설교를 통한 약물남용 예방교육은 오히려 반감을 살 수 있다. 이에 따라 D. A. R. E 프로그램은 요즘 청소년들에게 맞게 웹사이트, 소셜 미디어 등을 통해 다가가는, 라이프스타일 '코치'와 같은 개념으로 재탄생하고자 했다.

앞서 예로든 노란물고기 캠페인에서 비점오염이란 용어가 어렵게 다가오고 의미전달도 잘 되지 않아 캠페인의 장애요인으로 작용하고 있었다. 이를 가시적으로 명확하게 수용할 수 있도록 하는 연결고리가 필요했다. 그래서 '비점(非點)오염'이라는 학술적 용어를 친근하고 가시적인 '빗물오염'이라는 용어로 변경해 사용하기로 했다. 빗물오염(=비점오염)이 '비'라는 기상활동에 의해 야기되는 오염형태임을 쉽고 친근하게 알리기 위해 당시 MBC 기상캐스터였던 안혜경 씨를 홍보대사로 위촉했다. 그녀는 9시뉴스 기상코너에 비오는 날의 비점오염 예상도를 보여줘 시청자들의 인식을 제고하는 데 큰 역할을 했다.

앞서 살펴본 다양한 포지셔닝은 브랜딩을 통해 더 기억하기 쉽게 나타낼 수 있다. 브랜드는 제조자 또는 판매자를 구별할 수 있는 이름, 용어, 사인, 심볼 등이며 브랜딩은 이러한 브랜드의 이미지와 느낌, 아이덴티티를 불어넣는 과정을 말한다. 브랜딩은 상업 마케팅에서 매우 중요하고, 세계적인 회사들이 브랜드를 키우는 데 몇 천억의 돈을 쏟아 붓는 것은 예사스럽지만 그 결과 또한 값지다.

이러한 브랜딩의 중요성이 충분히 인식되는 상업 마케팅과 달리 소셜 마케팅에서는 브랜드를 키우는 데 한계가 있다. 상업 마케팅에 비해 브랜딩에 투자할 자원이 부족하고, 브랜딩의 중요성에 대한 인식이 그리 높지 않기 때문이다. 그러나 분명하고 우위 있는 포지셔닝과 그 전략을 쉽게 이해할 수 있는 브랜딩이 이루어진다면 소셜 마케팅 프로그램은 성공할 확률이 더욱 높다.

금연 캠페인인 '트루스'는 소셜 마케팅 분야에서 브랜딩에 성공한 사례라고 할 수 있다. 담배 회사의 조작과 사기에 대항해, 담배 회사를 '거짓(lie)'으로 정의하고, 그에 대항해 흡연에 대한 진실을 밝혔다는 데 의미가 있다. 트루스는 적과 아군, 선과 악, 그리고 참과 거짓을 극명하게 대조함으로써 청소년의 마음속에 쉽게 각인되었다. 즉 경쟁 중심의 포지셔닝을 브랜드에 그대로 표방한 것이다. 더글러스 에반스(W. Douglas Evans)는 이 캠페인의 브랜드 자산(brand equity)을 타깃 수용자

〈그림 6-5〉 금연 홍보 비영리 캠페인 Truth(@truthorange)

인 12~17세의 청소년 사이에서 서베이로 측정하고, 브랜드 자산이 캠페인 효과에 미치는 영향을 연구했다. 여러 브랜드 자산 개념을 적용해 에반스와 그의 동료들(Evans, Price, & Blahut, 2005)은 트루스 캠페인의 브랜드 자산이 담배 회사에 대한 부정적인 태도를 형성했고, 그런 부정적인 태도는 청소년의 흡연을 줄이는 역할을 했다고 보고했다. 한마디로 브랜드 전략이 소셜 마케팅의 궁극적 목표인 행동 변화에 효과적인 것임을 입증한 셈이다.

6. 마케팅 믹스

모든 마케팅 캠페인의 네 가지 필수 요소인 "4P"를 이용하여 마케팅 효과를 높이는 방법이다. 이러한 "P"는 제품, 장소, 가격 및 판촉이며 이를 적절히 활용하는 것을 "마케팅 믹스"라고도 한다.

제품(product): 소셜 마케팅에서 "제품"은 원하는 사회적 행동과 이 행동이 제공하는 혜택을 말한다. 이 변화는 가능한 한 매력적으로 제시되는 것이 중요하다. 여기에는 반대 행동을 부정적으로 프레임하는 것이 포함될 수 있다. 또한 명확성이 핵심이다. 청중이 "제품"과 그 이점을 빠르고 쉽게 이해할 수 있도록 해야 한다.

장소(place): 청중이 원하는 행동을 수행하기를 원하는 곳은 어디인가? 해당 위치에서 행동을 더 쉽게 수행할 수 있도록 어떤 도모가 필요할까? 청중이 캠페인에 더 쉽게 접근할 수 있도록 청중들이 인지하는 유명 인사를 "앰배서더"로 동원할 수 있을까? 기부 캠페인을 진행 중인 경우 캠페인 광고에 웹사이트, QR 코드 또는 실시간 기부 링크를 포함한다. 매장에서 재사용이 가능한 쇼핑백을 장려하려는 경우 고객이 찾는 모든 일회용 백에 대해 비용을 청구하고 소액의 비용으로 재사용 가능한 백을 제공한다(고객이 계속해서 무료로 사용할 수 있음). 더 나아가 일회용 봉투에 "비닐 봉투는 해양 생물을 죽입니다."와 같은 메시지를 인쇄하고 재사용 가능한 봉투를 아름답고 매력적으로 만들어 제공한다. 십대를 위한 헬프 라인을 설정하는 경우 전화, 문자 및 온라인 메시징을 통해 하루 24시간 사용할 수 있도록 한다.

가격(price): 청중이 원하는 사회적 행동이 일어나기 위해 지불해야 한다고 믿는 "가격"을 최소화한다. 이 가격은 모두 화폐는 아니다. 또한 사람들이 겪게 될 어려움, 시간 및 심리적/감정적 비용을 최소화하는 것이다. 따라서 소셜 마케팅 캠페인을 설계할 때 청중이 행동을 수행하는 것을 방해하는 장애물에 대해서도 고려해야 한다.

그런 다음 이러한 장애물과 싸울 수 있는 직관적이고 실현 가능한 방법을 찾는다. 예를 들어, 귀하의 캠페인이 귀하의 지역사회에서 더 많은 운동을 장려하는 것이 목표라면 안전한 야외 공간이 별로 없고 실내 수업비용이 장벽이라면 무료 실내 피트니스 수업을 제공하는 식이다.

판촉(promotion): 프로모션은 소셜 마케팅 광고의 콘텐츠, 이미지, 및 채널과 같이 잠재 고객에게 여러 방식으로 전달될 수 있다. 이것은 세 개의 다른 "P"가 모이는 곳이다. 청중에게 가장 잘 도달하고 소셜 마케팅 캠페인에 대한 그들의 관심을 끄는 데 가장 도움이 되는 채널과 매체를 무엇으로 할 것인가에 대해 결정해야 한다. 소셜 미디어는 무엇인가? 텔레비전? 사인, 빌보드 또는 설치? 게릴라 캠페인? 제품(행동), 행동을 원하는 장소, 최소화된 가격에 어떻게 관심을 끌 것인가? 등으로.

당시로는 너무나도 혁신적인 마케팅 수단들이 사용되어 논란이 되었던 캠페인이 있다. 2005년 여성가족부는 성매매방지법 시행 1주년을 맞아 성매매를 허용하는 문화와 인식을 개선하기 위해 '화이트타이 캠페인'을 시작했다. '앞선 남자의 근사한 생각'이라는 슬로건의 화이트타이 캠페인은 20~30대 남성을 중심으로 우리 사회에서 여성을 존중할 줄 아는 앞선 남자의 표상을 만들어 가는 것을 목표로 했다. 성매매, 성폭력은 여성에게 가해지는 폭력 행위이며, 이에 대해 침묵하지 않는 남성을 '화이트타이 맨'으로 상징화하여 참여를 유도했다. 성매매방지법 시행으로 국민 대다수가 성매매가 불법임을 알게 되었으나, 성매매가 뿌리 깊은 사회적 관습으로 자리잡은 한국 사회에서 법적 실효성을 확보해 나가기 위해선 남성들 스스로 왜곡된 성문화에 대한 자각과 의식개혁이 필요하며, 이러한 의식 개선을 위해서 성매매와 성폭력이 줄어드는 올바른 성문화 정착을 위한 캠페인이 필요했다.

이 캠페인은 당시 사회적으로 성매매와 관련이 없는 남성들도 성매매나 성폭력에서 자유롭지 않음을 인정하게 하고 향후 이를 개선해 나가자는 메시지를 던져 큰 논란이 벌어지기도 했다. 그런데, 바로 이러한 논란을 통해 과거의 성폭력 문제를 이슈화하고 처벌할 수 있는 법적인 토대를 마련하는 계기가 되었다. 만약 이 문제를 논쟁적으로 이슈화하지 않았다면 오랜 시간동안 이 문제에 대한 사회적 개선 노력이 지체되었을 가능성이 크다는 점에서 캠페인의 긍정적 효과뿐 아니라 부정적 측면을 제기한 메시지 양면 전략의 일환이었다.

〈그림 6-6〉 서울 시내 유흥가에서 배포한 막대사탕

특히 이 캠페인은 마케팅적 요소를 적극 도입하여 인지도를 크게 제고했다. ① 화이트 타이 로고만 티져 방식으로 론칭하여 웹에서 크게 화제를 몰고 왔고, ② 대학축제에 학생들 스스로 계몽 캠페인으로 사용할 수 있도록 툴을 제작해 10개 대학 학생회에 제공하여 확장을 유도했으며, ③ 유흥가에서 판촉물인 사탕과 라이타를 홍보물과 함께 가두 배포하였고, ④ 유명인을 엔도서로 위촉하여 지금의 인플루언스 마케팅 효과를 유발했으며, ⑤ 화이트타이 어워드를 제정하여 성문화개선에 노력한 인사의 격려와 그의 스토리 활용, ⑥ 대학생 페스티발을 대학로에서 개최하여 젊은이들의 참여를 촉구하는 등 매우 마케팅적인 사회 캠페인으로 자리 잡을 수 있었다.

성공하는 소셜 마케팅 기획의 몇 가지 팁

청중에게 어떻게 창의적으로 "4P"를 전달하고 감동을 줄 것인가? 그리고 시간이 지남에 따라 영향력을 극대화하기 위해 어떻게 노력할 수 있나?

최상의 결과를 얻으려면 다음 팁과 전략을 고려해야 하고 "가격"을 적절하게 최소화하려면 세심한 대비가 필요하다.

첫째, 캠페인을 설계하기 전에 청중이 원하는 행동("가격")을 수행하는 데 방해가 되는 장애물이 무엇인지 파악하려면 몇 가지 철저한 조사를 수행해야 한다. 온라인, 전화 또는 인쇄물로 청중을 조사해라. "가격"을 정확하게 찾으려면 여러 설문 조사와 대화가 필요할 수 있다. 결국, 더 많은 사람들과 대화할수록 가장 일반적인 장애물에 대해 더 잘 알게 될 것이다. "가격"을 확인하고 이를 최소화하는 방법을 브레인스토밍한 후에는 사람들이 확인된 문제와 가능한 해결책에 어떻게 반응하는지 알아보기 위해 포커스 그룹을 개최해 검증할 수 있다.

둘, 캠페인을 디자인할 준비가 되면 멋진 슬로건을 만들고 단순하지만 기억에 남아 행동에 동기를 부여하고 잠재 고객의 마음을 사로잡는 강력한 "트리거" 역할을 기대한다.

- 눈길을 끄는 슬로건 만들기

  "당신만이 산불을 막을 수 있습니다."

  "이것은 마약에 대한 당신의 두뇌입니다."

  "우린 할 수 있어!"

이 세 가지 상징적인 소셜 마케팅 캠페인은 모두 눈에 띄고 기억하기 쉬운 슬로건을 사용했다. 일종의 슬로건을 작성하는 것은 자신의 소셜 마케팅 캠페인에 필수적이다. 위에서 언급했듯이 청중이 원하는 행동과 행동에 따라 행동하는 방법을 가능한 한 빨리 이해하기를 원한다. 따라서 그 아이디어를 캠페인 슬로건으로 압축하는 것이 좋다. 간단하고 매력적인 문장으로 청중의 마음에 남을 것이다. 바람직한 행동의 이점에 대한 언급을 포함할 수 있다면 더욱 좋다.

앞서의 사례 화이트타이 캠페인에서 캠페인 스토리텔링은 이렇게 말하고 있다. "사나이로 태어나서 할 일도 많습니다. 지켜야 할 것도 많습니다. 뿐만 입니까? 하지 말라는 것도 많습니다. 남자로서 느끼는 유혹도 참 많습니다. 하지만 우리가 마지막까지 무너지지 말아야 할 최후의 마지노선. 그것은 인간 존중의 가치입니다. 성매매 특별법이 발효된 지 1년. 현재 많은 여성이 자활센터에서 새로운 인생을 준비하고 있습니다. 선정성과 폭력성으로 멍든 우리의 성문화 속에서, 그 수많은 유혹의 순간순간 속에서, 당신이 용기 있는 선택을 한 덕분입니다. 그 선택의 순간, 당신은 인간을 생각하고, 그 존엄성을 생각하고, 또 성매매의 굴레 속에서 필연적으로 발생하는 피해자들을 생각했겠지요. 아니, 어쩌면 당신을 바라보고 있는 가족이나 연인의 얼굴을 떠올렸을지도 모르겠습니다."

〈그림 6-7〉 화이트 타이 캠페인 스토리텔링 시리즈 포스터

셋째, 비주얼이 전부다.

청중을 놀라게 하거나 충격을 주는 이미지는 특히 문제를 설명하거나 바람직하지 않은 행동의 부정적인 영향을 보여 주는 경우 강력한 동기 부여가 될 수 있다. 비주얼의 힘을 극대화하려면 캠페인

매체를 신중하게 선택해야 한다.

기억에 남을 수 있는 기호를 만들어 본다. 효과적인 소셜 마케팅 캠페인 중 일부는 유방암 인식을 위한 핑크 리본과 같이 단순하지만 이제는 상징적인 도안을 포함한다. 때때로 그 기호는 캐릭터일 수 있다. 캠페인과 연결되는 단순하지만 기억하기 쉬운 심볼이나 캐릭터를 만들 수 있다면 캠페인이 성공할 가능성이 더욱 높아진다.

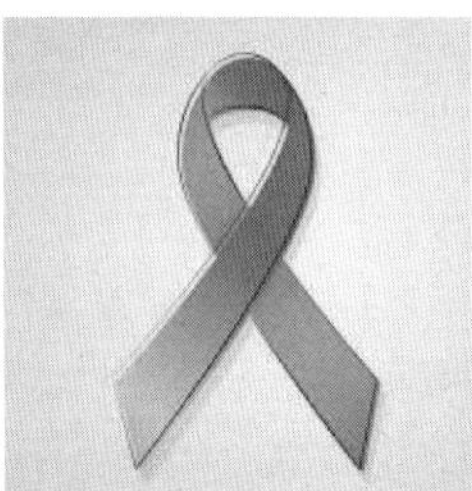

〈그림 6-8〉 여성 유방암 인식 캠페인의 핑크 리본

〈그림 6-9〉 평화상징, 핵무장 해제를 위한 캠페인, 상징

〈그림 6-10〉 우크라이나, 평화 상징, 핵무장 해제를 위한 캠페인

〈그림 6-11〉 화이트타이 캠페인 로고 및 슬로건

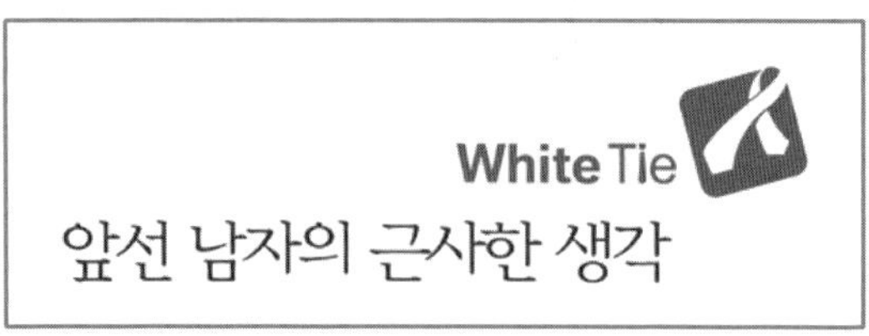

[부록] 소셜 마케팅 사례: It's not OK! 캠페인

소셜 마케팅 캠페인의 단계별 과정과 포지셔닝 전략의 구성을 상세히 보여 주는 It's not OK! 캠페인을 소개한다.

It's not OK!는 뉴질랜드에서 일어나는 가정 폭력에 대한 대안으로서, 지역 커뮤니티를 중심으로 가정 폭력을 감소시키기 위해 진행하고 있는 지속 가능 캠페인이다. 2007년에 처음으로 간단한 메세지 'Family Violence is not OK but It is OK to Ask for Help.'를 알린 것이 그 시작이었다. 이후 2014년 이 캠페인은 더욱 넓은 범위에서의 지역 커뮤니티들과 강력한 파트너십을 맺게 되었다. 지역 내의 이러한 적극적이고 놀라운 변화들은 지역 내에서 심각한 사회 문제였던 가정 폭력에 대항하여 놀라운 변화를 이끌어내기 시작했다.

이들의 기본 메세지는 It's not OK!
가정 폭력을 발견한 주변인들에게는 It's OK to help,
가정 폭력을 겪고 있는 피해자들에게는 It's OK to ask for help

이는 지역 내의 모든 사람들에게 우리의 가족을 지키기 위해 우리 모두의 역할이 중요하다고 강조하고 있다. 이러한 신고는 해당 신고라인 111로 통일시켰으며, 각 지역 내에서 또한 지속 가능한 도움을 받을 수 있도록 유도하고 있다.

1. 캠페인 목표

① 지식의 변화: 가정 폭력에 대한 올바른 정보와 교육을 통해 잘못된 사회규범의 변화 이끌기. 도달 범위가 넓은 TV 광고를 이용하며, 지식 커뮤니티 내에서의 교육 또한 이를 뒷받침한다.

② 신념의 변화: 가정 폭력은 It's not ok, 도움을 청하는 것은 It's ok, 도와주는 것 또한 It's OK 라는 단순하지만 기억되기 쉬운 메세지를 이용하여 가정 폭력은 잘못된 것이며, 도움을 요청하면 도와줄 수 있고, 충분히 변화할 수 있다는 믿음 심어주기.

③ 행동의 변화: 가해자 및 피해자의 적극적인 행동 변화 유도. 가해자에게는 폭력을 멈출 것을, 피해자에게는 적극적인 신고를 권하며 자신도 모르는 사이 내가 혹시 피해자는 아닌지, 가해자는 아닌지 스스로 살펴볼 수 있는 체크리스트인 The Danger Signs 또한 제공하여 적극적으로 문제에 직면하도록 유도한다.

결론적으로 가정 폭력에 대한 사회적 용인을 감소시키고 피해자 및 가해자뿐만 아니라 주위 사람들의 가정 폭력에 관한 행동을 변화시키는 것이 캠페인의 목적이다.

2. 수용자 세분화

가정 폭력의 가해자, 가정 폭력의 피해자 그리고 가정 폭력을 묵인했던 혹은 인지하지 못하고 있던 주변인들까지, 가정 폭력에 대한 잘못 된 관습을 가진 대중을 변화시키기 위해 매스 미디어의 수용자를 세분화하여 각각에 알맞은 메시지를 성공적으로 전달했다.

1) 타깃 세분화

- 가해자: 자신이 저지르는 폭력이 잘못 된 것은 알고 있으나, 어떻게 도움을 청할 수 있는지 모르거나 혹은 처벌 받거나 낙인찍히는 것이 두려워 도움을 청하지 않는 사람들을 타깃으로 설정하였다. 특히 가정 폭력의 가해자 중 대부분을 차지하는 남성에

맞춘 메시지를 전달하였다. 긍정적으로 변화한 과거의 가정 폭력 가해자들의 실제 경험담을 전달함으로써 당신도 변화할 수 있다는 긍정적 메시지를 전달하고 어떤 행동을 취해야 가정 폭력 가해를 그만 둘 수 있는지 정보를 전달한다.

- 피해자: 폭력임을 인지하지 못한 채 가정 폭력을 당하는 피해자, 폭력임을 알면서도 신고할 방법을 모르거나 두려워하는 피해자를 타깃으로 설정하였다. 무엇이 가정 폭력인지 'It's not ok' 명제를 통해 예시를 들어 전달한다. 예를 들어, 당신의 페이스북을 감시하고, 당신이 무엇을 입는지 통제하려고 드는 것은 옳지 않다고 이야기하는 식이다. 그러나 도움을 청하는 것은 괜찮다(it's ok)고 광고 말미에 전달함으로써 피해자들이 적극적으로 도움을 요청할 수 있도록 유도한다.
- 주변인: 주변에 가정 폭력의 가해자 혹은 피해자가 있는지 인지하지 못하는 주변인, 어떻게 도와야 할지 모르는 주변인을 타깃으로 설정하였다. 가정 폭력의 피해자들이 직장에서, 학교에서, 사람들 간의 관계에 있어서 어떤 징후가 나타나는지 알리고 이러한 'danger sign'을 보이는 사람들이 없는지 주변을 살펴볼 것을, 또 어떻게 도울 수 있는지를 이야기한다. 가정 폭력 피해자의 주변인을 인터뷰하는 방식으로 상세히 'danger sign'을 전달했다.

2) 행동적 세분화: 커뮤니티 차원에서 행동의 변화를 유도

대중 광고를 통해 가정 폭력에 대한 관습을 변화시킨 후, 커뮤니티 단위로 캠페인을 진행하여 실제적인 소통을 통한 행동을 유도하였다. 스포츠 커뮤니티(뉴질랜드 지역 럭비 팀), 종교 커뮤니티 혹은 마오리족과 같은 부족 커뮤니티, 뉴질랜드 이민자 커뮤니티 등 각 커뮤니티의 특성을 세분화하여 이에 걸맞은 인적자원을 활용, 캠페인을 진행하였다. 특히 각 커뮤니티의 community champions가 오피니언 리더가 되어 이들의 행동을 유도하도록 적극 활용했다.

- 학교(학생) 커뮤니티
- 뉴질랜드 럭비 팬클럽
- 종교 커뮤니티
- 이민자 커뮤니티
- 지역 커뮤니티/Community champions
- 마오리족과 pacific people

3. 마케팅 믹스

1) Product: it's not ok 슬로건과 무료 캠페인 자원

슬로건

가정 폭력에 대해 올바른 관습이 형성되어있지 않았기 때문에, 다양한 물리적, 정신적 가정 폭력의 형태를 'family violence It's not ok, it is ok to ask for help'라는 슬로건을 통해 전달함으로써, 어떠

〈그림 6-12〉 It's not OK 슬로건

한 형태의 가정 폭력도 용납 돼서는 안 되며, 가정 폭력의 당사자일 경우 주변에 도움을 요청하도록 유도하고 있다.

TV 광고, 포스터, 팜플렛 등 다양한 미디어에서도 동일한 슬로건을 이용하여, 캠페인의 통일성을 유지하고 있다.

무료 캠페인 자료

'It's not ok' 홈페이지에서 누구나 캠페인 로고, 이미지, 책자, toolkit, 홍보 포스터 등 캠페인 진행 시 사용된 모든 자료를 다운로드 받거나, 배송받을 수 있으며 별도의 절차 없이 무료로 이를 이용할 수 있다.

2) **Price: 캠페인 자료 무료 제공과 체계적 서비스 제공**

책자, 포스터, 로고 등 캠페인에 사용된 모든 자료를 홈페이지에서 무료로 다운로드 받아 다양한 용도로 자유롭게 이용할 수 있으며, 캠페인을 지지하는 티셔츠, 가방, 핀 버튼 등도 무료로 배송 받을 수 있다.

체계적인 help line과 올바른 social norm 형성을 위한 교육 서비스 제공

도움이 필요한 가정 폭력 피해자를 위한 가이드라인과, 가정 폭력 피해자를 돕고 싶은 사람들을 위한, 준비 과정부터 실제 행동(신고)까지 가이드라인이 상세하게 제공한다. 뿐만 아니라 익명성에 대한 우려, 비용에 대한 우려, 자녀에 대한 우려, 보복성 피해 등 가정 폭력 신고를 주저하게 만드는 요인에 대한 조언을 제시함으로써 가정 폭력 피해자들이 도움을 요청할 수 있도록 유도하고 있다.

피해자를 돕고 싶은 사람들에게는, 어떻게 가정 폭력 피해자들에게 접근해야 하는지, 가정 폭력 피해자가 보이는 위험 징후는 무엇인지 등 실제적으로 그들이 어떤 행동을 취해야 하는지 상세하게 가이드라인을 제공한다.

또한 언론사가 가정 폭력에 대한 보도 시 잘못된 보도방식으로 인해 올바르지 못한 관습이 형성되지 않도록, 올바른 가정 폭력 보도 방식에 대한 교육을 제공하였으며, 지역 내 리더, 종교 지도자 등에게도 가정 폭력에 대한 올바른 인식 교육이 제공되었다.

가정 폭력으로 인해 발생하는 사회적 비용 감소- 뉴질랜드 내에서 가정 폭력은 매년 4.1조에서 7조 가량의 경제적 손실을 일으킨다. 캠페인을 통해 이러한 경제적 손실을 줄인다.

3) Place/Promotion: 커뮤니티 단위의 채널을 적극 활용

공공 교육으로부터 시작했던 기존의 TOP-DOWN 방식의 캠페인이 아닌, 커뮤니티 단위에서 세부적으로 접근하는 캠페인 방식

〈그림 6-13〉 It's not OK Champions (https://youtu.be/_WdGDjCpXO0)

을 취했다. 캠페인은 지역 잡지, 지역 광고판 등을 이용하여 광고를 집행했으며, community champion을 선두로 캠페인을 전개하였다 (Point Research, 2010).

① it's not ok college: 학생회장 등 학교 내에서 학생들에게 영향을 끼칠 수 있는 leader가 캠페인에 앞장서며 가정 폭력으로 인해 도움이 필요한 사람을 지나치지 않고 도울 수 있도록 학생들 스스로가 champion이 될 수 있도록 유도하였다. 이를 위해 캠페인 티셔츠 등 캠페인을 지지하는 다양한 자원을 이용하였다.

② community champions: 지역 내에서 가정 폭력에 대한 목소리를 내는 사람들을 캠페인 진행에 적극 이용하였다. 또한 지역 내 leader에 위치한 사람들을 대상으로 올바른 가정 폭력 인식 교육을 진행하였으며, 지역 내 champion들의 활동을 통해 커뮤니티 내에서 변화가 이뤄지도록 유도했다.

③ 지역 캠페인(community action fund): gisborn, Levin, new Plymouth 등 뉴질랜드 6개 도시에서 커뮤니티 특성에 맞춘(지역 내 부족 커뮤니티의 특성, 지역 내 leader의 활용 방식, 지역민 가정 폭력 인식 수준, 지역 내 활발한 커뮤니티 채널) 캠페인을 진행하였다. 또한 이러한 가정 폭력 예방을 위한 커뮤니티 활동을 지원하기 위해 community action fund를 진행하였고 147개의 공동체 보조금을 만들고 320만 달러의 예산을 지역 사회 조직에 분배하였다(Point Research, 2010). CAF는 지역 사회 내에서 가정 폭력 예방에 대한 메시지가 더욱 효과적으로 전파될 수 있도록 다양한 광고 채널, 지역 내 네트워크, 교육 등을 지원하는 것에 중점을 두었다.

④ 스포츠 커뮤니티: 럭비 리그를 둘러싼 폭력적인 요소들을 개선하기 위해서(경기 관람 중 폭력적인 언사 또는 행동, 관람 시 음주 후 폭력적인 행동, 이러한 행동들이 가정에 끼치는 영향 등) 지역커뮤니티의 학교 내 럭비 리그 및 12개의 스포츠 팀과 약 8000명의 멤버를 보유한 Counties Manukau 럭비 리그 등을 이용하여 캠페인을 진행하였다(Dr Michael Roguski, 2015). 럭비 리그에 대한 충분한 이해가 선행된 후에, 빌보드 등 경기장 내 광고 채널을 이용하였으며, 광고 메시지 또한 럭비 리그에 맞춰 전달하였다.

⑤ 종교적 커뮤니티: 지역 내 종교적인 리더에게 올바른 가정 폭력에 대한 인식을 교육하여, 종교적 커뮤니티 구성원들에게 전파할 수 있도록 유도하였다. 종교적인 이유를 명분으로 행해지고 있던 학대들에 대한 인식 개선도 포함시켰다.

〈그림 6-14〉 It's not OK TV Ads 2016 – "Control" (https://youtu.be/R3CcEULL2yo)

⑥ 대중매체 이용: 4주 동안 가정 폭력 인식 개선을 위한 TV광고를 집행하고 페이스북 게시물을 853,076 명에게 노출시키는 등, 사회 전반적인 사회관습 또한 변화시키고자 대중매체를 이용하였다. TV광고를 통해서 가정 폭력에 대한 올바른 정의를 제공하였고, 뉴질랜드 국민과 가정 폭력이 연관되어 있다는 메시지를 전달함으로써 커뮤니티 기반의 캠페인 진행에 호의적인 환경을 조성하였다.

관습을 변화시키기 위해 광고는 두 가지의 단계로 진행이 되었는데 첫 번째로 평범한 뉴질랜드 국민과 지역 유지들이 등장하여 폭력을 휘두르거나, 행동을 통제하는 등의 '가정 폭력은 옳지 않다'는 메시지를 전달하는 것이다. 두 번째로, 가정 폭력의 피해자 또는 가해자들의 긍정적인 변화 이야기를 인터뷰 형식으로 자세히 전달하여 변화할 수 있다는 메시지를 전달하는 것이다.

최근 캠페인에서는, 더 나아가 가정 폭력 피해자의 주변 인물들을 인터뷰하는 형식으로 광고를 구성함으로써 가정 폭력 피해자가 어떤 '위험 징후(danger sign)'을 나타내는지 정보를 제공하고 주변에 대한 관심을 촉구하고 있다.

〈사회 관습을 변화시키기 위해 대중매체를 이용하여 집행된 영상 광고〉

https://youtu.be/R3CcEULL2yo "Control"

https://youtu.be/a7WDosnwqjk Men's Stories of Positive Change (Brian Gardner)

https://youtu.be/LoUp6swZXn8 Danger Signs (David White)

참고문헌

강정석 (2017), 해외 공익연계 마케팅(Social marketing) 접근방법, ORICOM BRAND JOURNAL.

백혜진 (2013), 소셜 마케팅, 커뮤니케이션북스.

조재형 (2017), 위험사회, 에이지21.

조재형 (2021), 기업을 살리는 설득의 기술, 학지사.

필립 코틀러, 낸시, R. (2011). Social Marketing. 지식과 날개

Based on: Statistics New Zealand. (2015). *New Zealand Police recorded crime and apprehension tables*. Retrieved 9 April 2015 from http://nzdotstat.stats.govt.nz/wbos/Index.aspx?DataSetCode=TABLECODE7407

C. APINUNDECHA1, W. LAOHASIRIWONG2, M. P. CAMERON3, & S. LIM (2007). *A community participation intervention to reduce HIV/AIDS stigma*. Nakhon Ratchasima province, northeast Thailand.

Evans, D. W., Price, S., & Blahut, S. (2005). Evaluating the truth brand. *Journal of Health Communication*. 10, 181-192.

Evans, D. W., Wasserman, J., & Bertolotti, E. (2002). Branding behavior: The strategy behind the truth sm campaign. *Social Marketing Quarterly*. 8(3), 17-29.

Family Violence Death Review Committee (2014). Fourth Annual Report: January 2013 to December 2013. Wellington, Health Quality and Safety Commission. Retrieved June 2014 from http://www.hqsc.govt.nz/our-programmes/mrc/fvdrc/publications-and-resources/publication/1600/

JAMES W. DEARING (1996). Social Marketing and Diffusion-Based Strategies for Communicating with Unique Populations : HIV Prevention in San Francisco.

Lee, N. R., & Kotler, P. (2011). *Social marketing: Influencing behaviors for good* (4th ed). Thousand Oaks, CA: Sage.

Trout, J., & Ries, A. (1981). *Positioning: The battle for your mind.* New York: McGraw-Hill. https://www.thensmc.com/content/what-social-marketing-1 What is Social Marketing?

7장

공공 브랜드의 풍경

박재항

*이 글은 2014년 7월 발간 DBR 157호에 필자가 기고한 '1차 세계대전과 국가 브랜딩'에, 본서를 위하여 2차 세계대전과 이후의 내용을 보강하여 실었다.

박재항 parkjaehang@gmail.com

제일기획과 이노션에서 삼성과 현대차, 기아를 비롯한 한국 대표 글로벌 브랜드전략 수립과 마케팅 활동 실행을 광고주와 광고대행사 양쪽에서 모두 담당했다. 현재 브랜드 컨설팅 서비스를 제공하는 G_BAT(글로벌브랜드앤드트렌드)의 대표로 지자체와 공공 기관의 공공 브랜드 및 기업들을 자문하며, 이화여대, 인하대, 한림대 등에서 초빙교수/겸임교수로 강의를 하고 있다. 서울대학교 인문대학 동양사학과를 졸업하고 뉴욕대학교 경영대학원(Stern School of Business)에서 경영학석사를 받았다. 심성전자 홍보실에서 커뮤니케이션 부문에 입문했고, 제일기획 브랜드마케팅연구소 소장, 이노션 마케팅본부장, 현대차그룹 미래연구실장, 기아차 마케팅전략실장을 거쳤다. 공공 브랜드 관련 대한적십자사, 한국관광공사, 행정자치부, 부산시, 제주도 등의 자문위원, 컨설팅 업무를 수행했다. 글로벌 마케팅그룹인 하바스코리아 전략부문 대표, MZ세대 마케팅의 선두주자인 대학내일 사범(고문), 젊은이들의 문화예술 활동을 후원하는 사단법인 오늘은의 이사장을 역임했다.

『반전의 품격』(2021), 『브랜드 마인드』(2004) 등의 저서와 『최고의 브랜드는 어떻게 만들어지는가』(2021), 『디스플레이의 비밀』(2007) 등의 역서, 『광고 지성과 철학의 지평선』(2019) 등의 공저가 있다.

1. 국가 브랜드의 풍경 — 세계대전의 영향

전쟁은 사회를 요동케 한다. 한 대륙을 넘어서 여러 대륙의 국가들이 참여한 세계의 전쟁으로 1차 세계대전은 국가들의 브랜드에도 지대한 영향을 미쳤다. 외부에 보이는 국가의 이미지가 바뀌거나 국가적인 지향점을 새롭게 정립하는 계기가 되기도 한 것이다.

미국은 1차대전으로 자칭타칭 '정의의 수호자' 내지 '구세주'로서 자리매김하는 동시에 '자기 멋대로 한다'는 이미지를 얻었다. 2차대전에서 미국은 연합국의 맹주였다. 그러나 이후의 세계는 '팍스 아메리카나(Pax Americana)'를 용납하지 않았다.

프랑스의 '마지노선'은 1차 대전이란 과거에 바탕을 두고 만들어졌다. 그래서 2차대전의 전략적 실패의 주범이 되었다. 그럼에도 불구하고 프랑스 특유의 미학적포장술로 인해 긍정적 이미지를 획득했다. 영국은 양차 대전을 겪으며 '잃어버린 영광'의 대명사가 됐고, 중국과 일본은 각각 '더럽고 험한 일도 마다 않는 사람들'과 '탈아시아를 꿈꾸다 엇나가 버린 2차 대전 전범국'이 돼 버렸다.

이러한 국가 브랜딩과 이미지 형성이 1차 대전 100년, 2차 대전 80년 후를 사는 우리에게는 어떤 의미가 있을까? 사람들은 빠르게 하루 아침에 확 변하지 않는다. 세상살이도 그러하다. 트렌드 읽기라는 '새로움'에 초점을 맞추는 작업은 '연속성'을 깨달을 때 제대로 성과를 낸다. 바로 역사라는 큰 호수가 우리 앞에 있다. 100여년이 지난 옛날의 사건이 아닌 끊임없이 신선한 물을 제공하는 원천으로 1차와 2차 양차 대전은 서구 제국을 넘어 동아시아에도, 그리고 과거가 아닌 현재에도 살아 있고, 미래에도 지속적으로 영향을 미칠 것이다.

1) 세계대전은 역사의 홍일점

많은 푸른 잎 가운데 한 송이 붉은 꽃
[萬綠叢中紅一點(만록총중홍일점)]
사람을 움직이는 봄빛 많은들 무엇하리
[動人春色不須多(동인춘색불수다)]

왕안석(王安石)의 '詠石榴花(영석류화)'란 시 구절이다. 사람들의 춘심을 자아내는 것은 산을 덮은 푸른 잎들이 아닌 그 가운데 핀 한 송이 붉은 꽃일지 모른다. 브랜드가 그러하다. 기업이나 국가의 모든 것을 담고 나타낼 수는 없다. 어느 한 부분을 부각시키고 그것과 결부시켜 해석되도록 유도한다. 그래서 브랜딩은 견강부회의 행위로 치부되기도 한다. 1차, 2차 세계대전이라는 역사의 큰 흐름을 사소한 해프닝이나 소수 특정 인물로 일반화시킨다는 비판도 충분히 나올 수 있다. 원컨대 국가의 브랜드가 형성되거나 바뀌는 '홍일점'을 1차 대전이라는 프리즘을 통해 찾아보려는 시도로 받아들여졌으면 한다.

영국에서는 1차 세계대전을 'Great war'라고 부른다. 더 큰 규모의 2차 세계대전이 일어났어도'Great'란 형용사는 1차 대전의 몫이었다. 엄청난 인명손실을 포함해 심대한 영향을 끼친 문자 그대로 '큰 난리'란 의미도 있겠으나 'Great Britain'이란 명칭에서와 같은 향수가 느껴지는 측면도 있다. 프랑스어로 1차대전은 'a premiere guerre mondiale'란 지극히 건조하고 객관적인 명칭으로 불리는데

'premiere'가 'premium'으로 읽히며 역시나 향수나 자부심 같은 게 느껴지기도 한다.

미국에서는 2차 대전 전까지 1차대전을 '유럽전쟁(European War)'이라고 했다. 유럽으로 지역을 한정함으로써 자신들의 땅 바깥과는 거리를 두고 싶었던 미국의 전통적 고립주의의 영향이 읽히는 이름짓기, 네이밍(naming)이다. 2차대전으로 자신들도 세계 정세의 사슬 속에서 떨어져 있을 수 없고 적극적으로 지도적 국가의 역할을 자임하며 '유럽전쟁'이라는 용어도 '1차'라는 보편적인 용어로 바뀌었다. 중국과 일본에서 '대전(大戰)' 앞에 굳이 '세계(世界)'라는 단어를 덧붙인 것은 자신들의 존재까지 그 전쟁을 통해 부각시키려한 것은 아닐까?

1차대전은 한 대륙을 넘어서 여러 대륙의 국가들이 참여한 '세계의 전쟁(World War)'으로 국가들의 브랜드에도 지대한 영향을 미쳤다. 곧 외부에 보이는 국가의 이미지가 바뀌거나 국가적인 지향점을 새롭게 정립하는 계기가 되기도 한 것이다. 그런 궤적이나 편린을 2차 대전으로 진행되는 과정과 그 이후까지 브랜드적인 관점에서 짚어 봤다.

2) 자칭타칭의 '구세주(Savior)' 미국

"우리가 미국을 좋아하는 것은 국토가 크고 인구가 많기 때문이 아니요, 자원과 부력이 세계에서 제일 가기 때문도 아닙니다. 미국에는 자유가 있기 때문입니다."

1924년 미국 상원과 하원 의원들로 구성된 '극동시찰단'이 베이징을 거쳐서 도쿄에 갈 때 서울에 들렀다. 조선의 독립을 꿈꾸는 인사들은 이들 미국의원단의 방문을 일본의 야만적인 식민지 통치 상황을 바깥 세계에 알릴 좋은 기회로 여겼다. 상하이 임시정부부터 시찰단으로 알려진 이들 의원단에게 조선의 사정을 알리려 노력했다. 한반도 내에서도 조선인들로만 구성된 환영단과 환영 대회를 조직했다. 앞의 문구는 환영단의 대표 자격으로 월남 이상재 선생이 했던 환영사의 첫머리다.

사실 이 환영 행사는 시찰단 의원 중 딱 한 사람만을 대상으로 행해졌다. 미국의원단이 당시 일제하의 조선 땅에 체류하는 일정이 만 하루, 예스런 표현으로 '1주야(晝夜)'에 불과했다. 그나마 조선총독부에서 환영 행사를 주도하면서 미국 의원단을 철저하게 자신들의 의전 테두리 내에 묶은 상태였다. 총독부는 미국의원단에게 조선인이 하는 환영 행사와 같은 집회에 가면 신변안전을 보장할 수 없다고 으름장을 놓았다고 한다. 서울 기독교청년회(YMCA)에서 혹시나 하며 미국의원단을 기다리던 800여 명의 조선 청중이 흩어질 때쯤 미국 의원 하나가 조선인들이 준비한 환영 행사가 있다는 소리를 듣고 독자 행동으로 그 건물에 찾아왔다. 그 의원 하나로 청중들이 다시 모이고 환영 행사가 벌어지면서 월남 선생이 위의 환영사를 한 것이었다. 이 행사마저도 40명의 경찰에 의해서 바로 해산되고 말았다.

월남 이상재 선생은 일찍이 초대 주미전권공사 박정양과 함께 미국에 주재하기도 했으니 당시 조선에서 미국을 가장 잘 아는 사람의 하나로 보아도 무방하다. 저 환영사는 당시 조선의 대표적 지식인이 미국에 대해 갖고 있는 긍정적인 브랜드이미지를 상징적으로 보여 줬다고 해도 과언이 아니다. 이상재 선생이 미국에 대해 긍정적 이미지를 형성한 이유는 두 가지다. 하나는 젊은 시절 주미 공사관 시절의 경험을 통해 만들어진 것이다. 환영사에서 '자유'로 수렴된 민주주의의 상징이라는 부분이 한 축이다. 또 서울 YMCA의 총무로서 '기독교'가 다른 한 축을 담당하고 있다. 이 두 가지를 한몸에 체현한 인물이 1차 세계대전을 거치며 세계 정치무대에 등장했으니 바로 우드로 윌슨(Woodrow Wilson) 대통령이다.

미국은 1차 세계대전을 통해 명실상부한 세계 최강국으로 태어났다. 영국의 역사가 에릭 홉스봄(Eric Hobsbawm)은 1875년에서 1차 세계대전이 일어나는 1914년까지를 조망한 그의 책 〈제국의 시대〉(에릭 홉스봄 지음, 김동택 옮김, 한길사, 1998)에서 그 시대 세계 경제의 특징을 일곱 가지로 제시했다.

① 지리적 기반의 확대
② 국가 간 경쟁의 다원주의 시대
③ 의약, 가전, 운송 부문에서의 기술혁명
④ 기업 트러스트의 형성과 과학적 경영기법의 대두
⑤ 대량 소비의 등장
⑥ 서비스 산업의 성장
⑦ 정치와 경제의 수렴

이들 일곱 가지 모두에서 미국은 20세기에 접어들며 선도적인 모습을 보였고 1차 세계대전은 선도성을 다른 연관된 국가들에 강력하게 각인시키는 효과를 가져다줬다. 헨리 포드(Henry Ford)는 이런 모든 경향을 집대성해 실천하고 가장 크게, 오래 파급시킨 미국인이다. 미국이 경제 부문에서 이룬 성과를 바탕으로 1차 세계대전에 뛰어들어, 참호전 위주로 질질 끌던 전쟁을 끝낼 수 있었다. 총 170만 명의 미군이 1918년부터 프랑스 땅에 발을 디뎠다. 참전 기간이 길지 않았던 까닭도 있었지만 미군들의 전투 사상자 총수는 약 5만 명으로 유럽의 다른 참전국에 비하면 훨씬 적었다.

막강한 경제력과 1차 대전을 끝낸 군사력을 등에 업고 각 민족들이 자신의 운명을 결정해야 한다는 종교적 신념까지 갖춘 구세주로서 미국의 대통령 윌슨이 등장했다. 선교사, 학자, 원조자, 온화한 총독에 이르기까지 그는 미국인이나 미국이라는 국가 자체가 21세기까지에도 가지게 되는 여러 가지 이미지의 원형을 갖고 있었다. 윌슨 자신이 그런 다양한 역할을 좋아하며 실천하려 노력했다. 미국이 세계를 구원한다는 역할을 자임한 것이다. 단지 미국의 이익 때문에 하는 것이라고는 생각하지 않았다.

윌슨이 휴전 후 세계를 재편하는 강화조약에 직접 참여하기 위해 유럽에 간다는 소식에 미국이 들끓었다. 그전에 미국 대통령이 국외를 방문한 경우가 전무했던 것이다. 그는 "두 번 다시 청년들의 목숨을 희생으로 요구하지 않도록 해야 한다"며 직접 참가를 주장하고 관철시켰다. 그리고 미국 대표단은 미국이 아닌 인류를 대표하고 있으며 인류를 위한 새로운 세계 질서를 미국이 확립하는 게 좋든 싫든 신이 미국에 내린 의무라고 설파했다. 민족자결주의라고 불리는 윌슨의 14개 조는1918년 초에 이미 미국 내에서 천명된 것으로 파리강화회의를 통해 세상에 널리 알려졌다. 우리의 3·1독립 선언과 이어진 항쟁 및 중국의 5·4운동에 영향을 줬으나 한편으로 이상주의적인 항목 뒤에 현실적인 제약요소가 가득 차 있고 실행에서는 문제점들이 더욱 불거진다는 것을 약소국들이 깨닫는 계기가 되기도 했다. 그런 이상주의와 실리나 실행에서의 모순이 미국의 브랜드 이미지로 연결된다.

윌슨은 '세계가 걸어온 길에 적대하는 공산주의의 해독'을 물리치는 정화작업이 자신과 미국에 주어진 의무라고 했다. 각을 세우고 물리칠 대상을 정해 정의의 사도로 자신을 규정하는 것이 미국 외교의 전형적인 방식이 됐다. 미국 국가 브랜드의 페르소나로'정의의 사도'와 '따뜻한 원조자'가 완성이 되었다. 공산주의는 냉전시대 훨씬 이전부터, 이미 1차 대전 때 미국에 의해 인류의 적으로 규정됐던 셈이다.

이후는 공산주의뿐만아니라 이상재 선생이 강조했던 '자유'가 도덕적 명분의 기틀이 됐다. 자유를 억압하는, 곧 인권문제를 야기하는 독재의 종식이 미국이 다른 국가들에 관여하는 명분이 됐다. 이런 과정에서 두 가지가 문제가 되었다. 우선 공산화의 우려, 독재자 제거, 민주 회복, 빈곤 타파 등의 미국의관여 명분의 객관성이었다. 미국 자신의 원칙에 의거해 관여 여부가 정해지는 것 같았다. 게다가 그 우선순위들에 일관성이 없었다. 반공을 위해 쿠데타를 용인하거나 부추긴 후에 불쑥 인권의 기준을 내세우는 일이 자주 일어났다. 이는 오만한 미국이란 브랜드 이미지로 이어진다. "우리가 이렇게 도와주는데 어떻게 '반미(反美)' 구호가 나올 수 있느냐"는 미국의 볼멘소리는 진정한 안타까움과 의문을 반영하고 있다.

이런 의문의 소리가 심해지면 미국 내의 여론이 갈라진다. 좋게 말하면 그만큼 언론의 자유가 있고, 사회의 다원성을 반영한 것이랄 수도 있다. 브랜드 측면에서 부정적으로 해석하면 자국 내에서의 인터널 브랜딩(internal branding)이 제대로 이뤄지지 않는 것이다. 고립주의와 참여주의의 대립으로 윌슨이 주창한 국제연맹에 정작 미국이 참여를 하지 못하게 된다. 미국의 불참으로 제 역할을 할 수 없었던 국제연맹의 존재감은 2차 대전의 원인 중 하나로까지 얘기된다. 미국에서 참여주의와 고립주의의 대립은 2차 세계대전까지 이어진다. 일본이 강행한 진주만 폭격으로 미국이 직접적인 피해를 입자 대립은 바로 해소됐지만 말이다.

냉전을 거치며 오랜 열전의 무대가 된 베트남전에서 미국의 소위 국론분열은 절정에 이르렀다. 미국은 실질적인 위협을 가하는 강력한 경쟁자가 나타난다면 단결하나, 그러지 않을 때는 온갖 소리가 터져 나온다. 윌슨은 미국 내부 브랜딩에 실패했다. 그런 실패는 국제연맹의 건에서 보듯 결국 밖에서도 나타나기 마련이다. 유럽으로 갈 때부터 병자였던 윌슨은 실의 속에 병들어 죽었다. 구세주로서의 이상주의자지만 2차 세계대전이라는 더 큰 재앙을 잉태한 정치가라는 평가가 그에게 씌워졌다.

인간 생명의 값도 기계 부품 비용처럼 계산해대는 경제학자들은 미국에게 2차 대전은 축복이었다고 얘기한다. 높은 실업률, 시장의 무기력과 정부의 존재감 제로와 같은 문제를 일순간에 해결해 주었다. 그리고 명실공히 승전의 주역으로 미국은 군사적으로나 경제적으로나 원톱(One top)의 지위에 올랐다. 풍요의 50년대가 이어졌으나, 정치 측면에서는 세계 반쪽을 잃어버린 신세가 되었다. 냉전 대결이 다른 무엇보다 앞선기준이 되어, 그 치열함이 매카시의 광풍을 끌어 왔고, 내부의 역동성을 억압하며 분열을 초래했다. 그것조차도 외부에는 다양성으로 비추어졌다. 여러 문화나 인종을 하나로 섞어버리는 용광로라는 뜻으로 쓰인 'melting pot'에서 20세기 후반에는 각각의 개성을 존중한다는 의미에서 'salad'가 미국을 상징하는 단어로 쓰였다. 어쨌든 미국은 다채로운 자유의 브랜드였다.

전체주의 사회로서 공산국가라는 경쟁자가 있어서 확실하게 대조가 되었다. 비교가 될 수 있는 경쟁자가 존재하면 브랜딩이 쉬워질 수 있다. '삼국지연의'에서 유비는 서쪽의 익주에 들어갔을 때,

그를 환영하는 먼 친척뻘인 익주의 지도자 유장을 꾀어 제거하자는 참모 방통의 제안에 이렇게 답한다.

> "지금 나에게 물과 불의 관계 같은 것이 조조이기에, 조조가 급박하게 하면 나는 관대하게 하고, 조조가 난폭하게 하면 나는 인자하게 했으며, 조조가 속임수를 쓰면 나는 충성을 했소. 매번 조조와 반대로 행동해 가히 일을 이룰 수 있었소. 지금 작은 이유 때문에 천하의 신의를 잃는 일은 나는 하지 않겠소."

유비는 긴 세월을 두고 일관되게 다른 점을 부각했고, 눈 앞의 작은 이익에 연연하지 않고 실천에 옮겼으며, 마지막 문장에서 보듯 그걸 '신의'라는 의미로 수렴시켰다. 이를 통해 유비는 '덕'(德)이라는 자신의 브랜드를 구축했고, 조조에 맞서는 나라를 일으켰다. 2차 대전 이후의 미국도 소련이라는 경쟁자가 있어서, 절대 원탑의 지위 구축에는 다소 미흡했으나, 브랜딩 측면에서는 플러스 요인으로 작용했다.

3) 다양성 속의 경직 - '마지노선'의 프랑스

파리강화회의 의장은 미국 대통령 윌슨이 아니었다. 일차 세계대전의 주요한 전투들이 벌어졌고, 강화 회의가 열리는 프랑스 대표단의 수석대표인 죠르쥐 클레망소(Georges Clemanceau)였다. 윌슨을 직접 만나기 전에 먼저 윌슨이 제창한 14개조를 보고 그가 했다는 말이 남아 있다.

"신(神)도 10가지 계명으로 만족하셨는데, 14개라니!"

이 말에는 두 개의 버전이 있다. 영국의 정치인인 에셔 경(Lord Esher)은 1918년 10월 14일자 그의 일기에 다음과 같이 썼다.

> "Clemenceau said: God was satisfied with Ten Commandments. Wilson gives us Fourteen." (클레망소가 말했다: 신께서는 10계명으로 만족하셨다. 윌슨은 우리에게 14계명을 내밀었다.)

1918년 11월 1일의 영국 신문 〈맨체스터 가디언〉은 클레망소가 불어로 "Quatorze points, mais cela estun peu fort. Le bon Dieu n'en avait que dix." 영어로는 "Fourteen points: that's a bit much. The good lord had only ten."(14개는 좀 많다. 우리 주님도 10개였는데)라고 했다고 보도했다. 윌슨을 대면한 이후에 클레망소는 이렇게 말했다고도 한다.

> "견문이 좁은 나로서는 예수 그리스도 이상으로 그리스도와 닮은 연기를 하는 배우가 있다는 것을 미처 몰랐다."

클레망소는 독일이 다시는 프랑스를 침범하지 못하게 하는 장치를 회의에서 얻어야 할 최우선에 두었다. 가장 큰 피해를 당한 국가임을 내세워 전쟁을 도발한 독일이 피해를 끼친 데 대한 책임을 짓게 해야 하고, 향후에도 절대 다시 전쟁을 일으킬 수 없도록 안전장치나 재갈을 마련해야 했다. 그래서 알사스-로렌(Alsace-Lorraine) 지역을 다시 프랑스 영토로 돌린 것에서 한 술 더 떠서 라인강 유역까지 50Km에 이르는 지역을 비무장지대로 설정해 만약의 경우에 완충 역할을 하도록 했다. 한편으로는 독일이 다른 생각을 하지 못하도록 해야 된다며 독일에 대해서 천문학적인 배상금을 부과한 주역이었다. 잘 알다시피 이런 조치들은 전쟁을 방지하기 보다는 2차 대전이란 더 큰 전쟁을 불러 일으키는 도화선이 되었다.

파리강화회의가 열릴 때 70세였던 클레망소는 삶의 역정에 굴곡이 심했다. 의사로 사회생활을 시작했다가 1871년 파리코뮌 직후에 급진공화당원으로 정치인이 되어 의회에 진출한다. 프랑스가 수에즈 운하에 이어 시도했던 파나마 운하에 관련한 의혹으로 1893년에 정계를 떠났다. 드레퓌스 사건의 부당함을 주장하며 명예를 회복하고 1903년에 상원의원으로 화려하게 정계에 복귀했다. 1906년에는 총리의 직에까지 올랐다. 1909년에 총리직을 사임하고 남아메리카를 여행하다가 일차대전이 일어나자 상원의 육군위원장, 이어 1917년에는 총리 겸 육군장관이 되었다.

그는 반역자나 패배주의자들을 색출한다며 무자비한 조사를 하고, 검거된 이들 다수를 즉결재판에 넘겨 총살하는 등 강경한 태도로 일관하여 프랑스 국민들 사이에 '호랑이'라는 별명을 얻었다. 아주 자유분방하면서 작은 잘못도 용납하지 않는 강경한 리더십에 열광하는 프랑스 국민이나 국가의 이중성을잘 보여 준 사례이다.

프랑스의 이런 이중적인 습성을 한몸에 담은 인물이 클레망소이다. 파리회의에서 클레망소는 회의의 주관자이면서 독립적인 관찰자의 역할을 한다. 중재자로서 나타나는데 항상 본심에 대한 의심이 제기된다. 국제 무대에서 그 힘에 비하여 권위를 인정받으면서도 실력에 있어서는 절하된 평가를 받는 게 파리강화회의에서 클레망소의 모습이었다. 위기에는 전통과 권위로 존중받고 초빙되지만, 위기가 사라지면 새로운 시대와 어울리지 못하는 인물로 배척당한다.

1920년 1월의 대통령선거에서 클레망소는 낙선하고, 정계를 영원히 떠난다.

『승리의 명예와 비참함(Grandeurs et miseres d'une victoire)』(1930)이란 그가 낸 회고록 제목 중의 하나가 그의 삶을 잘 대변하고 있다. 일차 세계대전에 하급장교로 참전했던 프랑스 군인 출신으로, 2차 대전 후에 정치인으로 변신한 인물에게서 클레망소와 비슷한 삶의 궤적을 본다. 2차 대전의 프랑스는 그의 무대였고, 종전 후 한동안도 그는 어디에서나 프랑스와 동일시되었다.

> How can you be expected to govern a country that has 246 kinds of cheese? (246가지 치즈 종류를 가지고 있는 나라를 어떻게 다스려야겠소?)

바로 위에서 언급한 군인-정치가인 샤를르 드골(Charles de Gaulle)이 했다는 유명한 말의 영어 번역이다. 프랑스어로는 이렇게 되어 있다.

> "Comment voulez-vous gouverner un pays qui a deux cent quarante-six varietes defromage?"

어떤 곳에서는 '246'이 아닌 '일년의 날 수만큼'이라고 표현되어 있기도 하다. 바로 미국의 케네디 대통령이 프랑스를 방문했던 때의 에피소드에는 그렇게 나왔다. 케네디가 드골과 얘기를 나누는데 프랑스 정부의 어느 장관 하나가 함께 들어와 앉으려다 드골이 나가라고 무섭게 표정 한 번 지으니까 아무 말 못하고 나가더란다. 그걸 보고 케네디가 놀라서 어떻게 그렇게 장관이면 나름 정치인인데 확 휘어잡을 수 있냐고 물었더니 드골 대답이 이러했다고 한다.

"프랑스는 일년의 날 수만큼이나 많은 치즈 종류를 가지고 있는 나라요. 이런 나라에서는 무섭게 나가야 한다오."

이 치즈를 이용한 비유는 아주 이르게는 1947년에 드골이 첫번째 정계 은퇴를 할 때 구사했다는 설이 있다. 이어서는 1958년 알제리 사태로 프랑스가 갈라지다시피 하는 위기에서 드골이 1953년의 은퇴를 무르며 정계로 복귀할 때 던진 말이라고도 한다. 아무튼 전통과 권위에의 복종과 함께 그 반대로 통일이 되지 않고 시끄러운 어떻게 보면 다양성이 존중되는 프랑스의 이중성이 드골의 생애와 그에 대한 프랑스인의 반응에서도 나타난다. 드골이 영국으로 건너가서 프랑스인의 항전을 촉구한 유명한 방송과 프랑스에 남은 이들의 레지스탕스 활동은 극심한 곤경에도 굴하지 않는 프랑스인의 단호한 의지와 행동력을 보여 준다. 드골이 은퇴를 반복하고, 드골을 내쫓다시피 했다가 다시 부르곤 하는 프랑스인의 모습은 프랑스다운 변덕과 사랑의 변주곡이다.

프랑스의 유명한 'La Vache gui rit' 치즈의 속포장지에는 드골 대통령의 캐리커춰 같은 게 숨겨 있다. 드골의 치즈 비유에 대한 프랑스 치즈업자의 간접적인 대응이라고 봐야 할 듯하다.

1차대전은 각국의 제국주의적인 야심이 기저에 자리잡고 있었다. 전쟁에서의 승리라는 일차적 목표가 있긴 했지만, 그 승리도 제국주의적 야심을 충족시켜야만 의미가 있었다. 영국이 중동 지역을 전장으로 한 이유는 터키를 비롯한 독일과의 협력국들의 주변을 침으로써 독일을 고립시키거나 허약하게 만든다는 것이었지만, 자신의 영향력을 확대한다는 야심이 있었다. 아프리카와 태평양 지역에서도 전투가 벌어지게 되는데, 이차대전의 영국측 영웅으로 꼽히는 버나드 몽고메리(Bernard Montgory) 원수는 그것을 '촌극'이라고 표현했다. 그 촌극의 결과 '유럽의 핵심 전장에서 독일군 병력이 분산되기는 했지만, 독일보다는 영국과 프랑스의 병력이 더 많이 분산되는 결과를 낳았다'고 한다.

프랑스와 영국의 이런 시대착오적인 모습이 적나라하게 드러난 결과가 바로 일차세계대전하면 첫 번째로 연상되는 참호진지전이다. 병사들은 충분히 영웅적이었다. 그런 영웅들의 분전이 마지노선이란 시대의 변화를 예측하지 못한 괴물이 등장하는 배경이 되었다. 결코 뚫을 수 없는 강력한 진지를 프랑스는 일차대전 이후 수년에 걸친 노력 끝에 구축했다. 이차대전이 발발했으나 마지노선이 있기에 프랑스는 안심했다. 독일군은 마지노선을 우회하여 프랑스 병력을 진지에 가둬버리고 마지노선을 커다란 포로수용소처럼 만들어버렸다. 마지노선은 시대의 변화를 쫓지 못한 허망한 노력이나 그 산물이란 뜻으로 쓰여야 한다. 그러나 '강력한 최후 저지선'이나 그런 결의를 나타내는 어휘로 남았다. 그것도 화려한 수사로 남아 자주 쓰이며 단어로써 그 존재감을 지금도 만끽하고 있다.

그에 더하여 영광이 더 강하게 빛나는 2차 대전이 프랑스에 남긴 단어들이 있다. 바로 '자유'와 '저항'이다. 패해서 쫓겨갔지만 위엄속에 외친 드골의 '자유', 그리고 식민지 수십 년의 세월을 두고 싸운 이들보다 4~5년의 시간 동안에 세계어휘사전에 깊게 각인한 'resistance'라는 '저항'이 그 주인공들이다. '마지노'의 의미까지 바꾼 것처럼, 어휘의 원래 무게보다 훨씬 강하고 화려한 자국을 남기는 것, 그게 바로 프랑스 브랜드의 핵심이기도 하다.

4) 'Lost' — 영국이 잃은 것은?

> "1914년 크리스마스에 야릇한 사건이 발생했다. 양측 병사들은 최전방에서 화목하게 서로 담배를 교환하고 축구를 했던 것이다. 하지만 그런 행위는 용납되지 않았고, 친교는 곧 깨졌다. 그런 사건은 다시는 일어나지 않았다."
>
> <전쟁의 역사>(버나드 몽고메리 지음, 승명조 옮김, 책세상 펴냄, 2004) 중

몽고메리는 20세기 영국의 대표적인 장군이다. 1908년에 육군 소위로 임관하여, 1차대전 때 두각을 나타내면서 유능하고 다부진 지휘관이라는 명성을 얻었다. 몽고메리는 전투는 잘 하고 전략가적인 원대한 시각도 가지고 있지만, 꼬장꼬장한 지나친 원칙주의자에 고집불통이란 평판을 얻었다. 특히 2차 대전 때 같은 편의 연합군인 미군의 장교들은 그를 어려워하면서 귀찮아했다. 〈전쟁의 역사〉에 나온 저자 소개의 일부가 그의 성격을 잘 표현하고 있다.

> "항상 신중하고 완벽한 전략가였던 몽고메리는 행동에 옮기기 전에 불필요할 정도로 많은 준비를 하여 동료 사령관들을 화나게 하기도 했고, 공격하기 전에는 꼭 병사와 장비를 완벽하게 준비해 놓았다. 이러한 방침으로 몽고메리는 느리기는 하지만 확고한 승리를 거둘 수 있었고 휘하 장병들에게 인기가 높았다."

과문하기는 하지만 소위'크리스마스의 휴전'이라고 불리운 위의 사건을 맨 위 몽고메리 저서 속의 인용문처럼 저렇게나 건조하게 기술해 놓은 책을 보지 못했다. 물론 그 사건이 전쟁의 흐름에 큰 영

향을 주지는 않았지만, 1차대전의 다면적인 성격의 일단을 보여 주는 상징적인 사건 임에는 틀림없다. 그러니까 몽고메리도 마땅치 않았지만 참호전쟁으로 바뀐1914년 말의 상황을 정리하면서 언급했던 것이다.

주로 병사들의 입장에서 1차대전에 관해 쓴『참호에서 보낸 1460일』(존 엘리스 지음, 정병선 옮김, 마티 펴냄, 2005)에 나온 당시 영국 원정군의 총사령관이었던 존 프렌치 경의 회고는 이러하다.

> "비무장 상태의 병사들이 머리 위로 크리스마스트리를 들고 독일 쪽 참호에서 우리 쪽 참호로 건너왔다. 이런 제의가 몇 곳에서 우호적으로 수용되었고, 제한적인 우애 활동이 있었다. 이런 내용을 보고받은 나는 이런 활동의 재발을 금지하는 긴급 명령을 발동했다. 나는 해당 지휘관들에게 엄중한 문책을 지시했고, 이 때문에 상당한 반발이 일어났다."

이 책에서는 존 프렌치 경을 화나게 한 1914년의 크리스마스 휴전과 같은 사태를20쪽이 넘게 상당한 비중을 두고 기술하고 있다. 몽고메리는 다음과 같이 영국 병사들의 용맹과 헌신을 그들을 지휘한 장교들에 대한 비판과 함께 위에 든 책에서 다음과 같이 기술했다.

> "눈에 띄는 수치스러운 사실은, 거의 대부분의 고위 장교들이, 그러한 병사들의 상황을 전혀 알지 못했다는 것이다, 지휘관들은 인명 손실은 무시하고 무조건 공격을 가하라는 명령을 내리는 것이 예시였고 흔히 그런 공격은 며칠 동안 계속되었다. 싸워야 했던 병사들의 자질은 명령을 내린 장군들의 자질

과 큰 대조를 이루었다. '1914~1918년 전쟁의 영웅은 무명용사들이었다.'라는 테일러의 말은 타당하다. 당시 병사들은 보다 훌륭한 제너럴쉽의 인도를 받을 자격이 있었다. 비록 약간의 예외는 있지만, 대체로 병사들은 장군들보다 우수했다."

일차대전에 참전한 이들을 두고 영국에서는 '잃어버린 세대(Lost generation)'란 표현을 쓴다. 200만명이 넘는 전사자뿐 아니라 참혹했던 전장에서의 기억으로 정상적인 생활이 불가능해졌던 귀환자들을 합쳐서 이른다. 2013년부터 영국 BBC에서 방영을 시작하여 시즌6까지 나아가며 인기를 끈 〈Peaky Blinders(피키 블라인더스)〉란 드라마 시리즈를 보면 갱단 멤버들이건, 경찰이나 귀족이건 영국인 모두에게 일차대전의 상처가 어떤 식으로건 남아 있는 것을 보여 준다.

몽고메리는 이들 참전용사들에 대한 부채의식을 평생 갖고 산 것은 아니었나 싶다. 그가 항상 병사들의 편에 섰다는 그 근저에는 바로 일차대전 때 스러져 간 그와 같은 또래들이 생각나고, 그에 대한 살아남은 자의 부채의식이 작용했을 것이다. 그런데 여타 나라 사람들과는 다른 식으로 나타났다.

이차대전이 끝난 지 이십 여년이 지나서 몽고메리가 어느 호텔에서 열린 모임에 참석을 하러 갔는데, 엘리베이터에서 한 중년 신사가 그를 알아보고 감격하여 무릎을 꿇으며"장군님, 장군님" 외쳐댔단다. 무뚝뚝하게 그의 어깨를 툭툭 쳐주고 엘리베이터에서 내려 걸음을 옮기려던 몽고메리가 뒤로 돌아서 계속 감격에 겨워 무릎을 꿇고 있는 중년 남자에게 소리쳤단다. "이봐, 머리 좀 단정히 깎으라고."

1887년에 태어났던 몽고메리도 기본적으로 빅토리아 시대의 사람이었다. 역시 빅토리아 시대의 후반에 태어났던 영국인들의 자서전에 담긴 일차 세계대전 종전시의 풍경에 보면 몽고메리가 그의 옛 부하를 혼냈던 것과 같은 감정을 엿볼 수 있는 부분이 나온다.

> 전쟁이 너무도 순식간에 끝나 버렸기 때문에 달라진 상황에 맞춰 감정을 조절할 여유도 없었다. …
> 군중들은 여전히 경박했다. 공포의 세월 동안 아무 것도 배운 게 없는 듯, 전보다 더 경솔하게 쾌감을 붙잡는 데 여념에 없었다. 나는 마치 다른 행성에서 우연히 떨어진 유령처럼, 환호하는 군중 속에서 기묘한 고독을 느꼈다.
>
> <인생은 뜨겁게-버트란드 럿셀 자서전>
> (버트란드 럿셀 지음, 송은경 옮김, 사회평론 펴냄, 2014)중

> "오늘로 모든 것이 끝났습니다. 전쟁은 끝입니다."
> 내 귀를 믿을 수 없었다. 전쟁이 끝나리라는 징후는 전혀 보이지 않았다. 6개월이나 1년 내에 전쟁이 끝나리라고는 아무도 예상하지 못했다. 프랑스의 교착 상태는 여전했고 몇 미터 전진하는가 싶으면 다시 몇 미터 후퇴하고 있었다. …
> 나는 어리벙벙한 채 거리로 나왔다. 그리고 내 평생 최고의 기묘한 광경을 목격했다. 지금도 그때를 돌이켜보면 두려움이 인다. 거리 곳곳에서 여자들이 춤을 추고 있었다. 영국 여성은 대중 앞에서 결코 춤을 추지 않으며, 그것은 파리나 프랑스에서나 어울릴 행동이다. 그런데 영국 여자들이 웃고 떠들고 소리치고 춤을 추고 깡총거리며 광란의 축제를 벌이고 있었던 것이다.

<애거서 크리스티 자서전>
(애거서 크리스티 지음, 김시현 옮김, 황금가지 펴냄, 2014)중

'경솔하게 쾌감을 붙잡는 데 여념이 없'고, '파리나 프랑스에서 어울릴 행동'으로'여자들이 웃고 떠들고 소리치고 춤을 추고 깡총거리'는 모습에 당황하는 빅토리아 시대의 상류층 출신 두 사람의 모습에 옛 부하를 혼내는 몽고메리가 겹쳐진다. 일차대전이 영국에 남긴 브랜드의 핵심은 'Lost'가 아닐까? 외부적으로는 '해가 지지 않는' 세계 최강대국으로서의 위용뿐 아니라 내부적으로는 감정을 통제하는 빅토리아 시대의 장치까지 사그라지는 기미가 바로 일차대전에서 시작된 것이다.

아시아에서 2차대전은 1941년 12월 8일 일본의 연합함대가 미국 하와이의 진주만을 공습하면서 시작되었다고 한다. 물론 그보다 더 이르게 1937년에 일본이 베이징 근처의 마르코폴로 다리, 곧 노구교에서 중국군을 치면서 시작한 중일전쟁이 아시아 2차대전의 서막이었다고 하는 이들도 있다. 그러나 서구 나라들과의 열전으로 보면 진주만부터 따지는 게 일반적이다.

진주만 공습으로부터 일장기가 파죽지세로 서구 식민지 상태였던 동남아시아각국에 나부끼게 된다. 일본의 위세를 가장 극적으로 보여 준 진주만 직후의 장면에 영국 해군과 육군이 조연으로 등장한다. 대규모 자전거부대까지 동원하여 밀림 지대를헤치고 내려온 일본 육군 앞에서 영국의 싱가포르 주둔군 사령관이 항복 조건을 언급하려는 순간에, 머리를 빡빡 깎은 일본군 장군이 호통을 친다. 표정과 몸짓 만으로 그가 무슨 말을 하려는지, 어떤 상태인지 알 수 있다. 바다에서는 영국의 전함 '프린스 오브 웨일스(Prince of Wales)'와 '리펄스(Repulse)호가 일본 해군과의 첫 조우에서 피격되

며 일본 측의 표현으로 '순식간에' 침몰했다. 전 세계 바다를 주름잡던 대영제국의 몰락을 이렇게 극적으로 보여 준 게 바로 2차 대전이었다.

영국은 그 지위를 결코 회복하지 못했다. 옛 영광을 위한 거의 마지막 시도가 프랑스와함께 벌인1956년의수에즈 운하 위기는 미국과 소련 앞에서 물러나야만 했던 과거 제국 브랜드의 종말을 확인시켜 주었다. 1982년 아르헨티나가 자국 영토에서 500킬로미터 떨어진 영국령 포클랜드에 대한 지배권을외치며 침입함으로써 시작한 포클랜드 전쟁에서 승리함으로써 그나마 이전의 영광을 살짝 재현하는 듯했으나, 대처의 인기를 회복시켰다는 이상의 의미는 없었다.

5) '탈아입구(脫亞入歐)'의 꿈을 버린 일본

일차대전을 국가의 위상을 올리는 기회로 보고 접근한 아시아의 국가들이 있다. 하나는 뻗어나가는 세력권을 더욱 확대하여 명실공히 선진국으로 인정을 받으려는 욕구가 충만했고, 다른 하나는 그동안 70년 이상 당해 온 것들을 일시에 만회하고자 했다. 전자는 일본이고 후자는 중국이다.

1895년의 청일전쟁으로 일본은 수천년 동아시아의 세력판도에 변화를 가져와 중국을 대신한 맹주로 발돋움했다고 여겼다. 실제로 대만과 요동반도를 할양받게 되었다. 그러나 일본을 경계한 러시아를 중심으로 한 독일과 프랑스의 '삼국간섭'으로 알려진 압박에 굴복하여 요동반도를 반환하게 되었다. 일본으로서는 자존심 상한 사건이었고, '와신상담'이 국가적인 슬로건으로 대두되었고, 일본으로 봤을 때 복수의 기회를 1904년에 시작된 러일전쟁에서 잡게 되었다.

1905년 러일전쟁에서 승리함으로써 일본은 서구 제국주의 세력과 어깨를 나란히 하는 신흥 제국으로서 인정받기를 기대하였다. 전쟁을 마무리하는 포츠머스강화조약에서 일본은 한반도에서의 지배적 지위를 인정받고, 사할린 도서를 차지했으며, 연해주의 어업권을 획득하는 실질적인 이득도 거두었으나, 배상금을 받는 데는 실패했다. 이 결과로 승전을 축하하려던 시민모임이 폭동으로 돌변하기도 했다. '아시아를 넘어 서구의 일원이 된다'는 후쿠자와 유키치(福澤諭吉)에 의하여 주창된 '탈아입구(脫亞入歐)'라는 메이지 이래 일본이 지향하던 국가 브랜드는 달성했다 싶으면 한 발 앞으로 빠져나가는 양상이 반복되는 형국이었다.

일본은 1914년 일차대전을 메이지 유신의 원로인 이노우에 가오루(井上馨)의 말처럼 "영국, 프랑스, 러시아와의 우호 관계를 개선하고 동양에 대한 '일본의 권리' 를 확립하고, 이 를 배경으로 중국 정부를 회유할 수 있는 '천재일우'의 기회"로 인식하였다. 일본은 영국의 동맹국이란 명분으로 독일에 선전포고하고, 독일이 차지하고 있던 산둥(山東)반도와 적도 이북의 남양군도로 진격했다. 일차 세계대전 동안 일본은 중국에서의 영향력을 확대하는 데 성공했으나, 일차 세계대전에 전투력이 아닌 노동력으로 연합국 측에서 참전을 했던 중국인들의 거센 저항에 부딪혔다. 서구 열강들도 중국에서의 일본의 급속한 세력 확대에 대해 견제하기 시작했다.

한편 일본은 1918년 7월에 미국, 영국, 프랑스와 함께 러시아 혁명 세력에 대항한 '시베리아 출병'에 참여하였다. 총 28,000명의 병력 중 일본군이 12,000명이나 되었고, 3개월 후에는 다른 3개국의 반대를 무릅쓰고 73,000명까지 출병 인원을 증원했다. 3개국이 1920년 6월에 철군한 이후도 일본군 은 1922년 10 월까지 머물렀다. 결국 전투로 인한 사망자 3천명 이상에 더 많은 수의 동사자를 내고서야 철수를 했다. 일본의 시베리아 출병을 보는 시각은 여러 가지가 있으나, 서구 열강과 어깨를 나란히 하고자 하는 '탈아입구'를 향한 국가적 열망도 분명 중요한 역할을 했다. 일본에서는 자신의 제국주의적 야욕보다는 먼저 발을 뺀 서구 열강에 대한 배신감과 피해의식이 더욱 크게 부각되었다.

파리강화회의에 이어 1921년 11월부터 1922년 2월까지 열린 워싱턴군축회의에서 일본의 주력함의 비율이 미국과 영국 대비하여 60%선으로 정해지자 서구 열강에 대한 불만이 고조되었다. 서구 제국과의 동맹관계보다 독자적인 제국주의 행보를 보이는 한 계기가 되었고, 1928년의 당시 만주의 지배 군벌로 일본의 동맹자에서 독자 노선을 걸으려던 장쭤린(張作霖)을 폭살한 데 이어 결국 1931년의 만주사변으로까지 치달았다.

만주사변 이후 국제연맹이 파견한 리튼조사단이 일본의 책임을 거론하자 일본은 국제연맹에서 탈퇴함으로써 '탈아입구'의 구호를 접고 그들만의 행보를 펼쳐버렸다. 이후 거기에 '대동아공영'이란 슬로건이 붙여졌다. 일차대전은 일본이 '탈아입구'란 메이지 유신 이래 30년 넘게 추구하던 국가적인 브랜드 목표를 접고 2차대전을 향해 달려가는 전환점이 되었다.

일본과 총칼을 맞대며 싸운 미국은 자신들과는 너무나 다른 성향과 행동 양식을 보이는 일본군에 당황했다. 그래서 근원부터 연구할 필요를 느끼고 당시 컬럼비아대학교에 재직하던 인류학자인 루스 베네딕트(Ruth Benedict)에 연구를 의뢰한다. 그 결과가 바로 일본을 인류학적으로 연구한『국화와 칼』이란 이제는 고전이 된 책이다.

제목의 '국화'는 평화 혹은 철저하게 인위적으로 만들어진 아름다움을, '칼'은 전쟁이나 스스로 책임 질 수 있게 하는 수련 등을 의미한다고해석한다. 어쨌든 평화와 전쟁, 훈육 자율이라는 상반된 속성이 일본인에게 내재하고 있다고 이야기한다. 2차 대전이 한창인 와중에 연구가 이루어지고, 그 직후 발간되어 전쟁중의 일본인과 직접 총칼을 들고 싸우고, 기사를 통해 접한 모습들이 생생하게 채색되면서 '이중성'은 일본의 브랜드가 되었다. 자신의 죽음도 불사하며카미가제 공격을 비행기와 어뢰로 감행하는 이들이 아무리 천황의 명의로 항복을 선언했다고 해도 그렇지, 마음으로부터 복종하는 자세로바로 돌변할 줄은 점령군으로 진입한 이들도 몰랐다.

잿더미가 된 일본의 산업이 한국전쟁이란 특수가 있기도 했지만, 그렇게 빨리 부흥하면서 종전 후 20년이 되지 않아 올림픽을유치하게 되었다. 'Jab'이란 단어가 싸구려와 저품질의 대명사였는데, 가장 정밀하고 튼튼하며첨단기술을 상징하게 되는 데도 시간이 길게 걸리지 않았다. 이어서 일본이 미국을 사들인다며 일본식 비즈니스를 배워야 한다고했다가 바로 '거품'이나 '잃어버린'이 일본을 상징하는 단어로 등장했다. 예의 바르면서도 잔인하고, 강자에 굴종하는 듯하지만 비수를 감추고 있는 그런 이중성이 2차 대전 후 일본의 브랜드로 더욱 강력하게 자리를 잡았다.

6) 혁명의 맹아와 쿨리중국

일차대전이 터졌을 때 제국주의 세력들에 이미70년 이상 고통을 받고 있던 중국인들은"열강들끼리 죽고 죽이는 살육전이 벌어졌다"며 재미있어 했단다. 일본이 거기에 끼여드는 것조차도 즐거웠다. 그러나 좀 더 냉철한 시각을 가지고 있던 위안스카이(袁世凱) 정부의 실력자였던 량스이(梁士詒)는 군대를 대신하여 노동자를 연합국 쪽에 파견하여 성의와 능력을 인정받을 '이공대병지책(以工代兵之策)-공업, 즉 간접 부문의 지원으로 병력을 대신한다는 뜻-'을 내놓았다. 독일에서 뭐라 해도 어느 정도 핑계가 되는 엉거주춤한 입장을 취했다.

유럽 전장에서의 엄청난 인명손상으로 인한 노동력 부족이 중국의 계책에 더욱 유리하게 작용하는 환경을 조성했다. 주로 농민 출신으로 구성된 14만 명의 중국인 노동자들이 프랑스로 건너갔다. 직접 전투에 뛰어들지 않은 노동자임에도 2만 명이 현지에서 사망했고, 3천 명은 바다에서 독일 잠수함 공격으로 희생되었다. 그러나 이런 희생에도 불구하고 결말은 중국의 뜻대로 되지 않았다. 베르사이유 조약은 독일이 차지하고 있던 것이나 마찬가지였던 산둥반도를 일본에 할양하기로 합의했다. 마침 조선에서도 일본의 식민지배에 대한 저항의 불길이 학생들로부터 일었다. 바로 3.1독립만세운동이었다. 중국의 학생들도 들고 일어났다. 그게 바로 5.4운동으로 번졌고 결국 중국공산당의 창당과 혁명으로 이어졌다.

중국인들이 해외로 나간 역사는 길다. 왕조에서 공식적으로 쇄국정책을 써도 생활고에 시달린 이들이 살길을 찾아서 바다 건너로 가는 것을 일일이 막을 수는 없었다. 사실 쇄국정책을 강하게 내세우는 정부일수록 정부의 조직적 행정능력은 떨어졌다. 명(明)대 이후 중국인들이 필리핀, 인도네시아, 태국, 베트남 등지로 가서 화교사회를 형성한 것으로 본다. 대부분 산발적인 이주였다. 19세기 중반 이후 골드러쉬(Gold rush)가 일어난 미국과 노동력이 부족했던 중남미 지역으로의 대규모 이주가 행해졌다. 미국의 대륙횡단 철도와 파나마운하는 중국인 노동자, 소위 '쿨리(苦力)'가 아니었으면 불가능했다.

이들 중국인 쿨리들로 중국인의 연상이 유럽에서까지 만들어진 계기가 바로 일차대전이었다. 19세기 중반에 제국주의적인 침략이 전개되기 전까지 유럽에서 중국은 지식인연하는 사람들이 고상한 취미나 남다른 학식을 내세울 때 들먹이는 신비(神秘)의 제국이었다. 아편전쟁과 그에 이은 불평등조약, 의화단사건에 이은 열강들의 침략 등으로 중국이 종이호랑이나 시대에 뒤떨어진 공룡과 같은 취급을 받았어도 유럽인들로 보면 일부에 국한된 이미지였다. 일차대전에 유럽으로 간 중국인들의 다수가 현지에 정착하며'쿨리=중국인'의 이미지가 형성되었다. 힘들거나 더러운 일도 마다 않는 억척같은 중국인의 이미지가 유럽인들에게 자리잡은 계기도 바로 일차대전이었다.

일차 세계대전이 끝나고 스페인 독감이 전 세계를 강타하던 1918년 9월, 독감에 걸린 중국 수병 25명이 뉴욕에 도착한 배에서 임시 병원으로 후송되었다. 그들은 중국어를 전혀 못하는 흰 가운과 마스크를 쓴 사람들이 다가오자 겁에 질렸다. 아마도 뉴욕시의 차이나타운에 거주했을 중국어 통역사가 왔는데, 중국인 수병들이 스페인 독감에 걸린 이들이라는 말을 듣고 도망갔다. 소지품을 뺏길까봐 옷 벗기도 거부하고, 음식도 거부한 스페인 독감에 걸렸던 중국 수병 17명이 뉴욕의 부두에서 목숨을 잃었다.

〈팬데믹 1918〉(캐서린 아놀드 지음, 서경의 옮김, 황금시간 펴냄, 2020)에 나온 일화이다. 〈Quiet Odyssey〉(Mary Paik Lee/Sucheng Chan, A Samuel and Althea Stroum Book, 1990)란 하와

이 사탕수수 농장으로 떠났던 한인 이민 1세 여성이 중국인 인류학자와 함께 정리한 일대기를 사서 읽은 적이 있다. 한국인 여성의 어머니가 병원에서 마지막 밤을 보내는 장면이 나온다. 딸은 어머니가 그날 밤에 돌아가실 것 같은 강한 예감이 든다. 그래서 병원 측에 하루만이라도 어머니와 함께 밤을 지내게 해달라고 간청하나 원칙을 내세우는 얘기에 여지없이 묵살된다. 실제로 그 어머니는 밤에 죽음을 맞이했다. 그 딸은 영어 한마디 못하는 어머니가 누구와도 소통할 수 없는 상태에서 세상을 떴다는 사실에 너무나 슬퍼한다. 일차대전에 유럽 전장으로 중국인 쿨리들을 실어 날랐던 중국인 수병들도 같은 운명이었다. 수병 개인들뿐만 아니라 중국이라는 나라가 그랬다. 목숨까지도 바친 노력에 비하여 서구는 제대로 대우하지 않았다. 계속 이방이었던 것이다.

2차 세계대전에서 중국은 일본 전력의 상당 부분을 잡아놓는 선에서 의미가 있었다. 그러나 부패, 무능의 인식이 뿌리 깊게 자리잡았다. 아편에 찌들고, 그래서 스스로 망할 수밖에 없는 국가라는 이미지가 팽배했다. 동서 냉전의 대결 속에서 미국을 위시한 서구 제국들과 그들의 우방이라는 이름의 비공산국가들에게 난해한 악령과 같은 이미지였다. 이전 서구 영화에서 그려진 어둡고 주술적이고 잔인한 이미지가 2차 대전에 바로 이은 국공내전으로 씌워졌다.

7) 역사는 새로운 트렌드를 찾는 원천

2003년 말에 러시아를 비롯한 CIS지역에 대한 마케팅 전략을 짜러 모스크바에 간 적이 있었다. 러시아에 대한 기본적인 이해도를 높이고, 긴 비행기 시간과 겨울철 별 오락거리가 없는 모스크바의 저녁 시간을 때우기 위하여 집의 서가에 몇 년 동안인지 모르지만 보일락말락 자리 잡고 있던 페이퍼백 하나를 가방에 넣고 나섰다. 『Russia-The People and the Power』(Robert G. Kaiser, Pocket Books, 1976)이 바로 그 책이었다. 책을 언제 샀는지 가물가물했고, 책을 살 때 그래도 대략 언제 나왔는지 어떤 내용인지는 확인을 하는데, 나는 이 책을 비행기에서 읽기 전까지 90년대 초에 나온 책으로 개방의 물결에 휩싸인 러시아를 비롯한 구소련 지역과 사람들에 대한 안내서로 발간된 것이라고 생각했었다. 그런데 그 이전으로 훨씬 올라가서 1971년에 워싱턴포스트(Washington Post)의 모스크바 특파원으로 파견된 로버트 카이저가 자신이 주재했던 3년여의 경험을 회고하며 저널리스트다운 감각을 발휘하며 지은 책이었다.

그 책이 20년 전에 지어진 것임을 알고, 러시아의 신흥 중상층 이상을 겨냥한 프리미움 마케팅에 어떤 도움이 될까 실망감이 들었지만, 특수한 시기와 장소를 다룬 회고록을 읽는 듯한 재미로 쭉 단번에 읽어 나갔다. 그런데 어느 순간에 과거의 소련과 단절된 새로운 유형만이 강조되던 러시아 중상층에게서 그 책에 그려진 70년대 소련인들의 모습과 성격이 많이 투영되어 있다는 것을 발견하게 되었다. 내친 김에 1차 조사 후 귀국하여 집에 있는 러시아에 관련된 몇몇 책들을 훑어 보았는데, 앙리 트로아(Henry Troyat)란 프랑스 사람이 쓴 피터 대제의 전기의 영문판인 “Peter The Great”(Hamish Hamilton, 1988)를 보니, 공산 러시아 혁명으로부터 수 백년 전부터 변하지 않은 러시아인의 속성이 있었다. 그리고 그 속성이 현재 러시아인을 파악하는 첫 번째 열쇠가 될 수 있었다.

현상과 다른 새로운 것을 얘기하는 트렌드에서도 이렇게 변하지 않는 것을 찾는 것이 출발점이 된다. 트렌드 전문기관

trendwatching.com의 트렌드 연구는 '사람들, 소비자들은 확 한꺼번에 변하지 않는다: 근본적인 욕구는 동일하게 유지되고 있으며, 단지 그 감춰진 모습을 드러내거나 새로운 형태로 펼쳐질 뿐이다(Human beings, and thus consumers, don't change that much: their deep needs remain the same, yet can be unlocked or newly serviced.)'라는 가정에서 출발한다고 한다. 그래서 그들은 서로 다른 것만을 강조하는 'Or'보다는, 달라 보이는 가운데 같은 것을 찾는 'And'에 초점을 맞춘다고 한다. 그 'And'를 어디서 찾아야 할까? 바로 역사라는 큰 호수가 우리 앞에 있다. 지나간 옛날의 사건이 아닌 끊임없이 신선한 물을 제공하는 원천으로 양차 대전은 서구 제국을 넘어 동아시아 현재에도 살아 있다.

2. 마을 브랜드를 위한 열두 가지 조언

사람들이 모여 살며 일체감을 느끼는 가장 큰 단위를 보통 국가, 나라라고 한다. 물론 지구를 하나의 단위로 해서 주로 소득과 산업 발전 등의 경제적 요건을 따져서 발전된 북(北)과 상대적으로 산업화가 느렸던 남(南)으로, 이데올로기로 공산주의와 자본주의 체제를 기준으로 동서(東西)로 나누기도 했다. 둘 다 서유럽 중심의 나누기였다. 지리적으로 동서로 나누기는 또한 서양과 동양 식으로도 쓰였다. 그러나 이런 4방으로 나눈 건 너무나 일반화한 측면이 크고, 앞서 보았듯이 내외의 브랜드적인 측면에서는 역시 국가로부터 시작한다고 할 수 있다.

국가들 간에 규모 차이가 심해져, 직접적인 비교가 힘들어지고, 거대 국가에서는 마치 하나의 대륙처럼 이질적인 지역과 인종들까지 존재하면서 도시가 브랜드 단위로 근래에는 훨씬 각광을 받고 있다. 인구 몇 백만의 소위 메트로폴리스라고 하는 곳들, 그 이하라고 해도 수시 만 이상의 인구가 되면 도시 안에서도 익명성 뒤에 숨는 구성원들이 많아진다. 그래서 도시나 그에 필적하는 지역과 사회 단위를 좀더 쪼개 구성원들의 물리적, 감성적 접촉도를 기준으로 마을이라는 수준으로 브랜드를 만들고 알리는 노력도 경주해 왔다.

한국에서도 마을브랜드는 중앙정부 차원에서도 2010년 전후로 강력하게 추진했고, 지방자치 단체에서도 다양한 노력을 경주해 왔다. 이 글에서는 브랜드의 기본적인 부분은 생략하고, 사례들을 위주로 마을 브랜드를 만들고 펼쳐 나가는 데 필요한 원칙과 도움이 될 팁들을 열두 가지 소개하겠다.

1) 마을 브랜드는 행정구역 명칭과는 다를 수 있다

미국 뉴욕 맨해튼의 상류층 거주지로 이름 높은 동네에 사는 부인들의 생활을 좇아가며 쓴 르포 형태의 『파크애비뉴의 영장류』(웬즈데이 마틴 지음, 신선해 옮김, 사회평론 펴냄, 2016)에 아래와 같이 밑줄 친 마을 이름들이 나오는 문장들이 나온다(밑줄은 필자).

'부유한 어퍼사이드와 할렘의 경계가 되는 지역. 더 북쪽으로는 유색인종, 빈민층이 주로 거주한다.(258쪽의 '번역자 주석')'

'어퍼웨스트사이드 엄마들은 어퍼이스트사이드 엄마들에 비해 더 격의 없고 상냥하며 편할 것 같았는데, 이사 와서 확인해 본 바 내 예상이 틀리지 않았다. 어퍼웨스트사이드 엄마들은 놀이 약속에 큰 의미를 두지 않는다. 방과 후에 아이들끼리 근처 놀이터로 우르르 몰려가 알아서들 잘 논다. 이 동네에서는 길거리에서 기선제압을 당하는 경우가 드물다. 언제 어디서나 잘 차려입어야 한다는 강박도 없다.(353쪽)

'할렘'이라는 지명이 상대적으로 사람들 눈에 익은데, 이는 공식적인 행정구역 명칭이 아니다. 다른 밑줄 친 '어퍼사이드', '어퍼웨스트사이드', '어퍼이스트사이드'도 마찬가지이다. 뉴욕 시는 행정구역 상으로 뉴욕 주의 가장 큰 도시이다. 주의 수도(首都), 곧 주도로 잘못 알고 있는 이들도 꽤 되는데, 주도는 올버니(Albany)이다. 뉴욕 주 안에 뉴욕 시가 있고, 뉴욕 시는 한국식으로 치면 구(區)격인 버로우(Borough)로 구성되어 있다. 뉴욕 시라고 하면 떠올리는 상징들이 있는 맨해튼(Manhattan)은 그 버로우 중의 하나이고, 그 아래에 한국처럼 동(洞), 면(面) 단위 등의 행정구역으로 구분하는 것은 특별히 없다. 블록(block)이라고 하는 보통 긴 직사각형 형태의 영역이 남북으로 나 있는 애비뉴(Avenue)와 동서로 채를 썬 듯한 스트리트(Street)로 대부분 맨해튼에서 반듯하게 구획되어 있고, 그에 따라 우체국이나 경찰서, 학교 등의 관할 구역이 주로 숫자로 매겨져 나누어져 있을 뿐이다.

위에서 『파크애비뉴의 영장류』 책에서 나온 지명들처럼 그래도 사람들은 동네를 나누고, 지역들마다 인종과 소득 수준과 같은 인구통계 속성을 따지기도 하고, 교육 분위기의 특성을 정의하기도 한다. 거기서 사는 사람들마다 독특한 행동 양식이 암묵적으로 있기도 하고, 다른 지역의 사람들이 공통적으로 가지고 있는 이미지가 있다. 행정구역을 넘어서 느슨한 연대가 공식/비공식적 자치위원회 같은 형식으로 있기도 하고, 그들이 동네 벼룩시장이나 국경일 기념식 같은 행사를 열기도 한다. 행정기관의 공식적인 드라이브 없이 자연스럽게 긴 시간을 두고 축적된 역사적 유산의 정수로 남은 것이라서 그런지 강력한 브랜드 이미지를 구축한 위의 책에서 언뜻 엿볼 수 있는 것과 같은 사례가 많다.

1990년대 초의 유학 시절에 뉴욕 관광 가이드를 파트타임으로 하곤 했다. 그때 맨해튼 110스트리트에 살았는데, 할렘 쪽으로 들어가기 전의 120스트리트 정도까지 어퍼 웨스트(Upper West)라고 하는 지역으로 내 스스로 설정하면서, 관광객들에게 지역 가이드를 하며 설명할 때는 지극히 일반화하여 '자수성가한 사업가들이나 인텔리들이 사는 지역'이라고 했다. 보다 긍정적인 일면으로 강가에 있으니 허드슨강과 강 건너의 뉴저지를 바라보는 전망 좋고, 리버사이드 공원(Riverside Park)도 매우 잘 조성이 되어 있다. 유학 시절에 공원까지 걸어서 갈 정도라 자주 갔었고, 이후 주재원을 하며 집이 뉴저지에 있었지만 부러 공원을 찾아서 산책하러 갈 정도로 좋아하던 곳이었다. 이런 개인의 인상들이 행정구역과 다른 브랜드의 단위를 만든다.

한국으로 와서 '보절'이라고 하면 무슨 뜻인 것 같으냐, 어떤 연상이 떠오르냐 물으면 보통 '보철'을 잘못 쓴 거 아냐? '보물 절도'의 줄임말인가 하는 대답들이 나온다. 그렇다면 '추어'는 어떨까? 미꾸라지 추어탕이 생각나는 게 보통이다. 그럼 추어탕 하면 무엇이 연상이 될까? 보통 지역명이 나온다. 원주, 서울, 동네마다 다른 방식으로 추어탕을 끓여내고 그에 따라 지명이 추어탕 앞에 붙는다. 지명으로 제일 많이 나오는 건 남원이다. 그 남원시에 보절면이 있고, 거기에 추어마을이 있다. 한번 지금 나온 대로 지역 이름을 쭉 써보겠다.

'전북 남원시 보절면 추어마을'

남원시 행정구역 안에만 보절면을 비롯하여 15개의 면이 있다. 면 하부 단위인 '리'는 보절면에 25개를 포함하여 남원시 전체로는 334개가 있다. 추어마을은 보절면 용평리에 속해 있다. 흔히 하듯 행정구역 상의 주소로만 검색을 하려고 키보드를 치면 헷갈리는 결과를 얻었다. 옛날 지번으로는 도룡리이고, 지금의 길이름으로 하면 용평리보다는 용동길이라고 되어 있었다. 그러나 이제 남원 용평리나 용동길로 검색을 하면 모두 추어마을로 연결이 된다. 추어마을이라는 이름으로 마을 구분을 한 것이다. 전북 남원시 보절면의 여기까지의 얘기에서 마을 브랜드를 구축하기 위한 첫 번째 팁이 나온다.

첫째 팁은 행정구역상의 이름과 다르게 브랜드를 만들 수 있다는 것이다. 마을들이 행정구역상 이름을 너무 그대로 가지고 가려는 경향이 있다. 잘 알려진 것처럼 서울의 강남이 개발되면서 실제의 행정구역 명보다는 '영동'이라는 명칭이 쓰였다. 이미 한강 이남의 서울 공업지대로 개발이 되어 있던 ,영등포'의 동쪽이라는 의미로 부른 것이었다. 그 '영동'이라는 신조어가 문화, 주거 형태가 다른 새로운 라이프스타일까지 내포하는 마을 브랜드가 되었다.

『Low Life: Lures and Snares of Old New York』(Luch Sante, Vintage, 1992)란 페이퍼백 판 책을 1990년대에 한창 재미있게 읽었다. 1840년에서 1919년까지 뉴욕에 들어온 이민자들의 역사를 그들의 주거지를 중심으로 생생하게 다룬 책이다. 뉴욕에서 주로 활동할 때라, 책에 나온 곳들을 직접 답사처럼 찾아가곤 했다. 이 책의 제목에서의 'Low'는 두 가지 의미로 쓰였다. 지역적으로 맨해튼 남쪽의 거리 숫자가 북쪽에 비해 작은 곧, '낮은' 숫자 주소의 지역이란 의미와 함께, 그곳에 사는 이들의 상대적으로 거칠고 빈한한 '낮은' 생활 수준도 나타낸다. 'Low'가 브랜드와 같은 형태로도 쓰인다.

보통은 알게 모르게 사람들이 특정하게 부르던 호칭이 행정구역 명과는 다른 마을의 브랜드 네임이 되기도 하는데, 어떤 때는 선언하듯 짓는 경우도 있다. 강원도에 '신남'이라는 지명이 있었다. 서울에서 가게 되면 강원도 춘천시에 거의 다 가서 있는 곳이다. 거기에 신남역이라는 작은 역이 있었다. 이제는 과거형이 된 지 오래다. '김유정역'이라고 하면 많은 이들이 '아, 알아요'라고 얘기한다. 신남역은 2004년에 이름 자체를 바꾸며 김유정이라는 소설가를 마을의 브랜드 문화 자산으로 만들었다. 그렇게 브랜드를 짓고 만들 수 있다.

2) 상위 구역과의 연상을 이용하라

공간을 배경으로 한 브랜드는 더 큰 상위 영역과의 연상을 피할 수 없다. 김유정역이라는 이름 때문에 찾아가는 관광객들이 신남면에서 신동면으로 바뀐 역이 소재한 면은 몰라도 강원도에 있다는 사실은 대부분 안다. 향토색 짙은 작품을 남긴 김유정 소설가이기에 더욱 더 강원도와 뗄레야 뗄 수 없는 관계를 가지고 있다. 그런 면에서 김유정역이란 이름은 강원도와도 찰떡처럼 잘 맞는 훌륭한 네이밍(naming)이었다. 김유정역에서 이름 붙이는 것으로 끝나지 않는 상위영역의 영향과 상호작용을 생각해서 브랜드를 만들고, 브랜딩 활동도 기획하고 실행해야 한다. 마을은 특히 그렇다. 행정구역 명칭과 무관하게 브랜드 이름을 짓는다고 해도, 어쨌든 사람들의 머리

속에서는 상위의 행정구역 어느 하나는 걸쳐서 생각하게 된다.

일본의 유명 작가인 무라카미 하루키가 1987년에 초판을 낸 『먼 북소리』(무라카미 하루키 지음, 윤성원 옮김, 문학사상사 펴냄, 2004)라는 이태리, 그리스 여행기가 있다. 이 여행기에서 로마 북서쪽의 자동차로 두세 시간 정도 걸리는 '메타' 마을이라는 곳을 하루키가 거기 출신의 친구와 함께 찾아가는 얘기가 나온다. 책에 나온 마을 설명의 초입은 다음과 같다.

워낙 작은 마을이라서 꽤 상세한 지도에도 나와 있지 않은 곳이고 큰길에서 멀리 떨어진 산꼭대기에 있기 때문에 일부러 찾아가는 여행자도 없다. 인구는 1천 명 정도이며 마을 한가운데에 바르가 있어 거기서 간단한 식료품 같은 것을 팔고 있다. 그 외에 가게라고 할 수 있는 곳은 한 군데도 없다. 온 마을 사람들이 농사를 지으며 웬만한 것은 전부 자급자족하므로 특별히 뭔가를 살 필요가 거의 없는 곳이다.(222쪽)

이런 마을인지라 특별한 일들이 벌어지지 않고, 바깥나들이도 거의 하지 않는다. '우비'라는 이름의 하루키의 친구는 열여섯 살까지 메타 마을에 살았는데, 그의 어머니가 이차대전 중에 소금을 구하러 당나귀를 타고 로마에 갔다 왔는데, 그 얘기를 장장 40년 동안 동네 사람들에게 줄기차게 반복해서 얘기했단다. 그리고 역시 이차대전 중에 나치 군대가 레지스탕스라고 청년 두 명을 끌고 갔는데, 40년이 넘은 그때까지도 심각한 얼굴로 마치 전날 벌어진 일처럼 되풀이 했다고 한다. 그런 동네니 우비라는 이가 스파게티라는 게 있는 걸 열여섯까지 몰랐다는 것도 이해가 간다. 그런 메타보다도 작은 마을들이 주위에 있다. 페스키에라라와 산 사비노라는 마을이란다. 메타 마을에서 각각 1킬로미터와 200미터 떨어져 있다. 그렇게 가깝지만 메타 마을 사람들은 그 둘을 '비문명'의 세계로 치부하고 다른 점들을 말한다. 먼저 페스키에라를 두고 메타 마을 사람들이 하는 말을 옮겨 놓은 것들이다.

- 메타 사람들은 그곳 페스키에라가 문명이 발달되지 않은 데다, 사람들이 좀 이상하게 걸어서 중국(키노)이라고 부른다.
- 1킬로미터 차이지만 고도와 지형이 달라 거기에 적응하느라 다리가 휜 페스키에라 사람들은 아장아장 걸어서, 메타 사람들은 세계 어디를 가도 그곳 출신 사람들은 금방 알아 볼 수 있다. 실제 메타 사람들 중 몇이나 이탈리아 밖으로 나가보았는지는 모르겠지만 말이다.

  200미터 떨어졌다는 인구 300명 정도의 산 사비노를 두고 하는 말이나 행동은 더욱 심하다.
- 산 사비노 사람들이 걷는 모습을 흉내 내며 메타 사람들은 웃고 놀린다.
- 산 사비노 사람들은 복장도, 말투도, 세계관도 사고방식도 전혀 다르다고 한다.
- 메타 출신과 산 사비노 출신이 결혼하는 일은 매우 드물다.
- 메타 출신들은 비교적 성실하고 신앙심도 깊고 정직하고 예의 바른데, 산 사비노 출신들은 조금은 냉소적이고 회의적이고 입이 거칠다고 한다.

하루키도 기가 막힌지 정말 200미터밖에 떨어져 있지 않다는 걸 여행기에서 두어 차례 강조한다. 내 서재 창문에서 보이는 정면의 같은 단지 아파트 건물이 200미터 정도 떨어져 있는 것 같다. 그 아파트의 주민들이 이렇게 다르다고 생각이나 할 수 있을까. 이전에 경기도의 어느 군 소재지 출신 친구가 그 군에 속한 각 면 소재지의 이름을 들며 사람들 특성을 얘기한 적이 있었다. '00면 남자들은 성질이 급해 싸움을 잘하고, XX면은 여자들이 착하고 예쁘다'라는 식이었다. 면 소재지들은 멀게는 10킬로미터 이상 떨어져 있으니, 메타 마을 사람들의 페스키에라나 산 사비노에 비하면 거의 다른 나라라고 해도 무방하다.

사람들은 분류하길 좋아한다. 그렇게 자신이 정한 틀 속에 사람이나 사물을 넣어야 마음이 편하다. 무엇보다 정체성을 나름대로 정의하고 이해하게 된다. 틀의 영역은 천차만별이다. 많은 미국인들은 지역이나 인종을 '미국과 미국 외의 세계'로 이분법적으로 분류하곤 했다. 아시아인들은 국가 상관없이 한 묶음으로 엮기도 했다. 한중일이 나누어지고, 한국이 남북으로 갈리고, 그 안에서 영호남 따위 세분이 이루어지고, 또 도시로 마을 단위로 계속 세세 분류가 이어진다. 보는 시각에 따라서는 그 자잘하게 나누어지는 단위마다 정체성이 따로 있을 수 있다. 거리나 크기는 정체성에서 문제가 되지 않을 수 있다.

200미터 떨어진 마을이라면 아파트 같은 단지나 마찬가지인데, 다른 마을이라고 하는 것부터 이상하다. 게다가 그 다른 마을 사람들은 걸음걸이가 이상하고, 스파케티도 안 먹는다고 하는 건 아무래도 우리 감각으로는 이해가 되지 않는다. 그런데 그 마을들이 이태리에 있다고 하면 고개를 끄덕일 수 있고, 말이 되고, 하루키의 여행기에서 가장 흥미로운 장이 된다. 그런 이태리의 마을 세 개를 가보지도 않은 한국인이 이렇게 브랜드 관련해서 언급하고 있다는 자체가, 마을 브랜드의 성공 사례라는 증거라고 할 수 있다. 마을 브랜드 구축의 두 번째 팁은 상위 영역에 있는 광역 자치구나 특별자치구역, 나아가서는 국가 브랜드까지 함께 생각하고 연결시켜 이용할 부분은 적극적으로 활용해야 한다는 점이다.

3) 너무 구체적, 제한된 영역에 한정시키지 말라

『끌리는 브랜드의 법칙』(순위·데이브 버스 지음, 고영태 옮김, 한국경제신문 펴냄, 2019)에서는 브랜드 구축을 4단계로 규정했다. 브랜드를 구축(branding)하는 기업의 입장에서 통일성 있는 로고, 폰트, 색상 등의 시각적(visual) 요소들을 갖추는 게 첫 번째이고, 제품이나 서비스가 가지고 있는 기능적(functional) 특별함을 나타내는 게 두 번째라고 했다. 이어 제품을 구매하고, 포장을 풀고, 사용하는 모든 단계에서 일관된 감성적 경험(experiential)을 가질 수 있게 하고, 마지막으로 소비자들이 자신들을 정의하고 표현하기 위해 사용하는 상징(iconic)이 되는 단계가 최고로, 극소수만이 그 성취를 누렸다고 한다. 위로 올라갈수록 브랜드 연관성(relevance)도 제고된다. 곧 고객과의 관계가 더욱 밀접하고 끈끈해진다. 소비자 입장에서 상식적으로 생각해도 단계는 적절하게 구분된 것 같다. 우선 눈에 보여서 존재 자체를 알아야 하고, 어떤 문제를 해결해 줄 수 있는 기능을 알고, 그 느낌을 즐기면서 결국은 그를 소유하거나 사용했을 때의 상징성을 누리고자 한다.

한창 드라마 〈스카이캐슬〉의 열풍이 불고 있던 때, 국내 굴지 종합병원의 홍보를 담당하는 친구를 만났다. 왜 그렇게 서울의대에 애를 꼭 입학시키려 하는 지 과장된 게 아니냐는 물음에 그가 이렇게 답했다.

“우리 병원 의사들 말이 의사라고 해서 다 같은 의사가 아니래요. 서울의대 출신이냐 아니냐로 우선 나누죠. 그리고 서울의대 출신 중에도 골품제도가 있어서 신분이 나뉜다고 해요. 최고인 성골은 3대째 서울의대를 나온 집안이에요. 2대 이은 의사는 진골, 본인만 서울의대를 나왔으면 6두품이라고 하는 식이죠. 나머지는 그냥 의사에요."

설마 그렇게까지 하겠냐면서 모두들 웃음을 터뜨렸다가 약간씩 씁쓰레한 여운을 살짝 남기며 다른 화제로 넘어갔다. 그 며칠 후에 방영한 〈스카이캐슬〉에서 코디가 뱉는 '3대째 의사 가문'을 만들려는 이들에게 복수를 하고 싶었다는 대사가 섬뜩할 정도로 와 닿았다. '서울의대'라는 브랜드가 가지고 있는 엄청난 파워가 새삼 느껴졌다. 그런데 브랜드 관점에서 곰곰이 생각하니 구조 자체가 그렇게 튼튼하게 여겨지지 않았다.

서울의대라는 브랜드는 위에서 본 4단계에서 가장 높은 '상징성' 외에 아래 단계가 취약하다. 서울의대는 출신, 재학생에 입학 가능 및 열망 학생들과 그의 학부모들까지 포함하여 내부자들이라고 할 수 있는 이들 사이에서의 상징적 브랜드만 지나치게 발달했다. 서울대학교 마크를 빼고 서울의대하면 생각나는 이미지 요소가 있던가. 서울의대에서만 가능한 치료로 강렬하게 외부인들에게 인식되는 것들이 얼마나 있는가. 환자와 가족들이 서울의대 출신과 병원을 통하여 갖는 경험은 어떠할까. 이런 상태에서 믿음이 기반이 되는 서울의대의 싱징적 브랜드의 위상이 공고하게 유지될 수 없다. 그러면 결국 내부인들이 자부하는 상징적 가치도 떨어질 수밖에 없다.

상식적으로 생각해도 우선 눈에 보여서 존재 자체를 알아야 하고, 문제를 해결해 줄 수 있는 기능을 알고, 그 느낌을 즐기면서 결국은 그를 소유하거나 사용했을 때의 상징성을 누려야 한다. 마을 브랜드라면 이름과 눈에 띄는 장치를 만들고, 어떤 것들을 맛보여 주고 풀어줄 것인지 혜택을 정의하고, 충분히 느낄 수 있게 하는 게 필수이다. 마지막으로 어떤 부분에서는 다른 어디보다 그리로 가고, 거기와 관련된 무엇이든지 내게 혜택을, 위안을 주는 것으로 믿게끔 해야 한다.

다른 기업들이나 공공단체의 브랜드도 그렇지만 마을 브랜드의 이런 기반 구축에서의 문제, 유념해야 할 세 번째 부분은 너무 구체적이고 제한된 영역에 한정시키는 건 피해야 한다는 점이다. 그렇게 되면 기능적 속성에만 얽혀서 상징으로까지 커가지 않는다. 앞서 '추어마을' 얘기를 했는데, 너무 추어탕이란 음식에만 국한되어서는 곤란하다. 추어의 맛, 원기, 활력 등의 물리적, 감성적 혜택과 연결시켜야 한다.

제주도에서 '해녀, 감귤, 오매기떡, 고사리, 비자나무' 등을 브랜드의 소재로 많이 쓴다. 그것들이 그냥 보고, 먹어 치우고 하는 물성적인 특성으로 끝나면 제대로 브랜드로까지 발전하지 못한다. 사람들과 상호작용을 일으키고, '신선, 건강, 기쁨, 사랑' 등으로 연결되어야 한다. 신선한 느낌을 원할 때 제주도 어느 마을에서의 체험이 떠오르며, 해녀들이 따온 해산물들이 있는 00마을이 떠오르도록 해야 한다.

4) 조사를 하라. 그리고 다 믿지는 말라

넷째로 너무 뻔한 말이지만 고객의 입장에 서야 한다. 우리가 선보이고 싶은 것과 사람들의 원하는 것은 정말 다를 수가 있다. 마을이 가지고 있고, 자랑하고 싶은 것들이 방문객들에게는 별 의미가 없는 경우가 있다. 그래서 소비자조사 같은 게 필요한데, 이런 정보를 마을 단위에서 정기적으로 진행하기는 힘들다. 상위 지방자치단체나 관련 기관에서 지원이나 합동 노력이 필요한 부분이다. 조사 측면에서 상위 행정구역에서 도움 받을 부분이 많다.

관할 구역에서 정기적으로 실시하는 조사들이 있는데, 하위 마을로까지 그 결과가 공유되지 않은 채 묻혀 있는 것들이 있다. 그런 과거의 조사 결과에서 마을 브랜드의 힌트를 얻을 수 있다. 그리고 상위 구역에서 하는 조사에 우리 마을 것만 몇 항목을 집어 넣어서 할 수 있는 여지가 있는 경우가 꽤 있다.

언제부터인가 조사를 하면 즉각적이고 1차원적인 조사 결과만을 따지는 풍조가 조성됐다. 시험으로 치면 단답형이나 사지선다형의 1대1의 답이 나오도록 구성한 설문들이 대부분의 조사에서 쓰인다. 조사 의뢰자가 그렇게 요구하니까 그렇게 하게 된다고 한다. 복수의 광고물이나 제품 디자인 등을 놓고 어떤 것이 좋을까 소비자의 소리를 들어서 결정하는 문제들에 대해 그런 식의 단순한 설문이 들어갈 수밖에 없지 않느냐고 한다. 언뜻 옳은 얘기같지만 조사 결과 수치 뒤에 숨는 비겁함 혹은 책임을 회피하는 모습이 보인다.

애론(Aeron)이란 회사는 파격적인 디자인의 사무용 의자들을 내놓으며 1990년대 초에 혜성같이 등장했다. 그들이 1993년에 처음으로 시장에 제품을 내놓을 준비를 하면서 소비자들을 대상으로 자신의 제품들에 대한 반응을 시험했다. 소비자 평가조사 형식으로 진행했는데 결과는 처참했다. 10점 만점에서 2~6점 정도에 대부분의 응답자들이 대답할 정도로 점수가 좋지 않았다. 대부분의 회사들에서는 이런 점수가 나오면 신제품 출시를 포기한다.

1990년대 중반 한 광고주의 모든 광고물에 대한 사전조사를 기획 프로그램에 참여했던 적이 있다. 이후 그 회사에서 만든 모든 광고는 사전조사에서 일정 점수를 받아야만 집행을 한다는 원칙을 세웠다. 2000년대에 들어서 그 회사는 광고물 사전조사의 객관성과 과학성을 더욱 높였다. 프로그램을 만들고 초반에는 필자가 직접 조사를 진행했는데, 그 때는 점수도 점수지만 목표고객층인 조사 참여자들의 목소리를 듣는 것이 우선이었다. 나중에는 점수만을 따져서 자신들이 그때까지 사전 조사했던 광고물 평가 점수 평균을 넘지 못하면 무조건 광고물을 내보낼 수 없게 규정을 강화했다. 그 이후 그 회사의 광고물들은 너무나도 평범해졌다. 화제가 되는 광고가 없어졌다.

애론의 경영인들은 소비자 대상 조사에서 나온 혹평에도 불구하고 시장에 제품을 내놓았다. 그 후의 스토리는 너무나 잘 알려져 있다. 회사의 매출은 매년 전년 대비 50~70% 이상의 급성장을 이룩했다. 그리고 애론이 1990년대 말에 같은 형식으로 소비자조사를 하면 10점 만점에 8점 이상이 안정적으로 나오고 있다고 한다. 정말 새롭고 좋은 것은 소비자들이 처음에 불편해하고 어색해한다. 당연히 점수가 잘 나올 수가 없다. 소비자의 생각과 행동을 조사를 통해서 쫓기도 해야겠지만 소비자가 미처 생각하지 못한 것을 깨닫도록 하는 것은 그 이상으로 중요하다.

조사대상자가 그런 1차원적인 형식을 강요한 까닭도 있지만 무조건적으로 의뢰자의 요구를 수용한 조사회사의 책임도 있다. 소비자도 생각하지 못했던 소위 인사이트(Insight)를 발견하는 단초는 결코 소비자가 1차원적으로 응답한 결과를 그대로 모아놓은 데서 나오지 않는다. 우리가 아는 인간 생활에 획기적인 변화를 가져온 많은 제품들이 소비자들의 혹평 속에 탄생하고 시장에서 출발했다. 오죽하면 애플(Apple)은 소비자조사 자체를 하지 않는다고 자랑하겠는가? 무조건 조사를 하지 말라는 것보다는 치열한 연구, 사고, 경험에 기초한 직관의 중요성을 말한 것이다. 잘한 소비자조사는 더욱 굳건하고 도움이 되는 기반이 될 것이다.

5) 하나에 집중하여 먼저 질러라

관광이 주산업인지라, 제주도는 여타 자치단체 대비, 구역 안에서 상대적으로 많은 마을 브랜딩 노력들이 있었다. 거의 모든 마을마다 자신들을 알리는 홈페이지를 만들고 팸플릿을 발행했다. 그중 송당마을 같은 경우 아주 인상적이었다. 심볼 로고도 호기심을 불러일으키며 깔끔하게 다가왔고, '소원-wishing'이란 한 단어를 끄집어낸 것도 좋았다. 그래서 송당 마을 브랜드에 더 들어가면 갈수록 집중이 되지 않는 느낌이 들었다. 마을의 감자, 콩, 더덕 등의 특산물들에 오름의 아름다움을 포함한 , 자연 경관까지 일관된 핵심 없이 흐트러지는 느낌이었다. '소원'이란 송당마을의 브랜드 핵심을 확실하게 정의한 연후에 풀어내야 했다.

브랜딩 곧 우리가 브랜드를 만들고 세울 때 네 가지를 강조한다. '여러 가지가 아닌 한 가지에 초점을 맞춘다, Focus', '경쟁자와 어떻게 다른지, 다르게 할 것인지, Different', '시류와 사회 분위기에 맞는지 살펴보고 그에 맞춰 프로그램을 짜야 하는 Trend', 마지막으로 '그것을 강력하게 알리는 소통, Communication'이다. 『브랜드 반란을 꿈꾸다-마케팅 전쟁을 승리로 이끄는 차별화 전략』(마트 뉴마이어 지음, 윤영삼 옮김, 박재항 감수, 21세기북스 펴냄, 2007)에서는 영어 단어의 앞 철자를 따서 'F-D-T-C'라고 정리했다.

브랜딩에서 실패하는 가장 큰 요인은 너무 많은 걸 얘기하려고 해서인 경우가 많다. 옛날부터 전해 내려오는 광고의 격언 중 하나로 '여러 가지를 얘기한다는 건 아무 얘기도 하지 않는 것이다'라는 말이 있다. 어느 마을이나 얘기하고, 자랑하고 싶은 것들이 많이 있다. 제주도 송당마을에서 보았듯이 자연 경관부터, 배출된 역사 인물, 특산물 등 줄줄이 나온다. 그것을 꿰뚫거나 대표하는 하나를 집어내어야 한다. 송당마을을 비롯하여 제주도에서 관광객들 대상으로 마을에서 하는 프로그램들 보면 '트레킹, 이야기나 공연, 음식 체험, 만들기, 승마나 다른 놀이 체험' 등으로 너무 여러 가지 활동을 정해진 시간 내에 하는 걸로 규격화되어 있는 모습을 볼 수 있다. 하나에 집중해야 한다. 다른 것들을 배제하는 하나가 아니라 함께 연결할 수 있는 하나여야 한다.

춘천시에 가면 '박사마을'이라는 곳이 있다. 자신들이 배출한 인물 중에도 박사들로 그들의 브랜드를 삼았고, 거기서부터 독립투사, 문학인들로 사람 중심으로 해서 자신들의 마을을 홍보한다. 홍보 활동의 일환으로 먼저 제의를 했는지, 연락이 왔는지 알 수 없지만, 〈유퀴즈〉 프로그램을 무대로 등장하여 전국적인 유명세를 일구기도 했다. 뭔가 이렇게 집중이 되어 있고 이게 다른 마을들과 차별화가 되면 이야기 거리가 된다. 제주도는 인구당 사법고시 합격자 비율이 가장 높은 걸로 알고 있다. 그런 사실로부터도 브랜드를 삼아서 인간으로 영역을 펼쳐 나갈 수도 있다. 뭔가 하나 실마리나 증거가 될 수 있는 것을 잡아 집중해서 자신의 브랜드로 삼는 활동, 특히 무형의 자산을 만들고 활용하는 측면에서 춘천시 서면 '박사마을'은 멋진 사례이다.

'( )는 산업이나 금융 면에서는 다른 도시들에 밀려나고 있을지 몰라도 누구도 절대 빼앗아 갈 수 없는 것을 갖고 있었으니, 그것은 바로 역사였다. 그 역사를 활용해 ( )가 '역사 도시'로서의 새로운 정체성을 구축하는 데 성공할 수 있을지 여부는 100주년 기념 박람회에 달려 있었다.' '아메리칸 시티, 혁신과 투쟁의 연대기'라는 부제가 달린 『도시로 보는 미국사』(박진빈 지음, 책세상 펴냄, 2016) 39쪽에 나온 괄호 속에 맞는 도시는 어디일까?

'역사'라는 큰 개념을 약간 구체화하여 '독립'과 '자유'를 제시하면 웬만한 미국인들은 어느 도시를 얘기하는지 맞춘다. 바로 펜실베니아 주의 필라델피아이다. '자유의 종(Liberty Bell)'과 독립기념관을 비롯한 역사 유산들이 실제로 가서 보면 모양새나 규모에서 실망을 감추지 못하나, 필라델피아의 '역사'라는 브랜드를 환기시키고 강화한다. 위의 인용문에서 나온 독립 기념 박람회 같은 행사도 마찬가지이다. 심지어는 영화 〈록키(Rocky)〉에서의 유명한 필라델피아 미술관 장면도 록키 발보아라는 무명 선수의 독립 정신과 결부하여 해석하기도 한다. 역시나 필라델피아의 역사에 집중한 브랜드 활동과 유산이 있기에 가능했다.

자신감을 가지고, 하나에 집중하여 "먼저 질러라"가 다섯 번째 소개하는 팁이다. 선점의 법칙이 있다. 브랜드와 엮여 먼저 크게 지르면 자신의 자산이 된다. 인구당 박사 배출에서 춘천시 서면이 1등인지 아닌지는 모른다. 중요하지도 않다. 유퀴즈 프로그램에 등장했던 아저씨도 박사마을을 자랑하면서도 정작 자기네 집은 박사가 없다고 약간 쑥스러워 하는데, 그게 또 웃음 포인트가 된다. 사람들에게 더 강력하게 박사마을의 존재를 각인 시키는 효과를 거두었다. 어쨌든 이 마을은 먼저 박사가 130명이나 역대로 배출되었다고 선언하면서 박사선양탑이라는 브랜드 조형물까지 건축했다. 그래서 박사하면 가장 먼저 연상되는 마을이 되었고, 박사선양탑에 사진을 찍으러 일부러 사람들이 들른다.

영국의 웨일스 지방의 관광지 순위의 상위에 이름을 올리는 마을이 있다. 'Llanfairpwllgwyngyllgogerychwyrndrobwllllantysiliogogogoch(흘란바이르푸흘귄기흘고게러훠른드로부흘흘란더실리오고고고흐)'이란 마술 주문 같은 긴 철자의 요상한 발음을 가진 '세계에서 가징 긴 이름'을 가진 마을이다. 예전부터 내려온 이름이 아니고, 1860년에 오로지 가장 긴 이름의 철도역을 갖는 걸로 다른 곳들과 다른 특성으로 삼고 싶다며 만든 이름이다. 이제는 유별나게 긴 이름으로 영국식 괴팍함이나 유머의 발현지로 유명해졌다.

실제보다 먼저 남이 안한 걸 찾아 지르는 게 중요하다. '로바니에미'란 도시를 아는 사람은 극히 드물다. '산타클로스 마을'이라고 하면 고개를 끄덕이며 핀란드라는 소재 국가까지도 언급한다. 북극권 바로 아래의 도시로 도시 조경에서 순록이 핵심 모티브가 되었다는 것으로 로바니에미는 산타의 고향이라고 1985년에 선언했다. 세계 어린이들에게서 편지와 엽서가 답지했고, 마을 주민들이 답신을 보내면서, 산타의 고향이자 산타를 그리는 이들의 메카와 같은 역할을 하게 되었다. 이제는 세계 각국에 지점까지 둔 거대 네트워크의 중심이 되었다. 한국에서도 2016년 남한에서 가장 추운 곳이라고 할 수 있고, 겨울 축제로 유명한 강원도 화천군 화천우체국이 산타우체국의 대한민국 본점으로 지정되어, 산타와의 우편 업무를 담당하고 있다.

미국 뉴욕 주의 인구 2천 명 남짓한 작은 마을인 쿠퍼스타운에는 7월말부터 8월초까지면 10만 명 가까운 사람들이 몰려든다. 쿠퍼스타운에 이는 야구 명예의 전당에 새로 입성하는 이들을 위한 헌액식이 매년 8월 첫째 주에 열리기 때문이다. 야구의 발상지라는 이유로 쿠퍼스타운에 1933년 명예의 전당이 자리잡았는데, 처음부터 사실과는 동떨어졌다는 얘기가 나왔지만 큰 소리로 외치고 , 실제 건설로 치고 나가니 기정사실이 되어버렸다. 이후는 이미 건설된 명예의 전당을 어찌 할 것인가. 게다가 사람들의 인식 속에 일종의 좌표로 설정이 되어버렸으니, 핀란드의 산타 마을 로바니에미처럼 불가역적인 브랜드가 된 것이다.

6) 감추고 싶은 부분으로 차별화하라

차별화는 초점을 잡아서 집중하는 것과 크게 관련이 있다. 제주도를 비롯하여 한국의 섬의 마을들은 바다나 산을 얘기하는 경관, 거친 자연과의 싸움과 뭍 권력에 의한 차별의 역사 등, 할라치면 너무 비슷하게 되는 경우가 많다. 어느 하나 확실하게 다른 부분을 잡아서 사람들을 끌고, 그로부터 다른 것까지 경험하도록 만들어야 한다.

BTS를 비롯한 K-POP이 세계로 나아가는 길을 개척했다고 해도 과언이 아닌 싸이의 글로벌 히트곡 '강남스타일'의 성공 이유로 '강남'이라는 화려한 동네에서 한국인들이 감추고 싶었던 부분을 까발려 보여 주었기 때문이라고 하는 평론가들이 많다. 파이낸셜 타임스 기사에서도 서울의 부끄러운 부분들을 노출시켰다고 했고, 대통령 직속 국가 브랜드위원회가 한식 같은 것 예쁘게 해서 얘기하려 한 것과 대비했다. 싸이의 강남스타일에 대해서 나온 많은 기사 중 꽤 초기에 나온 기사였다. '강점을 약점으로'라는 포인트를 강의나 글로 무수하게 얘기했는데 아직도 갈 길은 멀다. 사람들에게 발휘되는 효과의 정도를 떠나서 자신의 부끄러운 점은 나중에 어떤 극적인 반전 효과가 있더라도 당장 보여 주기 싫은 것이 인지상정이 아닌가 싶기도 하다. 20세기 초반 유럽 지성계를 대표하는 장서가이자 전기 작가이며 예술 비평가이고 역사가, 저널리스트인 슈테판 츠바이크가 말년에 쓴 책에 『Brazil : Land of the Future』(Stefan Zweig, Zweig Press, 2007)가 있다. 그의 마지막 망명지인 브라질에 대한 헌사라고 할 수 있는 책이다. 그런데 거기서 츠바이크가 좋아하는 브라질의 특성과 브라질인이 보여 주고 싶어 하는 것과는 다르다고 약간 아쉬워하는 모습을 내비친다.

"(Brazilians) they don't like the very features of the country we like, and are much prouder of their factories and cinemas than of the marvelous colorfulness and simple, natural way of life. (살아가는 모습이 다채롭고, 단순하면서도 자연스러운 것을 우리는 브라질인들의 삶에서 멋지다고 생각하고 좋아하는데, 브라질인들은 그런 것들은 별로 좋아하지 않는다. 그들은 그보다는 산업시설들이나 그들이 만든 영화 같은 것들을 더 자랑스러워한다.)" (번역은 필자)

외국인들에게 'BTS를 좋아하나요?', '한국이 스마트폰 1위란 사실을 아시나요?', '강남스타일을 아세요?', '김치를 먹어봤습니까?', '손흥민을 아세요?'와 같은 질문들이 바로 정확하게 츠바이크가 말하는 '산업시설들이나 영화 같은 것들'을 반영하고 있다. 표피적이고 자신이 내세우고자 하는 것들로 자신을 홍보하려는 1차원적인 모습은 탈피해야 브랜드로 어필할 수 있다. 약점을 보이고 그걸 강점으로 반전시키면서 진짜 보이고 싶은 것들로 사람들을 이끌 수 있다. 부끄러워 감추고 싶은 부분이 매력적이고 사람을 끈다.

2010년에 미국 캘리포니아 주 LA시의 악명 높은 우범지대를 도는 관광상품이 생겼다. “갱랜드 엘에이 투어(Gangland LA Tour)”라고 해서 예전의 갱단 멤버가 만들었고, 자신이 직접 가이드를 한다. 버스를 타고 보통 때면 감히 발을 들여놓을 생각도 하지 않는 ‘사우스 센트럴(South Central)’같은 지역을 겁도 없이 들어가는 등, 12 곳을 들른단다. 가끔 그 지역의 갱 멤버들이 버스에 타서 그 지역만의 특징을 자신의 경험을 토대로 얘기하는 프로그램도 있단다(http://www.nytimes.com/2010/01/16/us/16tour.html).

사실 이런 비슷한 프로그램은 시카고에도 있다. ‘알 카포네 투어(Al Capone Tour)’라고 해서, 1920~30년대 금주법 시대 미국을 주름 잡았던 그 유명한 시카고 갱단들의 자취를 찾아 나서는 관광 프로그램이 있다. 시카고 근교의 에반스턴에 있는 노스웨스턴(North Western) 대학에 연수 프로그램 차 와서 한 달간 머무를 때 그 프로그램에 참여를 해볼까 했었으나 여의치 않았고, 시카고에서 일하던 미국인 친구와 함께 차를 타고 ‘공적(公敵) 1호(Public Enemy No.1)인 존 댈린저(John Dillinger)가 총맞은 자리를 확인하는 것으로 만족했다. 시카고의 ‘알 카포네 투어’가 2차대전 전의 과거의 발자취를 찾는 것이라면 LA는 지금도 2만여 명의 갱이 활동하고 있는 현재진행형의 자리를 탐험한다는 데서 더욱 생생한 느낌을 준다.

19세기말부터 20세기 초까지 샌프란시스코에는 ‘차이나타운 투어(Chinatown Tour)’라는 관광 프로그램이 있었단다. 지금도 차이나타운은 샌프란시스코 내의 대표적인 관광지 중의 하나이지만, 그 때의 차이나타운 투어는 지금과 달랐다. 지금이야 중국음식을 먹고 쇼핑하는 것이 대표적인 활동이지만, 그 때는 이국적인 모험을 즐길 수 있는 상품으로 팔았다. 주로 '아편굴', '매음굴'과 같은 사람들의 호기심을 자극하는 중국인들의 어둡고 왜곡된 면을 보여 주는 곳들을 주로 들렀다. 그리고 중간중간 실제 여자를 납치하는 듯한 장면을 연출하곤 했다고 한다. 그러니까 그 차이나타운 투어의 대부분은 조작된 영화세트장 투어와 별 다를 바 없었던 것이지만, 꽤 인기를 끌었다고 한다.

샌프란시스코하면 또 애쉬베리 거리를 중심으로 한 '히피 투어(Hippie Tour)'를 또 빼놓을 수 없다. 지나치게 상업적으로 포장되고, 박제된 전시물들을 보는 것과 같이 느껴져 아예 참가를 하지 않았다. 즉 현실성 있는 생동감, 바로 진실성이 없었다. 히피의 자유로운 정신이 없이 겉 모습만 연출되어 흉내내는 것이 마음에 들지 않았다. '60년대 말에 히피거리 투어 상품이 처음 나왔는데, 그 때 버스를 타고 투어에 나선 점잖은 관광객들의 모습을 TV 다큐멘터리 프로그램으로 본 적이 있다. 그리고 몇몇 책에서 그 투어에 관해 언급한 것을 본 적이 있는데, 당시는 그야말로 실제상황이라 현재와 달랐다. 이해할 수 없다는 표정을 짓는 관광객들, 히피들의 어휘를 사람들에게 가르치는 가이드의 모습과 그에 대한 반응이 역시나 재미있었다. 지금으로 치면 디씨인사이드의 애들이 쓰는 말을 보는 40대 이상 세대의 모습과 흡사한 면이 있다.

뉴욕의 할렘에도 비슷한 투어가 있다. 할렘투어도 시카고의 금주법 시대 갱단을 찾는 것처럼 예전 2차대전 전의 '할렘 르네상스' 시절의 추억이 중심이다. 아폴로극장, 카튼클럽 자리 같은 문화에 초점이 맞추어져 있다. 한 때 2000년대 초에는 할렘의 부동산 투어 붐이 일기도 했다. 땅 보러 다니는 것이었고, 실제로 할렘의 땅값은 많이 올랐다. 할렘 자체도 개발붐이 일어서, '1990년대와 비교해도 확 달라진 모습을 실감할 수 있다.

도시나 마을로서는 숨기고 싶고, 좀 더 안전해야 사람들이 오지 않겠냐고 하는데, 안전은 기본으로 챙겨야 한다. 연후에 이런 속살을 보여 주는 것들이 매력적이다. 더 작은 단위로는 외국 큰 도시의 차이나타운은 예전에는 행정력이 잘 미치지 않아서 살인사건이 많이 일어나고 묻혀버리고 했다. 그걸 가지고 싱가포르나 호주의 멜버른에서는 '차이나타운 살인 투어'를 게임으로까지 만들어 히트를 치고 있다. 디지털 게임의 아날로그 실사판 이상의 체험판이니, 4D 영화에 방탈출과 서바이벌 게임이 혼합된 흥분을 안겨준다고 한다.

한국 어느 대도시의 관광 마케팅을 주제로 한 회의에서, 한 사람이 그 도시에서 언덕 위 작은 집들의 담벼락에 그려진 벽화로 유명한 마을 이야기를 했다. 예술과 연결된 활동을 기획해 보자는 의미에서 꺼낸 말이었는데, 관광 담당 고위 공무원이 대뜸 이렇게 쏘아붙였다.

"담벽에 그림이 그려져 있는 건, 동네가 아주 가난하다고 외치는 것 아닙니까?"

그 동네 주민들의 경제 형편이 좋지 않은 건 사실이었다. 동네 사람들과 외부에서 온 소수 예술가나 미술 전공 학생들이 벽화를 그리기 전까지, 그 동네의 연상은 오로지 가난이었다. 벽화 이후 그곳은 '예술 마을'이란 이름으로 불린다. 지금도 가난하긴 하지만 예술적 향취가 있고, 꿈이 있는 동네라는 인식이 생겼다. 같은 벽화, 그림이라도 그곳에 있어야 더욱 빛이 난다. 가난한 건 부끄러우니 그저 감추자고만 하면, 마을에 제대로 어울리며 진정성으로 감동을 주는 브랜드는 절대 만들 수 없다.

7) 사회 트렌드와 함께 가라

부끄러워 감추고 싶은 부분을 보여 주는 게 사람들을 끌어 당기는 힘이 있다고 하더라도, 너무 막 나가서는 당연히 곤란하다. 미국 플로리다 주의 별명은 햇빛이 좋다고 해서 'Sunshine State'이다. 그 플로리다 주는 'Gunshine State'라고 하는 별명으로도 불린다. 플로리다 주의 영역 윤곽이 권총처럼 생겨서 붙은 별명이라고도 하나, 그보다는 성인들의 12%, 그러니까 성인 10명 중 1명 이상이 총기 소지 허가를 가지고 있을 정도로 총이 넘쳐나는 까닭이 크다. 게다가 그에 걸맞게 돈 많은 이들이 많고, 다양한 국가 출신들과 인종들의 세력 다툼도 종종 일어나다 보니, 험악한 총기 사고가 많이 나기도 한다.

플로리다에서 미국총기협회(NRA: National Rifle Association) 주관 총기 전시회를 포함한 행사가 열렸을 때, 'Gunshine State'라고 쓰인 티셔츠를 입은 참가자들에 플래카드까지 쉽게 볼 수 있었다. 플로리다 주가 자신을 'Gunshine State'로 브랜딩하는 듯한 느낌을 줬다. 아무리 총기거래가 직업인 이들의 행사라고 하더라도, 요즘처럼 총기 문제에 민감한 트렌드에 어울리지 않는다.

이제는 동물원을 죄책감을 가지고 가는 사람들이 늘어난다. 동물을 제한된 공간에 가두고, 구경 거리로 만드는 형식의 동물원은 없어져야 한다는 목소리가 높아지고 있다. 20세기 초까지만 하더라도 제국주의를 시현하던 서구의 몇몇 국가들에서는 백인 이외의 인종들을 서커스나 박람회에서 전시하기도 했다. 심지어 미국 뉴욕에서 가장 유명한 동물원인 브롱크스 동물원에서는 오타 벵가(Ota Benga)라는 중앙아프리카 피그미족 출신의 사람을 원숭이와 한 우리에 전시하기도 했다. 영국 런던의 한 동물원에서는 자원자들을 모집하여 동물원 우리에 가두고 전시하는 퍼포먼스를 2005년에 개최하기도 했다. 기존 동물원 양태에 대한 사회적 주의 환기와 자신들의 동물원은 달다는 홍보 효과를 함께 노린 퍼포먼스였다.

통계 주관하는 곳마다 약간씩 숫자가 다르기는 하지만, 반려동물을 둔 가구가 한국에서 전체 가구의 30% 정도에 이른다고 봐도 무리가 없다. 동물권을 인권과 비등한 수준으로 제기하고 논의하는 것도 당연하다. 그에 맞추어 돌고래나 물개를 동원한 동물쇼들도 없어지는 추세이고, 동물원 운영 방식도 달라지고 있다. 그런데 아직도 동물을 관광자원으로 활용하려는 기도를 많이 본다. 특히 자녀들이 있는 가족들을 유치하기 위해 동물을 활용하는 사례들을 볼 수 있는데, 사회 트렌드의 변화와 함께 역시 달라져야 한다.

독일 접경 지대의 프랑스 알사스(Alsace)는 1871년 프랑스-프러시아 전쟁 후에는 독일 땅이 되었다가, 1차 세계대전 후에는 프랑스령으로 들어간 곳이다. 당연히 긴장된 상태를 유지하는 때도 많았고, 서로 방비한다고 지뢰를 사방이 심기도 했다. 알사스의 작은 마을 디에볼샤임(Diebolsheim)이란 곳에서 세계2차대전이 끝난 후에 전쟁 중에 심은 지뢰를 제거해야 했다. 시에서는 지뢰 하나를 파낸 곳마다 꽃 한 송이를 심었다. 거기에 조금씩 꽃들이 들어차는 걸 본 시민들이 자진해서 그 주위에 꽃을 심어 자연스레 꽃밭이 조성되었다고 한다. 그게 프랑스 전역을 대상으로 하는 '꽃 가꾸기 경쟁' 이어서 2001년에는 '꽃 마을 국가위원회'라는 것까지 만드는 걸로 연결되었다.

칠레 건축가 알레한드로 아라베나의 '반쪽집'도 눈여겨 볼만하다. 임대주택을 반만 지어진 채로 주고, 나머지는 스스로 하라고 했더니 더 열정적으로 집과 결국 마을을 가꾸며 자신감과 자립 기반을 만들었단다. 전쟁으로 고아가 된 어린이들을 돌보면서 문을 연 부산 마리아수녀회가 운영하는 수국마을은 원래 큰 건물 하나에 원생들을 수용하는 전형적인 기숙사 형태였다. 그 기숙사 건물을 작은 집들로 해체하여 스스로 꾸미고 가꾸게 했더니, 그곳에서 생활하는 중고생들이 집을 관리하는 이상으로 생활비를 아껴 주변 독거 노인에게 쌀을 전달하기도 했단다. 〈도시의 보이지 않는 99%〉(로먼 마스.커트 콜스테트 지음, 강동혁 옮김, 어크로스 펴냄, 2021)에 소개된 이들 사례는 주민들의 참여와 창의성을 끄집어 내는 DIY(Do-It-Yourself)가 어떤 효과를 만들어내는지 여실히 보여 준다.

트렌드는 전개되는 방식이나 방법과 깊게 연관이 되어 있다. 시대에 따라서 달라질 수가 있다. 아니, 달라져야 한다. 1930년대 중국 상하이의 조계 공원 앞에, 그리고 베이징의 외국 공사관 구역인 둥자오민샹(东交民巷)에 있었다는 '중국인과 개는 출입금지'와 같은 경고는 제국주의 시대에 맞춘 것으로, 신중국 시대에는 존속될 수 없었다. 시대에 맞춰 사람들과 소통하는 방식도 달라져야 한다. SNS도 이용하고, 볼거리와 놀거리도 달라져야 한다. 브랜드를 세우는 첫 단계에서 강력한 차별화된 메시지나 프로그램이 사회적 트렌드에 어긋난 것은 아닌지, 트렌드에 적합한 소통 방식은 무엇인지 찾는 과정이 필요하다.

8) 젊은 세대가 참여할 시공간을 주라

여행사의 주력이었던 계획에 맞춰 진행되는 단체여행은 2010년 이후로 계속 사양길이었다고 한다. '어디서 여행의 매력을 느끼는가'라는 질문에 자연경관과 문화유산이 1, 2위로 나오지만, 낯선 것의 '체험'을 응답하는 비율이 계속 늘고 있다. 단순히 보는 관광이 아닌 여행지의 특수한 매력을 접하고 실감하기를 원한다. 그래서 '한 달 살아 보기'가 인기를 끌고 있고, 여행사들도 '여행은 살아 보는 것' '한 지역에서의 특별한 경험 여행' 등의 광고 문구를 내세우고 있다. MZ세대에게 새롭고 낯선 것에 대한 설렘은 들이는 비용과 시간과 적응의 귀찮음을 상쇄한다. 기업들이 생산시설 등으로 외부인을 초청하는 '팩토리 투어' 같은 프로그램도 일방적인 홍보 행사가 아닌 참여자들이 직접 체험하는 기회를 마련하는 방향으로 바뀌었다. 제주 맥주 양조장 투어, 해녀학교나 음식점 같은 경우가 대표적이다. 기업에서 마치 여행사가 여행 참가자를 대상으로 하듯이 직접 방문객들을 모집하는 경우도 나타나고 있다.

'휴가'와 관련된 단어들을 뽑아달라고 했을 때, MZ세대가 꼽은 1위는 집이나 호텔 같은 곳에서 머물면서 조용히 쉬는 '스테이케이션(stay+vacation)'이었다. 이에 맞춰 휴가를 뜻하는 '바캉스'에서 파생된 새로운 단어들이 출현했다. 쉬는 장소로 집을 택하는 '홈캉스', 호텔 내부의 서비스와 시설을 이용하면서 쉬는 '호캉스', 어디서 쉬건 혼자 즐기는 '혼캉스'들이 등장했는데, MZ세대가 그런 새로운 휴가 트렌드의 주역이었다. 2019년 7월, 일반적으로 휴가시즌이 시작되는 시점에 대학내일에서 20대, 30대 직장인의 여가 생활을 조사했는데, 퇴근 후 여유가 보장된다면 하고 싶은 여가 활동의 1위에 명상과 멍때리기가 피트니스와 운동을 근소한 차이로 제치고 1위로 응답되었다.

젊은 세대들을 마을로 초대하는 프로그램들을 보면 다만 몇 초의 숨 돌릴 시간도 없이 촘촘하게 짜는 경우가 대부분이다. 혼자, 가

만히 있는 건 사회성이 떨어지고 게으른 거라 여기던 시대의 산물이다. 코로나19로 여행산업이 올스톱 되다시피 했을 때, 젊은이들은 조용한 여행지를 개발하고, 패션 등산의 세계를 열고, 혼자 여행에 랜선을 결합하여 새로운 여행 트렌드를 개발하고, 기존 마을 사람들도 모르는 부분을 개발했다. 어떤 때는 그렇게 여백으로 주는 것이 브랜드를 채우는 길이 되기도 한다. 특히 젊은이들에게는.

서두에서 보절면이란 곳 얘기를 했다. 『보절면지 – 보배와 절의가 숨어있는 보절이야기』라는 책이 2020년 12월에 발간되었다. 그 책을 만들면서 가장 힘들었던 점이 수록될 인물들의 선정이었다고 한다. 누구는 격이 안 된다, 뭘로 걸렸었다, 특히 나이가 너무 어리다 등의 안 좋은 말들이 나오는 경우도 있고 해서 결국은 1958년 이전의 인물들만 수록했다고 한다. 나이로 가른 수록 인물들의 기준을 보니 트렌드와는 거리가 있고, 많은 젊은 보절인들을 배제시키는 약영향을 미쳤겠구나 하는 생각이 들었다. 트렌드에 맞는 브랜드를 위한 노력으로 이 점을 꼭 얘기하고 싶습니다. 마을의 어르신, 원로들이 모든 것을 쥐고 결정해서는 안 된다. 젊은 세대가 브랜드 활동의 처음부터 적극적으로 관여하도록, 참여할 수 있게 시공간을 마련해 주어야 한다.

9) 사람에 기초한 스토리를 만들어라

『보절면지』가 그럼에도 훌륭한 건 보절면 사람들의 이야기가 있기 때문이다. 동양사학과에서 학부 과정 수학을 했던 한때의 역사학도로서 『Ragtime』, 『Billy Bathgate』 등의 소설로 유명한 작가인 닥터로우(E.L. Doctorow)가 한 말이 인상적이었다.

"The historian will tell you what happened. The novelist will tell you what it felt like. (역사가는 어떤 일이 일어났는지, 소설가는 어떻게 느껴졌는지 말해 준다)"

마을을 소개하고, 사람들이 찾게끔 만든다고 볼거리, 놀거리만 쭉 나열하는 건 역사가가 팩트, 사실들만 열거하는 것과 같은 식이다. 브랜드 4단계 말했던 것처럼 느끼고, 믿도록 하려면 커뮤니케이션이 되어야 하고, 그러려면 스토리가 있어야 한다.

중국의 소설가인 위화(余華)에 대해 『나는 내 나라가 낯설다』(쉬즈위안 지음, 김태성 옮김, 이봄 펴냄, 2017)의 평론가 저자는 그를 두고 "주방의 비밀이 식탁 위의 음식보다 더 흥미롭고 푸짐하게 느껴졌던 셈이다"라고 비유했다. 위화는 그의 작품의 줄거리와 인물들을 두고 '모든 것들이 타래에서 풀려 나오는 새끼줄처럼 이어져 그 길의 끝자락에까지 하나의 이야기로 이어져갔다'고 스스로 표현했다. 어떻게 타래처럼 자연스럽게 얘기를 풀어낼 수 있을까? 역시 작가의 얘기를 직접 들어 보자.

이런 종류의 이야기가 풀어지는 '이런 공간에서 작가가 할 수 있는 일이란 아무것도 없는 법이다. 붓을 놀린 그 순간, 작가는 허구 속의 인물들 역시 자신의 고유한 목소리를 가진 존재라는 사실을 발견하게 되고, 이들의 목소리를 마땅히 존중하여 그 목소리들 스스로 바람 속의 해답을 찾도록 해야 한다는 사실을 알고 있기 때문이다. 작가는 결코 자신이 서술하고 있는 세계에 함부로 침입할 수 있는 존재가 아니다.'

위화는 『허삼관매혈기』 서두 '작가의 말'에서 결론으로 다음과 같이 놀라운 고백을 한다. '실제로 이 소설의 작가 또한 작품을 완성하고 난 후, 자신이 이 소설에 관해 알고 있는 것이 결코 남보다 많지 않다는 사실을 발견하였던 것이다.' 자신이 직접 만들어 낸 인물이고 꾸며낸 사건들인데도 자신이 알고 있는 것이 다른 사람들이 알고 있는 것과 별반 다를 바 없다는 고백은 다른 각도에서 보면 인위적으로 조작하는 단계를 넘어서서 자연스럽게 인물들이 나타나고 캐릭터로서 자리를 굳히고 그에 맞추어 사건들을 만들어 내면서 하나의 소설로 자연스럽게 완성이 된 것이다. 우리 시대 최고의 '이야기꾼'이라는 위화에 대한 평가는 그렇게 자신이 애써 만들어 내고자 하는 단계를 넘어서면서 나오게 된 것이다.

그가 바로 이러한 경지에 도달한 것은 아니었다. 초기 형식실험을 추구하는 단편소설을 쓸 때, 그는 신처럼 모든 것을 알고 창조할 수 있다며 소설 속의 인물들을 지배하는 독재자였는데, 장편을 쓰면서 민주주의자로 변했다고 얘기한다. 문득 소설 속 인물들이 자기의 목소리를 가지고 있다는 것을 발견했고, 인물들을 통제하고 지배하는 것을 포기하였다고 한다. 그러니까 인물들이 스스로 길을 가고 말을 하며 이야기를 만들어 간 것이다.

"형제"의 모티프는 지저분하기 짝이 없는 '재래식 화장실'이다. 그 곳에서 여자 엉덩이를 훔쳐보는 부자(父子) 2대(代)의 이야기가 시작된다. 그리고 이야기는 때로는 능치듯이 때로는 숨 가쁘게, 제 맘대로 희극과 비극을 엮어 가며 흘러간다. 작가인 위화는 그저 우리 독자들 옆에 쭈그리고 앉아서 그 이야기판을 웃음을 터뜨리며 눈물을 뿌리며 박수를 치며 한숨을 쉬며 듣는 것 같았는데, '역시 이 시대 최고의 이야기꾼'이란 칭호를 얻는다. 재미있지 않은가? '마을의 비밀'같은 스토리, 바로 사람들의 이야기가 있고, 거기에 관광객들이 관객으로 때로는 무대에 직접 서보면 얼마나 실감나겠는가. 마을 사람들의 스토리가 빠진 마을 브랜드는 재미도 의미도 없다.

10) 공감대 형성과 주민의 기쁨이 최고 목표이다

마을 사람들의, 거쳐 간 혹은 시공간에 맞춰 관계를 맺은 이들의 스토리를 발굴하고 담기 위해서는 모든 마을 주민들의 공감대 형성과 참여가 필수적이다. 전국에 1,500개가 넘는 마을 기업들이 있다. 마을이 공동체로서 얼마나 결속되고 한 방향으로 나아가고 있느냐에 따라 성패가 갈릴 것으로 본다.

충청북도 괴산군의 송면중학교에서는 2017년부터 학생들이 동네 어르신들의 인생을 듣고 책으로 내는 '위평프(위대한 평민 프로젝트)'를 진행해 오고 있다고 한다. 세대의 간격을 메우고 어떤 경우에는 마을의 중심을 잡으며, 어떤 곳인지 알리는 좋은 방식이기도 하다.

충청남도 교육청 주관으로 뒤늦게 한글을 배운 할머니들의 요리 방법을 엮은『요리는 감이여』란 책이 있다. 2019년 8월에 문재인 대통령이 페이스북에 언급하면서 단번에 베스트셀러 자리에 오르기도 했다. 그리고 2편까지 간행이 되었다. 이 책은 할머니들이 직접 쓰기도 하고, 중고생과 지역의 자원봉사자들이 채록과 그림을 맡아서 했다. 마을 단합, 브랜드 용어로 하면 내부 브랜딩에 이만큼 좋은 사례를 찾아보기 힘들다.

예전에 어느 기업에서는 '밖에서 돈을 못 벌어도 좋으니, 직원들이 한마음으로 한 방향을 바라볼 수 있게 했으면 브랜딩은 성공이다'라고 했다. 직원들이 그렇게 되면 돈은 자연스레 따라온다. 마을 구성원들을 하나로 엮는 게 마을브랜드의 첫 걸음이자, 마지막이다. 마을 주민들이 행복하지 않고 아무런 자부심도 없는 상태에서, 관광객들이 많이 찾아오는 건, 놀이공원의 악덕 대표가 미소를 강제하는 것과 같은 고문이다.

11) 행동이 따르는 전략적 인내

'pain threshold'라는 말이 있다. '고통의 한계치' 혹은 '인내 한계점' 정도로 번역할 수 있다. 우리가 흔히 쓰는 맷집도 이렇게 번역하곤 한다. 카지노에서는 고객이 노름을 그만 두게 만들 정도로 돈을 잃는 시점을 말한다. 21세기 들어서 카지노 산업에서 빅데이터의 성공 사례로 꼽히며 비약적으로 발전한 하라스(Harrah's)에서는 손님들에게 '해러스 카드'를 주고 해러스 안에서는 모든 시설에 그것을 쓰도록 유도했다. 이어 카드 사용 기록을 바탕으로 손님들을 수익성에 따라 구분했다. 적은 돈으로 도박하는 이들이 큰돈을 가지고 와서 노는 이들보다 수익에 크게 기여한다고 나타났다. 또한 회원별로 특성을 파악하여 개인 마케팅을 구사했다.

가령 개개인이 잃고 따는 금액을 실시간 추적하다가 어떤 개인이 그의 '인내 한계점 pain threshold', 즉 총 잃은 금액이 도박을 중지하도록 만드는 액수에 가까워지게 되면 직원이 접근해 공짜 식사나 쇼 티켓을 무료로 제공해 기분을 누그러뜨리고 계속 호텔에 머물도록 유도하는 식이었다. 분위기를 바꾸며, 어려울 때 반전을 일으키는 행동이 필요하다.

'전략적 인내(Strategic Patience)'이 미국 오바마 대통령의 대북한 정책을 표현하는 데 쓰였다. 북한을 경제적으로 압박하면서 핵무기 포기 선언을 하도록 만든다는 전략이었는데, 북한에게 시간만 벌어주고, 북한의 감내할 수 있는 '고통의 한계치(pain threshold)'를 높이는 결과를 가져온 오바마 대통령에게 별로 많지 않은 실패작으로 꼽힌다. 행동이 없는 단순한 기다림의 인내는 효과가 없다.

일본 돗토리(鳥取)현 사카이미나토(境港)시는 요괴 만화로 유명한 만화가 미즈키 시게루의 고향이다. 쇠락해가는 마을의 부흥을 위해, 마을 출신 유명 인사인 미즈키 시게루의 만화 주인공들을 세워 요괴마을이라는 브랜드를 세웠다. 그 이전 1990년대 초의 연간 관광객 수가 2만 명 수준이었는데, 2010년 이후는 꾸준히 거의 2백만 명 이상으로 수직상승하는 엄청난 성과를 거두었다. 그런데 처음부터 그렇게 한마음으로 브랜드에 찬동하며 내부 결속이 이루어지지 않았다. 밤에 무섭고 창피하다며, 시설물들 때려 부수고 하는 일들이 빈번했다. 그런 사고 친 것들이 보도가 되면서 화제가 되며 해피엔딩이 되었다. 작가인 미즈키 시게루는 저작권을 무상으로 양도했고, 요괴의 대상을 늘려, 포케몬이나 디지몬까지 포함하는 진정한 요괴의 고장으로 올라섰다. 기다릴 줄 아는 전략적 인내와 인내에 보답하는 행동이 어우러진 결과이다.

12) 부족한 부분은 외부와 협력하라

『Forgiveness-A Gift from My Grandparents』(Mark Sakamoto, Haper Collins, 2014) 책의 지은이인 마크 사카모토의 고향은 캐나다 앨버타 주의 메디슨 햇(Medicine Hat)이란 인구 6만 좀 넘는 소도시이다. 미국 몬타나 주 바로 위의 황량한 곳이다. 도시 이름이 독특했다. 원주민인 소위 어메리칸 인디언과 관련이 있다. 부족에서 의술을 담당하던 이가 머리에 꽂았던 장식에서 유래했다고 한다. 전근대 시절의 부족 사회에서는 무당이 의원을 겸하는 경우가 많았다. 무당은 우리가 굿을 하는 복장에 보듯 화려하게 치장

한다. 앨버타 주가 되는 인디언 부족에서도 독수리 장식을 의원 역할을 하는 이가 우리가 영화에서 보는 인디언이 머리에 쓰는 모자 같은 데 꽂았단다. 그 장식이 도시 이름이 되는 데 『정글북』의 작가로 유명한 러디야드 키플링(Rudyard Kipling) 경이 결정적인 역할을 했다고 한다.

사람들이 그 지방에 자리를 잡고 살기 시작하자, 캐나다 정부에서는 도시로 발전할 수 있는지를 판단하도록 공무원을 파견하여 조사하도록 했다. 유감스럽게도 공무원은 그 지방이 너무 덥고, 황량하며 먼지가 너무 많이 일어서 사람들이 살기에 적합하지 않다는 보고서를 올렸다. 이에 당시 거주하고 있던 이들은 스스로 그 지방을 지도에 새겨 넣기로 하고는 먼저 도시의 이름을 짓기로 했다. 시골뜨기로 무시당하던 그들이 이름을 지어봤자 아무런 반향을 불러일으키지 못할 것으로 생각했던지, 그들은 당대 세계 최고의 유명 작가인 러디야드 키플링에게 편지를 써서 마을의 이름을 선정해달라고 했다. 레오폴드빌(Leopoldville)이나 스미스빌(Smithville) 같은 뭔가 있어봄직한 이름을 낙점하리라 생각했던 그들에게 키플링은 메디슨 햇을 추천하며, 그 이유를 다음과 같이 편지에 담아 보냈다.

'매디슨 햇은 그 옛날 당신들의 초원지대에서 펼쳐졌던 크리(Cree) 족과 블랙풋(Blackfoot) 족의 낭만적인 전투와 붉은 깃털의 수수께끼를 연상시키는 힘이 있다고 보이오. 그리고 마을 아래에 있는 있는 신비롭기까지 한 천연가스층의 모양을 형상화하기도 하죠. 나를 믿어 주십시오. 이 이름은 도시에 갈수록 큰 자산으로 작용할 겁니다. 세상에 이런 이름은 없습니다. 궁금해서 질문을 하게 만들고, 젊은 친구들이 찾아오게 될 거예요. 아주 독특하고요, 개성 있고, 확신에 가득 찬 힘이 느껴지지요. 무엇보다 법적으로 문제가 없고, 당신들만의 고유한 것이며, 먼지 속에서 땀으로 일군 도시의 역사를 반영하고 있지요. 만약에 이것을 바꾼다면 도시를 일군 원로와 개척자들은 비난을 퍼부으며 낙담할 것이고, 바깥 세계 사람들은 자기네 도시에 충실하지 못한 이들이라고 당신들을 볼 겁니다.'(번역은 필자)

키플링의 편지는 브랜딩, 특히 도시 브랜딩에 관한 주요 원칙을 제대로 적시하고 있다. 첫째, 과거의 유산으로 스토리텔링을 이끌어 낸다. 크리족이나 블랙풋족은 모두 그 지방에서 살면서 전투를 벌여 숱한 이야깃거리를 전설로 남겼다. 둘째, 도시의 현재와 미래를 연결한다. 매디슨 햇 도시의 별명이 '가스 시티(Gas City)이다. 가스로 탄생했고, 그걸로 연명할 도시이다. 매디슨 햇이 가스층의 모양과 닮았다는 건 강변이라도 충분히 내세울 수 있는 클레임이다. 셋째, 이름이 만들 수 있는 역할을 나열하여, 기대감을 고취시킨다. 호기심을 자아내게 하고, 사람들을 흡인하는 요소로 그 자체가 자산이 된다는 것이다. 'brand asset'이란 말이 나오기 훨씬 전부터 키플링이 '자산(asset)'을 언급했다는 사실이 놀랍다. 넷째, 독창성이다. 우리가 흔히 말하는 차별화를 키플링은 정확하게 지적하고 있다. 덤으로 그래야 법적인 효력도 가져야 한다는 것도 얘기한다. 다섯째, 진정성이다. 공무원까지 포기해야 한다고 한 우스꽝스러운 지방을 이들은 땀으로 도시 모양을 일궈냈지 않은가. 그런 정신과 땀을 연상시키는 네이밍이어야 한다. 그래야 어디에나 떳떳하다.

마지막으로 키플링에게 편지를 쓴 동네 사람들도 정말 대단하다. 실제 브랜딩 작업을 할 때 누가 했는가가 이름 자체의 질보다도 중요시되는 경우가 많다. 중앙정부의 보고서를 뒤집고, 자신 마을의 존재를 인정받기 위해서는 키플링 정도의 인사가 필요했다. 멋진 매디슨 햇의 선구자들이다. 도시의 건설과 함께 브랜딩의 구현자로서도 멋지다.

구성원이 하나가 되면 수익은 그냥 창출이 된다. 내부 공동체 의식도 확실하고 브랜드 방향도 좋은데도 안 되거나 부족하다고 느끼는 부분들이 있다. 그를 위해서는 다른 마을들이나 기관들과 협력해야 한다. 경기도에서는 마을 브랜드 바탕 위에 세운 마을 체험 기업들을 단체로 묶어서 알리는 노력을 했다.

김유정역이 있는 신남면 얘기를 앞에서 했다. 김유정역 말고 신남이 '속초 인제 신남'이란 표지판과 함께 '속초야 이제 마음 풀렸어? 그래서 신나"라는 식의 짤이 나왔다. 자연스레 원래 관광지로 이름 높았던 속초, 인제와 함께 관광 코스가 되었다.

지방 각지의 장인들 품목들을 묶어서 '명인명촌'이라는 브랜드가 나왔다. 개별적으로 하지 않고 '명인명촌'이라고 묶어서 이야기와 함께 알리니, 마을 혼자 하는 것보다 아주 탄탄한 유통 채널이 마련되었다. 위대한 작가 키플링과 협력하며 마을을 세운 것처럼, 컬래보레이션(collaboration)이 마을을, 마을의 브랜드를 세운다.

참고문헌

로먼 마스 & 커트 콜스테트 저, 강동혁 역 (2021). 도시의 보이지 않는 99%. 어크로스.

마트 뉴 마이어 저, 윤영삼 역, 박재항 감수 (2007). 브랜드 반란을 꿈꾸다 – 마케팅 전쟁을 승리로 이끄는 차별화 전략. 21세기북스.

무라카미 하루키 저, 윤성원 역 (2004). 먼 북소리. 문학사상사.

박진빈 (2016). 도시로 보는 미국사. 책세상.

버나드 몽고메리 저, 승명조 역 (2004). 전쟁의 역사. 책세상.

버트란드 럿셀 저, 송은경 역 (2014). 인생은 뜨겁게 – 버트란드 럿셀 자서전. 사회평론.

보절면지편찬위원회 저 (2021). 보절면지 – 보배와 절의가 숨어 있는 보절이야기. 논형.

데이브 버스 저, 고영태 역 (2019). 끌리는 브랜드의 법칙. 한국경제신문.

쉬즈위안 저, 김태성 역 (2017). 나는 내 나라가 낯설다. 이봄.

애거서 크리스티 저, 김시현 역 (2014). 애거서 크리스티 자서전. 황금가지.

에릭 홉스봄 저, 김동택 역 (1998). 제국의 시대. 한길사.

웬즈데이 마틴 저, 신선해 역 (2016).파크애비뉴의 영장류. 사회평론.

존 엘리스 저, 정병선 역 (2005). 참호에서 보낸 1460일. 마티.

캐서린 아놀드 저, 서경의 역 (2020). 팬데믹 1918. 황금시간.

Kaiser, Robert G. (1976). *Russia - The People and the Power.* Pocket Books.

Lee, Mary Paik & Sucheng Chan (1990). *Quiet Odyssey.* A Samuel and Althea Stroum Book.

Sakamoto, Mark (2014). *Forgiveness - A Gift from My Grandparents.* Haper Collins.

Sante, Luch (1992). *Low Life: Lures and Snares of Old New York.* Vintage.

Troyat, Henry (1988). *Peter The Great.* Hamish Hamilton.

Zweig, Stefan (2007). *Brazil : Land of the Future.* Zweig Press.

8장

지역 경제 활성화를 위한 로컬 브랜딩

구자룡

구자룡 koo@valuevine.kr

현재 ㈜밸류바인 대표 컨설턴트이며, 국가공무원인재개발원, 한국금융연수원 등에 출강하고 있다. 상명대학교 대학원 경영학과에서 브랜드 자산 연구로 경영학 박사 학위를 받았다. 상명대학교 경영학과 겸임교수, 한국능률협회 상임교수, 칼슨마케팅그룹코리아 전략마케팅실장, 서울브랜드위원회 위원을 역임했다.

『직장 없는 시대의 브랜딩』(2022), 『한 권으로 읽는 비즈니스 명저 100』(공저, 2021), 『지금 당장 마케팅 공부하라(최신개정판)』(2019), 『마케팅 리서치(개정판)』(공저, 2017), 『공공 브랜드의 전략적 관리』(공저, 2014), 『한국형 포지셔닝: 한국 소비자 마음에 브랜드 심는 법』(2003) 등의 저서와 "도시브랜드 자산의 평가와 지수화 방법에 관한 연구", "한국인과 외국인이 본 DMZ의 이미지와 가치", "소비자-브랜드 관계 유형에 따른 브랜드 자산 구성 요소들 간의 상호작용에 관한 연구" 등의 논문이 있다.

1. 공공 브랜드로서의 로컬 브랜드

1) 지방 소멸과 인구 감소

'지방 소멸'이란 용어가 언론에 자주 등장한다. 단어 자체로 생각하면 지방이 없어진다는 의미다. 통계청 발표에 따르면, 2022년도 합계 출산율은 0.78명으로 2021년 0.81보다도 더 낮아졌다(통계청, 2021).[1] 더욱 고민스러운 것은 2012년 합계 출산율 1.297에서 매년 지속적으로 하락하고 있다는 점이다. 어느 순간 대한민국의 인구 소멸도 현실이 될 수 있다.

이런 추세에 가장 먼저 타격을 받는 곳은 수도권이 아니라 지방이다. 특히 중소규모의 지방자치단체가 여기에 해당한다. 지속적으로 청년 인구가 수도권으로 유출되고 있다. 고령 인구도 계속 증가하고 있다. 지방 소멸 고위험지역으로 알려진 경북 의성의 현실은 어떨까? 고향인 이곳에는 가족과 친척들이 한 동네에서 농사를 지으며 살고 있다. 한때 100여 가구였던 동네는 20여 가구로 줄었고 청년(대부분 60이 넘는다) 5~6명이 전체 들판의 농사를 다 짓고 있다고 해도 과언이 아니다. 어느 순간 지방은 소멸될 수 있다.

그런데 동네를 확장하면 읍면이 되고, 시군구가 된다. 그곳에

---

1 합계 출산율(TFR, Total Fertility Rate)은 여성 1명이 평생 동안 낳을 것으로 예상되는 평균 출생아 수를 나타낸 지표로서 연령별 출산율(ASFR)의 총합이며, 출산력 수준을 나타내는 대표적 지표다. 우리나라의 합계 출산율은 OECD(경제협력개발기구) 38개국 중 최하위이며, OECD 국가들 중 유일하게 합계출산율이 1.0명에도 미치지 못한 것이다.

사람이 살지 않으면 지방 소멸이다. 인구 감소는 지방만이 아니라 대도시도 마찬가지다. 행정안전부에 따르면, 인구 감소지역에는 부산(동구·서구·영도구)과 대구(남구·서구), 인천(강화·옹진군) 등 3개 광역시도 포함되어 있다.[2] 인구 감소 추세로 인해 대한민국도 소멸할 수 있다.

대구경북 신공항 이전지역으로 군위와 의성이 거론될 때, 특히 의성지역에서 적극적으로 유치 노력을 했다. 지방 소멸을 극복하는 유일한 대안으로 공항 유치를 주장했던 지역의 의견 선도자들에 동조하며 의성군민들은 들떠 있었다. 군위의 어느 주민은 지방 소멸을 막기 위해 대구광역시와 통합을 해야 한다고 주장한다.[3] 공항이 건설되면 지방 소멸이 되지 않을까? 의성이 유지될까? 군위로 대구시민들이 이주해 올까? 단기적으로 효과가 있을 것 같지만 장기적으로는 인구 감소의 흐름을 바꾸기는 어려울 것이다.

의성이나 군위 자체의 정체성을 유지하고 지속 가능한 지방이 되는 방법을 찾아야 한다. 지금까지도 많은 연구와 노력이 있었지만 여전히 문제해결이 되지 않고 있다. 인구 소멸의 원인 중에는 저출산과 자연 감소도 있지만 대학 진학과 취업으로 인한 청년층의 이탈도 크다. 이들은 대체로 수도권으로 몰렸다. 그렇다면 지방을 살리는 방법은 무엇일까? 다양한 방법이 있겠지만 우선은 인구 감소의 원인을 찾고 인구가 유지 혹은 증가될 수 있는 방법을 찾아야

---

2 행정안전부, "인구감소지역' 89곳 지정, 지방 살리기 본격 나선다!", 보도 자료, 2021.10.18.

3 2022년 12월 국회에서 '대구시·경북도 간 관할구역 변경에 관한 법률안'이 통과되어 2023년 7월 경상북도 군위군은 대구시에 편입이 된다.

한다. 결국은 지역 경제가 활성화 되어야 한다. 한마디로 돈이 돌아야 한다.

2) 지방과 지역, 그리고 로컬

지방과 지역이란 용어가 혼용되고 있다. 여기에 최근에는 로컬이란 단어도 자주 사용되고 있다. 우선 사전적인 의미를 살펴보면, 지방(地方)은 큰 땅 가운데 어느 한 쪽 방면, 어느 한 방면의 땅 또는 서울이나 대도시 이외의 지역, 나라의 중앙 이외의 지역이다. 지역(地域)은 일정하게 구획된 넓은 범위의 땅, 전체 사회를 어떤 특징으로 나눈 일정한 공간 영역을 말한다. 즉 지방은 방향을 지칭한다면, 지역은 경계를 의미한다. 그러나 흔히 쓰는 '지방'이라는 말 속에 중앙은 우월하고 지방은 열등하다는 편견과 차별이 깃들여져 있다. '지방방송 꺼라', '지방대 출신', '지방으로 내려가라'라는 표현 속에는 중앙을 상찬하고 중앙에 비교 우위가 있음을 조장하는 잘못된 언어적 유희가 내포되어 있다(김승희 외, 2012).

지방 또는 지역을 나타내는 영 단어로는 로컬(local)과 리저널(regional)이 있다. 사전적으로 로컬은 살고 있는 특정 '지역의', '현지의'를 의미한다. 주로 나와 관련 있는 지역을 로컬로 표현한다. 리저널은 로컬보단 상대적으로 크고 비교적 나와 관련이 없는 '지역(전체)의', '(특정)지방의'를 의미한다. 그러므로 로컬은 지금이라는 시간성과 여기라는 장소성이 함께 작동하는 현재의 장소, 곧 현장이다. 로컬이라는 말에는 그런 점에서 지방이나 지역이라는 말에서는 찾아보기 어려운 역동성이 있으며, 외국어가 지닌 어감 탓에 전문적이라는 이미지를 가지고 있다(임성원, 2019).

이런 차원에서 인구 소멸을 감소시키고 지역 경제를 활성화하는 관점으로 전환하기 위한 적절한 용어는 로컬이다. 지방이 가지고 있는 편견이나 차별에 대한 의미가 없으면서 보다 역동적이고 전문적인 이미지를 갖고 있는 로컬에는 로컬의 정체성이 있고, 로컬의 브랜드가 있고, 로컬의 콘텐츠가 있다. 여기에 로컬 스스로 발전을 도모하는 내생적 발전 전략으로 접근하는 인식의 전환이 필요한 시점이다.

3) 공공 브랜드와 로컬 브랜드, 로컬 브랜딩

사적 영역 중심으로 발달한 브랜드와 브랜딩에 대한 관심이 공적 영역으로 확대되고 있다. 기업 경영 활동을 위한 관리 차원에서 시작된 용어인 브랜드(brand)는 "한 판매자의 상품을 다른 판매자의 상품과 구별하는 이름, 용어, 디자인, 심벌 혹은 그들의 조합"이라고 정의한다(미국마케팅협회). 즉 브랜드는 우리 상품과 경쟁 상품을 구별하고 이를 통해 소비자들에게 보다 높은 가치를 제공한다. 브랜딩은 브랜드의 가치를 높이는 모든 활동이다.

공공 브랜드(public brand)는 사적 영역을 제외한 일반적 공적 영역에서 활동하는 공공재와 기관을 포함한다. 따라서 국가 브랜드, 도시 브랜드, 정책 브랜드, 관광 브랜드, 공기업 브랜드에서 지역 문화, 한류 등의 문화 브랜드에 이르기까지 모두 공공 브랜드로 지칭한다. 그리고 공공성이란 인식의 토대 위에서 이루어져야 한다. 공공성은 공적 영역이나 사적 영역에 존재하는 기업, 기관, 정책, 행정 서비스가 공히 갖추어야 할 보편적 정체성이며, 각 기관은 각자의 특성에 따라 특화된 공공적 정체성을 정립해야 한다(김유경·김유신,

2015).

만약 장소를 하나의 상품으로 본다면 지명은 본질적으로 하나의 브랜드라고 할 수 있다. 각 장소에 붙여진 독특한 형태의 지명은 다른 장소와 구별해 주는 1차적인 인식의 도구이기 때문이다. 각 장소로서 중요한 것은 그 장소의 이름이 긍정적인 측면으로 널리 알려짐으로써 다른 지명과 구별되어 최대한 큰 가치를 갖는 브랜드가 되도록 하는 일이다(주성재·김희수, 2015). 즉 장소도 하나의 브랜드가 되며, 이를 장소 브랜드라고 한다. 장소 브랜드(place brand)라는 용어는 주로 관광분야에서 목적지 브랜드(destination brand)로 사용되었지만 지금은 전반적인 지역 브랜드로 인식되고 있다. 이런 관점에서 공공 브랜드로써 지역 브랜드를 다시 상세히 분류해 보면, 도시 브랜드, 마을 브랜드, 골목 브랜드, 시장(전통시장 등) 혹은 건물 브랜드 등으로 나누어볼 수 있다. 이 모든 브랜드는 바로 지역, 즉 로컬을 기반으로 하는 로컬 브랜드다.

로컬 브랜드(local brand)는 지역을 기반으로 그곳에서 자리 잡은 라이프스타일로 다른 기업이 모방할 수 없는 자신만의 콘텐츠를 만들어 성공한 브랜드다(모종린 외, 2022). 또한 로컬 브랜드란 좁게는 특정한 지역을 다른 지역과 구분하기 위하여 사용하는 지역의 명칭, 디자인 등의 유형적인 것을 말하고, 넓게는 지역의 자산, 시민, 조직을 통해 전달되는 무형적인 것을 포함하는 개념으로 보고 있다(김희경, 2007). 이런 정의를 참고하여 로컬 브랜드를 다시 정의하면, 특정 지역의 자연환경이나 역사적인 특성, 문화적인 매력, 행정서비스, 그리고 특산품이나 고유한 정체성 등을 인식하게 하면서 다른 지역, 다른 상품과 차별화 된 본질적 특성을 통해 주민, 기업인, 방문객, 이해관계자 등 고객 및 잠재고객들이 부가적으로 가치를 느끼게 하는 총체적인 상징체계라고 할 수 있다.

이런 로컬 브랜드에는 공적 로컬 브랜드와 사적 로컬 브랜드로 다시 구분할 수 있다. 로컬을 기반으로 하고 있지만 공적 영역에서 개발하고 관리하면 '공적 로컬 브랜드', 사적 영역에서 개발하고 관리하면 '사적 로컬 브랜드'라고 할 수 있다. 그리고 공적 영역에서 개발 및 지원했지만 사적 영역에서 운영 및 관리가 되고 있는 '주민 참여 로컬 브랜드'도 있다. 예를 들어, 영월군에는 '별마로천문대', '한반도습지생태문화관'이란 시설이 있는데 이는 영월군청에서 관리하고 있는 공적 로컬 브랜드다. 한편 영월에는 '탑스텐리조트 동강시스타', "다슬기향촌 성호식당"이란 곳이 있는데 사적 로컬 브랜드라고 할 수 있다. 그리고 영월군청에서 지원하고 마을 주민이 중심이 된 한반도권역협동조합에서 운영하는 '한반도전기카트체험장'이 있는데 이는 주민 참여 로컬 브랜드라고 할 수 있다.

이런 로컬 브랜드를 가치 있게 만들어 가는 활동을 로컬 브랜딩이라고 한다. 행정안전부에서는 지역 고유성(역사, 문화, 지리, 장소, 생활양식 등)을 기반으로 지역의 정체성을 확립, 지역 경쟁력과 활력을 높여 정착 이주할 만한 지역 공동체를 만들어가는 것을 로컬 브랜딩으로 정의하고 있다. 통영 동피랑 마을, 강릉 커피거리, 양양 서피비치, 종로 서촌마을, 대전 성심당거리 등을 로컬 브랜딩의 사례로 제시하고 있다.

2. 오래된 미래, 로컬의 현주소

1) 익선동 한옥 마을의 현재와 미래

종로3가역 6번 출구 인근 골목길에는 갈매기살을 전문으로 하는 식당이 있다. 원통형 테이블이 불편할 것도 같은데 외국 여성 손님도 있다. 허름한 골목길에서 마주한 서울의 한 단면으로 기억된 이곳은 익선동 한옥 마을이다. 한옥과 한옥 사이의 골목길 위로 보이는 현대의 회색 빌딩과 공존하고 있다. 그 한옥 옆 또 다른 한옥에는 젊은 창업가들이 카페나 공방으로 리모델링하여 영업을 하고 있다.

이 젊은이들의 열정으로 익선동 골목길이 살아나고 있다고도 한다. 그러나 '서울 속 신골목' 다큐멘터리 촬영을 위해 자주 방문하면서 느낀 점은 충분히 매력적인 공간이지만 어느 순간 그 매력이 한순간 사라질 수도 있다는 것이다. 익선동 한옥 마을만의 특색, 익선동 골목길의 매력을 살리지 못한다면 서울의 명소 하나가 사라질지도 모르는 위기이다.

익선동은 고려시대 남경으로 불릴 때부터 있었던 마을이며, '돈화문로11나길'은 고려의 길이다. '돈화문로11가길'은 피맛골로 조선의 길이다. 피맛골의 유래에서 알 수 있듯이 고관대작들의 말을 피해 뒷골목에서 요기를 할 수 있는 음식점들이 들어섰다. 한옥은 일제 강점기에 건설된 서민 주택이다. 궁에서 일하던 사람들 일부가 삶의 터전을 잡은 곳이다. 그 시대 서울에서 새 삶을 살고자 했던 상경자들의 거처를 제공해 주기도 했다.

긴 세월을 거치며 허물어지고 덧칠해지면서 훼손되기도 했다. 낡은 지붕은 기와가 아닌 천막으로 덮여 있는 집도 있다. 현재 100여 채의 한옥이 남아 있다. 언뜻 보아도 삶의 질이 좋아 보이지 않는다. 그곳에서 오래도록 살아온 주민들의 고통과 부동산 개발에 따른 투자이익에 대한 갈등 역시 이곳을 비껴가지는 못했다. 재개발이 중단된 익선동은 원형을 유지한 상태에서 리모델링을 하거나, 원형을 알아볼 수 없을 정도로 훼손된 개량이 곳곳에서 이루어지고 있다. 일부는 폐가의 모습을 하고 문이 잠겨 있다.

주말에는 비좁은 골목길을 걷기 어려울 정도로 방문객들이 넘쳐 난다. 도심 한가운데 있는 한옥은 생경함과 휴식을 동시에 제공해 준다. 주중에는 뜸한 방문객 사이로 공사하는 인부들이 바삐 움직인다. 일부 원주민들은 사생활을 위협받고 있다. 마음대로 수리할 수 있는 상황도 아니다. 투자가치를 염두에 둔 투자자들도 모여든다. 젠트리피케이션에 대한 우려도 있다. 낙후된 구도심의 근본적인 문제를 고스란히 안고 있다.

북촌 가회동 한옥 마을에서 느낄 수 없는 한옥의 정취를 체험할 수 있는 곳이다. 음식과 휴식의 결합은 현대 도시민과 관광객들이 즐기는 대표적인 힐링 수단이다. 교토와 마찬가지로 익선동은 식당과 카페에서 음식을 통한 차별화도 가능하다. 현재 익선동은 공존과 열정이 그대로 투영된 곳이다. 그리고 방문객들은 여기서 여유를 찾고 있다. 익선동 마을을 보다 가치 있게 만들기 위해서는 마을의 콘셉트를 정해야 한다. '일상에 찌든 시민들과 이국적인 문화를 경험하고 싶은 여행객들이 한옥의 정취를 느끼며 잠시 휴식을 취할 수 있는 마을'로 브랜드 콘셉트를 정하면 어떨까?

그리고 한옥의 정취와 역사를 느낄 수 있는 본래 모습을 보존

〈그림 8-1〉 익선동의 전경과 내부 모습

익선동 © 2018, 구자룡.

하면서도 현재 생활의 불편을 해소할 수 있는 리모델링 원칙에 대한 공감대가 형성되어야 한다. 한옥이 가지고 있는 고유 정체성인 기둥과 서까래 등 기본적인 골조와 기와를 살리자. 골목길과 주변을 깔끔하게 정비하자. 마을 브랜드 콘셉트를 중심으로 일관되게 커뮤니케이션하여 고객들 인식 속에 익선동을 차별적으로 포지셔닝하자. 주민과 상인과 공무원이 마을 운영 공동협력체(거버넌스)를 만들어 공동의 이익을 위해 노력한다면 고객들은 한옥의 정취와 휴식의 가치를 함께 느낄 것이다. 익선동의 매력적인 공간은 로컬의 자원이다. 익선동이란 로컬 브랜드를 고객들의 인식 속에 가치가 있도록 만드는 로컬 브랜딩을 진정성 있게 추진할 때다.

2) 서울의 옛 동네, 청파동의 매력

청파동은 서울역 뒷동네로 역촌 마을의 성격이 강하고, 낡은 연립주택들이 힘든 세월을 이겨내고 있다. 공장 같지 않은 봉제공장들이 곳곳에 있다. 하지만 그 옛날 골목길의 정취는 그대로다. 다만 도시화된 아파트의 삶에 비해 이곳에 살고 있는 주민들의 삶의 질은 상대적으로 열악하다. 언덕 위에 있는 동네의 지리적 특성과 동네가 형성된 배경에 연유한 듯하다.

청파(靑坡), 푸른 언덕이라는 동네 이름이 참으로 예쁘다. 현재는 그 흔적을 찾기 어렵지만 그 옛날에는 푸른 언덕이 많았다는 것에서 유래했다는 설이 있기도 하다. 골목길을 걸으며 이미 마음속에는 푸른 언덕이 들어왔다. 붉은색의 국립극단과 하얀색의 골목길 계단을 지나 언덕 위에 올라서면 한눈에 서울이 보인다. 서울역 너머로 펼쳐진 도심 빌딩의 다양한 색깔, 남산의 초록과 파란 하늘, 그리고 청파동 일대의 알록달록 주택들 속살들이 보인다. 간혹 빈집들이 있고 또 어떤 집의 지붕이 무너지고 있는 게 현실이다.

동네 어르신 한 분은 빨리 재개발이 되면 좋겠다고 한다. 서울역이 가까워 출퇴근이 쉬운 곳이라 젊은이들이 모여 살기 좋은 곳으로 개발되면 원주민들은 그 보상으로 삶의 질이 좋아질 것이라고 한다. 도시재생이란 말이 좋긴 한데 실제 현실적인 생활 상황은 재생으로는 힘들다는 뜻으로 읽힌다. 무조건적인 재개발에 대한 부정적인 측면과 도시재생의 한계가 충돌하는 지점이다.

그럼에도 불구하고 청파동은 아직 많은 매력을 가지고 있다. 국립극단의 건물은 모두 붉은색으로 칠해져 있다. 한편으로는 강력하고 한편으로는 '왜?'라는 의문이 든다. 이곳은 원래 국군기무사령부 수송대가 있었던 곳으로 차고, 정비고, 막사 등의 건물이 부대 이전 이후 방치되어 있었다. 이를 극장, 연습실, 사무실로 리모델링했다. 이제는 도시재생의 멋진 문화 명소가 되었다. 군부대의 칙칙함을 연극의 열정으로 바꾸기 위해 열정적인 붉은색으로 칠한 것은 아닐까 생각해 본다. 방문했을 때 연습실에서는 젊은 연극인들의 연습 열기로 가득했다.

모든 브랜딩은 주장으로 이루어지는 것이 아니라 꾸준히 실행을 통해 만들어가야 한다. 예를 들어, 청파동에는 지금 '푸른'이라는 단어를 설명할 수 있는 흔적은 찾기 어렵다. 꼭 푸를 필요가 있어야 하는 것도 아니다. 다만 이 지역을 로컬 브랜드로 고민해 본다면 푸른 언덕에 딱 맞게 푸른색을 주 색깔로, 흰색을 보조 색깔로 지속적으로 관리한다면 5년 후에는 멋진 푸른 언덕이 되지 않을까? 브랜딩은 진정성을 가진 지속의 힘이 만들어낸다.

안타깝게도 2017년 서울시가 주도한 '시민 누리 공간 만들기 프로젝트'에서 은행나무 쉼터를 만들기 위한 노력이 실패하기도 했다. 예술가들이 나서서 기존 공간 내에서 의자 몇 개와 평상이 있는 작은 쉼터로 바꾸려 했으나 주민들의 반발로 제대로 진행하지 못했다. 그나마 골목길에 벽화를 그리거나 페인트로 색깔을 입히는 작업은 어느 정도 이루어져 슬럼화 된 동네에 생기를 불어넣었다. 절반의 성공이라 할까. 현실의 벽은 높다. 그 벽을 넘어 더 큰 가치를 만들어야 새로움이 또 다른 미래를 만들 수 있을 것이다. 로컬의 정체성을 찾고 그 정체성을 기반으로 새로운 정체성을 부여해야 지속 가

〈그림 8-2〉 청파동의 전경과 내부 모습

청파동 © 2018, 구자룡.

능한 로컬 브랜드가 될 수 있다.

3) 소멸 위험지역, 의성의 미래

서울에서 보면 의성은 멀게만 느껴지는 지역이다. '의성 하면 어떤 이미지 혹은 단어가 떠오르는지'를 물어보면 대체로 마늘, 소멸 위험지역, 컬링 등이 언급된다. 마늘 특히 육쪽마늘은 교과서에 나올 만큼 유명하지만 재배 면적으로 보면 전국에서 세 번째이고, 소멸 위험지역은 인구 관련 뉴스에서 전국 지방자치단체 중에서 1순위를 하고 있다. 컬링은 평창 동계올림픽에서 '영미야'로, '갈릭걸스'로 명성을 날렸다. 컬링대표팀의 선전으로 최근 급부상한 단어다.

소멸 위험지역이라는 것을 조문국박물관을 방문해 보면 명확하게 확인할 수 있다. 이곳은 조문초등학교가 있었던 곳인데 1970년대 전체 학생 수가 690여 명으로 가장 많았던 때도 있었다. 하지만 2005년 학생 수 감소로 폐교되었다. 조문국은 삼한시대 부족 국가로 신라에 복속되기는 했으나 독자적인 세력을 상당기간 유지하는 등 이 지역을 대표했던 세력이다. 황금도시를 만들었다고는 하나 지금은 고분군과 출토된 유물만이 그 시대의 화려함을 짐작할 뿐이다.

의성 여행 콘셉트를 '복잡하고 바쁜 일상에서 잠시 시간이 멈춘 듯한 느림의 여유'로 잡으면 소우당 한옥스테이와 고운사가 제격이다. 소우당은 산운마을에 있는 한옥으로 정원이 별도로 있어서 여유롭게 산책하며 사색하기 좋다. 정원에는 별채와 정자와 연못이 어우러져 있으며 돌담으로 둘려져 있어서 아늑하다. 사랑채 사이로 난

협문을 지나면 신세계가 펼쳐지는 느낌이다. 산운마을 주변으로는 사과나무가 많으며 하루 이틀 머물며 재충전의 시간을 가지기에 안성맞춤이다.

지금 의성 하면 모두가 컬링을 연호한다. 컬링의 고장에 갔으니 컬링과 영미와 은정을 모두 보고 싶지 않을까? 의성읍에 있는 의성여고를 방문하면, 정문 옆에 평창올림픽에서 선전한 내용의 플래카드가 있다. 여기가 바로 컬링의 산실이라는 사실을 알려준다. 그런데 그것이 전부다. 기념할만한 것을 찾기 어렵다. 의성컬링센터를 찾아갔지만 눈에 띄는 것은 종합운동장과 체육관 밖에 없다. 주차장에서 두 번이나 물어서 찾아간 곳은 경북 컬링훈련원이다. 드디어 영미와 은정을 만날 수 있을까 하는 기대 아닌 기대를 했지만 아무런 정보가 없다. 컬링훈련원 내외 어디에도 대표선수들 관련 정보를 찾을 수 없다.

의성의 컬링장과 컬링 성과는 척박하고 관광문화 자원이 별로 없는 결핍이 빚은 결과라 생각한다. 우리 지역이 고령화와 소멸 위험과 같은 약점과 위기요소가 있다. 의성의 경우에는 문화유산, 농산물 등 기존 자원으로 이 위기를 극복하는 데에 상당한 한계가 있다. 그렇다면 미래는 새로운 뭔가가 그 기능을 할 수 있어야 한다. 그 첫째가 컬링이 아닐까 생각한다. 의성여고에도, 컬링훈련원에도, 그리고 의성군청 홈페이지 그 어디에도 대표선수들의 자랑스러운 활동과 그 감격을 기념하고 싶은 안내나 시설이 없다는 것은 아이러니였다. 그곳에 영미와 은정이 실제 없어도 있는 것 같은 요소를 만들어야 한다.

인구 1만 명의 도시인 스위스 다보스는 세계경제포럼(WEF) 하나로 세계적인 도시가 되었고, 2002년에 방영된 겨울연가 드라마의 촬영지였던 남이섬은 아직도 주인공의 사진을 사용하여 홍보용으로 사용하고 있다. 영화 곡성과 같은 지역명인 곡성군은 군수가 나서서 곡성을 알렸다. 의성 어디를 다녀도 컬링이란 단어와 선수의 사진을 볼 수 없었다. 연계기획사들은 외국인 팬을 위해 홀로그램으로 가수들의 공연을 보여 주기도 한다. 지금 컬링을 빼고 의성은 무엇으로 로컬 브랜딩을 할 수 있을까?

위기를 기회로 전환하는 두 번째 방법은 디지털 기반으로 고객경험을 극대화하는 것이다. 우리 사회는 빠르게 디지털과 초연결 사회로 나아가고 있다. 바로 이 트렌드를 그 어떤 지역보다 빨리 받아들인다면 위기가 아니라 기회가 될 수 있다. 디지털과 초연결 사회의 가장 중요한 특성은 거의 실시간으로 사람과 사람 간에 대화를 연결 한다는 것이다. 서비스를 제공하는 집단이나 기관에게는 기회이자 위기이기도 하다. 특히 디지털과 모바일로 연결된 사회에서는 제로 접점(ZMOT)[4]이 중요하다. 첫 번째 접점 이전에 모바일이나 웹 그리고 주변 사람들을 통해 그 장소나 제품에 대해 미리 접하고 난 다음에 실제 현장에서 첫 번째 접점을 가지게 된다.

따라서 고객은 의성 여행을 생각하는 순간 의성에 대한 정보를 수집하고 온라인을 통해 접촉하면서 인상을 가지게 된다. 이때부터 시작하여 의성을 여행하는 모든 순간이 물 흐르듯 자연스럽게 흐를 때 고객은 모든 접점에서 만족스럽게 생각한다. 이를 총체적 고객경험이라고 한다. 공무원과 유관기관 이해관계자, 그리고 주민들 모두

---

4 ZMOT(Zero Moment of Truth)는 2011년 Google에서 소비자가 온라인에서 정보를 검색하고 브랜드에 대한 의사를 결정하는 혁신적인 방법으로 소개한 개념이다. 구매 이전 단계에서 검색하는 순간을 말한다.

〈그림 8-3〉 의성의 전경과 내부 모습

의성 © 2018, 구자룡.

의성의 서비스 제공자다. 어느 한 곳에서라도 삐끗하면 고객은 불편을 느끼게 되며 이를 나쁘게 전파할 가능성이 있다. 고객의 여정 관리를 리조트나 테마파크 정도로 할 수는 없겠지만 디지털 기반의 마케팅 방법을 통해 좀 더 디테일에 신경을 쓴다면 의성의 미래는 오히려 경쟁력을 가질 수 있을 것이다. 그리고 의성에 가야 할 의미, 즉 가치를 제안하고 고객에게 멋지고 여유로운 추억을 만들어주어야 한다. 로컬 브랜딩을 통해 지역을 살릴 수 있다.

4) 영월 한반도습지의 한계와 도전

영월 한반도습지는 강원도 영월군 한반도면 일대 평창강과 주천강 합류부에 위치한 하천습지(1.95㎢)로 감입곡류천[5]으로 분류된다. 환경부 지정 멸종위기 야생 동·식물이 다수 분포하는 등 생물다양성이 우수하고, 뛰어난 자연·경관적 요소를 보유하고 있다. 수달,

---

5 감입곡류천은 평야지대를 자유곡류하며 흐르는 하천 지반이 융기를 받아 침식작용이 활발해질 때 생기는 하천의 유형이다.

돌상어, 묵납자루 등 멸종위기 야생생물 12종을 포함하여 총 871종이 서식하고 있다.

2012년 1월 13일 습지보호지역으로 지정, 2015년 5월 13일 람사르 습지로 등록되었으며, 카르스트 지형으로 형성된 습지로 세계적으로 독특한 유형의 습지로 알려져 있다. '한반도습지'라는 명칭은 '영월 한반도 지형'으로부터 유래한 명칭으로, 한반도습지 습지보호지역 내(한반도면 옹정리)에 위치한 선암마을이 한반도의 모습과 매우 흡사하여 불리게 되었다. 그러나 이런 사실을 알고 있는 사람들은 많지 않다. 특히 한반도 지형을 관광하는 관광객들은 잘 모른다.

한반도습지를 보호하고 유지하기 위한 한반도습지 생태문화관이 건립되어 있다. 생태문화관 1개동(지하1/지상2층, 1,522.94㎡)과 전망대 2개소, 탐방로 1.5km 등으로 구성되어 있다. 생태문화관에는 전시실 및 영상체험실을 운영(상주인력 : 2명 (기간제 2)) 하고 있다. 영상체험실은 가상현실(VR)을 통해 영월 10경에 대한 영상체험을 할 수 있다.

영월군청에서 운영한 팸투어에 참가하고 느낀 영월 한반도습지 및 한반도습지 생태문화관의 문제점을 정리하면 다음과 같다. 첫째, 영월 '한반도습지'에 대한 구체적이고 과학적인 자료와 학술적 가치에 대한 정보가 부족하다. 둘째, 생태문화관과 '한반도습지'를 연결하는 프로그램을 찾기 어렵고 습지 접근에 거리적인 한계가 있다. 셋째, 한반도 습지와 '한반도습지' 명칭에 대한 오해의 소지가 있다. 브랜드(명칭)에 혼란이 생긴다. 넷째, '한반도습지 생태문화관'은 한반도의 습지에 대한 전시관인지 '한반도습지'에 대한 전시관인지 혼란스럽다. 현재 전시된 내용은 한반도에 있는 여러 습지에 대한 정보가 많은 반면에 '한반도습지'에 대한 정보는 전시 전체 내용 대비 빈약하다. 다섯째, 한반도면, 한반도 지형 등 '한반도'에 대한 차별화는 되어 있으나 '습지'에 대한 관점이 부족하다. 한반도 지형 전망대를 통해 한반도 지형을 보는 관광객들이 바로 그곳이 한반도습지라는 인식을 잘 하지 못한다. 여섯째, '한반도습지 생태문화관'은 그 자체로 연구 및 학술 기능이 없는 것으로 보인다. '한반도습지'에 대해 안내가 안 되고 있다(현재 해설프로그램 미운영). 일곱째, 가상현실(VR) 기술을 활용한 것은 좋으나 내용은 습지 보다는 영월10경으로 생태문화관의 특성과 괴리되어 있다. 영월10경을 구현한 가상현실의 품질 수준이 낮으며, 스토리 구성 및 전개의 수준이 낮다. 여덟째, 한반도습지 탐방로(둘레길)가 1.5km 조성되어 있으나 활성화 되어 있지 않다.

이러한 한계를 극복하기 위한 도전이 요구된다. 로컬에 차별적인 고유 정체성을 가지고 있기 때문에 전략적인 로컬 브랜딩 기획을 한다면 지금과는 다른 지속가능한 로컬 브랜드가 될 수 있다. 영월한반도습지 및 한반도습지 생태문화관 로컬 브랜드 전략 방안을 수립해 보면 다음과 같다.

'한반도습지'에 대한 체계적 연구와 보전을 위한 전문 인력 확보 및 지속적인 모니터링(관찰)을 통한 자연유산 보전 및 이를 알리기 위한 생태관광 브랜딩으로 재정립해야 한다. 생태문화관은 전문전시를 통한 습지 생태 연구의 중심지 역할을 강화해야 한다.

'영월한반도습지' 브랜드 정체성 재정립을 위해 로컬 브랜드 네임을 '영월한반도습지'로 리네임하여 한반도의 습지와 혼란이 없도록 해야 한다. 핵심 가치로는 람사르 습지, 하천습지, 독특한 지형, 생물다양성, 생태보고 등으로 하고 방향성(포지셔닝)은 하천습

〈그림 8-4〉 영월 한반도습지의 전경과 내부 모습

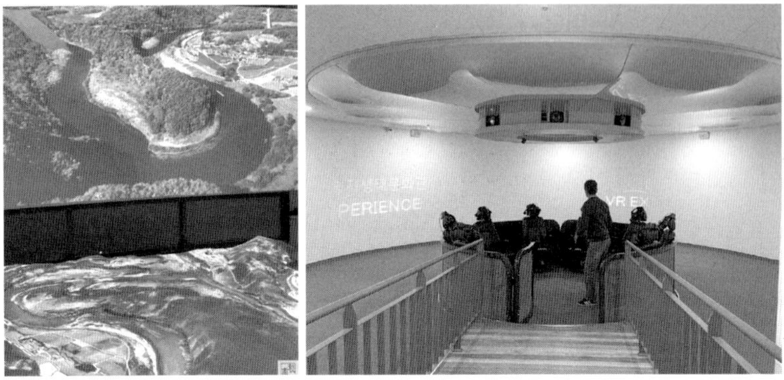

영월 © 2022, 구자룡.

지 생태관광의 일번지로 해도 좋겠다. 표적고객은 생태관광객으로 하고 최우선 유치 고객은 생태 관련 연구자, 교사, 학생 등 생태탐방 목적의 소규모(10인 이하) 단체를 염두에 두고 연계 프로그램으로 적극 유치한다. 그리고 자연 유산에 관심 있는 일반인은 영월 및 한반도지형전망대를 방문한 관광객을 유도한다.

3. 지역 경제와 로컬 브랜딩

1) 내생적 지역 발전과 지역 경제

지역 발전 전략에는 '외생적 지역 발전'과 '내생적 지역 발전'이라는 두 흐름이 있다. 전자는 발전의 추진주체 및 동인을 주로 지역 외부에서 찾는 반면, 후자는 지역 내부에서 찾는다(박인권, 2012).

그동안 지역 발전을 위한 정책 접근은 주로 정부 지원, 국비 확보, 공항이나 산업단지 등 대규모 공공투자, 공공 기관 이전, 기업이나 공장 유치 등으로 지방의 관점에서 볼 때 외생적 발전이었다. 안타깝게도 지역 발전에 큰 도움이 되지 못했고 인구 감소와 지방 소멸도 막아내지 못했다.

이제 내생적 발전(endogenous development)으로 방향 전환이 필요한 시점이다. 내생적 발전이라는 말은 UN이 발간한 보고서(What now; Another Development, 1975)에서 처음 사용되었다. 이 보고서의 작성자 중 한 명인 일본의 사회학자 쯔루미 카즈코(鶴見和子)는 지역 순환형 경제발전 모델로 내생적 발전을 주장했다. 지역의 생태계에 적합하고 지역주민 생활에 필요한 것과 지역문화 전통을 바탕으로 지역주민의 협력에 의한 자율적으로 지역을 창조하는 사업이라고 했다. 미야모토 겐이치(宮本憲一)는 지역 주민이 주도하는, 지역산업의 부가 지역 내에 귀속되는 방식의 발전이 필요하다고 주장했다(2004). 즉 지역에서 자발적인 경제 활동이 필요하다는 주장이다.

국내에서도 내생적 발전에 대한 연구가 많이 있었지만 여전히 외생적 발전이 주류를 형성하고 있다. 인구 감소와 지방 소멸을 극복하는 방안으로 내생적 발전으로 마인드 전환이 필요한 시점이다. 그 중심에 로컬 브랜드가 있다. 로컬 브랜드를 개발하고 정립하고 전략적으로 브랜딩 하는 활동을 통해 지역 경제를 활성화 할 수 있다. 로컬 브랜딩 전략이 문화, 경제, 정치가 통합된 새로운 지역 발전의 대안적 패러다임으로 인식되고 있다(김영수 외, 2018). 그리고 자기 지역에 긍지를 가지고 독자적인 문화, 정체성을 쌓아가며 '로컬 브랜드'를 만들어내는 노력이야말로 지역 재생의 '본령'(정윤성,

2022)이란 차원에서 지역의 내생적 힘을 강조할 필요가 있다.

지방, 특히 농촌지역은 대기업이 아니라 소기업이 대부분이다. 대농이 아니라 소농들이 대부분이다. 이들에게 자급자족을 넘어 경제적인 이득이 생겨야 한다. 의성의 어느 50대 후반의 여성 농부는 밴드로 직접 판매를 하고 있다. 문경의 어느 70대 농부는 직접 재배한 사과를 스마트스토어를 통해 판매하고 있다. 지방에서 스스로 지방을 살리는 내생적 활동에 로컬의 미래가 달려있다. 이런 문제인식과 로컬의 미래를 만들어가는 방향에서 로컬브랜딩을 통한 내생적 발전으로 지역 경제 활성화를 추진해야 한다.

2) 로컬 브랜딩의 본질

로컬 브랜딩은 로컬의 정체성을 기반으로 지속 성장을 가능하게 하는 경쟁력을 갖출 수 있도록 가치를 창출하는 활동이다. 로컬 브랜딩의 본질은 로컬 브랜드로 인해 모두 높은 가치를 향유하는 것이다. 주민에게는 삶의 질을 높이고, 관광객에게는 즐거움과 감동을 높여 주고, 사업자나 투자자에게는 경제적 이익을 높여 준다. 로컬 브랜드 활동을 통해 다양한 이해관계자들에게 경제적인 이익을 줄 수 있어야 한다.

중앙과 지방으로 구분한다면 서울은 중앙이다. 하지만 하나의 경계로 일정한 공간 영역을 나타내는 측면에서는 서울도 하나의 지역이고 로컬이다. 현재 서울은 K-뷰티의 중심에 있다. K-뷰티가 지속되기 위해서는 뷰티산업에 대한 체계적인 접근이 필요하고 그 히스토리를 K-뷰티 스토리로 만들어 자연스럽게 경제 활성화로 연결되도록 해야 한다. 예를 들어 조선시대 화장품 생산을 전담하던 관청인 보염서(補艶署)[6]에서 출발한다면 현재의 한방화장품과 연계된 다양한 이벤트를 전개할 수 있을 것이다.

또한 다른 나라 여행을 가면 그 도시가 떠오르는 술을 마셔보고 싶지 않을까? 외국인이 서울에 왔다면 어떤 술로 가볍게 한 잔 하고 싶을까? 취향에 따라 다르겠지만 만약 서울에 왔을 때 '서울비어'가 있다면 마셔보고 싶지 않을까? 서울의 밤하늘을 바라보면서 서울비어 한 잔을 하면서 여행의 피로를 풀 수 있다면 서울에 대한 매력이 높아지지 않을까?

서울브랜드의 경쟁력을 높일 수 있는 많은 실체 중에서 단지 두 가지 예를 들었지만 잘만 생각한다면 지역 주민들에게 경제적 혜택을 줄 수 있는 많은 상품을 서울시에서 제시할 수 있다. 사업은 당연히 관심 있는 이해관계자들이 하도록 해야 한다. 특혜를 주는 것이 아니라 함께 서울브랜드의 경쟁력을 높이는 데 동참하는 것이다.

비록 서울이란 로컬 브랜드를 예시하여 설명했지만 전국에 있는 수많은 로컬 브랜드들도 별로 다르지 않다. 지방자치단체뿐만 아니라 지역에는 수많은 로컬 브랜드가 있다. 해당 로컬의 본질적 정체성에 새로운 가치를 제공하는 구성적 정체성도 함께 고려해야 한다. 로컬 브랜드의 비전과 가치에 맞게 일관성을 유지할 수 있는 실체적인 상품과 연계되어야 한다. 또한 로컬의 경제와 문화 등 근본적인 변화와 연계되지 못하면 지속가능성을 확보하기 어렵다(김영수 외, 2018).

---

6 조선왕조실록 중종실록 1권, 〈연산의 죄상에 대한 사신의 논찬〉에 '보염서(補艶署)를 두어 의복과 소장(梳粧)을 공급하고'라고 기록되어 있다. 소장은 화장품을 말한다.

4. 로컬 브랜딩 사례

로컬 브랜드를 구분하는 여러 기준과 방법이 있겠지만 여기서는 공공 브랜드를 전략적으로 관리하는 차원에서 공적 로컬 브랜드, 사적 로컬 브랜드, 그리고 주민 참여 로컬 브랜드로 구분하여 사례를 살펴보고자 한다.[7]

1) 안성 남사당 풍물놀이

공적 로컬 브랜드는 공공 영역에서 개발하고 관리하는 브랜드다. 공적 로컬 브랜드에는 도시 브랜드, 축제 브랜드, 건물(시설) 브랜드 등으로 구분할 수 있다. 여기서는 대표적으로 축제 브랜드인 안성 남사당 풍물놀이에 대해 살펴본다.

안성 남사당 풍물놀이는 예술의 한 영역을 지방자치단체인 안성시의 대표 상품으로 성공시킨 사례다. 남사당패의 주요 터전이었던 안성을 근거로 조직한 웃다리농악(경기도 무형문화재 제21호)으로 전승되어 오던 풍물놀이를 2002년 당시 안성시장이 중심이 되어 시민들의 반대에도 불구하고 '시립 안성 남사당 바우덕이 풍물단'을 창단하면서 '안성바우덕이남사당축제'를 열었고 대표적인 지역축제로 성장했다. 조선말기 남사당패의 상징적 존재였던 여자꼭두쇠 바우덕이(김암덕·金岩德)를 기리고 지역특색의 로컬 문화를 창달하

7 예시하는 사례들은 대표성을 가지고 있는 것은 아니며 공공 브랜드로써 로컬 브랜딩을 위해 참고할 만한 가치가 있다고 생각하여 임의적으로 선정했다.

고 지역 경제를 활성화 하는 계기를 만들었다.

바우덕이가 이끄는 남사당패는 1865년 경복궁 중건에 지친 노역자를 위로하기 위해 공연을 펼쳤는데 그때 뛰어난 공연으로 고종과 흥선대원군으로부터 정3품에 해당하는 옥관자를 하사받았다는 구전이 있고, 바우덕이 무덤이 남아 있는 등 남사당패가 활동했던 청룡마을 주민들 가운데 바우덕이 이야기를 증언하는 사람이 많았다.

안성남사당바우덕이풍물단 및 안성남사당바우덕이축제는 지역에 이미 존재하고 있었지만 그 의미가 퇴색되었던 것을 되살려 지역의 중요한 자산으로 육성한 대표적인 사례다. 2006년부터 유네스코 공식자문협력기구의 CIOFF®의 공식축제로 지정되었으며, 문화체육관광부 선정 2019년도 문화관광 최우수 축제로 인정받았다.

안성은 남사당의 주요 활동 무대였던 사실이 있었기 때문에 풍물로 차별화할 수 있었다. 기록이 있다고 다 지방자치단체의 특별한 자산이 되는 것이 아니다. 지방자치단체의 지도자가 어떤 의지와 설득과 방향성으로 추진하는가 하는 관점이 중요하다. 2002년 당시 안성시장은 천민집단의 놀이인 풍물에 예산을 낭비한다는 주민들의 거센 반발을 먹거리 차원에서 설득하며 강행한 결과가 지금은 로컬의 중요한 자산이 되고 있다.

당시 안성시 차원에서 본다면 주산업이 농업이었으며, 농업으로 미래 먹거리를 해결하기에는 한계가 있다고 판단하고 예술문화 중심의 도시로 탈바꿈하는 비전을 중심으로 풍물단을 창단하고 축제를 기획했다. 공적 로컬 브랜딩을 추진하는 공공 기관은 기관 및 기관장의 의지와 방향에 의해 많은 영향을 받을 수 있다는 점을 상기할 필요가 있다.

2) 제주 한림수직

사적 로컬 브랜드는 사적 영역에서 개발하고 관리하는 브랜드다. 여기서는 로컬의 가치를 재발견한 제주 한림수직 사례를 살펴본다.

한림수직은 1959년부터 2005년까지 제주를 대표하는 니트 직조 브랜드로 로컬 패션 브랜드였다. 제주를 기반으로 한 (주)콘텐츠그룹 재주상회와 친환경 패션 제조, 유통 전문 사회적 기업 아트임팩트, 그리고 제주 농촌 지역의 발전과 지역민의 복지 향상을 위해 설립된 재단법인 이시돌농촌산업개발협회가 함께 진행한 '한림수직 재생 프로젝트'로 2021년 말 재출시 했다.

한림수직 재생 프로젝트는 리브랜딩 단계를 거쳐 예전처럼 성 이시돌 목장의 양털을 사용하고, 한림수직만의 시그니처 아란 무늬를 100% 되살린 울 제품 총 4종(스웨터·목도리·가방)을 개발했다.

한림수직 재생 프로젝트는 제주의 오리지널 로컬 브랜드였던 한림수직을 단순 복원하는 것이 아니라, 그 당시 주목했던 경제적 자립이라는 가치에 생태적 가치 복원이라는 새로운 가치가 담겼다. '한림수직 재생 프로젝트'는 제주만의 문화가 사라지고 있다는 문제, 빠르게 나타나는 환경 문제 그리고 점점 벌어지는 세대 간 차이라는 다양한 문제를 해결하며 지속 가능한 삶을 제안하고 있다(한국경제, 2022).

한림수직은 사라진 로컬의 가치를 되살리고 이 시대 소비자의 취향을 반영하여 새롭게 재해석한 측면, 그리고 주요 관계자들의 실행력과 협력의 조화로 성공적인 출발을 한 것으로 보인다. 특히 로컬의 가치와 콘텐츠를 접목할 줄 아는 추진 기관의 전문성과 마케팅 역량으로 로컬의 가치를 극대화 할 수 있다는 점을 보여 주고 있다.

3) 통영 동피랑 마을

주민 참여 로컬 브랜드는 공적 영역에서 개발 및 지원했지만 사적 영역에서 운영 및 관리하는 브랜드다. 주민 참여 로컬 브랜드를 다시 나누어보면 지역 공동 브랜드, 공동체 브랜드(협동조합, 마을, 골목 등) 등으로 나누어볼 수 있다. 여기서는 공동체 브랜드(협동조합, 마을, 골목 등)인 통영 동피랑 마을에 대해서 살펴본다.

동피랑 마을은 통영시의 대표적인 어시장인 중앙시장 뒤쪽에 위치한 마을로 '동쪽 벼랑'이라는 뜻을 가지고 있다. 산비탈 언덕마을에서 바라보는 해안도시 특유의 아름다운 전경을 가지고 있는 곳이다.

통영시는 마을을 철거하고 이순신 장군이 설치한 동포루를 복원하여 공원으로 만들 계획이었으나, 2007년 시민단체인 '푸른 통영 21추진협의회'의 의견으로 동포루의 계획을 취소하고, 동포루 복원에 필요한 집만을 철거하고 매점과 전시장 등으로 단장하였다. 또한 주거 환경개선을 위해 문학과 예술을 접목시켜 이주를 바라는 집이나 빈집을 리모델링하여 예술인들에게 저렴하게 임대하는 '동피랑의 재발견'사업을 진행했다.

'동피랑의 재발견'이라는 레지던시 사업을 통해, 마을에 작가촌이 들어서 화가 등 5명의 예술가가 약 2년간 상주하며 마을 전체의 벽화에 대한 콘셉트를 잡았다. 지방의제 추진기구인 '푸른 통영 21'을 중심으로, 주민들이 마을 운영에 주체적으로 참여하고 벽화 주제에 대해서도 작가와 주민이 서로 협의하는 등 지역에 기반을 둔 활동가를 키우는 프로그램도 운영했다.

동피랑 마을은 도시재생 사업의 대표적인 사례로 지역의 역사와 서민들의 삶이 녹아있는 독특한 골목 문화를 가진 벽화마을로 재탄생했으며, 벽화는 2년 마다 공모전을 통해 전면 교체하여 지속적인 볼거리를 제공하고 있다. 주민들이 조합원인 마을기업으로 '동피랑생활협동조합'이 등록되어 있고(2022년 12월 기준), 동피랑 기념품과 특산품을 판매하고 있다.

동피랑 마을은 주민이 이익 제공자임과 동시에 이익 향유자다. 이화동 벽화마을에 비해 당연히 외부인을 대하는 태도와 시선이 적극적이고 따뜻할 수밖에 없다. 도시의 가치를 높이기 위해서는 지역주민이 더 나은 삶을 향유해야 하며, 이를 위해 긍정적인 혜택은 늘리고 부정적인 비용은 줄이려는 노력이 무엇보다 중요함을 시사한다(이은지, 2022). 주민의 적극적인 참여와 예술가들의 열정으로 함께 마을만들기에 성공한 사례라고 할 수 있다.

4) 로컬 브랜딩 사례의 시사점

로컬 브랜딩의 여러 사례를 살펴보면서 로컬 브랜드의 성공요인을 몇 가지로 정리해 볼 수 있다.

첫째, 로컬의 정체성을 기반으로 하는 핵심 가치를 찾고 이를 브랜딩의 요소로 활용해야 한다. 안성의 남사당, 제주의 양모라는 정체성을 재해석하여 소비자들의 문화와 취향에 적합한 상품으로 거듭났기 때문에 성공을 거두었다.

둘째, 로컬 브랜딩을 위해서는 운영 주체와 목적이 명확해야 한다. 로컬 브랜드는 주인의식이 없는 경우가 대부분이다. 브랜드 관리의 주체가 명시되어 있다고 해도 전문가도 아니고 관심도 높지 않다면 지속가능한 브랜딩이 어렵다. 남사당은 단체장이, 한림수직은 특정기업이, 동피랑은 마을커뮤니티가 중심이 되어 지속가능한 브랜딩을 하고 있다. 경우에 따라서는 브랜드 전문성이 떨어지더라도 높은 관심과 열정으로 성공적인 브랜딩을 하고 있다.

셋째, 로컬 브랜딩 기획력이 있어야 한다. 로컬의 잠재된 가치를 찾고 이를 실현할 조직을 만들고 로컬 브랜딩 전략을 수립하고 고객과 커뮤니케이션 할 수 있는 기획력이 전제될 때 브랜드 가치를 높일 수 있다. 한림수직은 브랜딩 역량을 갖춘 전문 집단이 중심이 되어 기획하고 체계적으로 커뮤니케이션을 했다. 지금은 초연결시대인데 이를 잘 활용하고 주 소비자들의 취향을 분석하여 로컬과 재생, 그리고 취향과 미적 감각을 잘 살린 고품질의 제품으로 인기를 끌고 있다.

넷째, 로컬은 주민들과 함께 추진해야 한다. 지역을 기반으로 하는 로컬은 바로 그 지역에 주민들이 살고 있다. 주민의 동의를 얻는 것으로는 한계가 있다. 직접적인 관계가 있든 없든 주민들을 설득하는 과정이 있어야 하고 함께 로컬 브랜드를 만들어가는 노력을 할 때 성공 가능성이 높다. 지속가능한 브랜드가 되도록 이해관계자들과 거버넌스를 만들어야 한다. 안성 남사당이나 통영 동피랑이 오랜 기간 지속될 수 있었던 이유가 여기에 있다.

5. 로컬 브랜딩 전략 기획

로컬 브랜드를 구축하기 위해서는 우선 로컬에서 그 필요성이 있어야 한다. 있는 정도가 아니라 절실해야 한다. 공적이든 사적이든 브랜드의 주체가 명확한 목표를 가지고 적극적으로 추진해야 성과를 만들어 낼 수 있다. 그 동안 로컬에서 브랜딩 하는 경우에 가장 취약한 부분은 로컬 브랜딩 전략이다. 전략을 기획할 수 있는 인력이나 조직의 역량도 중요하고 이런 중요성을 인식하는 마인드 전환도 중요하다.

이미 로컬 브랜드가 개발되어 있거나 새로운 브랜드를 개발하고자 하는 경우에 전반적인 로컬 브랜딩 전략 기획을 해야 한다. 로컬 브랜딩이 잘 된 사례는 하나같이 전략 기획이 잘 되어 있어서 해당 브랜드가 무엇을 하고자 하는지, 어떤 가치를 제공해 주는지, 누가 표적고객인지 바로 알 수 있다. 여기서는 로컬 브랜딩 전략 기획의 대표적인 요소를 중심으로 살펴보고자 한다.

1) 로컬 브랜드 정체성 도출

(1) 공공 브랜드와 브랜드 정체성

일반적으로 브랜드는 고유의 정체성을 가지고 있다. 정체성이란 고정된 것이 아니라 유동적으로 형성되는 그 무엇으로, 특정 장소의 경우 역사적인 사건 또는 계기에 의해서 변화 가능성이 크다. 이러한 변화는 정체성의 변화를 가져오기도 한다. 즉 정체성은 특정 존재가 지니는 속성으로 구성되고, 그 속성들은 시간에 따라 변하기 때문에 정체성은 변한다.

하지만 정체성의 가변성은 지속적으로 축적되어 온 정체성과의 단절을 의미하지는 않는다. 어떤 대상의 정체성에 대해 이야기할 때, 그 대상이 시간의 변화 및 사회 여건의 변화에 의해 영향을 받지만 그 변화를 넘어 어떤 연속성을 갖고 있어야 한다. 과거와 현재로부터 이어지는 성격과 이러한 여러 속성이 상호 관련을 가지고 어느 정도의 항상성을 형성하고 집합됨으로써 정체성을 형성하게 된다.

브랜드 정체성에는 본질적 정체성과 구성적 정체성이 있다. 오랜 역사와 전통에서 축적된 본질적 정체성은 변화된 환경과의 상호작용을 통해서 재해석되어 유지, 계승, 발전(혹은 퇴색)된다. 정체성의 가변적 특성에도 불구하고 어떤 존재의 정체성을 말할 수 있으려면, 그러한 변화 속에서도 어떤 연속성을 지녀야 한다.

한편 구성적 정체성은 임의적이고 가변적인 실행 개념의 정체성이다. 시대 변화에 따라 변화를 시도하고, 새로운 목표를 위해 구성되는 정체성으로 본질적 정체성을 기반으로 하고 보편적 가치를 추구하면서 자신을 구성하는 미래 지향적 정체성이다. 구성원에게 비전을 심어주고 미래에 대한 역동성을 제공하는 역할을 한다.

이런 브랜드 정체성 관점에서 로컬의 정체성을 찾아보고 그 정체성을 기반으로 공공 브랜드의 정체성을 재확립하는 과정이 필요하다. 예를 들어, 영월 한반도습지를 로컬 브랜딩 한다고 가정하면 먼저 영월이란 하나의 장소(로컬)로써 갖는 고유성과 연속성, 그리고 변화를 염두에 두고 그 변화를 새로이 주창하게 된 '한반도습지'의 정체성을 분석해야 한다. 이를 바탕으로 미래의 한반도습지 브랜드 정체성을 본질적 정체성과 구성적 정체성으로 나누어 재정립하는 과정을 통해 로컬 브랜드 전략을 수립할 수 있다.

(2) 로컬 브랜드 정체성 키워드 및 콘셉트 도출 과정

로컬 브랜드의 정체성 키워드를 파악하기 위해 언론기사, 전문가 인터뷰, 설문조사, 소셜 빅데이터 분석 등의 자료를 수집 및 분석해야 한다. 수집된 자료의 집합(말뭉치)에서 필터링을 통해 최종 키워드를 도출할 수 있다. 이를 바탕으로 로컬 브랜드 콘셉트를 개발하면 된다.

본질적 정체성 키워드 중에서 제거해야 할 키워드를 정해야 한다. 브랜딩 하는 과정에서 이런 단어가 연상되지 않도록 지속적인 이미지 개선이 선행되어야 한다.

구성적 정체성 키워드 중에서 유지(강화)해야 할 키워드를 정

〈그림 8-5〉 로컬 브랜드 정체성 및 콘셉트 도출 과정

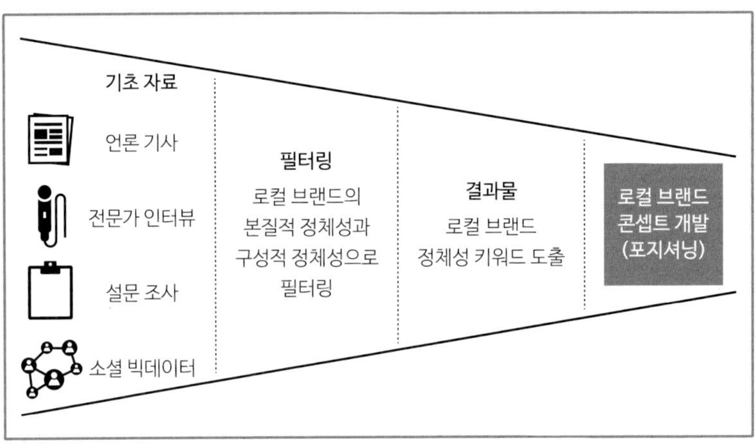

해야 한다. 기존의 가치를 유지하면서 새로운 이미지를 강조하여 로컬 브랜드만의 차별성을 확보해야 한다.

그리고 로컬 브랜드 사업을 통해 지속가능한 미래 가치를 창출할 수 있도록 보완 및 추가해야 할 키워드를 찾아야 한다. 이를 통해 로컬 브랜드의 새로운 가치를 제공하여 브랜드 가치를 극대화할 수 있다.

(3) 로컬 브랜딩과 핵심 가치

로컬 브랜드를 구축하는 활동을 로컬 브랜딩이라고 한다. 브랜드 체계를 개발하고 브랜드 포지셔닝을 설정하여 브랜드 마케팅을 전개하는 모든 활동이 브랜딩이다. 브랜딩은 많은 시간과 노력, 그리고 비용이 들어간다. 특히 좋은 브랜드를 구축하기 위해서는 시간, 노력, 비용 이외에도 창의적인 아이디어로 독특한 가치 제안을 하고 이 제안에 대해 고객들이 혜택으로 느낄 때 브랜딩이 된다.

이런 브랜딩은 전략적으로 단순하고 핵심 가치가 명확해야 성공 가능성을 높일 수 있다. 그래서 그 동안 사적 영역에서는 브랜딩의 목적을 규정하는 것에서부터 출발했다. 단순하게 정리하면, 정체성을 찾고 핵심 가치를 제안하고 모든 이해관계자가 한 목소리를 내도록 만들었다.

(4) 로컬 브랜드의 핵심 가치 제안

로컬 브랜드의 핵심 가치는 로컬의 기관 혹은 조직이 하는 모든 일과 연결되며 내부구성원 외의 고객도 체감할 수 있어야 한다. 또한 브랜드 미션에 맞게 내가 왜 이 일을 하는지에 대한 이유와 실천

방법을 가장 최소한의 단위로 보여 주어야 한다. 고객은 내가 왜 그 브랜드를 구매해야 하는지에 대한 이유를 바로 알 수 있어야 한다.

로컬 브랜드의 핵심 가치는 정체성 키워드(유지 및 보완)를 바탕으로 제안할 수 있다. 그동안 로컬이 지향했던 가치는 앞으로도 유용한 철학이 될 것이며, 미래의 로컬 브랜드는 이런 가치 위에 새로운 핵심 가치를 통해 한 단계 발전하는 모습이 되어야 할 것이다. 기존의 로컬 가치에 더해 로컬 브랜드 핵심 가치를 제안하고 이를 통해 모든 이해관계자의 가치를 극대화시킬 때 브랜딩이 되고 브랜드 가치를 제고할 수 있다.

(5) 로컬 브랜드의 브랜드 콘셉트 개발

모든 서비스와 기업은 그들만의 존재 이유와 행동 양식이 있다. 공감할 수 있는 가치관과 목표 의식, 그리고 사업을 지속하고 발전시켜 나갈 수 있는 원동력이 있어야 하는데 이를 일반적으로 미션, 비전, 핵심 가치로 정리하게 된다. 이를 브랜드 관점의 설명문으로 정리한 것을 브랜드 콘셉트라고 한다.

로컬 브랜드 콘셉트를 개발할 때 중요하게 고려해야 하는 요소는 고객 관점으로 접근해야 한다는 것이다. 즉 표적고객, 차별적 속성, 핵심 가치(혜택), 범주(카테고리) 등의 요소를 고려해서 설명문을 만들어야 한다.

2) 로컬 브랜드 체계 정립

(1) 로컬 브랜드 체계

로컬 브랜드의 새로운 브랜드 비전과 슬로건, 브랜드 아이덴티티(BI, Brand Identity) 등에 대한 브랜드 체계(Brand System)를 재정립할 필요가 있다. 즉 로컬 브랜드의 브랜딩을 위한 브랜드 체계를 재정립하기 위한 요소들을 정리하면 다음과 같다.

- 브랜드 핵심 가치
- 브랜드 비전(궁극적인 목표)
- 브랜드 표적고객(가장 집중하여 생각할 사용자층)
- 브랜드 콘셉트

(2) 로컬 브랜드의 브랜드 아이덴티티(BI)

브랜드 아이덴티티는 사람들이 직접 경험할 브랜드의 언어적인 표현과 시각화된 디자인을 포함한다. 다만 여기서는 언어적인 표현에 국한하여 정리한다.

브랜드 네임은 기존 브랜드의 가치가 상당히 높은 수준으로 존재한다면 그대로 사용하고 여기에 패러다임이 전환된 새로운 브랜드라는 느낌을 주기 위해 수식어 브랜드를 함께 사용할 수 있다. 브랜드 자산 가치가 없다면 완전히 새로운 브랜드 네임을 개발할 수도 있다.

브랜드 비전을 한 문장으로 커뮤니케이션하기 위해서 슬로건을 사용할 수 있다. 슬로건은 브랜드 아이덴티티의 필수 요소는 아니다. 일반적으로 브랜드 네임만으로 커뮤니케이션을 할 때보다 슬로건을 태그라인으로 사용할 때 마케팅 비용을 절약하면서 마케팅 성과를 보다 더 높일 수 있다.

(3) 브랜드 포지셔닝 전략

브랜드 포지셔닝은 고객들의 인식 속에 브랜드의 특정한 의미를 강력하게 인식시키는 전략으로 브랜드의 방향성을 제시하는 것이다. 로컬 브랜드의 콘셉트를 구체화하기 위한 방향성을 표시하는 포지셔닝의 핵심 키워드를 제시해야 한다. 본질적 정체성의 가장 중요한 키워드와 구성적 정체성의 가장 중요한 키워드를 하나씩 찾아서 앞으로 지속적으로 구축해야 할 핵심 가치 요소로 정한다. 이를 바탕으로 포지셔닝 맵을 작성할 수 있다.[8] 서울브랜드의 포지셔닝 맵을 예시하면 〈그림 8-6〉과 같다.

3) 로컬 브랜딩 실행 방안

로컬 브랜드를 재정립하기 위해서는 브랜드 체계에 따라 구체적인 실행 방안을 수립하고 전략적으로 수행할 때 보다 쉽게 브랜딩을 할 수 있다.

로컬 브랜드를 확산시키기 위한 체계적인 계획을 수립하여 로드맵으로 관리할 필요가 있다. 로컬 브랜드의 브랜딩 목표 및 단계별로 체계적인 접근이 필요하다. 브랜딩 단계는 준비기, 도입기, 정교화기, 강화기 등으로 구분할 수 있다.

---

8 전문가와 연구진 및 이해관계자들이 워크숍을 통해 통찰력을 바탕으로 Rule of Thumb 방식으로 작성할 수 있다.

〈그림 8-6〉 로컬 브랜드 포지셔닝 맵 예시

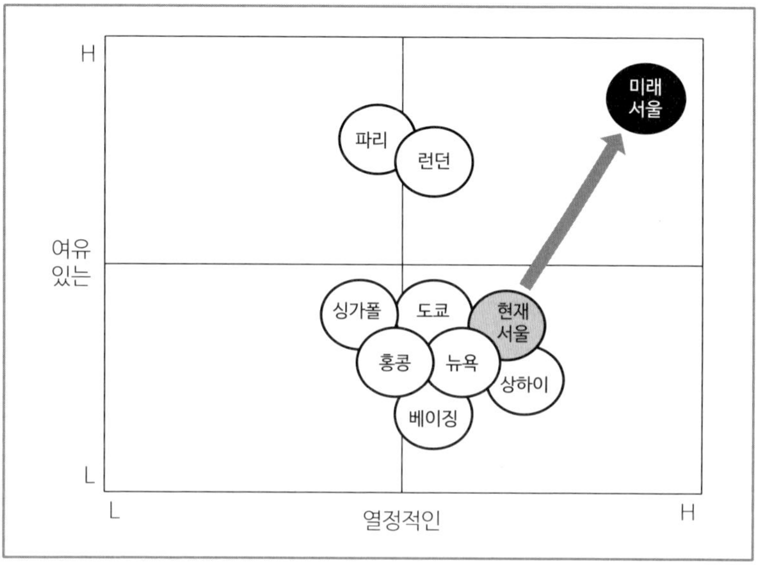

출처: 서울특별시, 2015.

먼저 준비기에는 본격적인 브랜드 활동을 할 수 있도록 사전 준비를 하는 기간으로 브랜드 콘셉트를 중심으로 브랜드 디자인을 개발하고 커뮤니케이션 전략을 수립하게 된다.

도입기에는 로컬 브랜드를 이해관계자들에게 브랜드 콘셉트와 핵심메시지를 알리는 작업이며, 주로 이해관계자가 새로 바뀐 로컬 브랜드를 인지하고 이해하는 차원에서 브랜딩 활동을 전개해야 한다. 로컬 브랜드를 알리고 이해시켜 확산시키는 사업을 주로 구상할 필요가 있다.

정교화기에는 로컬 브랜드에 대해 이해관계자들이 좋아할 수 있도록 직접적으로 참여하고 느낄 수 있도록 이벤트를 구성할 필요가 있다. 이런 이벤트를 통해 전반적인 선호도를 증대할 수 있다.

강화기에는 도입기와 정교화기에 전개한 브랜드 커뮤니케이션 및 브랜드 사업이 원래 목표를 달성하고 있는지 점검을 하고 이를 바탕으로 필요에 따라 리포지셔닝 전략을 검토할 수 있다.

4) 로컬 브랜드 관리 방안

로컬 브랜드의 실제적인 운영 기관을 명확하게 해야 한다. 공적 로컬 브랜드인 경우에는 해당 자치단체에 담당관을 명시하고 업무 분장을 통해 책임을 부여해야 한다. 특히 전문성을 필요로 하는 업무이기 때문에 업무의 영속성을 유지할 필요가 있다. 로컬 브랜드의 체계에 따라 적극적으로 브랜드 마케팅을 전개하고 전략적으로 브랜드를 관리하는 브랜딩을 해야 한다.

사적 로컬 브랜드인 경우에는 사기업이 로컬의 가치를 극대화할 수 있도록 적극적인 지원을 해야 한다. 로컬 브랜딩의 중요한 목적 중 하나가 지역 경제를 활성화하는 것이기 때문에 사기업의 성장과 발전 없이 지역 경제를 활성화할 수 없다는 점을 공적 부분에서 인정하고 공적 미디어에도 적극적으로 노출시켜야 한다.

주민 참여 로컬 브랜드인 경우에는 특히 로컬 거버넌스가 중요하다. 지역의 주민들이 적극적으로 참여하도록 유도하고 지역 활동가와 적극적으로 교류할 수 있도록 해야 한다. 주민 스스로 참여하고 그 혜택을 누릴 때 관광객이나 로컬 브랜딩에 보다 호의적으로 호응할 것이다. 실질적인 경제적 이득이 생겨야 한다.

로컬 브랜드는 어느 순간 노후화될 수 있다. 이는 모든 브랜드가 갖고 있는 일반적인 속성이다. 시간이 지나면 소비자의 취향도 바뀌고 시장의 특성도 달라진다. 따라서 포지셔닝이 잘 되어 있는지

정기적으로 확인하고, 원하는 목표에 도달하지 못하고 있다면, 리포지셔닝을 통한 브랜드 재활성화로 로컬 브랜드에 새로움을 제공해야 한다. 브랜드 가치를 지속적으로 향상시킬 수 있는 방법이다.

6. 결론

지방 소멸과 인구 감소에 대한 우려가 깊어지고 있다. 기초 지방자치단체뿐만 아니라 광역 지방자치단체의 일부 군구도 인구 감소 지역으로 분류되고 있다. 일시적인 현상이 아니라 장기적인 추세이며 이는 국내만 그런 것이 아니라 세계적인 현상이다. 일본은 이미 오래전부터 이런 경험을 바탕으로 지방 소멸에 대응하고 있다. 그런데 지방 소멸의 지방이란 단어가 갖고 있는 부정적인 인식 때문에 오해의 소지가 있다. 지역 혹은 로컬이란 단어가 필요에 따라 더 적절하다. 특히 로컬은 지방이 가지고 있는 편견이나 차별에 대한 의미가 없으면서 보다 역동적이고 전문적인 이미지를 갖고 있다.

로컬에는 로컬의 정체성이 있고, 로컬의 브랜드가 있고, 로컬의 콘텐츠가 있다. 여기에 로컬 스스로 발전을 도모하는 내생적 발전 의지도 높아지고 있다. 이런 차원에서 지역 경제를 활성화하는 방법으로 로컬 브랜드에 대한 관심이 높아지고 있다. 다만 브랜드는 사적 영역에서 대단히 전문적인 접근을 통해 소비자의 인식 속에 각인시키는 활동을 해 왔던 경영 전략이기 때문에 이런 경험이 부족한 공적 영역에서 제대로 대응하지 못하고 있다.

로컬 브랜드는 운영 주체를 중심으로 공적 로컬 브랜드와 사적 로컬 브랜드, 그리고 주민 참여 로컬 브랜드로 구분할 수 있다. 각각의 사례를 통해 로컬 브랜드가 지속 가능한 브랜드 가치를 구축하기 위해서는 몇 가지 요소를 고려할 필요가 있다. 첫째, 로컬의 정체성을 기반으로 하는 가치를 찾고 이를 브랜딩의 요소로 활용해야 한다. 둘째, 로컬 브랜딩을 위해서는 운영 주체와 목적이 명확해야 한다. 셋째, 로컬 브랜딩 기획력이 있어야 한다. 넷째, 로컬은 주민들과의 함께 추진해야 한다.

로컬 브랜딩은 로컬의 정체성을 기반으로 지속 성장을 가능하게 하는 경쟁력을 갖출 수 있도록 가치를 창출하는 활동이다. 로컬 브랜딩의 본질은 로컬 브랜드로 인해 모두 높은 가치를 향유하는 것이다. 주민에게는 삶의 질을 높이고, 관광객에게는 즐거움과 감동을 높여 주고, 사업자나 투자자에게는 경제적 이익을 높여 준다. 로컬 브랜드 활동을 통해 다양한 이해관계자들에게 경제적인 이익을 줄 수 있어야 한다.

이런 결과를 만들기 위해서는 로컬 브랜딩을 위한 전략 기획이 필요하고 로컬 브랜드 체계를 정립해야 한다. 우선 로컬에서 그 필요성이 절실해야 한다. 공적이든 사적이든 브랜드의 주체가 명확한 목표를 가지고 적극적으로 추진해야 성과를 만들어 낼 수 있다. 로컬 브랜딩이 잘 된 사례는 하나같이 전략 기획이 잘 되어 있어서 해당 브랜드가 무엇을 하고자 하는지, 어떤 가치를 제공해 주는지, 누가 표적고객인지 바로 알 수 있다.

로컬 브랜드 체계를 개발하고 브랜드 포지셔닝을 설정하여 브랜드 마케팅을 전개하는 모든 활동이 브랜딩이다. 이런 브랜딩은 전략적으로 단순하고 핵심 가치가 명확해야 성공 가능성을 높일 수 있다. 즉 정체성을 찾고 핵심 가치를 제안하고 모든 이해관계자가 한 목소리를 내도록 만들어야 한다. 그리고 브랜드 콘셉트를 통해 일관성 있는 커뮤니케이션을 해야 한다.

로컬 브랜딩은 로컬의 정체성을 기반으로 로컬의 가치를 높이는 활동이다. 평범한 것을 남다른 가치가 있는 것으로 바꾸는 활동이다. 고객의 인식 속에 각인되어야 브랜드가 된다. 그 로컬만의 독특한 가치를 느낄 수 있도록 브랜드로써의 가치를 축적시켜야 한다. 지역 경제를 활성화하는 많은 방법이 있겠지만 내생적 의지와 로컬 브랜딩 방법을 이해하면 의외로 쉽게 주민들의 삶의 질을 높이고 경제적 이익을 도모할 수 있다. 인구 감소뿐만 아니라 지역을 살리고 경제를 살리는 가장 쉬운 방법이기도 하다.

참고문헌

구자룡, 이정훈 (2008). "도시 브랜드 자산의 평가와 지수화에 관한 연구." 생산성논집. 22(3), 177-205.

김승희, 김진기, 김주원 (2012). "지방자치에서 지역주권으로", 정책메모, 207, 강원발전연구원.

김영수, 정의홍, 김우현, 이성일 (2018). 지역을 살리는 로컬 브랜딩, 클라우드나인.

김유경, 김유신 (2015). 공공 브랜드의 이해. 커뮤니케이션북스.

김희경 (2007). "지역문화 활성화를 위한 지역브랜드개발에 관한 연구: 지역의 이미지 브랜드 개발을 중심으로." 문화정책논총. 18, 147-166.

모종린, 김보민, 박민아 (2022). 로컬 브랜드 리뷰 2022. 포틀랜드스쿨.

미야모토 겐이치 (2004). 지역 경제학. 심재희 역. 전남대 출판부,

2004.

박인권 (2012). “지역재생을 위한 지역공동체 주도 지역발전전략의 규범적 모형: SAGE 전략.” 한국지역개발학회지. 24(4), 1-26.

서울특별시. 서울브랜드 확산전략 방향 수립 연구(최종보고서). 2015.

이영창, 김근호 (2013). “지역어메니티 촉진을 위한 마을만들기 운영사례 비교연구.” 한국농촌계획학회지농촌계획. 19(2), 129-138.

이은지 (2022). “서울 다시 생각하기.” 국토. 491, 104-107.

임성원 (2019). 자치분권 시대의 로컬미학. 산지니.

정윤성 (2022). 지역재생의 진실. 씽크스마트.

차미숙, 최예술, 조은주 (2022). “지방소멸 대응 정책 방향과 추진전략.” 국토이슈리포트. 57.

통계청. 2022년 인구동향조사 출생·사망통계 잠정(보도자료).

한국경제 (2022.02.06.). “[통통 지역 경제] 되살아난 제주의 로컬 패션 브랜드 ‘한림수직’.”

행정안전부 (2021.10.18.). “인구감소지역’89곳 지정, 지방 살리기 본격 나선다!.” 보도 자료.

허문구 외 (2022). 지방소멸시대의 인구감소 위기 극복방안: 지역경제 선순환 메커니즘을 중심으로. 산업연구원.

9장

도시 브랜드 전략의 이해

김병희

김병희 kimthomas@hanmail.net

현재 서원대학교 광고홍보학과 교수다. 서울대학교를 졸업하고 한양대학교 광고홍보학과에서 광고학박사를 받았다. 한국광고학회 제24대 회장, 한국PR학회 제15대 회장, 정부광고자문위원회 초대 위원장, 서울브랜드위원회 제4대 위원장으로 봉사했다.

그동안 『스티커 메시지: 스킵되지 않고 착착 달라붙는 말과 글을 만드는 법』(2022), 『광고가 예술을 만났을 때 아트버타이징』(2021)을 비롯한 60여 권의 저서를 출간했다. 또한, "광고 건전성의 구성요인과 광고 효과의 검증"(2022)을 비롯한 110여 편의 논문을 국내외 주요 학술지에 발표했다. 한국갤럽학술상 대상(2011), 제1회 제일기획학술상 저술 부문 대상(2012), 교육부·한국연구재단의 우수 연구자 50인(2017) 등을 수상했고, 정부의 정책 소통에 기여한 공로를 인정받아 대통령 표창(2019)을 받았다.

1. 도시 브랜드의 도입 배경

"신은 시골을 만들었고
인간은 도회를 건설했다

신은 망했다"

제15회 오늘의 작가상(1991) 수상작인 〈신(神)은 망했다〉라는 시 전문이다. 이갑수 시인은 도시의 무분별한 팽창 현상을 시적 비유를 통해 비판했지만(이갑수, 1991), 도시는 지금도 여전히 계속 성장하고 있다. 인간이 도시를 건설함으로써 신은 망했다고 우려했던 시인에 비해, 도시경제학자 에드워드 글레이저(Edward Glaeser)는 『도시의 승리(Triumph of The City)』(2021)에서 인류의 번영을 이끈 최고의 발명품이 도시라고 단정했다. 도시가 혁신의 발전소이자 건강과 번영과 행복의 열쇠라고 주장한 그는 도시가 인간에게 어떻게 더 풍요로운 삶을 가져다 주었고 인간을 더 행복하게 하는 데 기여했는지, 도시경제학자의 관점에서 다채로운 시각을 제시한 바 있다(에드워드 글레이저, 2021).

"신은 망했다"는 구절은 어디까지나 시적 비유에 가깝다. 인간이 도시를 건설함으로써 신이 망했다고 단정할 수 없는 이유는 성당이나 교회나 절도 사람들이 모여 사는 도시에 건축됐기 때문이다. 인류 문명도 도시에서 시작돼 도시에서 완성됐다고 할 수 있는데, 거의 모든 현대인은 도시에서 태어나 도시에서 살아간다. 따라서 사람들이 살고 있는 도시의 경쟁력을 높일 수 있는 도시 브랜드를 정립하는 문제가 갈수록 중요해지고 있다. 우리나라의 중앙정부나 243개의 지방자치단체는 물론 관련 학계에서 도시 브랜드 문제에 깊은 관심을 가지게 된 것도 현실적인 필요와 기대 효과 때문이었다.

우리나라에서 도시 브랜드는 지방자치 시대의 개막과 함께 본격적으로 관심을 끌기 시작했다. 1995년에 지방자치법이 개정되자 여러 지방자치단체에서는 도시 브랜드에 관심을 갖기 시작했고, 도시를 알리는 도시 마케팅의 수단으로 도시 브랜드를 활용하기 시작했다. 초기의 도시 브랜드는 상표나 시각 디자인의 차원에 그친 사례가 많았는데, 민선 지방자치단체장의 홍보용으로 활용됐기 때문이다. 도시 브랜드를 관리하는 부서의 공무원도 자주 바뀌었고, 자치단체장이 새로 취임하면 그의 지시 한 번에 도시 브랜드가 교체되기도 했다. 자치단체장의 임기에 따라 도시 브랜드가 바뀌었으니, 우리나라 도시 브랜드의 평균 수명은 5년이라는 말이 나올 정도였다. 서울의 도시 브랜드인 "아이 서울 유(I·SEOUL·U)"도 서울시장이 바뀌자 순식간에 고사(枯死) 작전이 시작됐다.

도시 브랜드의 운명이 자치단체장의 임기에 따라 결정되는 안타까운 현상은 지금도 현재 진행형으로 계속되고 있다. 도시 정체성의 혼란을 부추기는 이런 일이 빈번하게 일어나는 가장 중요한 이유는 도시 브랜드에 대한 전반적인 이해력이 부족하기 때문이다. 도시 브랜드는 그 도시의 역사와 미래의 가치가 담겨 있는 유형적 자산과 무형적 자산의 통합체라는 성격을 갖는다. 나아가 도시 브랜드는 다양한 이해 관계자들에게 도시의 가치를 알려 '관계 인구'를 확산하는 데 결정적으로 기여하기 때문에, 도시 마케팅의 수단을 넘어 도시의 비전을 제시하는 미래 가치의 결정체라는 성격도 갖는다.

관계 인구란 관광하기 위한 목적에서 단기간 지역을 방문하는 교류 인구와 지역에 거주하는 정주 인구와 달리, 한 지역을 여러 차례 방문하면서 반쯤은 주민 같은 관계를 맺고 있는 사람들을 의미한다. 다시 말해서, 관계 인구란 타지에서 이주해 온 정착 인구나 관광객 같은 교류 인구가 아니며, 단기 체류, 자원봉사 활동, 정기 방문 같은 형태로 특정 지역과 지속적으로 관계를 맺는 사람들이다. 일본 정부는 2018년에 관계 인구를 정식 과제로 선정하고 관계 인구의 확산에 집중하는 지방자치단체를 2020년부터 1,000여 곳으로 확대했다. 일본 정부가 제2기 지방창생전략(2020~2024년)의 일환으로, 관계 인구의 창조와 확대를 추진한다는 인구 정책을 2019년에 도입한 이후 지방자치단체마다 관계 인구를 창출하는 사업에 발 벗고 나섰다(서영아, 2021).

1990년대 이후 미국의 데이비드 아커(David Aaker)나 케빈 켈러(Kevin Keller) 같은 학자들이 브랜드 개념을 강조하기 시작하면서, 기업 관계자들은 치열한 마케팅 커뮤니케이션 현장에서 브랜드를 차별화시킬 전략 요인으로 브랜드 자산에 주목했다. 그 후 기업과 공공 영역에서도 브랜드에 관심을 갖기 시작했다. 우리나라의 지방자치단체에서도 도시 브랜드가 지역의 정체성을 정립하는 데 기여하고 내부 구성원과 외부 구성원과의 우호적 관계를 구축하는 데 도움이 된다는 이점에 주목해, 도시 브랜드 개념을 경쟁적으로 도입했다.

한편, 문화 콘텐츠는 도시 브랜드의 자산을 구축하는 데 상당한 영향을 미치는 것으로 알려지고 있다. 우리나라의 K콘텐츠도 대한민국의 주요 도시를 세계에 알리는 데 결정적인 영향을 미쳤다. 예컨대, K-팝, K-드라마, K-무비, K-웹툰, K-뷰티, K-푸드, K-패션 같은 K콘텐츠는 세계인의 생활 속에 침투해 한국의 위상을 높이는 데 기여했고 점차 주류 문화로 부상했다. 글로벌 도시 간의 경쟁이 심화되자 대한민국을 대표하는 서울시와 부산시는 외래 관광객을 유인하고 투자를 유치해 경제 활성화를 모색하고자 K콘텐츠를 도시 브랜딩 활동에 적극적으로 활용해 왔다(김동경, 2023).

더욱이 공공 브랜드 영역에서도 브랜드 유니버스를 고려하는 마케팅 활동이 갈수록 중요해지고 있다. 지금까지는 브랜딩을 위해 소비자나 공중의 머릿속에 브랜드 개념에 대한 구조물을 세우는 데 집중해 왔다면, 앞으로는 디지털 플랫폼에서 외부 플랫폼과 연계해 더 큰 생태계로 진화해 가는 도시 브랜드의 마케팅 커뮤니케이션 활동이 필요하다. 브랜드 유니버스(Brand Universe)란 디지털 생태계에서 강력한 존재감을 발휘할 수 있도록 소비자와 공중의 독자적인 경험을 설계하고 작동시켜 나가는 브랜드 중심의 라이프스타일 플랫폼을 구축하고 운영하는 디지털 생태계 전략이다(김유나, 2021). 브랜드 유니버스 생태계의 설계도는 〈그림 9-1〉과 같다.

인력이 더 강한 행성이 약한 행성을 끌어당기듯, 매력적인 브랜드는 생태계 중심에 더 강하게 자리 잡는다. 이처럼 디지털에서는 '자기'를 중심으로 스스로 작동하는 생태계를 만들어야 하는데, 브랜드 유니버스는 디지털 플랫폼에 구축하는 브랜드 전략이다. 브랜드 유니버스를 만들고 운영하고 성장시키는 과정은 4단계의 창조 과정을 거친다.

먼저 시장을 만들기 위한 '고객가치 창조'가 필요하고, 이어서 거래의 장을 만들어 플랫폼 구조를 만드는 '플랫폼 창조' 과정이 필요하다. 나아가 소비자와 공중에게 유용한 '콘텐츠 창조'를 시도해 거래의 장으로 이끌어야 하며, 마지막으로 소비자나 공중이 장기적

〈그림 9-1〉 브랜드 유니버스 생태계의 설계도

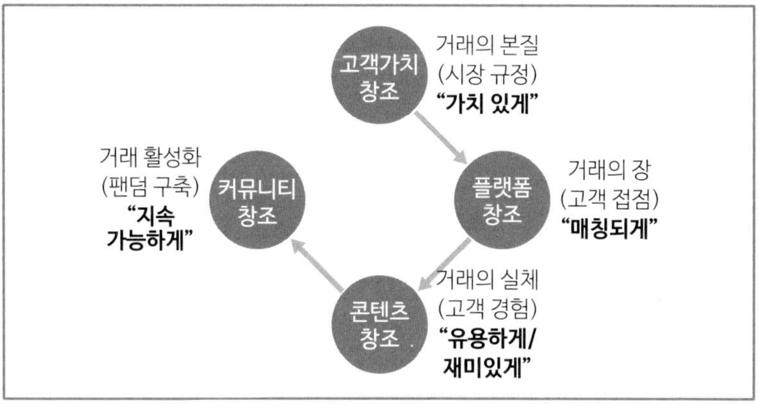

출처: 김유나 (2021). 147쪽.

으로 거래를 지속하고 관계를 유지하는 '커뮤니티 창조'가 필요하다. 브랜드 유니버스는 브랜드를 구심점으로 소비자나 공중이 함께 즐기는 독자적인 놀이터를 만드는 설계도이기 때문에, 마케팅 커뮤니케이션의 경계를 허물고 확장하는 데 필요한 중요한 세계관이다. 브랜드 유니버스의 개념은 기업의 브랜드 영역에서 적용되기 시작했지만, 앞으로는 도시 브랜드 전략의 전개 과정에서도 두루 활용될 것으로 예상된다.

도시 브랜드는 어떤 도시에 대한 사람들의 충성도에 영향을 미치는 것으로 알려지고 있다. 도시 브랜드를 활성화시켜 그 도시에 대한 충성도가 높아진다면 도시의 가치도 높아지게 마련이다. 예컨대, 김동경(2023)의 연구에서는 서울과 부산의 도시 브랜드 이미지가 외국인에게 어떻게 인식되고 있으며, 도시 브랜드 이미지가 도시 충성도(도시 거주 의사, 도시 방문 의사, 도시 추천 의사, 도시 투자 의사)에 미치는 영향을 실증적으로 분석했다.

중국, 필리핀, 일본, 미국에 거주하는 외국인 492명으로부터 수집한 자료를 분석한 결과, 서울과 부산의 도시 브랜드에 대한 이미지가 국가별로 다르게 나타났다. 서울과 부산의 도시 브랜드 이미지 중에서 미래 지향적 이미지와 재난 대응 이미지는 도시 충성도에 영향을 미쳤는데, 미래 지향적 이미지와 재난 대응 이미지는 도시 거주 의사, 도시 추천 의사, 도시 투자 의사에 영향을 미쳤고, 재난 대응 이미지는 도시 방문 의사에 영향을 미치는 것으로 나타났다(김동경, 2023). 이런 결과는 어떤 도시의 해외 마케팅과 브랜딩 활동을 전개할 때 국가나 권역별로 마케팅 방법을 다르게 전개해야 한다는 것을 의미한다. 또한, 도시 마케팅 활동의 목표에서 전략적 강조점을 다르게 설정해야 한다는 시사점을 얻을 수 있는데, 서울과 부산 이외의 도시에서도 도시 브랜드 전략을 실행할 때 현실적으로 유용한 가이드라인이다.

2. 도시 브랜드의 개념과 사례

도시 브랜드는 어떤 도시의 정체성을 나타낸다. 사람들이 생각하는 여러 이미지의 조합에 따라 도시 브랜드의 가치가 결정된다고 할 수 있는데, 도시 브랜드가 어떤 특성을 갖느냐에 따라 도시에 대한 인상이나 태도가 달라지기 때문이다. 따라서 도시 브랜드는 공공이 주인 의식을 갖는 주체성을 바탕으로 만들어 가야 하며, 도시 브랜드를 관리하는 과정에서도 시민의 자부심과 책임감을 바탕으로 자율적으로 관리해 나가는 노력이 중요하다. 그렇다면 도시 브랜드 혹은 도시 브랜딩의 개념은 무엇일까?

도시 브랜딩이란 도시의 환경, 기능, 시설, 서비스 등에 의해 다른 도시와 구별되도록 하는 활동이라고 정의할 수 있다(김유경, 김유신, 2015). 도시 브랜딩은 도시의 이미지를 전략적으로 관리하는 과정이므로 도시 이미지와 도시 정체성을 개선해 도시의 경쟁력을 강화하려는 노력이 중요하다. 도시 내부적으로는 주민의 자긍심을 극대화하고, 도시 외부적으로는 그 도시를 찾는 관광객이나 투자자에게 매력적인 목적지로 자리매김해야 한다.

도시 브랜딩을 시도하면 세 가지 이점이 있다. 첫째, 도시 전체의 이점이다. 공공 조직, 민간 기업, 비영리 조직 같은 도시의 모든 주체들에게 도시 이미지와 도시의 매력을 느끼게 함으로써 그 도시에 대한 매력도를 높이게 된다. 둘째, 도시 고객의 이점이다. 신뢰와 확신을 바탕으로 도시 선택에 대한 만족감을 환기함으로써 도시의 부가적 가치와 혜택을 제공하게 된다. 셋째, 도시 마케터의 이점이다. 도시의 차별성을 마케터에게 인지시켜 그 도시에 대한 전략적 접근을 촉진할 수 있게 된다. 도시 브랜딩을 시도하면 결국 이해관계자들에게 지속가능한 도시의 차별성을 각인시킬 수 있다. 따라서 장기적 관점에서 도시 브랜드의 정체성을 구축하려면 도시의 브랜드 창조 과정에 반드시 주민들이 참여해야 한다(김유경, 김유신, 2015).

도시 브랜드를 표현하는 요소(brand element)에는 도시 브랜드 슬로건, 자치단체 캐릭터, 지역 축제라는 세 가지 요소가 있다. 여러 자치단체에서는 어느 한 가지에만 치중하지 않고 브랜드 슬로건과 자치단체 캐릭터를 동시에 개발해서 지역 축제에 활용하는 동시 연계 전략을 구사해 왔다. 세 가지 요소를 보다 구체적으로 설명하면 다음과 같다.

먼저, 브랜드 슬로건은 어떤 브랜드의 철학과 혜택은 물론 브랜드의 특장점을 설명하는 언어적 요소인데, 특히 도시 브랜드 슬로건은 어떤 도시에 대한 연상력을 강화하는 데 결정적인 영향을 미치게 된다. 진정성, 독창성, 활력성, 참신성, 리더십은 도시 브랜드 슬로건의 개성을 구성하는 다섯 가지 구성 요인이다(이희복, 최지윤, 2021). 예컨대, 경기도의 “새로운 경기, 공정한 세상”은 대표적인 도시 브랜드 슬로건이다.

다음으로, 자치단체 캐릭터는 어떤 자치단체에 대한 친근감을 만들고 지역에 대한 호감도를 높이는 동시에 지역의 문화와 전통을 알리는 구체적인 상징물이다. 다른 지역과 차별화되는 자치단체의 캐릭터는 지역 경제를 활성화하는 데 도움이 된다. 예컨대, 일본 구마모토의 ‘쿠마몬’, 고양시의 ‘고양고양이’, 통영시의 ‘동백이’ 등은 지역 주민들과 끈끈한 유대감을 만들며 지역을 대표하는 캐릭터로 인정받고 있다.

마지막으로, 지역 축제는 관광객을 유치해 경제 효과를 창출하고 주민의 소속감을 고취한다는 점에서 도시 브랜드의 활성화에 크게 기여한다. 흥미로운 소재를 두루 활용하는 지역 축제는 관광객이나 관계 인구에게 특정 지역을 알리는 데 기여한다. 예컨대, 전남 신안군 퍼플섬에서 전개되는 보라색 축제, 임자도의 백만송이 튤립 축제, 선도의 수선화 축제는 관광객 유치에 크게 기여했다(김병희, 김신동, 홍경수, 2022).

도시 브랜드 이미지의 차별화를 시도하려면 도시 브랜드 슬로건, 자치단체 캐릭터, 지역 축제라는 세 가지 요소를 긴밀하게 연결시켜야 한다. 지역민은 물론 관광객과 관계 인구가 연결되는 미디어 경로를 통합적으로 관리하고, 도시 브랜딩 전략을 체계적으로 추진할 수 있는 시스템도 구축해야 한다. 네덜란드 암스테르담의 "I Amsterdam", 독일 베를린의 "Be Berlin", 영국 런던의 "London Eye", 싱가포르의 "Merlion" 등은 도시 브랜딩 전략이 체계적으로 수행되었다. 주목할 만한 도시 브랜드의 사례들을 살펴보자.

첫째, 도시 브랜드의 전략 프로그램을 1977년부터 지금까지 장기적으로 가동하고 있는 미국 뉴욕(New York)의 "나는 뉴욕을 사랑해(I♥NY)" 사례다. 1970년대에 접어들어 전 세계는 제1차 유류 파동으로 극심한 불황을 겪었다. 당시 뉴욕주는 10억 달러의 적자가 누적되었고 실직자가 30만 명이나 되었다. 파업이 계속되고 범죄율도 증가해 도시 분위기가 뒤숭숭했다. 그러자 뉴욕주 상무국에서는 불안한 상황을 개선하기 위해 시민들에게 희망의 메시지를 제시할 공공 캠페인을 기획했다. 웰 리치 그린(Wells Rich Greene)이 공공 캠페인을 대행할 광고회사로 선정되었다.

광고회사는 뉴욕에 대한 시민들의 인식조사를 실시했다. 조사 결과, 뉴욕 시민들이 겉으로는 불만을 토로했지만 마음 깊은 곳에서는 뉴욕을 사랑하고 있다는 사실이 발견되었다. 광고회사는 이를 디자이너 밀턴 글레이저(Milton Glaser)에게 설명하고 공공 캠페인에 필요한 그래픽 작업을 의뢰했다. 뉴욕의 실체가 아닌 정서적 가치를 느끼도록 하는 것이 핵심 과제였다. 몇날 며칠 동안 불면의 밤을 보내던 그는 어느 날 식당에서 밥을 먹다가 번쩍 영감이 떠올라 냅킨에 〈그림 9-2〉와 같은 'I♡NY'를 스케치했다. 그는 스케치한 냅킨을 택시 안에서 광고주에게 보여 주며 브리핑을 끝냈다.

인쇄광고에서는 "나는 뉴욕을 사랑해"의 운율에 알맞게 "뉴욕은 당신을 사랑해(New York Loves You)"라는 대구법 헤드라인을

〈그림 9-2〉 냅킨 스케치 초안(1977)과 종이를 오려붙인 시안 (1977)

써서 메시지를 전달했다(그림 9-3 참조). 이 캠페인은 뉴욕 시민들에게 자신들이 뉴요커라는 자부심과 공동체적 소속감을 불어넣으며, 전문가가 주도해서 상징물을 표현하는 1세대 도시 브랜드의 대

〈그림 9-3〉 '뉴욕은 당신을 사랑해' 광고 (1980)

표 사례로 자리 잡았다. 뉴욕을 사랑하자는 이 캠페인은 은연중에 소속감을 느끼게 했다.

도시 브랜드의 성공 사례로 손꼽히고 일부 시민들의 지지도 받았지만 처음에는 너무 평범하다는 비판 여론이 많았다. "나는 뉴욕을 사랑해"가 어떻게 세계도시인 뉴욕을 상징할 수 있겠느냐는 비난이었다. 하지만 시간이 흐를수록 이 캠페인은 뉴욕 시민이라면 도시를 더 좋게 만드는 데 모두가 참여해야 한다는 소속감과 책임감을 느끼게 하는 데 성공했다. 반대하던 시민들도 더 좋은 뉴욕을 만들기 위해 쓰레기도 함부로 버리지 않는 등 차츰 시민의식을 발휘했다. 뉴욕 시민으로서의 소속감을 강하게 느끼게 한 도시 브랜드였다(김병희, 2019).

뉴욕의 도시 이미지를 향상시킨 이 캠페인은 지난 40여 년 동안 세계 각국으로 퍼져나가 도시 브랜딩의 중요성을 환기하면서, 여러 도시의 브랜드 마케팅 활동에 영향을 미쳤다. 밀턴 글레이저는 9·11 테러가 일어나자 뉴욕에 다시 활기를 불어넣기 위해 뉴욕의 로고를 다시 디자인해 "나는 뉴욕을 더 사랑해(I♥NY More Than Ever)"라는 포스터를 제작했다. 〈그림 9-4〉에 제시한 이 포스터는 2001년 9월 19일자 뉴욕 〈데일리 뉴스(Daily News)〉에 게재되었고, 뉴욕 시민들로부터 엄청난 호응을 얻었다(Watson, 2001).

둘째, 도시 브랜드를 개발하고 확산하는 전 과정에서 시민 주도의 거버넌스 정신을 구현한 서울의 도시 브랜드 슬로건 "아이 서울 유(I·SEOUL·U)" 사례다. 2015년, 서울 브랜드 공모전에는 16,147건이라는 사상 최다의 작품이 접수됐고, 1,000명의 자발적인 현장 심사단이 참여했으며, 10만 명 이상의 사전투표가 이루어졌다. 서울시에서 일방적으로 추진해서는 결코 달성할 수 없는 놀라운 참여

〈그림 9-4〉 '나는 뉴욕을 더 사랑해' 광고 (2001)

실적이었다. 2002년 하이서울(8,064건)의 2배에 가까운 수치였고, 2013년 국가 관광 브랜드(5,000여 건)의 3배에 해당되는 성과였다. 10만 명의 사전 시민투표 결과 50%, 1천명의 현장 시민투표 결과 25%, 9명의 전문가 투표 결과 25%를 반영해, 결국 2015년 10월 28일에 'I·SEOUL·U'가 서울 브랜드로 결정됐다(김병희, 2015).

기존의 'Hi Seoul'은 2세대형 도시 브랜드라 외국 관광객 2,000만 시대를 설명하기에 한계가 많았고, 여러 설문조사에서도 기존 브랜드로는 글로벌 시대의 서울을 상징하기 어렵다는 의견이 지배적이었다. 도시의 진화에 발맞춰 3세대형 도시 브랜드로 등장한

'I·SEOUL·U'는 쉬운 이해보다 다양한 '해석'에 초점을 맞추고, 시민들이 참여하는 오픈소스의 개방형 시스템이자, 닫힌 구조가 아닌 변화를 모색하는 열린 구조를 추구한다는 특성이 있었다.

서울 브랜드 슬로건 "아이 서울 유(I·SEOUL·U)"는 '나와 너 사이에 서울이 있다'는 의미로, 서로 공존하는 서울을 상징하며, 하단에는 한글로 '너와 나의 서울'이라는 부제를 붙였다. 서울(SEOUL)의 중심에 있는 알파벳 'O'를 한글 자모 '이응'으로 표현해 서울이 글로벌 도시이자 대한민국의 대표 도시라는 사실을 형상화했다. 시민 누구에게나 개방된 서울 브랜드는 의미의 확장성과 활용의 개방성이라는 특성을 지녔다. 대한민국 수도 서울의 상징인 서울 브랜드에 대해 좋은 평가도 많았지만 처음에는 나쁜 평가도 있었다. 그러나 I·SEOUL·U는 비난 여론과 찬성 여론에 아랑곳하지 않고 시민이 참여하는 거버넌스 정신을 바탕으로 3세대형 도시 브랜드로 발전했다.

그럼에도 불구하고 "아이 서울 유(I·SEOUL·U)"는 서울시장이 바뀌자 교체 작업이 시작됐다. 2022년 12월 27일, 서울시는 기존의 브랜드 슬로건 "아이 서울 유(I·SEOUL·U)"를 대체할 새로운 슬로건 후보로 "Seoul for you", "amazing Seoul", "Seoul, my soul", "make it happen, Seoul" 같은 네 가지 시안을 발표했다. 네 가지 시안은 브랜드 슬로건이 갖춰야 할 차별성과 독특성 측면에서 심각한 오류가 있다는 지적을 받았다. "Seoul for you"는 해외는 물론 국내의 김해시와 울산시에서 사용했기에 차별성이 부족하고, "amazing Seoul"은 태국의 국가 브랜드 슬로건 "Amazing THAILAND"와 같다는 것이다. 그리고 "Seoul, my soul"은 민선 4기 서울시에서 사용했다가 중국의 항의를 받고 중단했던 "Seoul of ASIA"의 시즌2에 불과하며, "Make it happen, Seoul"은 아랍에미레이트(UAE)의 슬로건인 "The Emirates, Make It Happen"의 판박이에 가깝다는 것이다(이희복, 2022). 결국 "Seoul, my soul"로 결정되었지만, 도시 브랜드는 임기제 시장의 소유물이 결코 될 수 없다.

셋째, 경기도 이름의 초성인 한글 'ㄱ, ㄱ, ㄷ'을 상징적으로 표현한 경기도의 정부 정체성(GI: Government Identity)도 도시 브랜딩에서 주목할 만한 사례다. 기역(ㄱ), 기역(ㄱ), 디귿(ㄷ)이 하나의 길로 연결돼 곧게 뻗어나가는 모습은 미래의 새로운 길을 제시했다. 도민과 함께 더 나은 내일의 길을 만드는 경기도를 표현하며, 직선과 곡선의 조화로 유연하고 강직한 경기도의 이미지를 전달했다. 왼쪽의 기역(ㄱ)은 경기도의 '경'을 나타내며, 하단의 우상향 이미지는 공정한 가치를 바탕으로 번영하는 미래를 향해 나아가는 경기도를 표현했다. 가운데의 기역(ㄱ)은 경기도의 '기'를 나타내며, 하단의 우상향 이미지는 더 위대한 미래를 위한 가능성을 만드는 경기도를 나타냈다. 오른쪽의 디귿(ㄷ)은 경기도의 '도'를 의미하며, 하단의 수평 이미지는 다양한 삶이 공존하는 경기도를 상징한다. 경기도의 도시 브랜딩은 도민과 함께 더 나은 미래를 향해 나아가는 의지를 반영하기에 충분했다.

넷째, 인천광역시의 도시 브랜드 슬로건인 "all ways-INCHEON"도 주목할 만한 사례다. "모든 길은 인천으로 통한다"는 의미를 담은 이 슬로건은 대한민국의 길을 열고, 세상의 길을 잇고, 너와 나의 길이 되는 인천이라는 의미를 담아 도시 브랜드가 전하는 메시지와 가치를 널리 알렸다. 하늘 길, 바닷길, 역사의 길, 문화의 길, 세계로의 길 등 모든 길이 인천으로 통한다는 의미를 담아 대한민국의 길을 열고, 세계로 길을 잇고, 너와 나의 길이 되겠다는

〈그림 9-5〉 국내 도시 브랜드의 사례

인천시의 약속을 제시했다.

인천광역시 도시 브랜드의 핵심 가치는 "최초를 넘어 최고가 되다(First Ever)"이다. 대한민국의 시작을 열고 오늘의 대한민국을 가능하게 한 인천의 역동적인 정신을 표현한 것이다. 브랜드 정체성(BI)은 〈한국 최초, 인천 최고 100선〉 중에서 길을 열고, 길을 잇고, 길이 되는 두 가지 상징물인 등대(I: 팔미도 등대)와 다리(N: 인천대교)를 디자인 요소로 삼아 워드마크 형태로 제작했다. 두 개의 N은 인천의 특징인 연결과 확장의 의미를 담았다. 색상은 인천의 하늘색과 바다색을 활용했다.

3. 도시 브랜드의 구성 요인

일찍이 학자들은 브랜드 인지, 지각된 품질, 브랜드 연상, 브랜드 충성도, 기타 독점적 자산이 브랜드 자산을 구성하는 요인이라고 주장했다(Aaker, 1995). 브랜드에 대한 일반적인 개념은 도시 브랜드를 폭 넓게 이해할 수 있는 기반을 제공했다. 도시 브랜드 자산을 중장기적 차원에서 구축하고 관리하려면, 도시 브랜드의 개성, 도시 브랜드의 충성도, 도시 브랜드 이미지에 대해 심층적이고 종합적으로 분석해야 한다는 주장도 도시 브랜드를 이해하는 기반을 제공했다(Anholt-GMI, 2005).

세계의 주요 도시들은 매력적인 도시 콘텐츠를 바탕으로 도시 브랜드의 마케팅 활동을 전개해 왔다. 권지혜와 박승훈(2018)은 여러 선행 연구에서 제시된 도시 브랜드의 구성 요인을 종합하고, 〈그림 9-6〉과 같은 도시 브랜드의 구성 요인에 대한 개념적 기틀을 제시했다. 즉 도시 브랜드를 돋보이게 하려면 경관 요인, 행정 요인, 역사문화 요인, 인지 요인, 경험적 요인이라는 다섯 가지 요인이 필

〈그림 9-6〉 도시 브랜드 구성 요인의 개념적 기틀

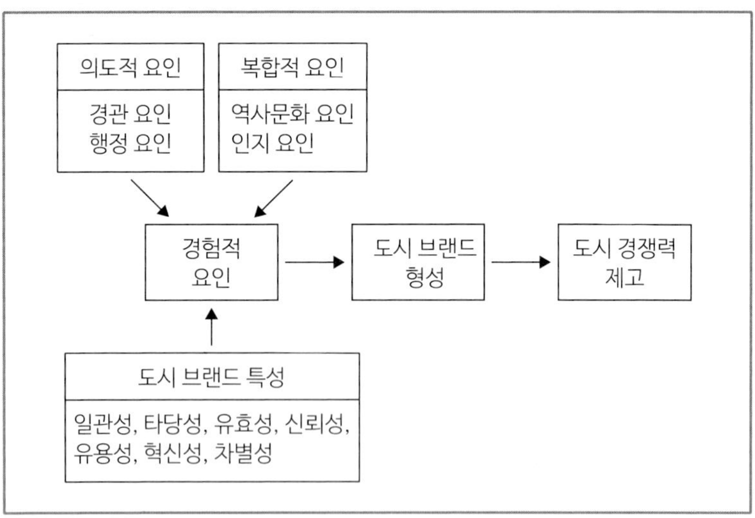

출처: 권지혜, 박승훈 (2018). 210쪽.

요하다는 것이다. 다섯 가지 요인을 체계적으로 고려하면 독창적인 도시 브랜드를 만들 수 있고 도시 경쟁력을 높일 수 있다. 이때 도시 브랜드는 일관성, 타당성, 유효성, 신뢰성, 유용성, 혁신성, 차별성이라는 일곱 가지 특성을 갖추는 것이 중요하다.

종합해 보면 도시 브랜드를 탁월하게 만들려면 크게 의도적 요인, 복합적 요인, 경험적 요인이라는 세 가지 요인이 필요하다는 것이다. 첫째, 의도적 요인은 도시 브랜드를 관리하는 주체가 의도성을 가져야 하는 요인인데, 여기에는 경관 요인과 행정 요인이 있다. 둘째, 물리성과 의도성이 혼재된 복합적 요인에는 역사문화 요인과 인지 요인이 있다. 셋째, 경험적 요인은 의도적 요인과 복합적 요인이 방문자와 거주자에게 영향을 미쳐 나타나는 실질적인 결과이다. 이때 일관성, 타당성, 유효성, 신뢰성, 유용성, 혁신성, 차별성 같은 도시 브랜드의 특성을 갖추려는 브랜드 관리 전략이 필요하다. 세 가지 요인을 종합적으로 고려하는 도시 브랜드 활동을 전개했을 때 도시 브랜드가 활성화되고 그에 따라 도시 경쟁력을 높일 수 있다(권지혜, 박승훈, 2018).

일찍이 안홀트는 세계적인 도시 30곳의 도시 브랜드를 분석하고 도시 브랜드 개념을 지수로 도출할 수 있는 측정 요인을 제시했다. 〈표 9-1〉에 제시한 분류 기준을 바탕으로 안홀트는 30개 도시에 대한 도시 브랜드 지수를 측정했다(Anholt, 2006). 사람들이 어떤 도시에 얼마나 친숙하며 방문 빈도가 몇 번이나 되는지 같은 도시에 대한 인지도와 국제적 위상을 나타내는 현존감(現存感, Presence), 어떤 도시를 상상할 때 느끼는 아름다움이나 즐거움 같은 도시의 물리적 속성을 뜻하는 장소성(Place), 방문객과 거주민이 얻을 수 있는 일자리나 사업 여건 또는 교육 환경 같은 경제적 교육

〈표 9-1〉 안홀트가 제시한 도시 브랜드의 측정 요인

항목	도시 브랜드의 측정 요인	
현존감 (Presence)	도시의 국제적 지위나 위상에 대한 인식	30개 도시 중 친숙도, 방문 횟수, 세계문화 기여도
장소성 (Place)	각 도시의 물리적 측면에 대한 사람들의 지각	그 도시를 상상하는 즐거움, 아름다움, 기후
잠재력 (Potential)	방문자, 사업자, 이주자에게 제공하는 경제적 교육적 기회	일자리 여부, 사업 여건, 교육의 품질과 기회
역동성 (Pulse)	도시 생활의 활기하고 역동적인 정도	단기 방문자와 장기 거주자가 그 도시에 재미를 느끼는 정도
거주민 (People)	도시에 거주하는 사람들에 대한 태도	따뜻함, 친근함, 차가움 같은 거주민에 대한 인식, 언어
필요조건 (Prerequisites)	도시 인프라 같은 기반 시설이 갖춰진 정도	거주 의향, 만족도, 숙소, 공공 편의시설, 생활 기반시설

출처: Anholt (2006).

적 기회를 뜻하는 잠재력(Potential)이 있다. 또한, 도시 거주민과 방문객이 그 도시에서의 생활을 얼마나 매력적이고 활기차게 느끼는지를 나타내는 역동성(Pulse), 도시 거주민이 방문객을 따뜻하고 친근하게 대하는지 아니면 차갑게 대하는지 같은 거주민(People)의 태도, 도시 인프라 같은 생활기반 시설이 충분히 갖춰졌는지의 여부 같은 필요조건(Prerequisites)이 있다. 이상의 여섯 가지 요인에 따라 어떤 도시에 대한 인식이나 평판이 달라지기 때문에 여섯 가지 요인은 어떤 도시를 이해하는 단서가 되며, 브랜드 관점에서 각 요인들을 어떻게 해석하고 소통하느냐가 도시 브랜드를 전략적으로 관리하는 출발점이다(김유경 외, 2014).

입소스는 안홀트가 제시한 도시 브랜드 측정의 여섯 가지 요인을 적용해 해매다 도시 브랜드 지수(Anholt-Ipsos City Brands

Index)를 발표하고 있다. 2022년에 발표된 도시 브랜드 지수는 다음과 같다(Ipsos, 2022). 국제적 인지도와 위상을 나타내는 현존감(Presence) 부문에서는 런던, 파리, 뉴욕, 워싱턴 D.C., 도쿄 순으로 높게 나타났고, 물리적 경관과 이미지를 나타내는 장소성(Place) 부문에서는 시드니, 비엔나, 로마, 파리, 바르셀로나 순으로 높게 나타났다. 경제와 교육의 기회를 나타내는 잠재력(Potential) 부문에서는 뉴욕, 토론토, 워싱턴 D.C., 런던, 시드니 순으로 높게 나타났고, 생활과 여행의 매력과 재미를 나타내는 역동성(Pulse) 부문에서는 파리, 런던, 로마, 뉴욕, 도쿄 순으로 높게 나타났다. 주민의 친절함과 개방성 및 안전성을 나타내는 거주민(People) 부문에서는 시드니, 토론토, 밴쿠버, 비엔나, 런던 순으로 높게 나타났고, 공공 편의시설과 생활 기반시설을 나타내는 필요조건(Prerequisites) 부문에서는 토론토, 밴쿠버, 시드니, 암스테르담, 베를린 순으로 높게 나타났다. 입소스가 발표한 2022년의 도시 브랜드 지수에서 우리나라 도시들은 아쉽게도 여섯 가지 부문에 한 곳도 포함되지 못했다.

국내에서도 지역 주민의 관점에서 도시 브랜드의 구성 요인(진정성, 동일시, 신뢰, 애착, 사랑) 간의 영향 관계를 살펴본 연구는 흥미롭다. 연구 결과, 브랜드 진정성 중에서 독창성과 전통성은 브랜드 신뢰에 긍정적인 영향을 미치고, 브랜드 진정성 중에서 독창성과 브랜드 신뢰는 브랜드 동일시에 긍정적인 영향을 미친다는 사실이 발견됐다. 그리고 브랜드 신뢰와 브랜드 동일시는 브랜드 애착에 영향을 미치고, 브랜드 신뢰와 브랜드 동일시 및 브랜드 애착은 브랜드 사랑에 긍정적인 영향을 미치는 것으로 나타났다(윤설민, 김흥렬, 2022).

도시 브랜드의 구성 요인은 그 도시를 매력적인 도시로 느끼게 함으로써, 관광, 투자, 사업의 가치를 높여 준다. 어떤 도시의 브랜드 가치는 그 도시에 대한 거주 의도, 관광 의도, 투자 의도를 강화시킨다. 도시 브랜드 마케팅의 핵심 목표는 도시 이미지를 정립하고 제고하는 데 있기 때문에 타 도시와의 차별화를 위해 도시 브랜드의 가치를 전략적으로 활용해야 한다. 그렇게 했을 때 도시의 지속가능한 경쟁력을 확보할 수 있고, 어떤 도시가 다른 도시와의 치열한 경쟁 속에서 우위를 선점할 수 있다.

4. 도시 브랜드의 활성화 전략

도시 브랜드의 활성화 전략에서 도시 브랜드를 관리하기 위해 기본적으로 검토해야 할 사항은 여러 가지가 있다. 가장 보편적으로 검토해야 할 사항은 다음과 같다. 먼저, 거시적인 맥락에서 도시 관계자들이 수행하려는 사명을 정립하고, 도시의 자산을 평가한 다음, 도시의 정체성을 정립하는 작업을 추진해야 한다. 다음으로, 도시 브랜드 전략의 목표를 정하고, 시장 세분화(Segmentation)와 고객 표적화(Targeting) 및 포지셔닝(Positioning) 같은 STP 전략을 수립한 다음, 브랜드 체계를 만드는 데 필요한 세부 전술을 마련해야 한다. 마지막으로, 도시 브랜드 전략을 가동하는 프로그램을 실행하고, 전략 프로그램을 실행한 다음에는 그에 대한 성과를 측정하고 피드백하는 과정을 거쳐 미흡하게 추진된 대목을 수정하고 보완해야 한다.

선행 연구에서 제시된 논의를 바탕으로 자치단체의 도시 브랜드 전략을 수립하는 과정을 종합적으로 정리하면 〈그림 9-7〉과 같

〈그림 9-7〉 도시 브랜딩 전략 수립 과정

<table>
<tr><td rowspan="5">브랜드 정체성 전략</td><td>① 장소의 사명 정립
(place mission)</td><td>문제의 설정, 사명과 목적의 정립</td></tr>
<tr><td>② 브랜드 현황 진단
(brand auditing)</td><td>브랜드 자원, 잠재력, 경쟁 진단, 이해 당사자, 트렌드 분석</td></tr>
<tr><td>③ 브랜드의 핵심 아이디어 정립
(brand core idea)</td><td>브랜드 정체성 정립, 브랜드 에센스 도출</td></tr>
<tr><td>④ 브랜드 비전 제시
(brand vision)</td><td>브랜드 여정, 브랜드 로드맵 제시</td></tr>
<tr><td>⑤ 브랜드 모델 정립
(brand model)</td><td>브랜드 스토리, 브랜드 개성, 브랜드 가치, 브랜드 구성물</td></tr>
<tr><td rowspan="3">브랜드 마케팅 전략</td><td>⑥ 브랜드 표적시장 설정
(brand targeting)</td><td>브랜드 청중, 브랜드 포지셔닝</td></tr>
<tr><td>⑦ 브랜드 믹스 전략
(brand mix)</td><td>브랜드 O-IPTCR, 브랜드 미디어 믹스</td></tr>
<tr><td colspan="2">
<table>
<tr><th>구분</th><th>조직화(O)</th><th>이미지(I)</th><th>접점(P)</th><th>타깃(T)</th><th>채널(C)</th><th>지역(R)</th></tr>
<tr><td>개념</td><td>마케팅 추진 주체와 파트너십 유형의 조직화 전략</td><td>마케팅 목표 도시의 브랜드 이미지 구축 전략</td><td>개발한 상품을 마케팅하는 브랜드 접점 전략</td><td>목표 대상 집단을 세분화하는 구체화 전략</td><td>브랜드 메시지를 소통하는 미디어 운영 전략</td><td>공동으로 마케팅 활동을 하는 지역 믹스 전략</td></tr>
<tr><td>방법</td><td>• 핵심 주체
• 내부 파트너십
• 공급자 파트너십
• 수요자 파트너십
• 측면 파트너십</td><td>• 대표(하위) 이미지
• 슬로건, 로고, 캐릭터
• 이미지 강화 전략
• 이미지 대체 전략
• 이미지 창출 전략</td><td>• 핵심상품
• 실체상품
• 확장상품
• 브랜드 이미지
• 문화관광 브랜드
• 서비스 브랜드</td><td>• 지역별
• 세대별
• 계층별
• 방문 목적별</td><td>• 광고
• 축제 이벤트
• 공간 매체
• 미디어 PPL
• 소셜 미디어
• 관광 인프라</td><td>• 공동 홍보 광고
• 공동 이벤트
• 광역 공간 매체
• 사이버 링크
• 공동 인프라</td></tr>
</table>
</td></tr>
<tr><td>브랜드 모니터링 전략</td><td>⑧ 브랜드 피드백
(brand feedback)</td><td>브랜드 모니터링, 평가, 피드백, 6P, SAUNE 요인</td></tr>
</table>

출처: 김유경 외 (2014), 최미경과 이무용(2022)을 바탕으로 새로 재구성함.

다. 도시 브랜드 전략은 크게 브랜드 정체성 전략, 브랜드 마케팅 전략, 브랜드 모니터링 전략이라는 3단계의 과정을 거치게 된다.

먼저, 브랜드 정체성 전략 단계다. 보다 구체적으로, ① 미래의 도시 경쟁력을 높이기 위해 도시 브랜드의 장기적인 목적을 제시하는 장소의 사명 정립(place mission), ② 브랜드 자원, 잠재력, 경쟁 진단, 이해 당사자, 트렌드 분석을 통해 브랜드 자산을 평가하는 브랜드 현황 진단(brand auditing), ③ 도시의 브랜드 자산을 평가해 브랜드 정체성과 브랜드 에센스를 도출하는 브랜드의 핵심 아이디어 정립(brand core idea), ④ 장기적인 관점에서 도시 브랜드의 여정과 로드맵을 제시하는 브랜드 비전 제시(brand vision), ⑤ 브랜드 스토리, 브랜드 개성, 브랜드 가치, 브랜드 구성물을 결정하는 브랜드 모델 정립(brand model)이 있다(최미경, 이무용, 2022).

다음으로, 브랜드 마케팅 전략 단계다. 보다 구체적으로, ⑥ 구체적인 목표가 되는 브랜드 수용자와 브랜드 포지셔닝을 정립하는 브랜드 표적시장(brand targeting) 설정이 있고, ⑦ 도시 브랜딩 사업을 실제로 수행하는 과정에서 다양한 마케팅 수단들을 조합하는 브랜드 믹스 전략(brand mix)이 있다. 브랜드 믹스 전략의 대표적인 방안에 '브랜드 O-IPTCR 전략'이 있다. 즉 조직화(Organization) 전략, 이미지(Image) 전략, 상품 접점(Point) 전략, 타깃(Target) 전략, 마케팅 커뮤니케이션의 채널(Channel) 전략, 지역(Region) 전략을 서로 섞고 연계시키는 브랜드 믹스 전략이다(최미경, 이무용, 2022).

영어를 조합해 만든 '브랜드 O-IPTCR 전략'에 대해 구체적으로 설명하면 다음과 같다. 조직화(O) 전략에서는 도시 브랜드 전략을 추진하는 핵심 주체와 파트너십의 유형을 설정하고, 도시 이미지를 구축하는 이미지(I) 전략에서는 도시 브랜드의 핵심 아이디어에 적합한 하위 이미지, 슬로건, 로고, 캐릭터를 개발한다. 개발한 상품을 마케팅 하는 브랜드 접점(P) 전략에서는 핵심 상품과 실체 상품 및 확장 상품을 바탕으로 브랜드 이미지, 문화관광 브랜드, 서비스 브랜드를 개발하고, 타깃(T) 전략에서는 마케팅 수단을 조합하는 브랜드 믹스 전략과 상품을 개발해 브랜드로 발전시키는 접점 전략에 알맞게 표적 집단을 지역별, 세대별, 계층별, 방문 목적별로 세분화하고 구체화시켜야 한다. 브랜드 메시지를 소통하는 미디어 운영 전략인 채널(C) 전략에서는 광고, PR, 축제, 이벤트 같은 다양한 마케팅 활동에 필요한 소통 채널 전략을 수립해야 한다. 도시와 도시 간에 연계해 공동으로 장소 마케팅 활동을 추진하는 지역(R) 전략에서는 공동 광고, PR, 공동 이벤트, 광역 공간 매체, 사이버 링크, 공동 인프라 같은 지역 간의 혼합 전략을 구사해야 한다.

마지막으로, 브랜드 모니터링 전략 단계다. 보다 구체적으로, 브랜드 정체성과 마케팅 전략을 실행하고, 시장의 반응을 조사해 그 결과에 따라 다시 브랜딩 전략을 수정하거나 강화시킬 필요가 있다. 도시 브랜드 전략에 대한 종합적인 평가는 어떤 세부 전략이 효과적이었는지에 대해서도 진단하지만, 도시 브랜드의 정체성을 정립하는 데 얼마나 기여했는지, 도시 브랜딩의 목표가 구체적으로 달성됐는지에 대해서도 객관적으로 평가하고 수시로 그 결과를 피드백 해야 한다. 보다 구체적으로, 브랜드 모니터링, 평가, 피드백, 안홀트가 제시한 도시 브랜드 측정의 6P 요인을 고려해서 브랜드 모니터링 평가를 수행해야 한다(Anholt, 2006). 6P 요인은 현존감(Presence), 장소성(Place), 잠재력(Potential), 역동성(Pulse), 거주민(People), 필요조건(Prerequisites)이다.

이밖에도 지속가능성(Sustainability), 진정한 정체성(Authentic

identity), 통합성(Unitiveness), 연계성(Network), 경제성(Economic effect) 같은 문화정치적 구성 요인 다섯 가지(SAUNE 요인)에 따라, 브랜드 모니터링과 평가 작업을 실행할 수도 있다(최미경, 이무용, 2022). 이상에서 소개했듯이 학술적 차원에서 제시된 도시 브랜드의 활성화 전략은 중요하다. 그렇지만 실무적 차원에서 제시된 도시 브랜드의 활성화 전략은 더 중요할 수 있다.

도시 브랜드를 활성화시킬 실무적 전략과 관련하여 김유경(2018)은 서울의 도시 브랜드가 시민의 삶 속에서 구현되고 정착되게 하려면 다섯 가지 활동에 특히 집중해야 한다고 권고한 바 있었다. 실무적으로 유용한 이런 권고는 서울특별시 이외의 여러 자치단체의 도시 브랜드를 활성화하는 데도 두루 적용할 수 있는 보편적인 지침이다.

첫째, 브랜드는 자원이라는 관점에서 자원의 브랜드화와 브랜드의 자원화를 모색하려고 노력하라는 권고였다. 각 도시의 자원들이 브랜디드 콘텐츠(branded contents)의 기능을 종합적으로 수행하기 때문에, 공허한 브랜딩 활동을 전개하기보다 시민의 삶의 질을 높이는 데 기여하는 구체적인 혜택과 실체를 자원화하는 현실적인 노력이 필요하다는 뜻이었다.

둘째, 도시 브랜드의 핵심 가치를 시민 생활과 정부의 접점에서 구체화하려고 노력하라는 권고였다. 정책 브랜드는 이해 관계자들과의 개방적 소통과 활발한 동반 관계가 전제되지 않은 상태에서 시민에게 노출되면 곤란하기 때문에, 도시 브랜드를 관리하려면 미디어 접점에서 시민 행동을 평가하고 그 결과를 관련 위원회와 내부의 여러 관계자들이 공유해야 한다는 취지였다.

셋째, 도시 브랜드가 세계화(globalization)를 모색하고 세계성

(globality)에 적응할 수 있도록 노력하라는 권고였다. 글로벌 시민성(global citizenship)을 현대 도시의 중장기적 비전으로 설정해 세계 시민의 품격에 적합한 도시 브랜드의 선진성을 찾아내야 하며, 브랜드 포럼 같은 공론장의 세계화를 모색함으로써 도시 브랜드의 가치를 널리 확장시키자는 맥락이었다.

넷째, 도시브랜드위원회가 자문만 하는 위원회의 성격을 넘어서 국제적 수준의 두뇌조직(global think tank)으로 위상을 정립하려고 노력하라는 권고였다. 도시 브랜드의 글로벌화를 위해서는 기존의 해외 마케팅 활동을 넘어서 세계무대에서 경쟁하는 도시 브랜드의 정체성을 확보할 수 있도록 관계자 모두가 차별적이고 실체적인 노력을 병행해야 한다는 전망이었다.

다섯째, 도시 브랜드의 정신인 개방성, 파트너십, 권한 위임을 보장함으로써 시민 주권주의를 실현하도록 노력하라는 권고였다. 시민이 참여하는 도시 브랜드를 여전히 구호로만 주장하는 사례가 많은 도시 마케팅 환경에서, 앞으로 여러 자치단체에서는 평가 관리에 집중하고 전략과 실행은 민산학이 담당하게 함으로써, 도시 브랜드를 시민들이 관리하게 하라는 의미였다.

도시의 문화 콘텐츠를 활용하면 도시 브랜드를 활성화하는 데 영향을 미친다. 세계적으로 주목받은 문화의 흐름은 '항류(港流)→일류(日流)→한류(韓流)→대류(臺流)→화류(華流)→아류(亞流)→신한류(新韓流)'의 과정을 거쳐 발전해 왔다. 예컨대, 체험경제 이론을 바탕으로 K-팝, K-드라마, K-무비, K-웹툰, K-뷰티, K-푸드, K-패션 같은 K콘텐츠의 유형별 체험 요인(오락적 체험과 도피적 체험)이 도시 브랜드의 충성도에 영향을 미쳤다고 규명한 연구 결과는 흥미롭다. 서울과 부산에서 K콘텐츠의 유형별 오락적 체험은 도시 방문 의사와 도시 추천 의사에 영향을 미쳤고, 도피적 체험은 도시 거주 의사와 도시 투자 의사에 영향을 미치는 것으로 나타났다. 결국 도시 마케팅이나 도시 브랜딩 전략을 수립할 때 K콘텐츠의 유형과 체험 요인까지 고려한다면 더욱 효과적인 성과를 기대할 수 있을 것이다(김동경, 2023).

따라서 도시 브랜드의 마케팅 활동을 전개하기 전에 도시 마케팅 활동의 목표가 관광인지 아닌지, 만약 관광이라면 그 목표가 방문자의 확대에 있는지 아니면 재방문의 활성화에 있는지에 따라 구체적인 전략이 달라질 것이다. 그리고 마케팅 목표가 도시에 대한 직접적인 투자나 간접적인 투자를 촉진하려는 의도에 있는지의 여부에 따라, 그에 적합한 K콘텐츠의 유형별 체험 요인을 고려한다면 보다 효과적인 성과를 기대할 수 있을 것이다. 도시 브랜드를 활성화하기 위한 전략에서 마케팅 목표가 구체적일수록 '머물고 싶고, 살고 싶고, 투자하고 싶은' 도시 브랜딩을 정립하는 데 실질적으로 도움이 된다고 할 수 있다.

도시 브랜딩은 도시의 도시 경쟁력을 확보하는 데 크게 기여한다. 정부에서는 도시 브랜드를 육성하기 위해 전국에서 법정문화도시를 선정하고 있다. 문화도시를 제대로 활성화시키면 도시의 침체된 공동체 기능을 회복하고 지역 주민의 문화적 삶을 증진하고, 예술과 역사 전통 같은 지역 특성이 반영된 문화 자산을 세계적인 브랜드로 키워 관광산업과 문화 창업을 견인하는 데 기여한다. 문화도시의 도시 브랜딩에 있어서 그 도시만의 브랜드 정체성이 차별화되고 명확할수록 효과적이다. 그렇게 하려면 문화도시만의 일관된 경험을 제공하는 문화 콘텐츠를 개발해야 하며, 핵심 타깃을 설정하고 디지털 스토리텔링을 지속적으로 전개해야 한다(지원배, 유현중, 정해원, 2021).

나아가 자치단체에서는 도시 브랜드의 가치 제고를 위해 다양한 매체를 활용하여 PR 활동을 전개할 필요가 있다. 그렇지만 자치단체의 미디어 PR활동이 수용자에게 얼마나 유효하며, 어떤 매체가 도시 브랜드 가치를 제고하는데 실제로 효과적인지 검토한 다음에 도시 브랜드의 PR 활동을 전개해야 한다(최지윤, 정윤재, 2021). 자치단체에서는 전달하고자 하는 메시지를 수용자의 기대에 알맞게 효과적으로 전달해야 하며, 특히 최적의 매체를 선정하는 미디어 전문성을 발휘해야 한다.

5. 마무리

지금까지 도시 브랜드의 도입 배경을 검토하고, 도시 브랜드의 개념과 사례를 분석한 다음, 도시 브랜드의 구성 요인에 대해 논의하고, 도시 브랜드의 활성화 전략을 수립하는 데 필요한 시사점에 대해 살펴보았다. 도시 브랜드 전략을 수립할 때 무엇보다 중요한 점은 공동선(common good)의 실행력을 창출해낼 수 있는 전략을 수립해야 한다는 사실이다(최보람, 김유경, 강소영, 2017). 공공 기관의 가치를 높이고 시민의 결속력을 강화하려면 공공 기관을 비롯한 다양한 조직을 도시의 특성을 반영해 구성해야 한다.

도시는 장소성을 지향하는 공공재이다. 공공성과 시민성이 결합된 도시 브랜드 3.0시대에는 '세계 시민에 의한, 세계 시민을 위한, 세계 시민의'라는 가치를 지향해야 한다. 마케팅이란 "제품력의 싸움이 아닌 인식의 싸움"이라는 명언도 있듯이, 어떤 도시에 대한 세계 시민의 인식은 그만큼 중요하다. 어떤 지역의 시민이 만드는 도시 브랜드에서 세계 시민이 키워가는 도시 브랜드가 되려면 무엇보다 먼저 포지셔닝(Positioning) 전략을 수립해야 한다. 포지셔닝이란 실제의 시장 점유율에 관계없이 소비자들이 어떤 브랜드에 대해 머릿속으로 느끼는 인식의 싸움이다. 포지셔닝의 핵심은 도시 브랜드의 차별화를 통해 글로벌 소비자의 머릿속에 특별한 도시 브랜드 이미지를 정립하는 데 있다.

어떤 도시 브랜드가 다른 도시 브랜드와 차별화를 시도하는 데 있어서 컬덕(Cultduct: Culture+Product)이나 컬비스(Cultvice: Culture+Service)를 개발하는 것도 차별화를 시도하는 데 도움이 된다. 그렇게 했을 때 세계 시민들은 어떤 도시 브랜드의 문화적 가치, 감성 체험, 감성 기술에 주목할 것이다. 도시 브랜드를 개발하는 것도 중요하지만 개발한 다음에 브랜드를 잘 관리하는 것은 더 중요하다. 예컨대, 코카콜라도 처음에는 신제품이었지만 세계 시민이 브랜드에 물을 주고 길러 온 결과 오늘의 코카콜라가 됐다. “I♥NY”에 반대하던 뉴욕 시민들도 차츰 자신이 사랑하는 뉴욕을 만들기 위해 쓰레기도 함부로 버리지 않았다고 한다. 이런 노력이 쌓여 지금과 같은 뉴욕 도시 브랜드로 성장했다. 도시 브랜드는 세계 시민이 여유롭게 소통하는 오픈 플랫폼의 성격을 지닌다. 세계 시민과 함께 물을 주고 공유하며 확산해 나가는 브랜드 관리 활동이 더 중요한 이유도 그 때문이다.

도시 브랜드의 핵심 가치는 누구나 살고 싶고 머무르고 싶은 도시 경쟁력을 확보하는 데 있다. 도시 브랜드 전략을 수립하는 과정에서 세계 시민이 정을 나누고(÷) 어울림을 곱하고(×), 세계 시민의 잠재력과 가능성을 더해나가고(+) 세계 시민이 찾아와 일상의 짐을 덜고 나가는(-) 도시 브랜드의 접촉점을 360도의 모든 방향에서 포착해야 한다. 이런 맥락을 고려해 도시 브랜드 전략을 실행한다면 어떤 도시 브랜드가 세계적인 도시 브랜드라는 큰 나무로 성장한다(김병희, 2019). 360도의 모든 방향에서 도시 브랜드 활동을 전개했을 때 그 도시의 글로벌 경쟁력이 향상될 것이다.

지난 19세기말 세계 박람회를 위해 파리에 에펠탑을 건축할 무렵, 파리 시민들은 철골 구조의 흉물이 도시 미관을 해친다며 격렬히 반대했다. 하지만 건축가 에펠과 파리 시장은 미래를 내다보고 적극적으로 공사를 추진했다. 에펠탑이 완공되자 시민들은 아침저녁으로 탑을 자주 보게 됐고 점점 그 탑이 친근해지기 시작했다. 파리를 망가뜨린다는 비난은 탑이 완성되자 '파리 서정의 극치'라는 찬사로 바뀌어 오늘에 이르렀다. "보고 또 보면 없던 정도 생긴다"는 우리 속담처럼 자주 만나는 과정에서 쌓인 매력을 에펠탑 효과라고 한다. 처음에는 생경한 도시 브랜드도 점점 친근해지기 시작하면 에펠탑처럼 도시의 상징으로 자리 잡게 된다. 도시 브랜드는 와인처럼 숙성시켜야 가치가 증가한다(City brand, like wine, improves by keeping). 그리고 숙성된 도시 브랜드는 도시의 가치를 높여 주는 동시에 와인처럼 깊고 향기로운 맛을 풍기게 된다.

도시 브랜드가 마침내 와인처럼 숙성됐을 때, 비로소 〈신은 망했다〉라는 시를 이렇게 패러디할 수 있으리라.

"신은 시골을 만들었고
인간은 도시를 건설해
도시 브랜드를 잘 키웠다

신은 기뻐하셨다"

참고문헌

권지혜, 박승훈 (2018). "도시 브랜드 형성요인에 관한 개념연구: 도시 브랜드 관련의 연구동향을 중심으로." 한국콘텐츠학회논문지. 18 (4), 202-213.

김동경 (2023). "글로벌 관문도시 서울·부산의 브랜드 이미지가 도시 충성도에 미치는 영향: 체험경제이론에 기반한 K콘텐츠 체험의 효과를 중심으로." 세종대학교 대학원 신문방송학과 박사논문.

김병희 (2015). "'아이서울유'를 '아이러브뉴욕'처럼." 서울브랜드추진위원회. 서울브랜드 이야기. 서울: 서울특별시. 162-163.

김병희 (2019). "가족 같은 회사나 가정 같은 도시를." 광고로 배우는 경영 통찰력. 파주: 한울엠플러스. 206-212.

김병희 (2019. 10. 30.). "기조연설: 서류(Seoul Wave)는 한류를 밀어줄 새 물결이다." Seoul Wave 세계가 사랑한 도시 서울 (제4회 서울브랜드 포럼 결과집). 서울: 서울특별시. 3-7.

김병희, 김신동, 홍경수 (2022). 보랏빛 섬이 온다: 인구소멸시대의 문화예술행정 이야기. 서울: 학지사.

김유경 (2018. 10. 26.). "기조연설: 도시 브랜드 3.0 너와 나의 서울." 너와 나의 도시 (제3회 서울브랜드 포럼 결과집). 서울: 서울특별시. 1-4.

김유경, 김유신 (2015). "도시 브랜드." 공공 브랜드의 이해. 서울: 커뮤니케이션북스. 49-57.

김유경, 김유신, 이진용, 이무용, 구자룡, 김형남, 박영숙, 이현주, 신호창, 곽영진, 강소영, 이동우 (2014). 공공 브랜드의 전략적 관리. 서울: 한경사.

김유나 (2021). 브랜드 유니버스 플랫폼 전략. 서울: 학지사.

서영아 (2021. 12. 5.). "지역과 유대 맺는 관계인구 창출: 고향납세로 재정파탄 예방." 동아일보.

에드워드 글레이저 저, 이진원 역 (2021). 도시의 승리: 도시는 어떻게 인간을 더 풍요롭고 더 행복하게 만들었나? 서울: 해냄.

윤설민, 김흥렬 (2022). “도시 브랜드의 구성개념 간 영향관계에 관한 연구: 대전광역시 지역주민의 관점을 중심으로.” 관광연구저널. 36 (2), 109-124.

이갑수 (1991). 신은 망했다. 서울: 민음사.

이희복 (2022. 12. 29.). “서울을 위한 도시 브랜드 슬로건은 무엇인가?” 매드타임스. http://www.madtimes.org/news/articleView.html?idxno=15996

이희복, 최지윤 (2021). “우리나라 도시 브랜드 슬로건의 개성 비교: 광역시와 도를 중심으로.” 광고연구. 128, 69-96.

지원배, 유현중, 정해원 (2021). “문화도시 활성화를 위한 도시 브랜드 전략의 탐색적 연구: 1차 법정문화도시를 중심으로.” 아시아태평양융합연구교류논문지. 7 (8), 343-356.

최미경, 이무용 (2022). “소도시의 도시 브랜딩 전략 수립 프로세스 연구: ‘옐로우시티 장성’ 도시 브랜딩을 사례로.” 문화경제연구. 25 (1), 213-258.

최보람, 김유경, 강소영 (2017). “공공 브랜드의 공동선(Common Good) 구현 특성 척도 개발에 관한 연구.” 광고학연구. 28 (5), 171-204.

최지윤, 정윤재 (2021). “도시 브랜드 가치 제고를 위한 지자체PR 매체전략 연구.” 한국광고홍보학보. 23 (2), 184-220.

Aaker. D. A. (1995). *Building Strong Brands*. The Free Press.

Anholt, S. (2006). “The Anholt-GMI City Brands Index: How the World Sees the World’s Cities.” *Place Branding*. 2 (1), 18-31.

Anholt-GMI (2005). *City Brands Index*. Global Market Insite.

Ipsos (2022. 4. 25.). “Anholt-Ipsos City Brands Index: London Maintains Top City Brand Ranking from 2020 to 2022. Paris Rises to Second and Sydney Lands in Third.” https://www.ipsos.com/en/anholt-ipsos-city-brands-index-2022

Watson, J. (2001). “The I Heart NY More Than Ever logomark.” http://www.jamesrobertwatson.com/iheartny.html

10장

도시 브랜드와 슬로건

이희복

이희복 boccaccio@daum.net

현재 상지대학교 미디어영상광고학과 교수이다. 경희대학교에서 언론학 박사 학위(광고PR)를 받았으며 대한적십자사와 보건복지부, 기획재정부, 건강기능식품협회, 광고자율심의기구 등 산학관을 잇고 있다. MBC애드컴과 오리콤, FCB코리아에서 광고캠페인을 수행했었다.

주요 저서로는 『디지털시대 광고리터러시』(2022), 『디지털시대 광고크리에이티브 신론』(2022), 『코로나19 이후 지속가능한 소비와 광고』(2021), 『돈이 되는 라디오광고 전략』(2020), 『광고의 이해』(2020), 『광고와 사회, 그리고 광고비평』(2020), 『수사학 이론과 실제』(2019), 『국가브랜드 전략』(2018), 『도시브랜드 슬로건전략』(2017) 등이 있다. 광고는 창의와 설득이라는 믿음이 있다.

1. 도시와 브랜드

인류는 코로나19라는 유례없는 팬데믹 상황에 직면했었다. 이전에 우리가 누리던 일상은 사라지고 정치, 경제, 산업 등 모든 것이 멈춘 듯 보였다. 하지만 전문가들은 오히려 그 반대의 예측을 내어놓았다. 『도시의 미래』의 저자이자 독일 최고의 건축가, 도시 개발자인 프리드리히 폰 보리스와 벤야민 카스텐(2020)은 미래 도시를 향한 변화의 흐름이 더 빨라질 것으로 전망했다. 도시는 곧 우리의 삶이 되었고 코로나19를 통해 공간의 역할, 도시의 기능이 얼마나 중요한지 절실히 깨닫게 되었다. 이 시점에서 도시가 처한 상황과 해결해야 할 과제를 살펴봐야 한다.

우리 국민 10명 중 아홉은 도시에 산다. 전 국토의 16.7%밖에 안 되는 도시에 인구 5,164만 명 중 4.740만 명이 살고 있다. 도시화 지표로 대표적인 것은 전체 인구 중 도시지역 거주인구의 비중을 백분율로 나타낸 도시화율이다. 행정구역상 동과 읍에 거주하는 인구는 91.8%로 나타났다. 사실상 도시를 빼놓고는 대한민국을 이야기하기 어렵다(그림 10-1 참조). 지난 60년간 우리나라 국토 공간 전반에 나타난 가장 큰 변화는 도시화의 진전이었다. 1980년대까지 급증하다 2005년 이후 완만해졌으며 도시화가 정착 단계로 접어든 것이다.

태어나서 자라며, 교육받고 취업·결혼하고 거주하며 삶을 영위하는 배경이 바로 도시다. 국내에서 발생하는 대부분의 문제는 도시와 관련이 있다. 도시의 경쟁력이 국가 경쟁력을 좌우하는 시대다

〈그림 10-1〉 도시지역 인구 비율 추이

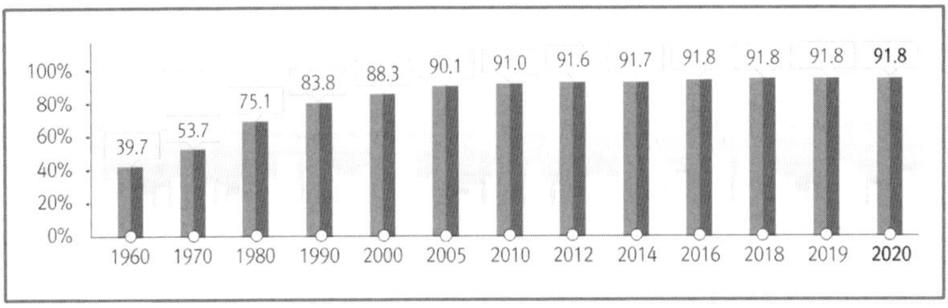

출처: 국토교통부(2022).

(임성은, 임승빈, 최창수, 2014). 미디어의 폭발과 세계화의 급속한 진행으로 도시를 비롯한 장소 브랜드(place brand)는 전 세계를 대상으로 마케팅을 하게 되었다.

다양한 분야에서 브랜드의 활용이 늘어나면서, 도시를 브랜드로 인식하고 마케팅과 커뮤니케이션을 활용하여 브랜드 자산 구축의 필요성이 커졌다. 도시를 마케팅하기 위해서, 도시는 해외의 투자자 유치와 관광객 유입을 목표로 캠페인 하는데 주로 역사적 사건, 자연환경, 특산물을 토대로 차별화 전략을 펼친다(John & Katherine, 2012). 국가와 지역, 지방, 도시, 그리고 건물은 대표적인 장소 브랜드로 이중 도시 브랜딩은 방문자, 투자자, 기업과 거주민에게 초점을 맞춰 도시의 감성적 이미지를 높이기 위한 노력을 기울인다(김유경, 2004; Kerr, 2006; Sonya et al, 2011).

그러나 지난 십여 년 동안 지속적으로 노력해 온 결과와는 무관하게 커뮤니케이션은 제대로 관리되지 않았고, 브랜딩도 성공적이지 않았다(Miriam, 2008; Erick & Sebastian, 2010). 도시 브랜드의 순위를 발표하는 안홀트(Anholt, 2006), 그리고 사프론 유럽 도시 브랜드지수(Hildreth, n.d.)는 최근 몇 년 사이 도시 브랜드 담

〈그림 10-2〉 세계 주요 도시의 브랜드 슬로건

당자의 관심과 참여를 높였으며, 나아가 도시 브랜딩의 발전을 가져왔다.

이후 도시는 소비자의 마음에 긍정적인 연상을 확보하려 다양한 노력을 펼쳐왔다. 서울의 경우는 개별 도시 브랜드뿐 아니라 대한민국의 수도로 국가 브랜드를 구성하는 매우 중요한 브랜딩이다. 도시 브랜드의 전략적인 관리가 요구되는 대목이다. 인적, 물적 교류는 물론 각 도시 간의 무한경쟁 시대를 맞고 있다. 〈그림 10-2〉와 같이 세계 주요 도시들은 나름의 정체성과 차별화된 콘셉트를 바탕으로 도시를 알리고 브랜딩하기 위해 슬로건과 캠페인을 적극적으로 펼치고 있다. 그러나 국내의 경우 도시 브랜딩이 가장 중요한 장소 브랜드임에도 불구하고 이 분야에 대한 정책의 수립과 집행 과정에 아쉬움이 많이 남는다.

더구나 지난 2022년 6월 지방선거 이후 새롭게 선출된 시장과 도지사 등 광역자치단체장을 중심으로 기존 도시 브랜드 슬로건을 새로운 슬로건으로 바꾸려는 시도가 이어지고 있다. 전임자의 흔적을 지우고 4년 임기 동안 자신만의 정책과 성과를 도출하려는 단체장의 의욕은 그동안 어렵게 쌓아온 도시 브랜드의 자산을 쉽게 허물 수 있어 우려되는 대목이다. 도시는 시민의 것이라는 점을 잊어서는 안 된다. 시장이 누구냐에 따라서 브랜딩의 방향이 좌우되어서는 곤란하다. 우리와 경쟁하고 있는 글로벌 도시들의 경쟁력이 4년짜리 계획으로 완성된 것이 아님을 명심하고 도시 브랜드와 슬로건의 중요성에 대해서 깊은 고민을 시작해야 할 때다.

2. 도시와 슬로건

도시는 필연적으로 브랜드가 된다. 브랜드는 그 어원에 잘 나타나 있다. 브랜드는 '불에 달구다', 또는 '각인시키다'라는 노르웨이의 고어 'Brandr'에서 유래되었다. 브랜드는 단순한 자기주장에서 벗어나 차별화와 이미지 구축을 위한 폭넓은 의미로 받아들여진다. 도시가 브랜드를 도입함에 따라 마케팅과 커뮤니케이션으로 타깃 오디언스와 소통하고 공감하는 하나의 전략으로 자리 잡았다. 20세기 이후 빠르게 진행된 글로벌화는 장소 브랜딩의 중요성을 강조하고 있다. 여행 자유화와 관광산업의 발달로 세계는 국경을 없는 하나의 '지구촌'을 만들었다. 따라서 도시 브랜딩은 전 지구적으로 경쟁이 치열해지면서 훌륭한 시설, 멋진 자연환경과 문화유산, 정책적 지원 등 장소의 잠재력을 앞세워 경쟁한다(박상훈 외, 2010). 도시 브랜드는 주변 도시들과의 차별성, 도시 상품의 판매, 기업 유치와 같은 경제적 효과뿐 아니라, 거주민들의 삶의 질 제고, 자부심 등과 같은 무형의 가치에도 커다란 영향을 미친다. 브랜드는 기업, 상품 또는 서비스 브랜드와 같이 유형, 또는 무형의 자산 가치다(김정호, 문철수, 2010).

슬로건을 "지름길의 수사학"이라고 한다. 도시 브랜드 슬로건의 경우에도 해당 도시가 목표한 커뮤니케이션 목표를 지름길처럼 효과적으로 전달한다. 그러나 최근 브랜드가 다양한 분야에서 강조되고 브랜딩 활동이 전개되면서 브랜드 슬로건의 역할이 점차 커지고 있다. 그러나 도시 브랜드 슬로건에 대한 높은 관심에 비해 전략적 운영이 미숙한 형편이며, 관련 프로그램도 부족하다는 보고가 이어지고 있다. 슬로건과 브랜드에 대한 개념의 혼동이 있으며, 브랜드 아이덴티티를 구축하고 슬로건 등 브랜딩이 전략적으로 운용되지 않았다. 도시 브랜드 슬로건의 연구는 언론학, 커뮤니케이션학 이외에도 관광 홍보 연구로서 슬로건과 관련한 연구는 리차드슨과 코헨(Richardson & Cohen, 1993)에 의해 시작된 이후 마케팅과 디자인, 언어학 등 국내외 다양한 학문 분야에서도 계속되고 있다.

우리나라의 광역자치단체 17곳의 슬로건을 살펴보자. 각 슬로건은 국문과 영문, 국영문 혼합으로 사용 중이다. 서울, 인천, 경기, 전남의 경우는 CI에 국영문이 함께 적용되었다. 다만 전략을 토대로한 슬로건의 도출이 요구된다. 서울을 비롯한 16개 광역시도는 모두 슬로건을 활용하고 있다. 2015년 서울 도시 브랜드 슬로건 변경 이후 인천과 울산, 대전, 경기도가 새로운 슬로건을 마련하였으

〈그림 10-3〉 광역자치단체 도시 브랜드 슬로건

며 많은 광역시도가 새로운 브랜드 전략을 고민 중이다. 서울시 도시 브랜딩은 국내 도시뿐 아니라 세계적으로 주목받는 브랜딩 사례다. 서울시는 도시 브랜드 슬로건 “너와 나의 서울(I.SEOUL.U)”을 선포했다, 2002년 “하이 서울(Hi Seoul)”을 시작으로 “소울 오브 아시아”, “인피니틀리 유어스”, “희망 서울”, “함께 서울”을 대신하며 13년 만에 만든 6번째 슬로건이었다. 이후 인천의 “모든 길은 인천으로 통한다(All Ways Incheon)”, 울산의 “Ulsan the Rising City”, 대전의 “대전 이즈 유(Daejeon is U)” 등 많은 광역과 기초자치단체의 도시 브랜드 슬로건에 영향을 주었다. 부산의 경우도 기존 “Dynamic Busan”을 대신할 슬로건을 마련하기 위해 고심 중이고 여러 지방자치단체에서 도시 브랜드의 슬로건을 비롯해서 도시 정체성과 브랜딩을 위해 고민하는 것으로 알려지고 있다(이희복, 2022.12.29.).

경기도의 경우 2021년 1월 “경기도의 정체성과 미래 비전이 오롯이 담긴 대표상징물을 통해 경기도민이 자긍심을 가질 수 있게 하

〈표 10-1〉 광역자치단체의 슬로건 현황

광역시도	국문명	영문명	비고
서울	너와 나의 서울	I.SEOUL.U	2015.10.28~
		개정 중*	
부산		Dynamic BUSAN	
		Busan is Good*	2023.1.13
대구		Colorful DAEGU	
		Poweful DAEGU*	2023.1
인천	모든 길은 인천으로 통한다	all ways INCHEON	2016.10.13
광주		Your Partner GWANGJU	2002. 9.24
대전		Daejeon is U	2020. 9
울산		ULSAN The Rising City	2017. 7.13
세종	세상을 이롭게 세종특별자치시		2012.
	세종이 미래다*		2022.
경기도		GO GREAT	2021. 1. 5
강원도	소득 2배 행복 2배 하나된 강원도		
충청북도	생명과 태양의 땅 충북		
	개정 중*		
충청남도		CHUNGNAM Heart of Korea	
전라북도	천년의 비상 전라북도		
전라남도	생명의 땅 전남	Full of Life, JEONNAM	
경상북도		Pride GYEONGBUK	
경상남도		Bravo GYEONGNAM	2015. 6.29
제주도		Only JEJU	

*는 2022년 이후에 개정, 또는 개정 중인 슬로건.

출처: 이희복, 최지윤 (2021)을 수정함.

〈그림 10-4〉 경기도 BI와 슬로건

겠다"며 새롭게 개발한 대표상징물과 영문 슬로건을 소개하였다. 새로운 GI는 경기도 이름의 한글 초성 'ㄱ,ㄱ,ㄷ'을 상징적으로 표현했다. 초록색으로 표현한 'ㄱ,ㄱ,ㄷ'의 상단은 하나의 길로 곧게 뻗어 나가는 경기도를, 파란색으로 표현한 'ㄱ,ㄱ,ㄷ'의 하단은 직선과 곡선의 조화를 통해 유연하면서도 강직한 경기도를 의미한다.

2005년 개발된 영문 슬로건 '세계 속의 경기도(Global inspiration)'도 시대 적합성과 지속가능성 등을 고려해 16년 만에 "Go Great"로 교체되었다. 'Daejeon is U'는 직관적으로 '대전이 바로 당신이다'라는 의미로, 대전시의 핵심 가치가 시민임을 내포했다. 아울러 'U'는 사람만을 한정하는 것이 아닌 사물, 장소, 자연, 문화 등 대전이 품어왔고 현재 갖고 있으며 앞으로 추구해야 할 가치 등을 총망라하는 무한한 가능성과 상상을 의미하는 것으로 전해졌다.

3. 서울 도시 브랜드 슬로건

서울 도시 브랜딩의 경우에도 전략적으로 타깃 오디언스가 브랜드 개성에 대해 어떻게 인지하는지에 대한 연구가 필요한 시점이다. 이러한 연구 결과를 토대로 도시 브랜딩 전략의 목표를 설정할 수 있다. 정책적으로 브랜드 자산의 이해는 물론, 브랜딩 실제에서 브랜드 개성을 적용하여 보다 나은 결과를 얻는 데 도움이 된다. 서울시 도시 브랜딩 연구의 이론적 토대를 이루며 향후 도시 브랜딩을 위한 브랜드 커뮤니케이션 과정에서 전략적인 역할을 할 슬로건 개발의 실무적, 정책적 가이드라인을 제공할 수 있다.

글로벌 시대의 광역시를 비롯한 시도의 브랜드 자산 구축을 위한 브랜드 슬로건 연구의 필요성이 제기된다. 도시를 하나의 브랜딩으로 보고 이를 계획·관리·운영할 수 있지만, 성공적인 브랜딩은 쉽게 만들어지지 않는다. 도시는 브랜딩을 위한 장기적인 비전과 수행 전략을 세워야 한다. 서울의 경우 아시아에서 가장 가난한 도시 중 하나였지만, 1980년 이후 아시아에서 일본 다음으로 잘사는 나라의 수도로 발돋움하면서 역동적이고 현대적이며, 세련된 도시로 변모했다. 한국전쟁으로 폐허가 된 서울은 완전히 재건되어 활력이 넘치는 도시가 되었다.

그러나 〈그림 10-5〉는 도시 브랜드의 아이덴티티에 대한 심각한 고민을 던져 준다. 서울 도시 브랜드의 과제와 같이 서울을 시민들과 세계인에게 알릴 정체성, 이미지와 메시지에 대한 고민이 필요한 시점이다. 세계적인 도시들의 캠페인을 살펴보면 이러한 노력이

〈그림 10-5〉 서울 도시 브랜드의 과제

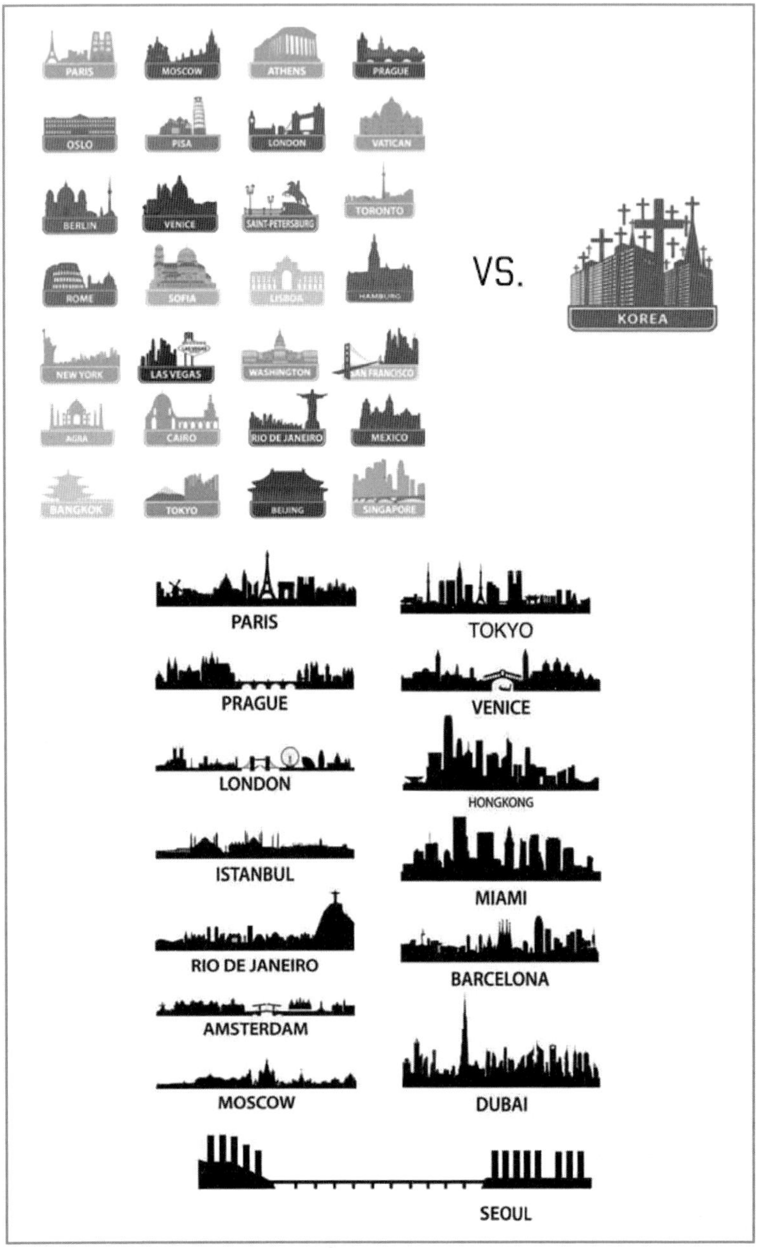

출처: https://url.kr/wp8d31, https://url.kr/8a96yq

잘 나타나 있다. 서울은 장기적인 도시계획이 얼마나 중요하며 전략이 어떠해야 하는지를 잘 보여 준다(Kapferer, 2007). 1986 아시안게임, 1988 올림픽과 2002 월드컵을 개최하고, ASEM 등 세계적인 회의를 유치한 도시로서 높은 국제적 위상이 있지만, 배타적이며 불친절한 사람들, 불편한 교통과 환경, 좋지 않은 기업 여건 등 부정적 이미지 때문에 세계 일류도시로 성장하는 데 한계가 있다. 서울은 긍정적이며 국제도시로서의 면모를 갖추고, 개발을 추진 도시 이미지를 구축하기 위해 도시 브랜드 서울을 대외적으로 알리고, 시민참여를 유도하기 위해 시행되었다.

"하이 서울(Hi Seoul)"은 2002년 10월 28일 시민의 날에 발표되어, 세계를 향해 열려 있는 서울시의 친근함과 한 단계 높은 지향점을 향해 정진하는 서울시의 이미지를 나타냈다. "하이 서울"은 서울시의 공모에 응모한 7,283건(외국인 110명)의 안을 서울마케팅 자문위원들이 1, 2차로 심사하고, 브랜드 전문업체와 시 직원, 시 출입기자단을 대상으로 설문조사와 타당성 분석을 거쳐 선정되었다. '하이'는 전 세계 사람들이 가장 많이 쓰는 영어 인사말로 밝고 친근한 서울의 메시지를 지구촌에 전달하고, 다양하며 활기찬 서울의 매력을 표현하기 위해 사용되었다.

〈그림 10-6〉 서울시 슬로건 하이서울

시민들이 친근한 인사말로 서로 가까운 이웃임을 확인하고 지역·계층 간 화합으로 같은 고향처럼 편안함을 제공하였다. 서울을 대한민국 수도를 넘어 지구촌 시대의 세계적인 도시로서 서울의 비전을 제시하였다. 서울의 관광, 상품 마케팅, 문화, 투자 유치 등 특수 목적에 이용할 수 있는 부제 슬로건과 어울려 활용될 수 있도록 대표 이미지를 구현했다. 2002년 월드컵을 계기로 서울시가 “하이서울”을 브랜드 슬로건으로 내세우고 대대적으로 홍보 활동을 시작하자 각 지방자치단체들도 지역 브랜드 슬로건과 심볼을 앞다투어 개발했다. 지방자치단체들은 도시 브랜드 슬로건을 비롯한 도시 브랜딩을 꾸준히 도입했다. 각각의 지방자치단체는 도시의 명칭만으로 해결할 수 없는 부분을 보완하기 위해, 지역의 특색 및 핵심 가치를 포함한 차별적인 커뮤니케이션 메시지를 담은 도시 브랜드 슬로건을 개발했다(김소연, 2009).

서울시는 민선 4기를 맞아 도시 경쟁력 확보 차원에서 도시 디자인 사업을 추진했고, 이를 도시 마케팅 수단으로 확대해 ‘유네스코 창의도시 네트워크’에 가입했다. 매력적인 도시경관과 도시 브랜드 가치의 관계를 분석해 상대적으로 낮게 평가받는 서울의 도시 디자인과 브랜드 가치를 높였다. 도시의 경관이 매력적일수록 도시 브랜드의 가치가 높다(Anholt, 2006). 건축이나 공원이 아름다운 세계에서 가장 매력적인 10대 도시(Forbes, 2008)는 도시 브랜드 가치가 상위권을 차지했다. 서울은 60개 도시 중 브랜드 가치 44위, 경관 관련 매력 54위였다(백선혜 외, 2008). 서울시는 민선 4기 들어 새로운 슬로건을 발표했다. 슬로건의 명칭은 “Hi Seoul SOUL OF ASIA”. 이 슬로건은 서울 시민들의 의견을 수렴한 뒤 여론 조사 및 분석을 통해 선정하였다. 슬로건의 의미를 살펴보면 사전상 ‘정신, 기백, 열정, 정수’ 등 다양한 뜻으로 사용되는 soul(혼)을 핵심 요소로 사용하고, ‘soul’의 발음이 Seoul과 유사하다는 점에 착안해 이미지를 동일화했다.

"SOUL OF ASIA"는 다양한 아시아의 문화를 포용하고 융합해 서울 문화의 진수를 보여 준다는 의미로, 전통 위에 디지털 첨단 문명이 어우러져 곧 세계의 중심으로 도약한다는 의미였다. 슬로건은 동양의 인식 체계에서 삼재(三才)에 해당되는 "천, 지, 인" 사상과 더불어 오방색(五方色)에 기초한 적·청·황의 역동성, 생명력, 우주의 중심임을 표현했다. SOUL OF ASIA를 고딕체로 표현하고, Hi의 글자 크기를 작게 하여 안정감을 의미했다. 기존 '하이 서울' 자체에 쓰인 색채 요소가 너무 많았음을 고려해 색동 막대의 색상을 기존과 동일하게 단순화했다. 2011년 11월 11일부터 11월 17일까지 공모를 통해 997편의 슬로건을 접수하고 인터넷 투표를 통해 이 중 여섯 개를 추려냈다. 그중에서 시장, 시민, 전문가 등이 심사해 "함께 만드는 서울, 함께 누리는 서울"을 선정했다. 35대 서울시정 슬로건으로 만든 것이다. 서울시가 그동안 일방적으로 개발하여 사용해 오던 슬로건과 달리, 시민의 다양한 아이디어와 서울에 대한 염원이 담겨 있는 슬로건을 공모했다는 설명이다.

서울의 비전에 대한 고민을 시민과 나눔으로써 서울시정을 함께 만들어 간다는 의미에서 추진, 적극적으로 시민과의 소통과 시민

〈그림 10-7〉 서울 도시 브랜드 슬로건 아이서울유

I.SEOUL.U

나와 너의 서울

참여의 기회를 늘렸다는 평가다. 2014년 민선 6기 출범과 함께 서울의 슬로건은 "희망서울"에서 "함께 서울"로 바꾸었다.

도시 브랜드의 자산 요소를 평가와 지수화해 지방자치단체의 브랜드를 전략적으로 관리되었다. NBRC(2014)의 한국 지방 브랜드 경쟁력지수에 따르면, 도시 브랜드 자산을 투입과 성과로 구분해 주거 환경, 관광 환경, 투자 환경, 전반적인 경쟁력, 브랜드 태도, 브랜드 애호도 여섯 개 차원으로 표준화해 1만 3,650명의 국민에게 설문 조사한 결과 서울의 경우 주거, 관광, 투자 환경이 균형 있게 알린 것으로 나타났다.

글로벌 도시 간의 브랜드 경쟁이 심화되어 서울의 도시 경쟁력을 강화할 필요성이 높아졌고, 브랜딩 과정의 공감과 확산을 용이하게 하여 국내외적으로 사랑받는 새로운 브랜드 개발의 필요성이 높아졌다. 이에 서울시는 시민의 자긍심을 고취하고 타 도시와 대비해 경쟁력을 제고하기 위해 2015년 3월부터 시민이 참여한 도시 브랜드 개발로 10월 28일 시민의 날에 "I·SEOUL·U(아이.서울.유)"를 서울 브랜드 슬로건으로 선포했다(이희복, 2017). 서울 도시 브랜드 슬로건에 대해 다음과 같은 평가가 이어졌다.

첫째. 시민의 참여와 공감, 자긍심을 높여 준 시민주도형 슬로건
둘째. 슬로건의 확장성을 이용한 개방형 슬로건
(I.Market.U I.Busking.U I.Concert.U)
셋째. 다양한 캠페인과 연계한 통합형 슬로건
넷째. 목표공중에게 관심과 참여를 높여 준 PR(홍보)형 슬로건
다섯째. 기존 도시 브랜딩과 차별화되는 크리에이티브 슬로건

도시 사이의 경쟁이 치열해질수록 도시는 브랜딩 구축에 관심

을 기울인다. 도시는 점차 커다란 규모의 혈세를 마케팅 비용으로 사용한다. 그러나 캠페인 결과를 측정하기는 어렵다. 따라서 기존의 마케팅 개념에서 장소 마케팅의 효과 측정 도구를 가져와 소비자 자산이나 고객 만족 등의 개념을 사용해 이론과 실제의 차이를 메우고 후속 연구의 토대를 마련해야 한다.

서울은 효율적인 브랜드 아이덴티티(정체성 = 열정, 공존, 여유)를 전달해 국내 중소 도시의 모범 사례다. 글로벌 도시 브랜드로서 도시의 정체성을 강화하고 관리해 나감으로써 파리, 뉴욕, 싱가포르와 어깨를 나란히 하는 강력한 도시 브랜드로 자리매김하고 있다.

세계 유수 언론과 전문가들로부터 브랜딩 성과를 일부 인정받고 있지만, 서울의 브랜딩 전략은 아직 미미한 수준에 그치고 있고 브랜딩 정책 또한 여전히 희미해 서울이 펼친 다양한 정책적 노력은 긍정적이라기보다 부정적인 시각에서 비판의 대상이 되어온 것이 사실이다. 도시 브랜드 및 도시 브랜딩에 대한 정확한 이해와 전략의 필요성에 따라 앞으로도 도시 브랜딩 전략에 대한 관심과 노력은 계속되어야 한다.

4. 도시 브랜드 슬로건 사례

도시 브랜드와 슬로건에 대한 고민은 우리나라뿐 아니라 세계적인 도시들에게도 해결해야 할 과제다. 이와 관련하여 도시 브랜드 슬로건 사례로 네덜란드의 암스테르담과 독일의 베를린에서 그 답을 찾아보고자 한다.

1) 네덜란드 암스테르담 I amsterdam

I amsterdam®

네덜란드의 수도 암스테르담이 2004년 소개한 'I amsterdam'은 도시 마케팅의 시작을 알렸던 뉴욕의 'I love New York' 이후 가장 성공적인 도시 브랜드 중 하나로 볼 수 있다. 간단한 언어유희와 깔끔한 디자인은 쉽게 사람들의 인상에 남으며, 슬로건의 조형물 등은 수많은 활용으로 이어졌다. 이러한 성공의 근간에는 충분한 사전 조사를 통한 체계적인 도시 브랜드 전략이 있었던 것으로 알려졌다.

시작은 2002년으로 거슬러 올라간다. 당시 암스테르담은 뚜렷한 이미지가 없었으며, 각종 지표에서 하락세를 겪고 있었던 상황에서 당시 시장이었던 기어트 달레스(Geert Dales)는 치열해진 경쟁에서 살아남기 위해 도시 마케팅을 기획했다. 기획에는 시 당국뿐만 아니라 지역 내 기업이나, 지방자치단체, 마케팅 기관 등이 다양하게 참여했으며, 각자의 이해관계를 넘어선 노력으로 암스테르담의 발전에 기여했다. 이들은 2년여에 걸쳐 암스테르담의 미래와 방향, 정책, 커뮤니케이션, PR 등에 대해서 논의했고 이 과정은 크게 세 단계로 나눌 수 있다. 먼저 도시 마케팅과 관련된 내용 및 구성을 위한 기초를 닦은 Berenschot의 최초 보고서인 'Choosing Amsterdam'은 암스테르담을 분석하여 강점과 약점을 확인하였다. 이를 기초로 16개의 핵심 가치와 7개의 목표 집단을 선정하였다.

다음으로는 도시 마케팅 활동을 진행할 새로운 조직을 구성하였다. 새로운 조직은 도시 마케팅에서 중요한 역할을 할 수 있도록 일정 수준 이상의 권한이 필요했다. 이를 위해 기존 조직들의 통합과 재정비가 이루어졌으며, 2004년 3월, 〈암스테르담 파트너스〉가 출범했다. 또한 동시에 시 당국과 협력 파트너들의 체계와 역할 등이 정해졌다.

이어서 앞선 단계에서 논의된 내용을 담을 수 있는 표현을 정하였다. 이 과정에서 예술이나 비즈니스, 스포츠 등을 강조하는 설명하는 슬로건은 배제되었다. 암스테르담이 가진 다양한 강점을 담아낼 수 있으면서도 매력적인 슬로건이 필요했다. 그 결과물인 'I amsterdam'은 이러한 조건을 충족할 뿐만 아니라, 도시 브랜딩 과정에서 가장 중요한 시민들의 자부심을 고취하고 도시에 대한 지지 및 사랑을 표현할 수 있도록 돕는다. 여기서 시민은 단순한 거주자가 아닌, 근로자, 유학생, 방문객, 이주민 등을 모두 포함했다.

이상의 과정을 거쳐서 2004년 9월 23일, 드디어 'I amsterdam' 캠페인이 시작되었다. 세월이 지난 현재까지도 〈암스테르담 파트너스〉는 역할을 수행하고 있으며, 암스테르담은 도시 브랜딩의 교과서가 되었다. 최근까지도 암스테르담의 문제점을 해결하기 위해 바닥에 버려진 껌을 활용한 '검슈(Gumshoe)'를 제작하는 등 활동을 이어나가고 있다.

앞서 언급한 바와 같이, I amsterdam을 활용한 사례 중 가장 유명한 것은 조형물인 'I amsterdam letters'이다. 왕립박물관, 반 고흐 미술관 등이 있는 박물관광장(Museumplein)에 위치했던 해당 조형물은 수많은 관광객들의 사진 명소(photo spot)가 되었고, 늘 사람들로 북적였다. 이는 암스테르담의 성공을 명확하게 보여 주면서, 동시에 매스 투어리즘(Mass Tourism)의 한계를 보여 주었는데, 예상보다 과도하게 큰 인기로 인해 제한된 공간에 너무나 많은 인원이 몰리자, 2018년 12월에 철거된 후 암스테르담의 외곽 지역 활성화를 위해서 다양한 장소로 이동하고 있다. 이 외에도 암스테르담은 'Enjoy & Respect' 캠페인을 운영하면서 관광객의 시민의식을 고취시키고 거주민의 삶의 질을 향상하기 위한 노력을 진행 중이다(서울시 도시 브랜드 자료실, https://url.kr/zxsdc8).

2) 독일 베를린 be Berlin

독일의 수도인 베를린은 우리나라와 같이 분단의 아픔을 경험한 도시다. 베를린 장벽의 붕괴는 냉전의 종식을 상징했고, 이후 눈부신 경제적 발전을 이룩했음에도 불구하고, 세계인들은 베를린을 여전히 어둡고 부정적인 도시로 인식하고 있었다. 이러한 문제를 해결하고자 베를린 상원은 2008년, 'be Berlin' 캠페인을 진행했다. 직관적인 슬로건이면서 캠페인 'be Berlin'은 냉전시기 미국의 케네디 전 대통령의 연설문 '나는 베를린 사람이다(Ich bin ein Berliner)'에서 착안한 것으로 알려졌다.

베를린 상원은 캠페인을 통해서 시민 이외의 관광객, 투자자 등에게 베를린에 대한 이미지를 알리고자 했다. 당시 시장이었던 보베라이트(Wowereit)는 이를 통해 '더 많은 사람들이 베를린에 오고, 더 많은 기업들이 새로운 일자리를 만들며, 베를린의 과학적, 문화적, 사회적 풍부함이 쉽게 경험될 수 있기를 바란다'고 밝혔다.

'be Berlin' 캠페인은 베를린 시민들의 적극적인 참여를 유도하였다. 시민들은 스스로가 생각하는 베를린을 'be OOO, be OOO, be Berlin'이라는 형식으로 표현하도록 했는데, 2천여 명 이상의 시민이 참여했으며, 우수작은 브란덴부르크 문에 투사되어 전시되기도 했다.

또한 세부 캠페인 'City of Opportunities'를 진행하며, 빨간색의 말풍선 디자인을 조형물로 만들었다. 해당 디자인은 도시 곳곳에 있는 상점과 지하철, 또는 행사 등에 사용되었으며, 관광 안내원들의 유니폼에 부착되어 관광객에게 노출되었다.

10여 년이 지난 현재까지도 슬로건'be Berlin'과 캠페인은 지속되고 있으며, 세부 캠페인에서만 변화가 이루어졌다. 최근 진행된 'Freiheit(Freedom) Berlin'은 자유와 관용을 기반으로 투쟁해 온 베를린의 장소적 특성이 반영된 캠페인으로 모든 사람들이 자유의 메시지를 그림이나 이야기, 비디오 등의 형태로 표현되도록 했다. 2017년에 있었던 빛 축제는 이러한 캠페인의 하이라이트였다. 또한 Berlin lab이라는 프로그램을 통해서 브뤼셀 및 로스엔젤레스와 파트너십을 체결하고, 방문객을 통한 교류를 이어나가고 있다.

베를린의 be Berlin은 단순하고도 강렬한 시각적 이미지를 통해 깊은 인상을 남기며, 오랜 기간 지속되어 온 be Berlin이라는 틀 안에서 다양한 세부 프로그램을 운영하여 캠페인의 확장성이 높이 평가된다. 또한 해당 캠페인이 시의회가 단독으로 운영한 것이 아닌, 기업의 참여를 독려하여 재정과 효율성, 의의 등을 더했다. 무엇보다 캠페인의 진행 과정에서 시민과 관광객 등의 참여가 가능했다는 점이 큰 시사점을 제공한다(서울시 도시 브랜드 자료실, https://url.kr/zxsdc8).

5. 결론: 도시 브랜드 슬로건 전략

설득의 수사학으로서 슬로건은 마케팅과 커뮤니케이션 수단 이상의 의미가 있다. 설득과 수사가 넘치는 오늘날, 브랜드와 캠페인뿐 아니라 일상에서 슬로건은 '인식의 전장'에서 쓰일 유용한 수단 중 하나다. 미디어와 소비자가 똑똑해진 스마트 시대에 사람과 사람 사이를 연결하는 소통의 기본은 변하지 않는다. 슬로건의 의미와 기능, 전략과 포지셔닝을 토대로 올바른 슬로건 전략에 대한 논의는 계속되어야 한다. 넘치는 정보 속에서 슬로건은 소통의 도구가 될 것이다.

효과적인 도시 브랜드의 슬로건 제작을 위한 '슬로건(SLOGAN)' 전략을 제안한다. 슬로건 전략은 '이야기(story), 언어(language), 독창성(originality), 지속성(going), 행동(action), 새로움(newness)'의 머리글자로 각각을 잘 포함할 때 오래도록 사랑받을 수 있다.

첫째, 슬로건은 이야기
둘째, 슬로건은 언어
셋째, 슬로건은 독창성
넷째, 슬로건은 지속성
다섯째, 슬로건은 행동을 요구
여섯째, 슬로건은 새로움

슬로건은 쉽게 만들어지고 빨리 사라지는 것이 아닌 '가까이 두고 오래 사귄 벗(親舊)'이 될 때 힘을 가질 수 있다. 더 많은 성공 슬

〈그림 10-8〉 슬로건 전략

로건과 캠페인이 만들어져 소비자에게 사랑받는 설득의 수사학이 될 수 있다. 첫째, 슬로건은 이야기다. 등장인물, 갈등, 전개, 메시지를 담은 이야기는 힘이 있다. 화장품 브랜드 시세이도의 "남자는 떠나고 여자는 또 아름다워진다"처럼 슬로건 안에 이야기를 담으면 된다. 둘째, 슬로건은 언어다. 슬로건은 다양한 운율로 리듬감이 있어야 한다. 웅진코웨이의 "깐깐한 물"은 형용사면서 브랜드의 성격을 보여 주어 경쟁사와 차별화하는 힘이 있다. 셋째, 슬로건은 독창성이다. 남다른 주장이 있으면 좋다. 제일모직의 "우리 옷의 첫 단추는 고객입니다."는 고객 만족과 업(業)의 개념 연결한 장점이다. 넷째, 슬로건은 지속성이다. 1984년부터 시작된 유한킴벌리의 "우리 강산 푸르게 푸르게" 캠페인은 같은 슬로건으로 국민들의 머릿속에 자리한다. 처음 만들어진 이후 지금까지 사용되었기 때문에 가능하다. 다섯째, 슬로건은 행동요구다. 미국인의 아침 식단을 바꿔놓은 썬키스트의 "Drink an Orange"는 과일을 주스로 만들어 먹도록 구체적인 행동을 요구한다. 여섯째, 슬로건은 새로움이다. 새로운 콘셉트와 방법으로 소비자에게 다가가야. 렉간자는 "쉿! 소리 없이 강하다"라는 슬로건으로 차의 고요함을 강조해 차별화한다(이희복, 2017a).

도시 브랜드를 목표 공중과 소통하기 위해서 다양한 브랜딩 활동이 요구된다. 이제 도시 브랜드 담당자가 아니라도 일반 시민, 그리고 도시와 공존을 희망하는 모든 수용자가 도시 브랜드에 참여할 수 있도록 개방되어야 한다. 대표적으로 도시 브랜드의 슬로건이 있다. 도시(city)를 도시답게 만들고 시민에게 사랑받을 수 있도록 도시의 콘셉트를 만들고 도시의 아이덴티티를 구축해 브랜드로 성장시켜야 한다. 도시 브랜드 슬로건이 가져야 할 아홉 가지 가이드라인을 "도시 브랜드 슬로건 9 CITY 전략"으로 제안한다(이희복, 2017b).

도시 브랜드 슬로건 9 CITY 전략

① SimpliCITY(단순함)

단순함의 원리는 매우 중요하다. 도시의 분석에서 도출된 자기만의 강점과 기회 요인을 하나의 키워드, 하나의 문장으로 정리할 수 있어야 한다. "작고 가벼운" 보다는 "가장 작은"이 더 강력할 수 있다. 단순함(simplicity)은 광고캠페인에서 말하는 독특한 판매제안(USP, unique selling proposition), 단일 소구 제안(SMP, single minded proposition)과 관련 있다. '자신 없으면 줄이고, 자신 있으면 완전히 줄이는' 자신감이 요구된다. 두 마리 토끼보다는 한 마리 토끼가 더 잡기 쉬운 법이다. 단순한 슬로건이 전략적이다.

〈그림 10-9〉 도시 브랜드 슬로건의 9 city 전략

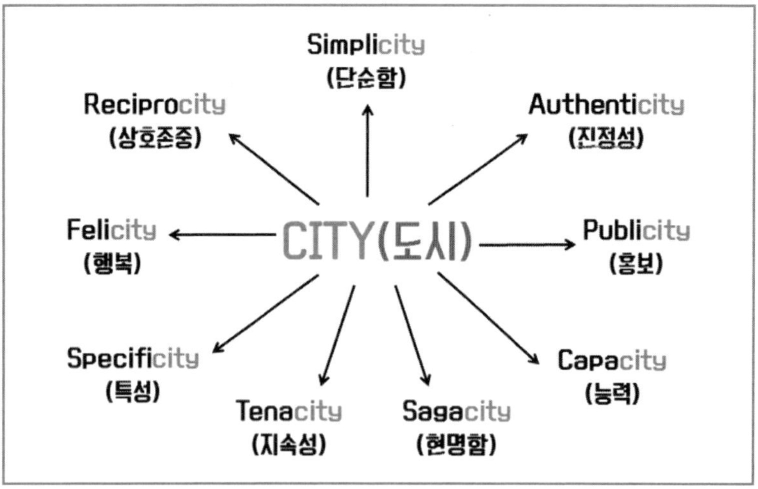

② AuthentiCITY(진정성)

진정성은 변화된 미디어 환경으로 스마트해진 시민들에게 설득력을 갖는다. 잠깐 동안 많은 사람을, 오랫동안 몇 사람을 속일 수 있다고 믿었던 과거와 달리 이제는 실시간으로 모든 것이 공개된다. 도시가 가진 참모습을 가감 없이 드러내는 솔직함이 전달력을 갖는다. 도시의 허장성세를 장황하게 늘어놓는 것보다 사실을 토대로한 진정성보다 더 좋은 전략은 없다. 진정성(authenticity)은 시장의 시정목표도 아니고 선거에 사용된 구호도 아니다. 같은 목표를 함께 공유할 수 있는 내용이어야 한다. 진정성 있는 슬로건이 전략적이다.

③ PubliCITY(홍보)

오늘날 시민은 일정한 주제에 대해 일정한 문제의식과 주인의

식을 함께 가진 공중(public)이다. 따라서 이들에게 도시를 알리기 위해서는 홍보의 노력이 필요하다. 다만 공보와 광고와 달리 홍보는 시민의 마음을 얻는 과정이므로 홍보(publicity) 가치를 가진 콘텐츠여야 한다. 슬로건이 일방적인 전달이 아닌 쌍방향의 균형 잡힌 소통이어야 한다. 따라서 주장이나 호소가 아닌 공감과 사랑을 바탕으로 만들어져야 한다. 마케팅과 커뮤니케이션에 두루 사용될 수 있는 슬로건이 전략적이다.

④ CapaCITY(능력)

슬로건은 다양한 역할을 한다. 캠페인 전반에서 핵심 메시지를 전달하고 캠페인을 이끌어야 한다. 이는 단순히 한 번 쓰고 버려지는 일회용 헤드라인과는 다르다. 능력(capacity) 있는 카피로 슬로건 하나만으로도 충분히 의미를 전달해야 한다. 슬로건이 완전한 메시지로 구성되어 혼자서, 또는 다양한 미디어에서 활용된다. 따라서 쉽게 만들어지고 잠깐 쓰여서는 안 된다. 능력을 보여 주는 슬로건이 전략적이다.

⑤ SagaCITY(현명)

현명함은 슬로건이 갖춰야 할 덕목이다. 설득의 수사학으로 다양한 표현과 장식이 요구된다. 운율을 활용하는 방법, 또는 의미와 구조, 화용으로 수용자의 주의를 집중하고 자연스럽게 기억하고, 발음하게 해야 한다. 이를 위해서 슬로건은 쉽지만 의미를 담아 현명(sagacity)하게 만들어져야 한다. 공모전 방식으로 일반 시민의 제안보다는 수사적 표현과 수사적 비유 등 전문적인 카피라이터에 의해 만들어지는 것이 옳다. 현명한 슬로건이 전략적이다.

⑥ TenaCITY(지속)

지속은 캠페인 기간동안 슬로건이 바뀌어서는 안 된다는 것이다. 시장이 바뀐다 해서, 또는 시간이 지났다고 해서 슬로건을 바꾸는 우를 범해선 안 된다. 지속(tenacity)은 적어도 상당 기간, 캠페인이 지속되는 동안에는 슬로건을 바뀌지 않겠다는 약속이다. 담배 브랜드 말보로 컨츄리맨과, 유한킴벌리 우리강산 푸르게 푸르게 캠페인의 힘은 바꾸지 않는 뚝심에 있다. 제발 쉽게 만들고 빨리 없애는 시행착오는 없어야 한다. 지속되는 슬로건이 전략적이다.

⑦ SpecifiCITY(특성)

남다른 무엇이 슬로건에 담겨야 한다. 어디서 본 듯한, 심지어 동일한 슬로건을 사용하는 것은 차별화가 안 된다. 자신만의 특성(specificity)을 드러내어 전달할 때 차이를 알 수 있다. 남과 같다면 특성이라 할 수 없으며 차별화가 아닌 동일화로 불필요한 시간과 재원의 낭비만 가져온다. 도시의 콘셉트를 선정하고 이를 커뮤니케이션에 활용할 때, 그리고 슬로건을 만들 때 반드시 유사한 슬로건의 여부를 확인해야 한다. 표절과 모방의 혐의가 슬로건에 씌워진다면 불행한 결과가 온다. 특성 있는 슬로건이 전략적이다.

⑧ FeliCITY(행복)

시민을 행복하게 하는 슬로건이 좋다. 부정보다는 긍정적인 내용으로 구성하되 시민과 방문객, 투자자 등 목표공중에게 브랜드의 이미지를 잘 전달해야 한다. 도시는 삶의 질, 즉 행복(felicity)한 브랜드 연상이 많은 도시일수록 세계에서 가장 살기 좋은 도시, 최고의 도시로 평가받을 수 있다. 그러나 추상적인 내용보다는 확실한 약속을 보여줘야 한다. 왜 그것이 가능한지를 설명해야 한다. 행복한 슬로건이 전략적이다.

⑨ ReciproCITY(상호 존중)

도시는 시민과 공존한다. 시민에게 브랜드로 존재한다. 브랜드는 마케팅과 커뮤니케이션 과정에서 시민을 비롯한 다양한 목표공중과 파트너십으로 상호 존중(reciprocity) 관계를 유지, 발전해가야 한다. 도시와 시민이 같이할 수 있는 가치를 제시하고 동의를 얻을 때 비로써 도시는 존재할 수 있다. 슬로건은 메시지로서 상호 존중을 표현해야 한다. 상호 존중하는 슬로건이 전략적이다.

단순함, 진정성, 홍보, 능력, 현명, 지속, 특성, 행복, 상호 존중은 도시 브랜드 슬로건의 가이드라인으로 참고할 수 있다. 도시 브랜드 슬로건 9 CITY 전략은 전가의 보도이거나 만병통치약은 아니다. 그러나 도시를 알리고 도시를 소통하는 데 기본적인 이해가 가능할 것이다. 슬로건은 몇 마디의 말이나 짧은 문장이 아니다. 도시의 정체성을 알리고 대내외에 도시를 보여 주는 핵심 전략이다. 도시를 차별화하고 도시의 경쟁력을 높여 시민의 삶의 질과 만족도를 높이고 나아가 행복한 공동체로 유지 발전시켜나가기 위한 전략임을 유념해야 한다. 여기서 도시 브랜드 슬로건 전략의 작은 생각이 시작되고 만들어졌으면 하는 바람 간절하다.

이희복(2022.12.29.)은 칼럼에서 "많은 도시에서 브랜드와 브랜드 슬로건을 구분하지 못하고 이를 모두 브랜드를 만든다고 할 때마다 답답한 마음이 들었다"고 주장했다. "마치 달을 가리키는 손가락과 달을 구분하지 못하는 것과 같다. 오로지 브랜드의 정체성을 담으면서 돋보이게 하기 위한 슬로건이 이어야 한다."면서 차별성과 독특성은 모든 브랜드 슬로건이 가져야 할 기본적인 조건으로 강조했다. 남과 다르되 남보다 더 나은 브랜드가 되어야 한다고 했다.

슬로건은 단순한 광고 카피가 아니다. 시민을 대상으로 공모전이나 여론조사로 선정되거나 용역으로 쉽게 결정되어서는 안 된다. 그렇다고 시장이나 도지사의 선호로 결정할 문제는 더더욱 아니다. 정해진 답이 아닌 문제해결을 위한 해답이 필요하다. 슬로건은 그 도시 브랜드를 알리고 소통하는 캠페인의 핵심이자 얼굴이다. 암스테르담과 베를린 등 글로벌 도시들을 벤치마킹하여 도시 브랜드 거버넌스를 만들고 시민과 전문가들이 모여서 브랜드의 파트너십을 갖는 기구가 우선 마련되어야 한다. 시 정부는 이 조직에 지원은 하되 간섭하지 않아 도시브랜드위원회의 독립성이 담보되어야 한다. 권한과 책임을 과감하게 부여하고 일정한 기간 동안 캠페인을 전개할 수 있도록 자원과 시간을 줄 수 있어야 한다.

서울 도시 브랜드의 경우는 서울만의 성공이 아닌 243개의 지방자치단체, 나아가 대한민국의 경쟁력과 성패를 좌우한다. 많은 도시가 브랜딩에 관심을 갖고 슬로건을 새롭게 준비하는 노력은 반가운 소식이지만 지금이라도 도시 브랜드의 정체성에서 출발하고 많은 고민이 필요하다. 이것이 완성된 이후에 슬로건의 조건에 대해 고민하고 연구하자. 검색만 해도 쉽게 나오는, 어디선가 본 것 같은 슬로건이라면 해를 넘기지 못해 폐기되거나 만들자마자 홈페이지 어느 구석에 잘 모셔지는 그런 우를 범하게 된다. 잘 만든 슬로건 하나가 도시를, 국가를, 브랜드를 더 잘 자라게 한다. 우리는 그런 슬로건을 가질 자격이 있는 시민이고, 국민이다.

참고문헌

구경하 (2023.1.12.) 또 바뀌? 시장따라 바뀌는 도시 슬로건. KBS뉴스.

구혜란 (2015). 공공성은 위험을 낮추는가? OECD 국가를 중심으로. Korea Social Policy Review. 22(1), 19-47.

김유경 (2022.5.4). 공공의 시대. 도시 브랜드의 전략적 경영. 성동구 특강.

김유경 (2016.3.11). 공공의 시대 공공 브랜드의 중요성. 한국경제.

김유경, 김유신 (2015). 공공 브랜드의 이해. 커뮤니케이션북스.

박정준 (2019.11). 스타벅스와 기네스가 만든 '도시 브랜드'. 동아비즈니스리뷰.

송창섭 (2023.1.9.). 오세훈 표 서울 새 슬로건 후보작 표절 의혹. UPI뉴스.

이희복 (2022.12.29.). 서울을 위한 도시 브랜드 슬로건은 무엇인가? 매드타임스. https://url.kr/vt3jd8

이희복 (2022.6.16). 도시 브랜드 슬로건 유감. 매드타임스.

이희복, 최지윤 (2021). 우리나라 도시 브랜드 슬로건의 개성 비교. 광고연구. 128, 69-98.

이희복 (2017a). 설득의 수사학 슬로건, 한울.

이희복 (2017b). 도시 브랜드 슬로건전략. 한경사.

서울시 도시 브랜드 자료실, https://url.kr/zxsdc8

프리드리히 폰 보리스, 벤야민 카스텐 (2020). 도시의 미래(이덕임 역). 와이즈맵.